RUDOLF STEINER GESAMTAUSGABE

VORTRÄGE

ÖFFENTLICHE VORTRÄGE

RUDOLF STEINER

Freiheit
Unsterblichkeit
Soziales Leben

Vom Zusammenhang des Seelisch-Geistigen mit dem Leiblichen des Menschen

Zehn öffentliche Vorträge,
gehalten in Basel und Bern zwischen
dem 18. Oktober 1917 und 11. Dezember 1918

1990

RUDOLF STEINER VERLAG
DORNACH/SCHWEIZ

Nach vom Vortragenden nicht durchgesehenen Mitschriften,
herausgegeben von der Rudolf Steiner-Nachlaßverwaltung

Die Herausgabe besorgte Helmut von Wartburg

1. Auflage, Gesamtausgabe Dornach 1990

Teilausgaben und Veröffentlichungen
in Zeitschriften siehe Seite 419

Bibliographie-Nr. 72

Satz: Utesch, Hamburg/Druck: Konkordia, Bühl/Baden
Printed in Germany

ISBN 3-7274-0720-4

Zu den Veröffentlichungen
aus dem Vortragswerk von Rudolf Steiner

Die Grundlage der anthroposophisch orientierten Geisteswissenschaft bilden die von Rudolf Steiner (1861–1925) geschriebenen und veröffentlichten Werke. Daneben hielt er in den Jahren 1900 bis 1924 zahlreiche Vorträge und Kurse, sowohl öffentlich wie auch für die Mitglieder der Theosophischen, später Anthroposophischen Gesellschaft. Er selbst wollte ursprünglich, daß seine durchwegs frei gehaltenen Vorträge nicht schriftlich festgehalten würden, da sie als «mündliche, nicht zum Druck bestimmte Mitteilungen» gedacht waren. Nachdem aber zunehmend unvollständige und fehlerhafte Hörernachschriften angefertigt und verbreitet wurden, sah er sich veranlaßt, das Nachschreiben zu regeln. Mit dieser Aufgabe betraute er Marie Steiner-von Sivers. Ihr oblag die Bestimmung der Stenographierenden, die Verwaltung der Nachschriften und die für die Herausgabe notwendige Durchsicht der Texte. Da Rudolf Steiner aus Zeitmangel nur in ganz wenigen Fällen die Nachschriften selbst korrigieren konnte, muß gegenüber allen Vortragsveröffentlichungen sein Vorbehalt berücksichtigt werden: «Es wird eben nur hingenommen werden müssen, daß in den von mir nicht nachgesehenen Vorlagen sich Fehlerhaftes findet.»

Nach dem Tode von Marie Steiner (1867–1948) wurde gemäß ihren Richtlinien mit der Herausgabe einer Rudolf Steiner Gesamtausgabe begonnen. Der vorliegende Band bildet einen Bestandteil dieser Gesamtausgabe. Soweit erforderlich, finden sich nähere Angaben zu den Textunterlagen am Beginn der Hinweise.

INHALT

ZU DIESER AUSGABE

In diesem Band sind zehn öffentliche Vorträge wiedergegeben, die Rudolf Steiner in den letzten zwei Jahren des Ersten Weltkrieges gehalten hat, sechs davon in Basel, vier in Bern. Sie zeigen durchgehend das Bemühen, einsehbar zu machen, daß es sich bei der Anthroposophie nicht um eine wirklichkeitsfremde oder gar sektiererische Bewegung handelt, sondern daß sie Antworten geben will gerade auf *die* Fragen, welche die Menschheit in den vorangegangenen Jahrzehnten schon beschäftigt hatten und infolge der katastrophalen Ereignisse der damaligen Gegenwart in noch vermehrtem Maße bewegten und bewegen mußten.

Mit einer umfassenden Sachkenntnis, mit tiefer Bewunderung für die Leistungen der modernen Wissenschaft und Technik, und mit großer Einfühlungskraft schildert Rudolf Steiner das Bestreben vieler Philosophen, Psychologen, Physiologen und anderer Naturforscher, an wesentliche Erkenntnisfragen heranzukommen, entscheidende Lebensfragen zu lösen, schildert, wie in diesen Bereichen die üblichen wissenschaftlichen Mittel und Methoden versagen müssen, wie deshalb manche bedeutenden Persönlichkeiten auf Irrwege geraten oder auch in ihrem Bemühen verzweifeln und resignieren. Und er weist dann darauf hin, welche neuen Ansätze durch die Anthroposophie gegeben sind, um durch übendes Arbeiten an sich selbst die Erkenntnisgrenzen zu überwinden und um brennende Lebensprobleme mutig und sachgemäß anpacken zu können. «Anthroposophie macht guten Willen handlungsfähig»: Mit diesen Worten des Sozialwissenschaftlers Roman Boos könnte man den Gehalt dieser Vorträge kurz umreißen.

Sie sind darum sehr geeignet, über Anthroposophie eine erste einführende und zugleich wesenhafte Orientierung zu geben. Andererseits können sie auch wegleitend sein für jeden, der vor der Aufgabe steht, die Anthroposophie vor Menschen zu vertreten und darzustellen, die von ihr noch wenig oder nichts wissen.

DIE MENSCHENSEELE IM REICHE DES ÜBERSINNLICHEN UND IHR VERHÄLTNIS ZUM LEIB

Basel, 18. Oktober 1917

Sie werden immer wieder und wieder hören, wenn von Anthroposophie die Rede ist – in dem Sinne, wie sie hier auch wiederum in diesem Vortrag als Erkenntnis des geistigen Lebens des Menschen gemeint ist –, daß sie entspringe aus den träumerischen, den phantastischen Einfällen einzelner Persönlichkeiten. So wenigstens urteilen viele Menschen, welche sich für kompetent zu einem solchen Urteile halten. Nun muß man aber allerdings von vornherein sagen, daß sich diese anthroposophische Geisteserkenntnis erstrecken will über ein Forschungsfeld, das die tiefsten, die bedeutungsvollsten Interessen des menschlichen inneren Lebens überhaupt enthält. Daher sind allerdings auch zu allen Zeiten, auch in der neueren Zeit, in der solche Bestrebungen von den glänzenden Fortschritten der Naturwissenschaft verdunkelt worden sind, immer wieder und wiederum Versuche gemacht worden, vereinzelte – können wir fast sagen – Versuche gemacht worden, dieses Feld zu bebauen. Aber gesagt werden muß, daß es zumeist gerade in der neueren Zeit nur Lichtblitze waren, welche auf dieses Feld geworfen worden sind bei dieser oder jener hervorragenden Persönlichkeit, die sich mit Nachdenken über das menschliche Geistesleben befaßte, Lichtblitze, von denen man immer die Empfindung hat, sie kommen aus ganz anderen Quellen des menschlichen Wesens heraus als die Erkenntnisse, die sich auf die äußere Natur, auf das Feld der äußeren sinnlichen Wahrnehmung beziehen.

Zu verwundern ist es nicht, daß etwas wie ein unbewußter Erkenntnisinstinkt die Menschen immer wieder und wiederum dazu zwingt, dieses Feld durch solche Lichtblitze zu erhellen, denn auf diesem Felde liegen die bedeutungsvollsten Seelenfragen, Seelenrätsel, jene Seelenrätsel, denen sich der Mensch immer wieder und wiederum gegenübergestellt sehen muß mit seinem ganzen Empfindungs-, mit seinem ganzen Gefühls-, auch Vorstellungs- und Willensleben. Und fühlen muß der Mensch: Wenn er keine Stellung zu diesen Fragen gewinnt, dann hat das eine Wirkung auf seine Seele, die man vergleichen kann auf dem leiblichen Gebiete mit einer Art Erkrankung. Das Seelenleben verödet; es fühlt sich von allerlei – man möchte das alte gute Wort «Sucht» gebrauchen –, von allerlei Suchten durchweht, wenn die Zweifel, die Ungewißheiten auftauchen, die auftauchen können gegenüber diesen Fragen.

In der neueren Zeit allerdings – man hat es ja gesehen durch viele Jahre hindurch – haben die Menschen wenig Stillung des Erkenntnishungers, der aus solchen Impulsen hervorgeht, gesucht durch das, was man geistige Nahrung nennen könnte. Wer kennt ihn nicht, jenen Zug derjenigen, die Geld genug dazu hatten, nach den verschiedensten Sanatorien der Welt – die traurige Zeit der Gegenwart hat vielen die Gelegenheit dazu allerdings genommen –, jenen Zug nach den Sanatorien, wo eigentlich doch für viele, viele, allzu viele, nichts anderes gelöscht werden sollte als jene Erkenntnissehnsucht, über die man sich eigentlich im gewöhnlichen Leben der Gegenwart so gerne hinwegbetäuben möchte, die man gar so gerne durch etwas ganz anderes als geistige Mittel befriedigen möchte. Was die Menschen in Sanatorien und ähnlichen Anstalten gesucht haben, waren ja doch im Grunde genommen nur Anregungen, bei denen sie sozusagen mit ihrer Seele nicht dabeizusein brauchten und die entgegenkommen sollten jenen geheimnisvollen Sehnsuchten, von denen ich eben gesprochen habe und die man nicht geneigt ist, auf geistige Weise zu befriedigen.

Immer wieder und wiederum taucht, wenn ich über solche Fragen nachdenken muß, jenes Bild vor meiner Seele auf, das sich einmal vor mich hinstellte vor Jahren, als ich – wirklich nicht zur Erholung oder Gesundung, sondern um jemanden zu besuchen – in einem Sanatorium war gerade zu einer Zeit, wo man sozusagen Revue passieren lassen konnte die verschiedenen Insassen und wo ich nachher durch das Gespräch mit einzelnen, das Ansehen einzelner darauf kam, daß derjenige, der am meisten Auffrischung und Gesundung seines Nervensystems gebraucht hätte, eigentlich der dirigierende Arzt war. Die anderen alle hätten viel weniger Auffrischung ihres Nervensystems gebraucht als der dirigierende Arzt.

Auf dieses Feld nun, auf das hiermit gedeutet wird, haben einzelne Menschen, die sich intensiver befaßten mit Fragen des geistigen Lebens, wie ich sagte, einzelne Lichtblitze fallen lassen, die ihnen aufgegangen sind aus den Tiefen ihrer Seelen. Dabei hat sich immer eines herausgestellt, das, ich möchte sagen, wie ein roter Faden sich auch heute durch die Betrachtungen dieses Abends ziehen wird; es hat sich herausgestellt, daß in dem Menschen, wie er so mit seinem gewöhnlichen Leben heute durch die Welt geht, eigentlich ein anderer Mensch schläft, in Wirklichkeit schläft und ruht, ein Mensch, der durch die Verhältnisse des gewöhnlichen Lebens eigentlich nicht wahrgenommen wird, weil er leiser in dem gewöhnlichen Menschen schläft, als Traumesvorstellungen in ihm vorhanden sind, die auch kommen und verschwinden.

Aber eines ist gerade geistvollen Menschen immer aufgefallen, wenn sie darauf gekommen sind, wie ein solcher, im Grunde schlafender zweiter Mensch im gewöhnlichen Menschen ruht: Sie konnten den Gedanken dieses schlafenden Menschen, dieses unbemerkten zweiten Menschen, nicht fassen, ohne ihn in irgendeiner Weise zusammenzubringen mit dem, was wir innerhalb der Verhältnisse unseres Lebens den Tod nennen müssen. Und wirklich mehr oder weniger instinktiv ging es der einen oder anderen Persönlichkeit auf, daß ebenso, wie die Erscheinungen des äußeren sinnenfälligen Naturlebens zusammenhängen mit den Gesetzen des Daseins, die man finden kann durch die Beobachtung des Wachstums, der Geburt, des Hervorgehens von Wesen aus anderen und so weiter, daß ebenso dieser zweite, im ersten schlafende Mensch innig zusammenhängt mit dem, was man den Tod nennen muß im Verhältnisse unseres Lebens, mit dem Vergehen. Und man merkt, daß es für Erkenntnismenschen ein großer, bedeutungsvoller Augenblick ist, wenn sie gewissermaßen den höheren Menschen im Menschen nicht mit dem Wachsenden, Gedeihenden in Zusammenhang denken müssen, sondern gerade mit den Kräften, die sich nach dem Tode zu bewegen.

Eine derjenigen Persönlichkeiten, denen dieser Zusammenhang, ich möchte sagen, in besonders erhellendem Licht vor die Seele getreten ist, ist der Philosoph und Psychologe Fortlage. Ich will ausgehen von einer bedeutungsvollen Äußerung, die er 1869 getan hat im Verlaufe von acht psychologischen Vorträgen, Vorträgen über Seelenkunde, die er gehalten hat. In diesen Vorträgen findet sich die folgende, ganz bedeutungsvolle Stelle:

«Wenn wir uns *lebendige Wesen* nennen und so uns eine Eigenschaft beilegen, die wir mit Tieren und Pflanzen teilen, so verstehen wir unter dem lebendigen Zustand notwendig etwas, das uns nie verläßt und sowohl im Schlaf als im Wachen stets in uns fortdauert. Dies ist das vegetative Leben der Ernährung unseres Organismus, ein unbewußtes Leben, ein Leben des Schlafs. Das Gehirn macht hier dadurch eine Ausnahme, daß dieses Leben der Ernährung, dieses Schlafleben, bei ihm in den Pausen des Wachens überwogen wird von dem Leben der Verzehrung. In diesen Pausen steht das Gehirn einer überwiegenden Verzehrung preisgegeben und gerät folglich in einen Zustand, welcher, wenn er sich auf die übrigen Organe mit erstreckte, die absolute Entkräftung des Leibes oder den Tod zuwege bringen würde.»

Und dann, nachdem Fortlage zu dieser merkwürdigen Äußerung gekommen ist, setzt er diese Betrachtung fort in den folgenden, ich möchte sagen, tiefgründigen Worten:

«Das Bewußtsein ist ein kleiner und partieller Tod, der Tod ist ein großes und totales Bewußtsein, *ein Erwachen des ganzen Wesens in seinen innersten Tiefen.*»

Man sieht, durch einen solchen Lichtblitz, aus den Tiefen der menschlichen Seele kommend, erhellt sich für Fortlage der Zusammenhang zwischen dem, was man Tod nennen kann, und dem, was unser Bewußtsein ist, was uns während unseres wachen Lebens immer begleitet und im Grunde genommen eigentlich zum Menschen macht. Fortlage kommt zu einer Idee von der Verwandtschaft des Todes und des Bewußtseins, indem er sich klarmacht, daß das, was auf einmal im Augenblicke des Todes den Menschen ergreift, das, was auf einmal im Tode verzehrend für die menschliche Leiblichkeit wirkt, im Kleinen, in fortwährenden kleinen Mengen, könnte man sagen, dann wirkt, wenn wir diese Blüte unseres seelischen Daseins, das Bewußtsein während unseres wachen Lebens, entfalten. Jeder bewußte Akt ist im Kleinen dasselbe, was wie eine große Summe der Tod ist. So daß für Fortlage der wirkliche Tod, wenn er eintritt, das Auftauchen eines umfassenden Bewußtseins ist, das den Menschen hineinversetzt in eine übersinnliche Welt, während er, wenn er als Seele zwischen Geburt und Tod den physischen Leib zu seinem Leben braucht, in die sinnliche Welt hineinversetzt ist.

Fortlage hat viel über Seelenkunde geschrieben, viele Bände; solche Lichtblitze, sie tauchen nur ab und zu in seinen Schriften auf. Der übrige Inhalt seiner Schriften beschäftigt sich auch nur mit dem, was man so gewöhnlich heute in den Seelenkunden der Psychologie findet: mit der Vergesellschaftung der Vorstellungen, dem Ablauf der Vorstellungen, dem Auftauchen von Trieben und so weiter, kurz, mit all denjenigen Fragen, an die man sich heute einzig und allein in der Seelenkunde heranwagt und die weit abstehen von dem, was eigentlich den Menschen, den vollen, ganzen Menschen interessiert an der Seelenkunde, weit abliegen von den zwei Hauptfragen: von der Frage nach der menschlichen Freiheit und der Frage nach der menschlichen Unsterblichkeit.

Mit der letzteren Frage werden es hauptsächlich die Betrachtungen des heutigen Abends zu tun haben, während in einigen Wochen hier von mir ein Vortrag gehalten werden soll, der dann auf die Frage der Freiheit von demselben Gesichtspunkte aus eingehen wird.

Wenn nun auch Fortlage in dem breiten Umfang seiner psychologischen Forschung, seiner Seelenkunde, sich nur mit den untergeordneten Fragen befaßt, und so, daß ihn diese Art der Betätigung nicht zu den höchsten Fragen führen kann, immerhin finden sich bei ihm solche Lichtblitze. Aber auch dafür wurde er getadelt. Eduard von Hartmann – diejenigen verehrten Zuhörer, die frühere Vorträge von mir gehört haben, wissen, daß ich diesen Philosophen durchaus nicht unterschätze –, Eduard von Hartmann hat Fortlage scharf getadelt, daß er die Bahn der Wissenschaft verlassen habe in einem Moment, wo er einen solchen Zusammenhang in die strenge Wissenschaft hineinbringt, wie der ist zwischen dem menschlichen Bewußtsein und dem Tode.

Nun kann man sagen: Nicht allein Fortlage – derjenige weiß es, der sich in einem größeren Umfange mit der geisteswissenschaftlichen Literatur bekanntgemacht hat –, nicht allein Fortlage, viele Persönlichkeiten haben in einzelnen solchen Lichtblitzen etwas von Erkenntnis herausgebracht aus ihrer Seele, das sich bezieht auf diesen charakterisierten zweiten, im sinnlichen Menschen schlafenden Menschen. Aber es sind – gerade in der neueren Zeit – vereinzelte Lichtblitze geblieben.

Anthroposophie hat nun keine andere Aufgabe, als dasjenige, was sonst wie instinktiv in einzelnen Lichtblitzen wie eine Offenbarung höherer Erkenntnis aus den Tiefen der menschlichen Seele heraufgeklungen ist, ich möchte sagen, zu systematisieren, zu regeln, methodisch zu machen, so daß dasjenige, was dadurch entsteht, sich als eine vollgültige Wissenschaft neben die so herrliche Naturwissenschaft der neueren Zeit hinstellen kann. Dazu ist allerdings notwendig, daß derjenige, welcher sich ein Urteil bilden will über diese Anthroposophie oder Geisteswissenschaft, mancherlei Vorurteile abstreift, Vorurteile, von denen man nicht einmal sagen kann, daß viele Menschen, die sie haben, deshalb zu tadeln sind,

Vorurteile, die aus gewissen Vorzügen der Wissenschaft der Gegenwart heraus gerade leicht erklärlich sind.

Ich mußte ja sagen: Der Mensch, um den es sich eigentlich handelt, wenn Betrachtungen der Geisteswissenschaft in Betracht kommen, ist etwas wie Schlafendes in dem gewöhnlich wachenden Menschen. Daraus aber ist erklärlich, daß alles, was sich auf diesen zweiten, den im wachenden Menschen schlafenden Menschen bezieht, zunächst überhaupt so verläuft, daß man es nicht merkt, verläuft wie ein unter den Strömen des gewöhnlichen Bewußtseins verlaufender anderer Strom, der aber übertönt, überleuchtet wird von dem, womit man das Bewußtsein ausfüllt nach der Sinneserfahrung, nach den Bedürfnissen des persönlichen Lebens. Und wenn in diesem gewöhnlichen Leben ab und zu solche Lichtblitze heraufauchen, dann verschwinden sie schneller als ein Traum. Kein Wunder daher, daß die meisten Menschen schon einmal nach dem durchaus berechtigten Urteil der heutigen Zeit sich sagen: Ja, was da heraufkommt aus der Seele und Aufschluß geben will, eine Offenbarung bilden will über diesen leise klingenden, leise leuchtenden schlafenden Menschen, das macht, wenn es auftritt bei denen, die sich Geistesforscher nennen, den Eindruck des Traumhaften, des Phantastischen, es macht den Eindruck von Phantasiegebilden, was an Vorstellungen über diesen Menschen vorgebracht wird. Und auf solche Phantasiegebilde will sich ja die Gegenwart nicht einlassen. Da ist sie gleich fertig mit dem Urteil: Ach was, das ist etwas, was aus der Phantasie des einzelnen entsprungen ist, was ein Träumer geprägt hat!

Ja, etwas anderes könnte aber richtig sein. Wie wäre es, wenn es richtig wäre, daß man über das, was im Menschenwesen über Geburt und Tod hinaus lebt, was gegenüber dem Vergänglichen das Ewige der Menschennatur ist, wenn man über dieses zunächst nur so schwache Vorstellungen, so, ich möchte sagen, abgetönte Vorstellungen bekommen könnte, wie sie im Traum vorhanden sind? Wenn das so wäre, dann müßte man entweder auf jede Erkenntnis des Ewigen im Menschen verzichten, wenn man nicht zu Vorstellungen seine Zuflucht nehmen wollte, die mit dem Charakter auftreten, mit dem sonst die Phantasie oder der Traum auftreten, oder man muß schon einmal das, was man gewöhnt ist, an logischer Disziplin, an methodischem Forschungssinn in den Vorstellungen zu haben, die auf die Sinneswelt gehen, hineintragen in diese Welt, die einem sonst traumhaft vorkommt. Und man muß durch gewisse Mittel, innere Seelenmittel, durch Erregung gewisser innerer Seelenkräfte die Vorstellungen heraufheben, damit sie nicht bloß traumhaft vorbeihuschen, sondern die Deutlichkeit, die Eindrucksfähigkeit erhalten, welche die Vorstellungen des gewöhnlichen Lebens, des gewöhnlichen Wachlebens, des gewöhnlichen Bewußtseins haben.

Kann man dieses? Es ist heute schwer, einem Menschen klarzumachen, daß man es sogar in echt wissenschaftlichem Sinne kann, weil heute Naturwissenschaft als die einzige Wissenschaft gilt, die eine streng begründete Methodik hat. Und wenn man andere Wissenschaften unterscheidet, so läßt man sie eigentlich nur insoferne gelten, als sie nach dem Muster der Naturwissenschaft methodisch begründet sind. Man hat für gewisse Gebiete durchaus Recht, und man muß sogar noch mehr sagen. Man muß sagen: Was die Naturwissenschaft in der neueren Zeit heraufgebracht hat an Vorstellungen, zeigte, daß sie so sein müssen, wenn sie das Gebiet beherrschen wollen, das ihnen zugewiesen ist. Man muß aber auch sagen, daß man mit ihnen sich dem ewigen Leben des Menschen nicht nähern kann. Diese Vorstellungen können gar nicht gleich geeignet sein, die Rätsel der Natur zu lösen und die Rätsel der menschlichen Seele zu lösen. Zu dem letzteren muß etwas ganz anderes eintreten. Wie vielerlei Wege, wie vielerlei Mittel angewendet werden müssen, um die Seele so stark zu machen, so innerlich zu erkraften, daß sie Vorstellungen, die sonst wie schlafend unten im Bewußtsein ruhen, heraufholen kann und auf sie die strenge Disziplin und Methodik des Denkens anwenden kann, ich habe darüber in den verschiedenen Schriften, namentlich in meinem Buche «Wie erlangt man Erkenntnisse der höheren Welten?» gesprochen. Heute will ich wiederum, wie ich es in früheren Vorträgen hier getan habe, einige Gesichtspunkte aus diesen Schriften herausheben. Den ausführlichen Weg, den die Menschenseele einzuschlagen hat, um durch innerliche Erkraftung wirklich dahin zu kommen, hineinzusehen in die geistige Welt, wie man mit sinnlichen Augen hineinsieht in die physische Welt, diesen ausführlichen Weg muß man in den genannten Schriften suchen; allein ich will heute einige Gesichtspunkte besonders hervorheben.

Man bekommt keine Vorstellung von dem, wie eigentlich der Geistesforscher vorgehen muß, was er eigentlich tun muß, um mit seiner Seele hineinzuschauen in die geistige Welt, wenn man sich nicht klarmacht, was man erleben kann als voller, ganzer Mensch, mit den entsprechenden Erkenntnissehnsuchten und Erkenntnisbedürfnissen ausgestattet, an gewissen Grenzorten des Erkennens, zu denen einen gerade die moderne Naturwissenschaft führt.

Diese moderne Naturwissenschaft gibt dem, der sich ihr widmet, nicht nur Aufschlüsse, die niemand mehr bewundern kann als der Geistesforscher selbst, über den äußeren Naturverlauf, über mancherlei, was auch einzuschlagen hat in das praktische Leben, sondern diese Naturwissenschaft gibt dem, der sich ihr von gewissen Gesichtspunkten aus hingebungsvoll widmet, eine innere Erziehung des menschlichen Seelenlebens. Und mehr als man dazu in früheren Stadien naturwissenschaftlichen Erkennens in der Lage war, ist man heute erkenntnismäßig eigentlich gerade durch die Naturwissenschaft zur Geistesforschung vorbereitet. Man soll sich nur nicht einengen lassen durch das, was die Naturwissenschaft auf ihrem eigenen Gebiete über die Außenwelt zu sagen hat. Man soll sich vielmehr aufschwingen können zu einer inneren Disziplinierung, zu einer inneren Zucht des seelischen Lebens durch die Art und Weise, wie man an der Natur forscht. Die Vorstellungen, die die Naturwissenschaft selbst liefert, können nur Aufschluß geben über die äußere Natur; ihrem Inhalte nach werden sie nichts sagen über das geistige Leben. Aber indem man sie gebraucht, indem man sie gerade hingebungsvoll gebraucht bei der Naturforschung, bei der Naturerkenntnis, erziehen sie, ich möchte sagen, nebenbei in demjenigen Menschen, der in der Lage ist achtzugeben auf das, was in ihm da vorgeht, gewisse innere Lebensverhältnisse, die ihn dahin bringen, einen Begriff, ein inneres Erlebnis zu erhalten von dem, was es heißt: mit seiner Seele außerhalb des Leibes leben.

Ich weiß sehr wohl, daß dieser Begriff – mit seiner Seele außerhalb des Leibes leben – heute für viele der Gipfel des Unsinns ist. Doch das macht nichts. Jeder kann sich überzeugen, daß die innere Erfahrung ihm die gewisse

Einsicht in das Leben außerhalb des Leibes gibt, wenn er solche Übungen des Seelenlebens durchmacht, wie sie in meinen Schriften angedeutet sind oder wie ich sie im Prinzip hier aussprechen will.

Besonders Bedeutungsvolles kann man durchmachen, wenn man eben an jenen Grenzort des Erkenntnislebens kommt, an den einen die Naturwissenschaft so vielfach führt. Grenzort! Sehen Sie, von den großen Grenzfragen des Erkennens sprechen ja viele Leute. Man spricht davon, daß die menschliche Seele an eine Grenze kommt, wenn sie darüber forschen will, ob die Welt, räumlich oder zeitlich, unendlich oder endlich ist, wenn die Seele forschen will, ob sie einem unwiderstehlichen Zwang in allen ihren Handlungen unterliegt oder ob sie frei ist. Gewiß, das sind höchste Grenzfragen. Du Bois-Reymond hat in seiner berühmten Rede über die Grenzen des Naturerkennens, über die sieben Welträtsel, andere solche Grenzfragen hingestellt. Tiefsten Eindruck kann auf einen machen, wenn man so recht, ich möchte sagen, aus dem Erkenntnisschmerze eines Erkenntnismenschen heraus fühlt, wie ein solcher Mensch an einem solchen Grenzorte steht.

Ich könnte viele Beispiele anführen für die Tatsache, daß wahre Erkenntnismenschen an solche Grenzorte gestellt werden. Ein solches Beispiel ist das, welches uns vorliegt in den Schriften des berühmten Ästhetikers und Philosophen Friedrich Theodor Vischer, des sogenannten V-Vischer, weil er sich mit V schreibt. Wenn man seine Schriften durchliest: man muß oftmals haltmachen an dem, was seine Seele an solchen Grenzorten des Erkennens erlebt. Er hat eine schöne Abhandlung geschrieben über ein Buch, das der ja auch einmal in Basel hier wirkende Philosoph Volkelt geschrieben hat über die Traum-

Phantasie. In dieser Abhandlung, die allerdings V-Vischer den Vorwurf zugezogen hat – man sollte es nicht glauben, denn V-Vischer war von dem, was diesen Vorwurf betrifft, so weit als möglich entfernt; aber selbst dieses war möglich –, er sei unter die Spiritisten gegangen, da führt V-Vischer eine solche Stelle an, wo er zeigt, was er an den Grenzorten des Erkennens erlebte. Er sagte: Daß die menschliche Seele nicht im Leibe sein kann, das ist ganz gewiß, daß sie aber auch nicht außer dem Leibe sein kann, das ist ebenso gewiß. Hier haben wir eine solche Grenzfrage, eine solche Grenzfrage, die deshalb paradox ist, weil sie einen vollständigen Widerspruch in sich schließt, einen Widerspruch, wie diejenigen sind, auf die man eben immer gerade dann kommt, wenn man sich hingebungsvoll in strenge Naturwissenschaft vertieft, in das Leben überhaupt vertieft. Es ist ein Widerspruch, auf den man geführt wird: Die Seele kann nicht im Leibe sein, sie kann aber auch nicht außerhalb des Leibes sein! – Warum wird man zu solchem Widerspruch geführt?

An solchen Grenzorten, an denen solche Widersprüche auftreten, da hilft einem das naturwissenschaftliche Erkennen nichts, und am meisten störend ist es, wenn man den Glauben haben kann, daß einem dasselbe etwas hilft. Die meisten Menschen sind allerdings dann in der heutigen Zeit bald fertig mit ihrem Urteil. Sie sagen in einem solchen Falle einfach: Nun ja, bis hierher führt eben die menschliche Erkenntnis, weiter können wir nicht. – So ist es aber nicht. Weil Vischer in dem Vorurteile der neueren Zeit steckte, hat er gewissermaßen nur den Widerspruch erlebt. Aber er hat nicht erlebt, was man tun kann, um mit seiner Seele weiterzukommen an solchen Grenzorten. Hier muß das gewöhnliche Erkennen aufhören und ein ganz besonderes Erleben der Seele beginnen. Hier muß man gewissermaßen vergessen können, was einem die Vorstellungen aus dem gewöhnlichen Leben sind, weil sie einen eben nur bis zu diesem Grenzorte tragen. Das muß man hier erleben können. Hier muß man ringen können als Seele mit dem, was einem entgegentritt, wenn man sich einläßt in das, was da, ich möchte sagen, wirbelt in einem solchen Widerspruche, wie die Luft wirbelt, in die wir uns mit unserer Lunge hineinbegeben müssen. Solche Widersprüche wollen erlebt sein, wollen erlebt sein mit der ganzen Seele. Dann tritt dieser ganzen Seele wie aus grauer Geistestiefe etwas Neues entgegen, was sie ohne dieses Erleben mit solchen Widersprüchen eben nicht erfahren kann.

Man hat sich Vorstellungen gebildet über die Art und Weise, wie etwa niedere Tiere, niedere Organismen, die noch keine Sinne haben, die Sinne im Verkehre mit der Außenwelt entwickeln. Ein inneres Leben bestand; dieses innere Leben stößt an die äußere Welt, paßt sich der äußeren Welt an, erfährt die Impulse der äußeren Welt. Und während vorher das Leben gewissermaßen in dem Organismus pulsiert und dann überall anstößt an das äußerlich Sinnliche, an das Räumliche, bildet sich aus diesem Anstoßen, aus diesem Verkehr mit der Außenwelt, sagen wir, ein Tastsinn heraus. Erst ist es ein inneres Wühlen, dann ein Stoßen an die Grenzen des äußerlich Räumlichen. Aber das Wesen lernt im Verkehr mit der Außenwelt, sich anzupassen; aus den Rückwirkungen gegen die Stöße nach außen, die Drücke, bildet sich, was eine Art Abbildung der Außenwelt durch den Tastsinn ergibt; durch das Anprallen an die Grenze entwickelt sich dieser Tastsinn. Mit dieser Vorstellung – wir wollen jetzt nicht untersuchen, inwieweit sie gilt – von dem, was da in den niederen Organismen zur Bildung äußerer Sinne wirkt, kann man vergleichen, was die Seele erlebt, wenn sie an solche Grenzorte des Erkennens wie die bezeichneten kommt. Da ist es im Seelenleben wirklich so, wie wenn man zuerst im dunkeln Inneren an irgend etwas stoßen würde, was man zunächst äußerlich hat. Dann spezifiziert sich, differenziert sich, was man da in solchen widerspruchsvollen Vorstellungen erlebt, die man sich an Erkenntnis-Grenzorten bildet. Und so, wie sich aus dem Undifferenzierten heraus das Tastorgan als physischer Sinn ergibt, so ergibt sich aus dem Seelischen heraus, indem die Seele anschlägt an die Grenze der geistigen Welt, ein geistiges Dasein. Man stößt wirklich an die geistige Welt an. Aber man paßt sich ihr auch an. Und man erlebt das Bedeutsame, daß man gewissermaßen zuerst die Seele wie einen unentwickelten Seelenorganismus hat, dem die Geistwelt draußen, das Übersinnliche, gegenübersteht, dann aber, daß diese Seele gewissermaßen geistige Tastorgane und im weiteren, tieferen Prozeß auch Geistesaugen, Geistesohren, um diese Goetheschen Ausdrücke zu gebrauchen, entwickelt, um das, an das sie erst nur stößt, wirklich wahrzunehmen.

Ich glaube gern, daß heute die Menschen, die schon einmal vielleicht aus irgendwelchen unbestimmten inneren Instinkten heraus den Drang haben, etwas von der geistigen Welt zu erfahren, es mehr lieben würden, wenn man ihnen die Fähigkeit, die geistige Welt wahrzunehmen, dadurch beibringen könnte, daß man ihnen mystisch die Hände auflegt oder dergleichen. Das glauben ja manche Menschen. Aber so ist es nicht. Was uns die geistige Welt erschließt, ist innere, seelische Arbeit. Diese innere, seelische Arbeit führt wirklich zu dem, was ich angedeutet habe. Der Mensch, der seine Seele zu einer organisierten Seele umwandelt, der darauf kommt, daß er eine solche organisierte Seele in sich haben kann, der weiß, daß er in dem Moment, wo das Anstoßen an das Geistige zum Wahrnehmen des Geistes wird, mit seinem Seelischen frei vom Leiblichen lebt.

Dieses Frei-vom-Leiblichen-Leben ist durchaus ein Ergebnis innerer Wahrnehmung. Denn auch das, was ich eben jetzt auseinandergesetzt habe, tritt bei wirklichen Erkenntnismenschen immer wieder und wiederum auf. Es ist merkwürdig, wie genau der Gang, den ich Ihnen aus dem geistigen Forschungsweg heraus geschildert habe, sich bei denjenigen ausbildet, die die Schmerzen, die Sehnsuchten der Erkenntnis durchgemacht haben. Lassen Sie mich Ihnen noch einmal ein Beispiel gerade von diesem V-Vischer anführen, das Beispiel eines Ausspruches von ihm, durch den er zeigt, wie er sich immer wieder und wiederum an jene Grenzorte des Erkennens hingestellt fühlte, wo man nicht anders kann als voller, ganzer Mensch, denn Widersprüche wahrzunehmen, Widersprüche zu empfinden, aber Widersprüche, die sich nicht dadurch lösen, daß man sie logisch löst, sondern Widersprüche, die sich dadurch lösen, daß man sich in sie einlebt und seine Geistorgane entwickelt.

Insbesondere trat für V-Vischer immer wieder und wieder der Widerspruch auf: Das Gehirn soll das Organ der Seele sein, soll gewissermaßen Vorstellungen hervorbringen; aber vertieft man sich in das Wesen der Vorstellungen, so kann man sie nicht als Gehirnprodukte ansehen. Das ist solch ein Grenzort des Erkennens; V-Vischer sagt mit Bezug darauf:

«Kein Geist, wo kein Nervenzentrum, wo kein Gehirn, sagen die Gegner.» Vischer sagt es ja selbst nicht! «Kein Nervenzentrum, kein Gehirn, sagen wir, wenn es nicht von unten auf unzähligen Stufen vorbereitet wäre; es ist leicht, spöttlich von einem Umrumoren des Geistes in Granit und Kalk zu reden – nicht schwerer, als es uns wäre, spottweise zu fragen, wie sich das Eiweiß im Gehirn zu Ideen aufschwinge. Der menschlichen Erkenntnis schwindet die Messung der Stufenunterschiede. Es wird Geheimnis bleiben, wie es kommt und zugeht, daß die Natur, unter welcher doch der Geist schlummern muß, als so vollkommener Gegenschlag des Geistes dasteht, daß wir uns Beulen daran stoßen; es ist eine Diremtion von solchem Scheine der Absolutheit, daß mit Hegels Anderssein und Außersichsein, so geistreich die Formel, doch so gut wie nichts gesagt, die Schroffheit der scheinbaren Scheidewand einfach verdeckt ist. Die richtige Anerkennung der Schneide und des Stoßes in diesem Gegenschlag findet man bei Fichte, aber keine Erklärung dafür.»

Sehr merkwürdig, diese Schilderung! Friedrich Theodor Vischer sieht sich an eine solche Erkenntnisgrenze gestellt; er schildert sein Erlebnis. Wie muß er es schildern? Er kommt zu dem Ausdruck: «Wir stoßen uns Beulen daran.» Er kommt zu dem Ausdruck: «Schneide und Stoß im Gegenschlag.» – Man sieht die Seele, die sich differenzieren will, um innere Geistorgane zu entwickeln, durch die sie die übersinnliche Außenwelt erleben kann, in der sie drinnensteht.

Eine lange Zeit in der Entwickelungsgeschichte der Menschheit war ein Hindernis, in der richtigen Art und Weise sich aufzuschwingen zu dem, was ich hier Geistorgane nenne, durch die man eine geistige Welt wahrnimmt, genau so, wie man durch die sinnlichen Organe eine sinnliche Welt wahrnimmt – eine lange Zeit war ein Hindernis, daß man glaubte, gewisse Fragen, gerade die Fragen über Gott, Freiheit und Unsterblichkeit, könnten nur gelöst werden durch das menschliche Denken, durch das

Denken, das von den sinnenfälligen Eindrücken ausgeht. Nun ist das Denken wichtig, denn im Grunde genommen besteht ein großer Teil jener Übungen, die man machen muß, um zu Geistorganen zu kommen, in einer Entwikkelung des Denkens, in einer höheren Entwickelung des Denkens, als das Denken ist, das man zur gewöhnlichen Naturwissenschaft braucht. Aber wenn man sich dem Denken nur überläßt, das man im gewöhnlichen Leben braucht, so ist es ein Denken, das aus dem gewöhnlichen Menschen kommt, nicht aus jenem zweiten, in ihm schlafenden Menschen. Dieses Denken führt nicht in die geistige Welt hinein; dieses Denken kann sich nur von sich klarmachen, daß es in der geistigen Welt steht. Das wird allerdings kein vorurteilsloser Mensch zugeben, daß Gedanken etwas sind, was in der sinnlichen Welt lebt; aber enthalten können diese Gedanken nichts anderes als Eindrücke der sinnlichen Welt, wenn sie aus der gewöhnlichen Menschennatur heraus genommen sind. Tiefere – ich möchte sagen, wenn der Ausdruck erlaubt ist – Erleber des menschlichen Innenlebens haben es auch wiederum wie in Geistesblitzen immer gefühlt, wohin das menschliche Denken führt, wenn es sich, emanzipiert von der äußeren sinnlichen Wahrnehmung, sich selbst überläßt.

Man kann wiederum, wenn man Erfahrung hat in der geisteswissenschaftlichen Literatur, bei zahlreichen, in ihrer Forschung über den Geist tiefgehenden Persönlichkeiten solche Lichtblitze, die manchmal allerdings Finsternisblitze sind, finden. Bei ihnen muß man wiederum stillstehen und beobachten, zu welchen Klippen das menschliche Erkenntnisleben führt, wenn dieses Leben aufrichtig und wahr und ehrlich mit sich selber ist und sich nicht allerlei Vorurteile vormacht, allerlei von anderen, sichergestellten Gebieten hergenommene Methoden auch auf das Seelenleben selber anwenden will. Wiederum ein Beispiel für viele:

Ein Mann, der wirklich mit Erkenntnisproblemen und Erkenntnisrätseln gerungen hat, ist Gideon Spicker, der bis vor wenigen Jahren an der Universität in Münster Philosophie vorgetragen hat. Gideon Spicker ist ausgegangen von der Erziehung zum Geistigen. Aus der Theologie heraus haben sich die tiefsten Erkenntnisfragen in seiner Seele festgelegt. Vor einigen Jahren hat er ein schönes Büchelchen geschrieben: «Philosophisches Bekenntnis eines ehemaligen Kapuziners», zwei Bändchen; das eine gibt sein Leben, das andere gibt seine Erkenntnissehnsucht. An einer Stelle muß man besonders haltmachen, wo dieser ehemalige Kapuziner, der dann Philosophie-Professor geworden ist, sich über das Erlebnis ausspricht, das er mit dem Denken hatte, das er zwar losgebracht hat von der sinnlichen Erfahrung, das er aber, weil er in die Geisteswissenschaft hineinzugehen doch nicht den Mut hatte, nicht bis dahin ausbildete, wo die Kraft der Gedanken selber Geistorgane erweckt, so daß man einer geistigen Welt gegenübersteht, mit seiner Seele sich im Bereich des Übersinnlichen fühlt. Weil er an einem solchen Grenzorte war, an dem er mit dem Denken etwas erlebte, sprach er sich also aus:

«Zu welcher Philosophie man sich bekenne: ob zur dogmatischen oder skeptischen, empirischen oder transzendentalen, kritischen oder eklektischen: alle ohne Ausnahme gehen von einem unbewiesenen und unbeweisbaren Satz aus, nämlich von der *Notwendigkeit des Denkens.* Hinter diese Notwendigkeit kommt keine Untersuchung, so tief sie auch schürfen mag, jemals zurück. Sie muß unbedingt angenommen werden und läßt sich durch nichts begründen» – er meint die Notwendigkeit des Denkens –, «jeder Versuch, ihre Richtigkeit beweisen zu wollen, setzt sie immer schon voraus. Unter ihr gähnt ein bodenloser Abgrund, eine schauerliche, von keinem Lichtstrahl erhellte Finsternis. Wir wissen also nicht, woher sie kommt, noch wohin sie führt. Ob ein gnädiger Gott oder ein böser Dämon sie in die Vernunft gelegt, beides ist ungewiß.»

So spricht allerdings kein Mensch, der nur ein bißchen etwas gelernt hat, vielleicht auch recht viel gelernt hat und dann aus den gelernten Begriffen heraus allerlei Philosophien aufstellt, allerlei monistische oder dualistische Weltanschauungen zusammenzimmert; so spricht ein Mensch, der durchgemacht hat, was der Erkenntnisringer und Erkenntnisforscher durchmachen kann, wenn er mit den Kräften seiner Seele nur tief genug in jene Untergründe des inneren Erlebens eintaucht, in die man eintauchen kann, in jene Untergründe, wo man an die Klippen, an die Scheidewände stößt, die man nur durchdringt, wenn die geistigen Organe wirklich erwachen, wenn sie Bewußtsein werden.

Ich habe eine Reihe solcher Menschen, die, wie Gideon Spicker, nach Erkenntnis ringen, kennengelernt im Leben, und ich habe versucht, solche Erkenntnis-Charaktere wiederzugeben in dem Bilde einer Persönlichkeit in meinen Mysterien-Dramen, in dem Bilde des Strader. Ich habe allerdings dabei erleben müssen, daß ich gerade von denen, die sich oftmals Anhänger der Geistesrichtung, die ich vertrete, nennen, am allertiefsten mißverstanden worden bin. Während die Persönlichkeiten, die in diesen Dramen, in diesen, ich möchte sagen, Erkenntnisdramen dargestellt sind, aus dem wirklichen, weit umfassenden Leben herausgenommen sind, aus jenem Leben, das gerade die Notwendigkeit und die Begründetheit der Geisteswissenschaft aus den anderen Gebieten des heutigen Daseins heraus zeigen soll, haben sich sonderbare Menschen gefunden, die geglaubt haben, ich wolle solche Rollen denen, die sie darstellen sollten, auf den Leib schreiben, während ich selbstverständlich von nichts weiter entfernt war als gerade von diesem.

Man könnte durch einen Vergleich darstellen, was ein solcher Mensch erlebt, der nicht bis zur Geisterkenntnis, wohl aber bis zur Einsicht in die Notwendigkeit des Denkens kommt. Wer bis zur Geisterkenntnis kommt, der weiß, daß, wenn man das Denken nicht bloß bedenken will, sondern erlebt – so wie der niedere Organismus es erlebt, wenn sich aus einer unbestimmten Lebenssubstanz die Organe herausbilden –, der erlebt allerdings jenseits des Denkens nicht, was Gideon Spicker schildert, den bodenlosen Abgrund, die schauerliche, von keinem Lichtstrahl erhellte Finsternis, sondern er erlebt jenseits dieses Denkens die geistige Welt, welche die sinnliche Wirklichkeit trägt. Er erlebt sich mit seiner Seele in diesem übersinnlichen Bereich. Er erlebt es auch, daß es keine Ungewißheit bleibt, ob ein gnädiger Gott oder ein böser Dämon in die Vernunft gelegt ist, sondern er erlebt das Geistige, das in die Vernunft hereinstrahlt, dann durch geistige Erfahrung, geistige Beobachtung, wie die sinnliche Welt in die sinnliche Beobachtung hereinstrahlt.

Aber man muß allerdings sagen, daß das Denken, wenn es nur sich selbst überlassen ist, wenn es bloß gedacht, nicht erlebt wird, daß dann eine solche Entwickelung des Seelenlebens sich vergleichen läßt – verzeihen Sie den etwas sonderbaren Vergleich, aber ich muß ihn machen, weil er eigentlich aus der Natur der Sache selbst folgt – mit einem hungrigen Organismus. Und wenn man glaubt, durch bloßes Denken über die höchsten Fragen – Gott,

Freiheit, Unsterblichkeit – etwas ausmachen zu können, dann gleicht man einem Menschen, der dem Hunger nicht dadurch abhelfen will, daß von außen Nahrung zugeführt wird, sondern daß der Hunger sich selber entwickelt, auf sich selbst gebaut entwickelt. So wenig man nämlich einen hungrigen Organismus zur Entwickelung bringen kann, so daß er in sich selbst wiederum seine Bedürfnisse ausgleicht, ebensowenig kann man, wenn man sich bloß dem Denken überläßt, es zu irgendeiner Erfüllung der Seele mit einem geistigen Gehalt bringen, zu irgendeiner Lösung der Fragen über Gott, Freiheit, Unsterblichkeit. Wie man, wenn man nicht ißt, nur immer weiter hungern kann, der Hunger niemals sich durch sich selbst stillt, so kann man zur geistigen Entwickelung nicht gelangen, wenn man nur immer weiter denkt.

Das hat vielfach die ältere philosophische Metaphysik gewollt. Und so hart es ist, wahr ist es doch: Diese veraltete Metaphysik, die allerdings für manche Menschen der Gegenwart etwas Neues ist – man will sie sogar ab und zu wiederum auffrischen und betrachtet es als eine große Errungenschaft, wiederum diese Fragen der Metaphysik aufzufrischen –, sie ist nichts anderes als eine Wissenschaft, welche an Unterernährung, an seelischer Unterernährung, leidet. Philosophische Metaphysik ist verhungerte Wissenschaft, seelisch.

Aber es genügt nicht, wenn man nur diese Erkenntnis erringt, um das innere Erleben wirklich richtig zu verstehen. Wie man verstehen muß, daß bloßes Denken zur Verhungerungsmetaphysik führt, wenn dieses Denken sich nicht aufkraftet zu innerlichem Erleben, so muß man auch verstehen, daß noch so viele Erkenntnisse der äußeren sinnenfälligen Wirklichkeit, die sich auf den Menschen beziehen, noch so viele Ergebnisse der Sinnesbeobachtung und der Verarbeitung dieser Sinnesbeobachtung durch den Verstand der Menschen, durch methodische Forschung, zu keiner Seelenerkenntnis führen können. Sie werden sich ja überzeugen können, wenn Sie heute gebräuchliche Lehrbücher oder sonstige Bücher über Seelenwissenschaft in die Hand nehmen; begonnen wird gewöhnlich damit, daß über das Nervensystem gesprochen wird. Was sonst über den menschlichen Organismus gesprochen wird, was dann aufgebaut wird, das ist oftmals sogar nur erflossen aus dem, was über den menschlichen Organismus aus der Physiologie, aus der Naturwissenschaft entlehnt ist.

Nun muß man immer wieder und wieder betonen, um nicht mißverstanden zu werden, daß es der Geisteswissenschaft so fern als möglich liegt, die Naturwissenschaft zu verkennen; dem, was die Naturwissenschaft auch in der neueren Zeit über die Geheimnisse des Nervenlebens, über die Geheimnisse des menschlichen Organismus überhaupt gebracht hat, dem soll sein Wert nicht genommen werden. Aber der Wert liegt auf einem anderen Gebiete als auf dem der Seelenerkenntnis. Man kann das bloße Denken sich überlassen, dann verhungert man, ist einem Verhungernden ähnlich; aber zur Erkenntnis des Seelenlebens sich bloß der äußeren Beobachtung zu überlassen, welche die Naturwissenschaft, die Anatomie, die Physiologie, die Biologie gibt, das gleicht von der anderen Seite dem Hineinführen in den menschlichen Organismus nicht von brauchbaren Nahrungsmitteln, sondern von allerlei Zeug, das unverdaulich ist. Wenn man sich den Magen anfüllt mit unverdaulichen Steinen oder mit dergleichen, so ist eben der menschliche Organismus nicht imstande, aus diesem unverdaulichen Zeug etwas zu machen. So kann man, wenn man die naturwissenschaftlichen Ergebnisse einfach so nimmt, wie sie sind, sie seelisch nicht verarbeitet, auch nicht annehmen, daß daraus irgendeine Aufklärung über die geistige Welt, über das Leben der Seele im Bereich des Übersinnlichen entsteht. Man hat sich in der neueren Zeit den verschiedensten Vorstellungen überlassen, die erklären sollen, wie eigentlich die Seele zum Leibe steht. Nicht nur, daß da die sonderbarsten Märchen herumschwirren in dem, was man oftmals Wissenschaft nennt. Märchen, Aberglaube, man will ihn ja aus dem äußeren Leben ausmerzen, in der Wissenschaft floriert er oftmals so stark, wie er nur jemals im Leben floriert hat, nur bemerkt man ihn in der Wissenschaft ebensowenig, wie man ihn damals im äußeren Leben bemerkte. So das Märchen von den Telegraphendrähten: daß die Nerven selber Telegraphendrähte wären nach der Seele hin, welche die äußeren Sinneseindrücke weiterleiten, dann wiederum andere Nerven, welche die Willensimpulse nach der Peripherie des Leibes lenken. Von diesem Märchen, von diesem immer wieder und wiederkehrenden Vergleiche möchte man schon gar nicht reden, denn was mit diesem Vergleich gemeint wird, ist ganz fern von dem wirklichen Tatbestand und entspringt nur einem eben nicht bemerkten wissenschaftlichen Aberglauben.

Aber zwei Vorstellungen möchte man doch hervorheben, welche auch heute sehr verbreitet sind bei denjenigen, die über das Verhältnis des Leibes zur Seele nachdachten. Die einen glauben, sie müssen den Leib – vorzugsweise reden sie ja dann von dem Nervensystem – wie eine Art Werkzeug der Seele behandeln, wie wenn also die Seele so eine Art Akteur wäre, ein Wesen, welches sich des Leibes wie eines Werkzeuges bedient. Die anderen, die nicht einsehen können, wie ein seelisch-geistiges

Wesen – als was ihnen ja die Seele gilt – einen Angriffspunkt finden soll, um auf etwas Materielles wie den Leib zu wirken, die sind gar darauf gekommen – sehr viele heutige Seelenforscher sind darauf gekommen –, die sonderbare Vorstellung auszubilden, die man nennt den seelisch-leiblichen Parallelismus. Da sollen die Vorgänge des Leibes für sich ablaufen, alle möglichen leiblichen Vorgänge. Ohne daß die Seele auf den Leib wirkt wie eine Ursache oder der Leib zurück auf die Seele wirkt, soll das Seelenleben parallel mit den leiblichen Vorgängen ablaufen, so nebeneinander zwei Parallelströmungen. Eins begleitet immer das andere, nur wirkt das eine nicht auf das andere. Wundt, Ebbinghaus, eine ganze Anzahl von Psychologen, Paulsen – ich müßte viele anführen – geben sich dieser sonderbaren Parallelismustheorie hin.

Alle diese Theorien leiden daran, daß sie eben durchaus nicht darauf kommen, worinnen der Zusammenhang der Seele mit dem Leib eigentlich beruht. Dieser Zusammenhang läßt sich nämlich weder dadurch ausdrücken, daß man sagt: Der Leib ist das Werkzeug der Seele –, noch läßt er sich dadurch ausdrücken, daß man sagt: Die Seelenerscheinungen, die Seelenvorgänge laufen parallel mit den Leibeserscheinungen ab.

Ich kann allerdings dasjenige, was auf diesem Gebiete zu sagen ist, was ein weites Feld umspannt, nur vorbringen – wie ich ja auch angekündigt habe – als Ergebnis und Beobachtung der Anthroposophie; die weiteren Begründungen kann jeder in den verschiedenen Schriften von mir finden. Aber ich möchte das Wesentliche, wozu gerade die angeregten Fragen die anthroposophische Forschung führen, denn doch heute hier in Kürze entwickeln.

Will man das Verhältnis der Seele zum Leib in der richtigen Art ausdrücken, so muß man sagen: Insofern der Mensch in Betracht kommt, erweist sich für eine wirkliche Beobachtung – für eine solche Beobachtung, die dazu vordringt, Geistiges zu schauen auf dem Wege, den ich angedeutet habe – alles Leibliche, was am Menschen ist, weder als Werkzeug noch als nebenherlaufender Vorgang, sondern als Schöpfung des Seelischen, im Kleinen und im Großen als Schöpfung des Seelischen. Und es ist nichts Leibliches am Menschen, das nicht eine Schöpfung des Seelischen wäre. Man muß allerdings manches Vorurteil abstreifen, man muß manche neuen Begriffe aufnehmen aus der Geisteswissenschaft, wenn man diese weittragende Idee, daß alles Leibliche eine Schöpfung des Seelischen ist, ins Auge fassen will.

Schon im Kleinen ist das so, wenn wir irgendeine Vorstellung uns bilden, wenn ein Gefühl auftritt in uns. Ja, nur weil man nicht gelernt hat, wirklich geist-leiblich zu beobachten, glaubt man, da wirke etwas Äußerliches auf einen fertigen Leib; die äußerliche Wirkung übertrage sich durch das Auge oder Ohr auf den fertigen Leib, dann gehe die Wirkung im Innern weiter. Sehen Sie sich einmal wirklich vorurteilslos die entsprechenden Theorien, die so sprechen, an; Sie werden überall finden: Auf wirkliche Beobachtung sind sie gar nicht gebaut, sondern sie sind eigentlich alle auf Vorurteile gebaut. Denn was wirklich vorgeht, wenn wir eine Wahrnehmung machen, wenn wir etwas hören, das ist in dem Moment eigentlich in seinem wesentlichsten Teile schon vollzogen, wenn uns die Sache zum Bewußtsein kommt, und ist immer im Grunde genommen ein Bildungsvorgang im Leibe. Ein Lichtstrahl trifft uns; der Lichtstrahl bewirkt etwas. Er ist in derselben Welt, in der auch unser Leib eingeschaltet ist. In unserem Leib geht etwas vor. Was darinnen vorgeht, das ist von ganz derselben Art, nur im Kleinen, ich möchte sagen im Atomistischen, wie das ist, wenn aus Kräften im Großen unser Gesamtorganismus gebildet wird. Wie unser Gesamtorganismus gebildet wird aus den Kräften des Wachstums und aus anderen Kräften heraus, so wird etwas gebildet in uns, wenn ein Lichtstrahl uns trifft, wenn ein Tonstrahl uns trifft und so weiter. Was da gebildet wird, was Neubildung ist in uns, was entstanden ist in uns, was geradeso als etwas Feines, Atomistisches in uns ist, wie wenn uns ein neuer Finger gewachsen wäre – das wäre nur deutlicher –, das spiegelt sich dann zurück in die Seele, die nicht im Leibe ist, sondern immer im Bereich des Übersinnlichen. Und das Spiegelbild, das kommt uns zum Bewußtsein. Der Vorgang aber, der sich da vollziehen muß für das wache Bewußtsein, muß ein Verzehrungsvorgang, ein Abbauvorgang, wirklich ein kleiner Tod sein.

Wir können an den gewöhnlichen Bewußtseinsvorgängen, an dem, was wir als Vorstellung, Fühlen und Wollen im gewöhnlichen Leben haben, im Grunde genommen uns nicht völlig überzeugen durch leiblich-geistige Beobachtung, wie es sich eigentlich mit dem Bewußtsein und mit dem Seelenwesen verhält. Aber wenn wir auf etwas anderes eingehen, wenn wir eingehen auf das, was auch unser gewöhnliches Wachleben begleitet, auf die Bildung der Erinnerungsvorstellungen, auf das Gedächtnis, da kommen wir dem schon näher, was eben gesagt worden ist. Wer zu beobachten versteht, was im Menschen vorgeht, der weiß: Was eigentlich eine Vorstellung uns bewußt macht, was macht, daß ich einen Gegenstand sehe, höre, fühle, das führt nicht sogleich zu Erinnerungen. Nein, sondern es muß immer etwas nebenherlaufen, ein anderer Vorgang nebenherlaufen. Haben Sie Sinn für Beobachtung, so sehen Sie sich an einen Schüler, der so recht ochst; was er alles für Nebenübungen machen muß, damit das, was er aufnimmt, auch gedächtnismäßig wird, damit es in die Erinnerung übergeht. Es muß nämlich immer ein unterbewußter Vorgang, ein unbewußter Begleitvorgang vor sich gehen. Das, was wir wissen, das bleibt uns nicht, sondern was neben dem Bewußtsein im Unterbewußtsein hergeht. Das aber, was da geschieht in unserem Organismus durch diese Nebenströmung des Bewußtseins, das ist noch sehr ähnlich den Vorgängen, die vor sich gehen, wenn wir wachsen, wenn wir von klein auf wachsen, wenn wir uns bilden. Das Entstehen von Bewußtseinsvorstellungen ist wirklich ein atomistischer Wachstumsvorgang im Kleinen. Es wächst etwas in uns, wenn es auch nur etwas Minuziöses ist. Sonst wachsen wir wie mit Riesenkräften im Verhältnis zu dem kleinen Wachstumsvorgang, der sich in uns vollzieht, unbemerkt für das gewöhnliche Leben, wenn Erinnerung sich bildet. Unter der Oberfläche des Stromes der bewußten Vorstellungen fließt, während wir vorstellend erleben, ein Geschehen, das die Erinnerungen trägt; und das ist sehr ähnlich den Wachstumsvorgängen. Fragen Sie, warum man gerade in der Jugend das Gedächtnis gut ausbilden kann? Weil man da noch eben jene Kräfte, die Wachstumskräfte sind, frisch in sich hat, weil sie noch nicht abgestorben, abgewelkt sind. Aber ich kann immer nur solche einzelnen Belege geben; man kann, was ich gesagt habe, durch Hunderte und Hunderte von einzelnen Beobachtungen belegen.

Dasjenige aber, was unser gewöhnliches Vorstellen ist, das auch, was unser Fühlen, was unser Wollen ist, was überhaupt der Verlauf unseres Seelenlebens ist, das greift nun schon so ein, daß es nicht nur sich spiegelt und dadurch das, was eigentlich geschieht, zum Bewußtsein bringt; sondern so, wie behufs der Erinnerung eine Unterströmung da ist zu unserem bewußten Leben, so gibt es auch eine Oberströmung. Und wie man die Unterströmung nicht bemerkt – man bemerkt sie höchstens, wenn der Schüler ochst und Bewegungen macht und sein Gehirn anstößt, um irgend etwas zu tun, diese Unterströmung zu fördern –, die Oberströmung bemerkt man erst recht nicht. Diese Oberströmung gehört aber vor allen Dingen dem an, was ich vorhin den zweiten Menschen genannt habe, der da schläft in dem gewöhnlichen Menschen, während wir denken, fühlen, wollen und auf diese Weise die Blüten unseres gewöhnlichen Lebens zustande bringen, das zwischen Geburt und Tod, oder sagen wir zwischen Empfängnis und Tod verläuft.

Ebenso wie die Erinnerungsströmung unter dem Bewußtsein, so verläuft über dem Bewußtsein etwas rein Seelisches, etwas, was nun gar nicht irgendwie im gewöhnlichen Erleben in den Leib eingreift. Und weil dieses bewußte Seelenleben ein solches, ich möchte sagen, Übererleben hat, deshalb reichen für dieses bewußte Seelenleben, ja für das vollständige Seelenleben die Kräfte gar nicht aus, die der Mensch als Wachstumskräfte hat. Die Kräfte, die den Menschen zur Geburt führen, reichen nicht aus. Diese Kräfte könnten am Menschen nur hervorrufen, was wir am schlafenden Organismus wahrnehmen. In dem Augenblicke, wo in den Organismus das Bewußtsein mit seinen bezeichneten Überströmungen eingreift, müssen in den Organismus diejenigen Kräfte eingreifen, die dann in ihrer Gesamtsumme als Tod diesen Organismus auch zerstören. Diese Kräfte sind Abbaukräfte, sind solche Kräfte, die immer mehr und mehr abbauend eingreifen, so daß die Kräfte des Wachstums ausgleichend im Schlafe wirken müssen. Erst dann versteht man das übersinnliche Leben der Seele, wenn man weiß, wie weit untersinnlich das rein Organische reicht.

Ich spreche nicht gern – die verehrten Zuhörer, die öfter mich hier gehört haben, wissen das – von rein persönlichen Erlebnissen; allein, was ich jetzt von rein persönlichen Erlebnissen sagen will, hängt ja wesentlich mit dem zusammen, was ich überhaupt vorzubringen habe.

Ich darf wohl gestehen, daß ich durch innere Arbeit die Probleme, von denen ich auch heute spreche, von denen ich in meinen Schriften spreche, seit weit mehr als dreißig Jahren intensiv verfolge, verfolge auf allen Wegen, die sich ergeben können. Diese Wege sollen die Seele hineinführen in das Gebiet des geistigen Lebens und in den Zusammenhang dieses geistig-seelischen Lebens mit dem leiblichen Leben. Ich habe gefunden, daß man, wenn man heute in Gemäßheit der wissenschaftlichen Errungenschaften unserer Zeit ehrlich und aufrichtig zu Werke geht, wirklich unendlich vieles und Fruchtbares gerade gewinnen kann, indem man sich naturwissenschaftlich diszipliniert, indem man sich naturwissenschaftlich schult. Man findet auf diesem Wege dann auch – gerade wenn man durch die Naturwissenschaft geht – genau diejenigen Fragen, diejenigen Probleme, zu deren Lösung die gewöhnliche Naturwissenschaft nicht ausreicht. Ja, gerade aus naturwissenschaftlichem Denken heraus bekommt man andere Ergebnisse, andere Beobachtungsresultate über das, was in der Naturwissenschaft eigentlich vorliegt.

Ich muß sagen: Zu den größten Rätseln auf naturwissenschaftlich-geisteswissenschaftlichem Gebiete gehörte für mich durch Jahrzehnte die Frage nach dem Wesen des Nervensystems, dieses Nervensystems, das naturwissenschaftliche Psychologen, psychologische Naturwissenschafter der Gegenwart eben für das Organ der Seele halten, von dem sie sich vorstellen, daß in den Nerven eine innere Tätigkeit vor sich geht, die so ähnlich ist wie andere Organtätigkeiten. Nun ja, es gehen auch solche Tätigkeiten in den Nerven vor sich, aber sie dienen eben nicht der Bildung von Vorstellungen, von Gefühlen und vom Willen. Die Vorgänge, die im Nervensystem vor sich gehen, dienen der Ernährung der Nerven, dienen der Herstellung der Nervensubstanz, wenn sie verbraucht ist. Sie dienen eben durchaus nicht dem seelischen Leben; sie müssen aber da sein, damit das seelische Leben stattfinden kann. Ich darf einen Vergleich gebrauchen, den ich hier schon einmal gebraucht habe.

Wenn man das Nervensystem ansieht und es betrachtet als etwas, was da sein muß zum Seelenleben, so hat man eben so etwas, wie wenn man sagt: Der Boden muß da sein, damit ich nicht in die Tiefe falle, wenn ich gehen will. Aber wenn ich gehe, der Boden ist weich, und ich lasse Spuren zurück, dann wird derjenige ganz fehlgehen, der nun den Boden untersucht und die Kräfte darinnen sucht, in dem Boden, die da meine Fußspuren gemacht haben, von innen heraus. So wenig wie diese Kräfte von innen heraus, ebensowenig machen irgendwelche inneren Kräfte des Gehirns und Nervensystems die Spuren, die durch Vorstellen, Wollen und Fühlen entstehen. Da wirkt das Seelische, das im übersinnlichen Gebiet waltet. Sowenig ich, wenn ich gehe, etwas zu tun habe mit dem Fußboden – trotzdem er mir notwendig ist –, sowenig hat die Seele etwas zu tun mit den Nerven, trotzdem gewiß dieses Nervensystem so notwendig ist wie mir der Fußboden.

Ehe man das nicht einsieht, ehe man das nicht als wirkliche Beobachtung erlebt, eher kann man überhaupt zu keinem Verständnis des wahren Wesens der Seele kommen. Was dem seelischen Leben wirklich zugrunde liegt im Nervenleben, sind nicht die Ernährungsvorgänge, sind nicht organische Vorgänge des Nervensystems – die führen, wie gesagt, zu einer anderen Richtung hin –, das ist dasjenige, was ich nun näher bezeichnen möchte. Ich habe das vorhergehende Persönliche angeführt, damit Sie sehen, daß ich nicht leichtsinnig ein so Gewichtiges ausspreche, was ich jetzt aussprechen will, daß es schwer errungen ist, was ich über das Nervenleben sage: Indem der Mensch in seine Nervenverästelungen sich hineinlebt, indem organische Kräfte in die Nervenverästelungen hineingehen, geht er über aus dem Leben in den Tod. In die Nervenverästelungen hinein stirbt der Mensch fortwährend, wenn er diese Nervenverästelungen zum Denken, Fühlen oder Wollen gebraucht. Das organische Leben geht nicht etwa wie die Wachstumsverhältnisse fort, sondern es erstirbt, indem es sich in die Nerven hinein verästelt. Und indem es erstirbt, indem es Leichnam wird, abhungert, sich ablähmt, bereitet es die Möglichkeit eines Bodens für die geistige Entwickelung, für das rein übersinnliche Seelische. Genau ebenso, wie wenn ich unter dem Rezipienten einer Luftpumpe die Luft wegschaffe, die darinnen ist, luftleeren Raum schaffe, dann die Luft ganz von selber einströmt und sich drinnen geltend macht, so strömt, wenn der Organismus in das Nervensystem hinein fortwährend den partiellen Tod sendet, fortwährend sich abgestorben macht, in den abgestorbenen Teil seelisches Leben ein.

Daher ist der Tod, der partielle Tod die Grundlage des Bewußtseins. Lernt man erkennen, daß der Mensch nicht ein Hineinergießen seiner organischen Kräfte in seinen Leib braucht, um diesen Leib zum Sitz der Seele zu machen, sondern daß der Mensch in die Notwendigkeit versetzt ist, seinem organischen Erleben gerade Grenzen zu setzen, seinem organischen Weben der Kräfte immerfort den Tod zu schaffen, immerfort zurückzuziehen dieses organische Leben aus den Stellen, zu denen die Nerven Gelegenheit geben, dann merkt man, wie das übersinnliche Seelenleben in dem sinnlichen Leib darinnen sich entfalten kann, nachdem es sich allerdings diesen sinnlichen Leib zuerst aufgebaut hat. Denn dieselbe Seele ist es, die in der Zeit von der Geburt, oder sagen wir der Empfängnis bis zum Tode denkt, fühlt und will, dieselbe Seele ist es, die auch vorher da ist. Die geistige Welt – ich habe es hier auch schon öfter ausgesprochen – ist nicht irgendwie in einem Wolkenkuckucksheim, sie ist überall da, wo die sinnliche auch ist; sie durchdringt, durchsetzt sie; und überall, wo sinnliche Wirkungen sind, gehen sie heraus aus übersinnlichen, aus geistigen Wirkungen. Diese Seele, die während des Lebens, weil sie sich den Leib fertig gebildet hat, weil sie sich ihn umgebildet hat zum Spiegelungsapparat, der ihr zurückstrahlt die Vorgänge, die ihr zum Bewußtsein kommen können, dieselbe Seele, die also sich bewußt gestaltet, weil sie gewissermaßen den Leib verfestigt hat, dieselbe Seele lebt in der übersinnlichen Welt, bevor sie zur Geburt, oder sagen wir Empfängnis kam, sie lebt in der übersinnlichen Welt, und in diesem Leben hängt sie mit der übersinnlichen Welt zusammen. Diese Seele ist vorhanden, nicht Jahrzehnte, sondern Jahrhunderte, bevor sie durch die Empfängnis zum sinnlichen Dasein schreitet.

Und so, wie während des Lebens zwischen Geburt und Tod diese Seele im Leibe sich ihr Abbild geschaffen hat und durch dieses Abbild des Leibes ihr Leben entfaltet, so entfaltet das Leben der Seele von der anderen Seite, von der übersinnlichen Welt her, durch ihr Strahlen und Strömen die Kräfte, welche durch Generationen Eltern, Vater und Mutter, wiederum Vater und Mutter eine weitere Generation hinauf und so weiter, zusammenführen, so führen sie die Menschen zusammen, daß sich durch die Generationen hindurch jene Kräfte ausbilden, die dann als Vererbungskräfte auftreten.

Es ist richtig – und keineswegs soll die naturwissenschaftliche Lehre von der Vererbung etwa angefochten werden von der Geisteswissenschaft –, daß, was wir vererben, in der sinnlichen Generationenreihe entsteht. Aber in diese sinnliche Generationenreihe wirkt schon unsere Seele hinein. Wir legen in unsere Vorfahren durch die Wirkungen unserer Seele die Kräfte, die wir dann vererbt erhalten. So bilden wir, wie wir in der Erinnerung im kleinen Wachstum etwas bilden, unseren Gesamtorganismus aus der geistigen Welt heraus; und nur die Unterlage, die Gelegenheit dazu wird gegeben durch das, was in der sinnlichen Vererbungsströmung, in der Generationenfolge ist. Der Leib ist durchaus Geschöpf des Seelisch-Geistigen. So wie das einzelne Erlebnis zwischen Geburt und Tod auf einer Schöpfung des geistigen Wirkens beruht, so beruht auch das Gesamtleibliche des Menschen auf der Schöpfung dieses Leiblichen aus dem Geistig-Seelischen heraus. Aber aufgenommen wird in diese ganze Entwickelungsströmung nicht nur, was Wachstumskräfte sind, nicht nur, was vorwärtsschreitende Kräfte sind, sondern auch was die Kräfte sind, die sich dann in der Gesamtsumme als Tod zeigen, der nur die Außenseite für die Unsterblichkeit ist.

Denn indem das Seelisch-Geistige gewissermaßen den Leib in die Welt hineinstellt, an ihm sich spiegelt, erlebt es sein eigenes Leben im Bereich des Übersinnlichen. Dadurch aber, daß die Ihnen vorhin geschilderte Oberströmung sich entwickelt, dadurch zerstört es zugleich den Leib, dadurch trägt es den Tod hinein. Und so, wie jedes Bewußtsein auf einem partiellen Tod beruht, so ist der gesamte Tod nichts anderes als das Zurücknehmen des Seelischen vom Leiblichen, das der Beginn eines andersartigen Erlebens des Seelischen ist. Wir wissen: So, wie wir für die Zeit zwischen Geburt und Tod die Erinnerungsvorstellungen ausbilden, so bilden wir in der angedeuteten übersinnlichen Strömung, in der überbewußten Strömung, den inneren Menschen aus, der durch Geburten und Tode geht, der ewig ist.

Was ich angedeutet habe als das Erleben der Seele, das Sich-selbst-Erleben der Seele im Übersinnlichen, das ist nun nicht etwa etwas, was der Geistesforscher erzeugt, das ist etwas, was als der charakterisierte zweite Mensch, der sonst aber nur verschlafen wird, immer in dem Menschen ist. Geistesforschung ist nichts anderes als das Zum-Bewußtsein-Bringen desjenigen, was im Menschen fortwährend ist, was auch ewig ist im Menschen, so daß es durch den Tod hindurchgehen kann. Dann, wenn man auf die angedeutete Weise in die Lage kommt, sich mit seinem Seelischen im Geistigen zu bewegen, geradeso, wie man sich mit seinen Sinnen im Physisch-Sinnlichen bewegt, dann weiß man, daß man als Mensch, als geistig-seelischer Mensch, ebenso in einer Geisteswelt lebt, wie man durch die Sinne in einer physischen Welt lebt. Und wie man, hinschauend auf die physische Welt, Reiche unterscheidet – das Mineralreich, das Pflanzenreich, das Tierreich –, so unterscheidet man in der geistigen Welt Reiche voller Wesen, die, hinaufgehend, immer geistiger und geistiger werden, denen der Mensch durch seine

Seele ebenso angehört, wie er durch seinen Leib dem mineralischen, dem pflanzlichen, dem tierischen Reich angehört. Kurz, die Seele tritt bewußt ein in das Gebiet des Geistigen.

Ich möchte diese Weltanschauung, welche auf die Art wissenschaftlich entsteht, wie ich es angedeutet habe, am liebsten nennen nach den Quellen – wenn man nicht mißverstanden werden würde, würde ich es auch immer so nennen –, nach den Quellen, aus denen sie für mich selber stammt; ich würde diese Weltanschauung am liebsten Goetheanismus nennen, so wie ich, wenn dadurch nicht Mißverständnisse über Mißverständnisse sich ergeben würden, den Bau in Dornach draußen, der dieser Weltanschauung gewidmet ist, am liebsten Goetheanum nennen würde. Denn nicht auf irgendwelchen Träumereien, nicht auf irgendwelchen willkürlichen Einfällen, sondern auf der gesunden Voraussetzung, auf welcher die Goethesche Weltanschauung beruht, beruht auch dasjenige, was von mir als Anthroposophie gemeint ist. Goethe unterschied sich in seiner Auffassung der Naturdinge gerade durch solche Voraussetzungen von demjenigen, was nachher als Naturwissenschaft – zwar mit einem gewissen Recht, denn man kommt mit Begriffen nur dann vorwärts, wenn man sie reinlich gebraucht – entstanden ist. Goethe aber bildete solche naturwissenschaftliche Begriffe aus, daß diese Begriffe wirklich nicht der Seele wie Steine im Magen liegen, sondern umgebildet werden können, so daß man heraufkommt mit diesen naturwissenschaftlichen Begriffen in das Gebiet des Seelischen. Goethe selbst hat noch nicht Geisteswissenschaft begründet; er ist nicht dazu gekommen. Aber er hat seine Metamorphosenlehre so ausgebildet, daß man nur konsequent das innere Erleben aus den Prinzipien heraus weiter auszugestalten braucht, aus denen die Goethesche Metamorphosenlehre geflossen ist, dann kommt man auch zu einer Erfassung des seelisch-geistigen Erlebens.

Wozu kommt denn eigentlich die landläufige Psychologie? Ein sehr, sehr bedeutender, wie ich glaube, der bedeutendste Philosoph der Gegenwart, der in diesem Frühling in Zürich verstorbene Franz Brentano, er hat ein reiches Erkenntnisleben hinter sich, er war ein Kämpfer auf diesem Gebiet; zuletzt hat er ein Asyl gefunden, während der Zeit dieses Krieges, in Zürich; im Frühling dieses Jahres starb er. Er hat sein ganzes Leben hindurch, neben seinen anderen tiefgründigen Forschungen auf dem Gebiet des Seelenlebens, versucht, zurechtzukommen mit dem, was man nennt: Denken oder Vorstellen, Fühlen und Wollen. Es spielen ja diese drei Begriffe in der Seelenwissenschaft eine ganz besondere Rolle. Nun, auch Franz Brentano ist nicht weitergekommen als eigentlich nur zu einer Einteilung, ist nicht bis dahin gekommen, wo im Grunde genommen gerade im Seelischen erst gesehen werden kann, was da lebt als Seelisches, wo das Seelische selbst erst als ein Lebendiges erfaßt werden kann. Wenn man so einfach mechanisch gruppiert: Vorstellen, Fühlen, Wollen – hat man drei Klassen. Um das Seelische, in dem ja Denken, Fühlen und Wollen leben, als Lebendiges zu erfassen, muß man das Seelische, jetzt allerdings Geistig-Seelische, in dem Sinne erfassen, wie Goethe die äußeren Naturdinge zu erfassen suchte in seiner Metamorphosenlehre, wie Goethe versuchte – man mag ihm darinnen nun mehr oder weniger Recht geben, darauf kommt es jetzt nicht an; im einzelnen mag er gefehlt haben, auf das Prinzipielle, auf das Methodische kommt es an –, wie Goethe versucht hat, in dem Blütenblatt, ja noch in den Fruchtorganen umgewandelte grüne Stengelblätter zu sehen. Wie er alle Organe durch eine metamorphosische Umwandlung ineinander sich zu erklären versuchte, so muß man nicht bloß stehenlassen nebeneinander Denken, Fühlen und Wollen, sondern den lebendigen Übergang von ihnen gewinnen.

Da kann ich wiederum nur durch Jahrzehnte gereifte Forschungsergebnisse der Anthroposophie anführen: Was wir im gewöhnlichen Leben Wollen, was wir unseren Willen nennen, ist nicht bloß so äußerlich neben das Fühlen und neben das Vorstellen hingestellt, sondern das Fühlen ist einfach durch eine Metamorphose aus dem Wollen entstanden, bildet sich aus dem Wollen heraus, so, wie sich das Blütenblatt aus dem Stengelblatt bildet; und das Vorstellen bildet sich wiederum aus dem Fühlen heraus. Der Anthroposoph kommt am Schluß zu dem Ergebnis: Was wir als ein Wollen erkennen, ist im Grunde ein junges, ein noch kindliches Wesen, das, wenn es alt wird, älter wird, zum Fühlen sich verwandelt, metamorphosiert, und wenn es noch älter wird, zum Gedanken, zur Vorstellung sich hinmetamorphosiert.

In dem, was wir als Vorstellen erleben, ist immer in geheimnisvoller Weise dasselbe wesenhaft drinnen, das auch im Fühlen und Wollen drinnen ist. Nur erleben wir nicht – weil wir im gewöhnlichen Leben das erleben, was die Seele mit Hilfe des Leibes, mit Hilfe des Abbildes, des Geschöpfes, das sie sich selbst gemacht hat, erlebt –, wir erleben nicht, wie alles Vorstellen aus dem Fühlen hervorgeht. Wenn aber die Seele sich ihre Geistorgane ausgebildet hat, dann erlebt sie in allen Vorstellungen ein geheimnisvolles Fühlen, nur nicht ein Fühlen, das an unseren Leib gebunden ist, sondern ein Fühlen, das uns auf dem Umwege durch die Vorstellung hinausführt in die Weiten der geistigen Welt. Man erlebt dann, wenn man durch das Fühlen nicht hineingeführt wird in sein Leibliches, sondern umgekehrt, hinausgeführt wird in die Weiten der geistigen Welt, dasjenige Übersinnliche, in dem wir sind zwischen dem Tode und einer neuen Geburt, in dem die Seele lebt, bevor sie zur Geburt schreitet und nachdem sie durch die Pforte des Todes gegangen ist. Und man erlebt dann in höherem Wissen, als die gewöhnlichen Vorstellungen sind, in geistig-seelischem Wissen, die übersinnliche Welt.

Die meisten Menschen möchten allerdings diese übersinnliche Welt so nach den Methoden, nach dem Vorbilde der sinnlichen erleben. Sie sind nicht zufrieden damit, sie bloß im Bilde – wie ich in meinen Schriften angedeutet habe –, in Imaginationen zu erleben. Sie möchten sie so derb erleben wie die Sinnlichkeit. Allein, wie der Leib erst sterben muß, um reiner Geist zu werden, so muß das, was sinnliche Erkenntnis ist, erst aus sich abstreifen, was sich mit dem Materiellen, mit dem Stofflichen verbindet, und es muß die Erkenntnis Imagination, imaginativ werden, damit im imaginativen Erleben, das so fein ist wie das Phantasieleben, aber nicht so willkürlich, sondern innerlich methodisch geregelt, damit in diesem übersinnlichen Erleben, das jetzt kein Traum ist, abgestreift wird das Sinnlich-Stoffliche, das der sinnlichen Wahrnehmung angehört, und ein Bild schon zwischen Geburt und Tod gewonnen wird von dem, was Wirklichkeit ist, wenn der Mensch durch die Pforte des Todes in die übersinnliche Welt eintritt. Alles, was vom Leib kommt, ist stofflich in der Erkenntnis; das muß abgestreift werden von der Erkenntnis, wenn man diese Erkenntnis zum Übersinnlichen führen will.

Daher kann niemand hoffen, das Übersinnliche wirklich zu erkennen, der es so derb in die Sinneswelt hereinstellen will wie die Spiritisten, die Stimmen oder sonstige materielle Wirkungen haben möchten, während sie eigentlich, in einer sonderbaren Selbsttäuschung befangen, im Grunde auf das Übersinnliche losgehen wollen und sich ein Sinnliches hingestellt haben. Jenes feingeistige Erleben, jenes wirklich auch der stofflichen Erkenntnis entkleidete Erleben, das eintreten muß, wenn man den ewigen, den unvergänglichen Menschen erleben will, mit dem begnügen sich eben viele Leute in unseren Tagen nicht. Aber dieses übersinnliche Erleben ist es allein, was uns zu einer wirklichen Erkenntnis des Seelenwesens im Bereich des Übersinnlichen führen kann, wie ich gezeigt habe – ich konnte es nur skizzenhaft zeigen –, welches uns zu einer wahren Anschauung über das Verhältnis des Leibes zur Seele und der Seele zum Leibe führt.

Wie das Fühlen sich umwandelt zu dem Vorstellen, so auch das Wollen. Und wie man geheimnisvoll in jeder Vorstellung ein Gefühl finden kann, so entdeckt man auch ein Wollen, aber ein Wollen, das einen nicht hineinführt in die menschlichen Gliederbewegungen, in das menschliche sinnliche Handeln, sondern das einen hinausführt aus dem Vorstellungsleben in den Bereich der übersinnlichen Welt. Entdeckt man in dem altgewordenen Seelenwesen des Vorstellens das junge Seelenwesen des Wollens, dann entdeckt man in diesem Wollen, das rein geistig erlebt wird, diejenigen Kräfte, die herüberspielen in dieses Erdenleben aus vorhergehenden Erdenleben, die der Mensch durchlebt hat. Und dann werden die wiederholten Erdenleben, dann wird der Durchgang der Seele als übersinnliches Wesen durch wiederholte Erdenleben, mit dazwischenliegenden Leben in der rein übersinnlichen Welt, ein wirkliches Beobachtungsobjekt; dann tritt der Mensch ein in die wirkliche übersinnliche Erkenntnis.

Diese wirkliche übersinnliche Erkenntnis – man könnte meinen, sie sei nur zur Befriedigung des menschlichen Erkenntnisbedürfnisses da. Lassen Sie mich ganz kurz, zum Schlusse, nur mit wenigen Worten noch andeuten, daß dies nicht der Fall ist.

Wovon man glauben könnte, daß nur der menschliche Erkenntnishunger, das Wissensbedürfnis befriedigt werden könnte, das hat seine tiefe praktische Bedeutung. Gewiß, man hat es ja in der Entwickelung der Menschheit mit einem Fortschritt zu tun. Die kopernikanische Weltanschauung, die moderne Naturwissenschaft sind erst gekommen, nachdem die Menschheit andere Stufen voraus durchgemacht hatte. So wird anthroposophisch orientierte Geisteswissenschaft, wie sie hier gemeint ist, erst entstehen, wenn, so wie dazumal am Ende des Mittelalters der Drang entstanden ist, in anderer Weise als im Mittelalter das Weltengebäude anzuschauen, wenn der Drang, das Übersinnliche zu erkennen, in den Menschen stark genug sein wird. Viele Menschen, die wissen, daß es eine übersinnliche Welt gibt, glauben noch, die Menschen seien heute nicht reif, jene freien Erkenntniskräfte zu entwickeln, den schlafenden Menschen zu entfalten. Das Gegenteil ist der Fall! Der Mensch dürstet heute in seinen Seelentiefen nach einem Wissen des Übersinnlichen. Er betäubt sich nur, wie ich es ja in dem Eingang des Vortrages gesagt habe.

Aber auch aus anderen Gründen wird seine Betäubung nicht mehr lange standhalten können. Man kann die Natur erkennen, ohne daß man zu Gesetzen aufsteigt, die das Seelenleben erklärlich machen, ja man kann sogar sagen: Man wird die Natur um so reiner erkennen, je mehr man sich bei der Ausbildung der Naturgesetze fernhält von allem Einmischen eines Seelisch-Geistigen. Die Naturgesetze werden um so geeigneter sein für ihr Feld, je weniger sie beirrt werden von Gesetzen, die sich nur auf das Seelisch-Geistige beziehen. Das muß man schon sagen. Aber sobald es sich darum handelt, das Menschenleben in seiner Gänze zu verstehen, so zu verstehen, daß unser Verständnis eingreifen kann in die Entwickelung dieses Menschenlebens, sobald es sich darum handelt, das soziale, das politische, das gesellschaftliche Zusammenleben zu verstehen, sobald es sich nur darum handelt, überhaupt ein richtiges Verhältnis von Mensch zu Mensch zu finden, dann ist ein anderes notwendig, dann reichen die Denkformen nicht aus, die nur an dem Muster der Naturwissenschaft gebildet sind.

O, die Menschheit hat sich nur zu sehr gewöhnt, alles Leben nach solchen Denkformen zu denken, nach denen natürliche Vorgänge, naturgemäße Vorgänge, gedacht werden. Und so hat man sich auch, ich möchte sagen, instinktiv hineingefunden, das soziale Leben, das politische Zusammenleben der Menschen so zu denken und auch so zu gestalten, wie der Geist gestaltet, der sich eben nur gewöhnt, Naturgesetze zu denken. Immer mehr und mehr hat sich das durch die letzten vier Jahrhunderte bis in unsere Zeit herein ausgebildet. Wie es für die Naturwissenschaft gerade recht ist, den Geist auszuschließen, um ihr Feld rein zu bekommen, so ist es völlig ungenügend für das menschliche Zusammenleben, für alles das, was mit Gesellschaft, mit sozialer Wissenschaft zusammenhängt, Denkformen auszubilden, die nur aus der Naturwissenschaft herausgezogen sind. Man wird nicht fertig mit der Art und Weise, wie die Menschen über die Erde hin zusammenleben müssen, wenn man dieses Zusammenleben nach politischen, nach sozialen, nach gesellschaftlichen Idealen gestalten will, die nach dem Muster naturwissenschaftlicher Gesetze gemacht sind.

Ein Beispiel für viele: Als dieser tragische Krieg entstanden ist, da konnte man von vielen Seiten her hören, gerade von Leuten, die sich zugute taten, Erfahrungen zu haben in bezug auf die Gesetze des menschlichen Zusammenlebens – nun ja, man hat es vielfach gehört –: Dieser Krieg kann nicht länger als höchstens vier bis fünf Monate dauern. – Ganz im Ernste, in vollem Ernste haben das die Menschen gesagt aus ihrem Denken, das sie sich herausgebildet haben aus der Zucht naturwissenschaftlicher Schulung, die auch bei demjenigen, der nicht Naturwissenschafter ist, vorhanden ist. Gerade die «Kundigsten» waren es, die so gesprochen haben. Wie hat in trauriger Weise die Wirklichkeit diese Vorstellungen widerlegt! Niemand, der geisteswissenschaftlich die Welt durchschaut, kann sich solchen Irrtümern hingeben, aus dem einfachen Grunde nicht, weil er weiß, was für ein Unterschied besteht zwischen wirklichkeitsfernen Vorstellungen und wirklichkeitsnahen, die Wirklichkeit durchdringenden Vorstellungen.

Was als Geisteswissenschaft, als Anthroposophie unsere Seelen erfüllt, das bringt uns zusammen mit der Wirklichkeit, das stellt uns in die ganze, volle Wirklichkeit hinein. Eine Sozialwissenschaft, eine Wissenschaft über das menschliche Zusammenleben, die wirklich gewachsen ist diesem Zusammenleben der Menschen über die ganze Erde hin, die nicht Instinkte, Impulse in die Menschen hineinbringen soll, die sich so entladen, wie sich die heutigen furchtbaren, katastrophalen Ereignisse entladen – eine solche Sozialwissenschaft, eine solche Gesellschaftswissenschaft kann nur erwachsen aus den Voraussetzungen heraus, die die Geisteswissenschaft, die anthroposophisch orientierte Geisteswissenschaft, gibt. Denn die allein hat es nicht mit einem Lebensteil, sondern mit dem ganzen vollen Leben zu tun; die allein kann daher der Wirklichkeit gewachsene Vorstellungen und Begriffe erzeugen.

Und wenn sich die Menschen nicht bequemen werden, ihr soziales Denken auf dem Boden anthroposophisch orientierter Geisteswissenschaft aufzubauen – das ist meine innigste Überzeugung –, so wird die Menschheit aus den Kalamitäten, die sich heute so furchtbar entladen, nicht herauskommen. Ich weiß zu würdigen, was ausgeht von den Leuten, die sich heute pazifistisch oder ähnlich nennen, die für allerlei Friedensbewegungen enthusiasmiert sind. Allein, solche Dinge lassen sich nicht durch bloße Gebote entscheiden, lassen sich nicht dadurch entscheiden, daß man dekretiert: das oder jenes müsse sein. Man kann durchaus einverstanden sein mit dem, was sein muß. Wenn man aber nur die Gebote, nur die Gesetze bringt aus dem gewöhnlichen Denken heraus, so ist das so, als wenn man zu dem Ofen, der da steht, sagen würde: Lieber Ofen, es ist deine Ofenpflicht, das Zimmer zu heizen; also heize das Zimmer hübsch. – Er wird das Zimmer nicht heizen, ohne daß man Holz hineintut und Feuer anmacht, obwohl es heutzutage ganz angenehm wäre. Aber es kann eben nicht sein, sondern man muß den Ofen mit Holz beladen und Feuer anmachen. Ebensowenig reichen alle gewöhnlichen regulären Vorstellungen über Friedenserhaltung und so weiter aus. Um was es sich handelt, das ist, daß man nicht bloß spricht: Menschen, liebet einander –, sondern daß man, vergleichsweise gesprochen, in die Menschenseelen Heizmaterial hereinbringt. Dieses aber sind Begriffe, die aus dem lebendigen Erfassen des Geisteslebens hervorgehen. Denn die menschliche Seele gehört nicht allein dem materiellen, sie gehört dem geistigen Leben an. Und vielfach versteht man heute noch gar nicht, was es heißt, daß diese menschliche Seele dem Bereich des Übersinnlichen angehört. Man glaubt eben gewöhnlich, daß man mit den Gesetzen, die man heute entwickelt, schon im Bereich des Übersinnlichen stehe. Das tut man nicht.

Gerade auf den Gebieten der ernsten Wissenschaft fängt man vielfach an, heute schon einzusehen, daß es auch eine Bedeutung hat, nicht bloß dasjenige, was naturwissenschaftliches Vorurteil in den letzten Jahrzehnten vorgezeichnet hat, auf das menschliche Erleben hin zu prüfen, sondern daß da andere Begriffe, andere Vorstellungen nötig sind.

Haben wir doch das merkwürdige Schauspiel erlebt in der letzten Zeit, daß einer der treuesten Schüler Haeckels, Oscar Hertwig, der berühmte Physiologe, Biologe, ein Buch geschrieben hat, in dem er, trotzdem er einer der treuesten Schüler Haeckels war, Abschied nimmt von der ganzen Äußerlichkeit der darwinschen Theorie, von jener Theorie, die nur durch eine Summe von Zufälligkeiten, von Zufällen das Werden erklären will, die nicht will, daß Kräfte eingreifen in dieses Werden, die nicht durch bloße äußere Beobachtung erkannt werden können. So hat man das Merkwürdige erlebt, daß Oscar Hertwig in der letzten Zeit ein bedeutsames Buch geschrieben hat: «Das Werden der Organismen. Eine Widerlegung von Darwins Zufallstheorie». Und in diesem Buche, in dem die ernste Wissenschaft selber herauszukommen sucht aus dem Hängen an dem bloß Materiellen, aufzusteigen sucht in das Geistige, schließt Oscar Hertwig aus diesen Erwägungen heraus – und das ist das Bezeichnende, das Sie mir gestatten, zum Schlusse anzuführen – seine Ausführungen in der folgenden Weise:

«Die Auslegung der Lehre Darwins, die mit ihren Unbestimmtheiten so vieldeutig ist, gestattete auch eine sehr vielseitige Verwendung auf anderen Gebieten des wirtschaftlichen, des sozialen und des politischen Lebens. Aus ihr konnte jeder, wie aus einem delphischen Orakelspruch, je nachdem es ihm erwünscht war, seine Nutzanwendungen auf soziale, politische, hygienische, medizinische und andere Fragen ziehen und sich zur Bekräftigung seiner Behauptungen auf die Wissenschaft der darwinistisch umgeprägten Biologie mit ihren unabänderlichen Naturgesetzen berufen. Wenn nun aber diese vermeintlichen Gesetze keine solchen sind» – was Oscar Hertwig glaubt bewiesen zu haben –, «sollten da bei ihrer vielseitigen Nutzanwendung auf andere Gebiete nicht auch soziale Gefahren bestehen können? Man glaube doch nicht, daß die menschliche Gesellschaft ein halbes Jahrhundert lang Redewendungen wie unerbittlicher Kampf ums Dasein, Auslese des Passenden, des Nützlichen, des Zweckmäßigen, Vervollkommnung durch Zuchtwahl etc. in ihrer Übertragung auf die verschiedensten Gebiete, wie tägliches Brot, gebrauchen kann, ohne in der ganzen Richtung ihrer Ideenbildung tiefer und nachhaltiger beeinflußt zu werden! Der Nachweis für die Behauptung würde sich nicht schwer aus vielen Erscheinungen der Neuzeit gewinnen lassen. Eben darum greift die Entscheidung über Wahrheit und Irrtum des Darwinismus auch weit über den Rahmen der biologischen Wissenschaft hinaus.»

Da sieht man, wie ein Naturforscher einsieht: Was die Menschen denken und was von ihren Gedanken in ihre Impulse übergeht, das bereitet vor und gestaltet aus, was dann in der äußeren Wirklichkeit sich entladet; auch auf sozialem Gebiete ist Geistiges der Schöpfer des Materiellen. Und wenn das Materielle in solcher Gestalt auftritt wie gegenwärtig, dann, dann muß nach anderen Gründen im Geistigen gesucht werden, als sie von dem gesucht werden, der mit seinen Begriffen über das Soziale sich nur nach dem Muster der Naturwissenschaft erzieht. Eine Geisteswissenschaft, die auf Okkultismus gegründet ist, wird anders auf das soziale Leben wirken können; sie wird nicht bloß sprechen von einem unerbittlichen «Kampf ums Dasein», sondern sie wird durchschauen, was sich hineinstellt als Geistiges in das, was im Natürlichen nur als Kampf ums Dasein auftritt; sie wird nicht bloß das Dasein nach dem Äußeren anschauen, sondern nach dem, was der Geist hineingegossen hat, wird nicht bloß nach dem Zweckmäßigen den Verlauf der Entwickelung beurteilen, sondern auch nach dem, was als ethisch Wertvolles in den Verlauf der Zweckmäßigkeit hineingestellt wird; sie wird nicht bloß von Vervollkommnung durch Zuchtwahl sprechen, sondern von dem schöpferischen Geist, der in die Entwickelungsströmung einströmt und sich die Zuchtwahl nur schafft, so wie die Seele sich ihren Leib schafft. Sie wird im Übersinnlichen vor allem die Grundlagen für die sozialen Gesetze suchen.

Da können wir schon sehen, daß Geisteswissenschaft, anthroposophisch orientierte Geisteswissenschaft, nicht etwas zur bloßen Erkenntnisbefriedigung ist, sondern etwas ist, was mit dem praktischen Bedürfnis, mit dem ganzen Verlauf des Lebens innig zusammenhängt. Und die Zukunft wird jene Grundlagen des Denkens gerade für das praktische Leben fordern, die nur aus Geisteswissenschaft fließen können.

Warum sträuben sich die Menschen heute noch so vielfach dagegen, Geisteswissenschaft in ihre Seelen aufzunehmen? Gerade aus dem heute abend Gesagten kann man sich eine Antwort bilden in bezug auf diese Frage. Es hat uns heute abend vorzugsweise beschäftigt, wie Geisteswissenschaft dem Rätsel der Unsterblichkeit nachgeht. Allein es trennt uns von dieser Unsterblichkeit der Tod. Und wir haben ja gesehen: Gerade im Verlaufe des Lebens müssen wir das fortwährende Hereingreifen des Todes anerkennen. In alten Zeiten, in denen man in anderer Art, aber doch gesprochen hat von der Erkenntnis der geistigen Welt, hat man immer gesagt: Derjenige, der eintritt in die geistige Welt, muß symbolisch den Tod erleben. – Nun ist das vielleicht eine radikale Ausdrucksweise, aber wahr ist es. Zwischen unserer Welt der Sinne und des Verstandes, der die Sinnesbeobachtungen zergliedert, und der Welt, in der Unsterblichkeit west, liegt nicht eine Welt des Wachsens, nicht eine Welt des Blühens, nicht eine Welt des Gedeihens, sondern dazwischen liegt der Tod. Und man muß dem Tod, man muß den Abbaukräften, man muß den Kräften ins Auge schauen, die den Kräften, die gerade die Naturwissenschaft betrachtet, den Kräften der Geburt, des Wachstums, entgegenwirken. Das bringt auf dem Gebiete der Erkenntnis etwas Ähnliches hervor, wie es auf dem Gebiet des äußeren Lebens die Todesfurcht ist. Man kann schon sprechen von einer Erkenntnis-Todesfurcht, davon, daß die Menschen nicht den Mut haben, durch dasjenige Gebiet durchzudringen, durch das durchgegangen werden muß, wenn man ins Übersinnliche eintreten will. Die Menschen schrecken zurück. Sie wissen es nicht. Sie machen sich allerlei vor an Theorien und Vorurteilen über «Erkenntnisgrenzen», über irgendeine nur materielle Bedeutung des Lebens. Lieber machen sie sich das vor, als daß sie kühn hineintreten durch jenes Tor, durch das man allein aus der sinnlichen in die übersinnliche Welt kommen kann. Das Tor ist aber dasjenige, durch das man das Wesen des Todes und alles dessen, was todverwandt ist, erkennen muß. Denn es ist wahr: Befriedigende innere Seelenharmonie, der Mensch wird sie nur finden, wenn er aufnehmen kann in sein Seeleninneres die Geheimnisse der Unsterblichkeit.

Aber zu der Erkenntnisfrucht, die sich als Unsterblichkeit genießen läßt, zu der dringt man nur, indem man umackert den Boden des Todes und des Tod-Verwandten. Davor aber darf man sich nicht fürchten. In dem Maße, als die Menschen auf dem Gebiete des Erkennens diese Erkenntnis-Todesfurcht überwinden, wird eine Wissenschaft des Unsterblichen, eine Wissenschaft des Übersinnlichen, entstehen.

Morgen werde ich darüber sprechen, wie diese Wissenschaft des Übersinnlichen, diese anthroposophisch orientierte Geisteswissenschaft, niemanden in seinem religiösen Bekenntnisse stört.

Ich hoffe, daß ich Sie morgen nicht so lange aufhalte; aber der heutige grundlegende Vortrag ließ sich nicht kürzer machen.

ANTHROPOSOPHIE STÖRT NIEMANDES RELIGIÖSES BEKENNTNIS

Basel, 19. Oktober 1917

Wenn religiöses Empfinden und Erleben seine Aufgabe gegenüber den Anforderungen der heutigen Zeit recht verstehen will und dann von einem so gewonnenen Gesichtspunkte aus mit vollem Verständnisse dem entgegentreten würde, was die hier gemeinte Anthroposophie anstrebt, so würde das religiöse Empfinden und Bekennen in Anthroposophie gerade heute einen sehr willkommenen Bundesgenossen sehen können. Allein man macht es sich ja in der Gegenwart nicht immer zur Aufgabe, die Dinge, über die man glaubt, ein geeignetes, ein kompetentes Urteil abzugeben, auch wirklich in ihrer Eigenart kennenzulernen. Dies trifft insbesondere nun gegenüber dem, was hier als Anthroposophie gemeint ist, man kann schon sagen, in ausreichendstem Maße zu. Man beurteilt, was einem da entgegentritt, indem man es mit irgendeiner von außen her genommenen Etikette versieht, oftmals eine wahre Karikatur dessen entwirft, um was es sich in Wirklichkeit handelt; und dann beurteilt man nicht diese Wirklichkeit, sondern das selbstgemachte Bild, oftmals die selbstgemachte Karikatur.

Würde man auf Anthroposophie eingehen, würde man ihre Aufgabe gegenüber den Zeiträtseln und Zeitproblemen wirklich ins Auge fassen, so würde man vor allen Dingen auf eines hingelenkt werden, das aus dem ganzen Geiste, aus dem ganzen Sinn anthroposophischer Forschung herausleuchtet. Das ist: Anthroposophie unterscheidet sich, man kann sagen, von allen übrigen Meinungen und Anschauungen, die sich über Welt und Mensch und so weiter ergeben, dadurch, daß diese Anthroposophie lebendig durchdrungen ist – wie aus ihren Erkenntnissen heraus es so sein muß – von dem, was im umfassendsten Sinne im Entwickelungsgedanken liegt.

Menschliche Meinungen, namentlich dann, wenn sie Weltanschauungsmeinungen sein wollen, fühlen sich nur dann befriedigt, wenn sie, in gewissem Sinne und in gewissen Grenzen wenigstens, sich sagen können: Ich habe Gedanken, die gelten; die sind in sich absolut gültig; die habe ich gefunden oder die hat die Wissenschaft oder die Religion oder irgend etwas anderes gefunden; aber sie gelten, sie gelten absolut in sich. – So steht es um Anthroposophie nun nicht. Anthroposophie weiß, daß die Gedanken herausgeboren sein müssen in jeder Zeit aus dem, was man in einem tieferen Sinne den Geist der Zeit nennen kann. Und der Geist der Menschheit ist in fortdauernder Entwickelung. So daß dasjenige, was als Meinung über die Welt in einem Zeitalter auftritt, eine andere Form haben muß als dasjenige, was in solcher Art in einem anderen Zeitalter auftritt. Indem Anthroposophie heute vor die Welt hintritt, weiß sie, daß nach Jahrhunderten dasjenige, was sie heute sagt, in ganz anderer Form für ganz andere Menschheitsbedürfnisse und ganz andere Menschheitsinteressen wird gesagt werden müssen, daß sie nicht «absolute Wahrheiten» anstreben kann, sondern daß sie in lebendiger Entwickelung ist.

Aus solchen Voraussetzungen heraus folgt eine gewisse Gesinnung. Und von dieser Gesinnung hängt wiederum die Beurteilung ab, die Anthroposophie haben muß von anderen geistigen Bestrebungen und geistigen Strömungen, hängt das Verhältnis ab, in das sie sich zu setzen hat zu anderen geistigen Strömungen, anderen Meinungen, anderen Anschauungen. Für unsere Zeit sollte vor allen Dingen ins Auge gefaßt werden, daß diese Anthroposophie durchaus nicht so entstanden ist, wie viele Menschen meinen, und daß sie sich durchaus nicht so in das Gewebe zeitgenössischer Meinungen und Anschauungen hineinstellen kann, wie ein heute noch sehr häufig herrschender Glaube ist. Man denkt nämlich, indem man so äußerlich, oberflächlich von Anthroposophie Kunde erhält, indem man einmal einen Vortrag gehört hat über sie oder ein paar Seiten irgendeines Buches gelesen hat über sie, eine Broschüre oder auch vielleicht noch nicht einmal dieses, sondern sich von irgend jemandem hat sagen lassen, was Anthroposophie will, der es nur in sehr zweifelhafter Art weiß; man denkt, Anthroposophie stelle sich als eine Glaubensanschauung, als eine Art neuer religiöser Anschauung anderen religiösen Bekenntnissen gegenüber. Man hat eben im Laufe der Zeit die Empfindung aufgenommen: Was sich an Gedanken, an Ideen über die Welt geltend macht, das ist eine Glaubensanschauung neben anderen. – Und so meint man: Diese Anthroposophie ist halt auch so eine Sekte, wie in der Welt viele Sekten auftauchen, stellt sich als eine solche Sekte neben andere hin.

Nun muß demgegenüber betont werden: Erstens ist gerade das charakteristisch an der hier gemeinten Anthroposophie, daß sie nicht irgendwie neben oder im Gegensatz zu irgendeinem Glaubensbekenntnisse in die Welt getreten ist. Warum sie in die Welt getreten ist, davon liegen die Gründe nicht in diesem oder jenem Glaubensbekenntnisse, zu dem sie Stellung zu nehmen hat, sondern warum sie gerade in der Gegenwart in die Welt getreten ist, davon liegen die Gründe in der naturwissenschaftlichen Entwickelung der letzten Jahrhunderte und der neueren Zeit, in jener naturwissenschaftlichen Entwickelung, die den Meinungen, den Anschauungen der Menschen der Gegenwart ihr Gepräge gegeben hat. Eine Ergänzung, eine Erweiterung, eine Vervollkommnung dessen will Anthroposophie sein, was durch die Naturwissenschaft in die Welt hineingekommen ist. Dieser Ausgangspunkt muß durchaus berücksichtigt werden. Lernt man nämlich die naturwissenschaftlichen Errungenschaften kennen – und ich will hier vorzugsweise ins Auge fassen jetzt nicht die Errungenschaften der Fachgelehrsamkeit, sondern dasjenige, was von der Naturwissenschaft in das öffentliche Bewußtsein übergeht, was von der Naturwissenschaft selbst Meinung über die Weltanschauung wird, was Empfindung über die Weltanschauung wird –, sieht man sich dies alles an, was Naturwissenschaft den Menschen zu geben hat, so muß man sagen: Diese Naturwissenschaft hat sich herausgearbeitet, und sie wird sich noch mehr im Laufe der Zeit herausarbeiten in glänzender Weise zu einer Interpretin desjenigen, was eben äußerlich sinnenfälliges Dasein ist, und was mit dem Verstande begriffen werden kann von diesem sinnenfälligen Dasein. Gerade – ich habe es schon gestern erwähnt – wenn man sich einlassen kann, tief einlassen kann auf das, was die moderne Naturwissenschaft geleistet hat, dann bekommt man nicht nur die höchste Achtung vor ihr, hegt nicht nur die allergrößten Erwartungen noch für die Zukunft, sondern man weiß auch, daß diese Naturwissenschaft gerade dadurch ihre Vollkommenheit erreicht, daß sie Gesetze ausbildet, Methoden ausbildet, welche im eminentesten Sinne geeignet sind, das äußerlich natürliche, sinnenfällige Dasein zu begreifen, welche aber ungeeignet sind, wenn sie so gelassen werden, wie sie eben in der Naturwissenschaft selbst herrschend sind, das

Geistige zu erfassen. Will man gerade mit derselben Strenge, mit derselben naturwissenschaftlichen Gültigkeit das Geistige erfassen wie das Natürliche im Sinne der neueren Naturwissenschaft, dann muß man aus der Naturwissenschaft heraus, aus der Denkweise und Gesinnung der Naturwissenschaft heraus sich in die geistige Welt in der gestern geschilderten Weise hineinarbeiten.

Da allerdings türmen sich ja für manche Menschen der Gegenwart große Schwierigkeiten auf. Man kann sagen: Gerade durch die glänzendsten Fortschritte der Naturwissenschaft, durch die man hineingesehen hat auch in die geistigen Grenzgebiete, ist es gekommen, daß man ein natürliches Weltbild ausgebildet hat, in dem eigentlich der Geist keinen Platz hat. Das muß so sein. Eben gerade damit die naturwissenschaftlichen Methoden für das natürliche Dasein passend sind, müssen sie so sein, daß sie in einer gewissen Weise den Geist von ihrem eigenen Forschungsfeld ausschließen. Wenn man auf den Menschen selbst Rücksicht nimmt, so muß man sagen: Anatomie, Physiologie, Biologie, wie sie den Menschen betrachten in bezug auf sein leiblich-körperhaftes Dasein, können das nur studieren, nach allen Seiten durchdringen, wenn sie zeigen, daß mit ihrer eigenen Methode, mit ihrer eigenen Forschungsweise der Geist gewissermaßen ausgeschlossen wird.

Läßt man sich nun aber auf die Art und Weise ein, wie die Naturwissenschaft vorgeht, lebt man sich ein in diese Art und Weise, dann kann man die Naturwissenschaft so fortsetzen, wie ich das gestern charakterisiert habe. Und man gelangt durch gewisse Methoden, die die menschliche Seele auf sich selber anwendet, gerade vom natürlichen Dasein heraus in das Gebiet der geistigen Welt hinein. Die geistige Welt wird eine solche Wirklichkeit vor dem geistigen Auge, vor dem geistigen Ohr – um diese Goetheschen Ausdrücke in veränderter Weise zu gebrauchen –, wie die sinnliche Wirklichkeit der mineralischen, pflanzlichen, der Luft- und Sternenwelt eine Wirklichkeit ist eben für die äußeren Sinne. Man arbeitet sich in das Geistige hinein.

Eine Schwierigkeit ergibt sich da für sehr viele Menschen. Sie werden es hören, wenn man so spricht von dem Verhältnis der Naturwissenschaft zur anthroposophisch orientierten Geisteswissenschaft, daß die Menschen sagen: Ja, darinnen hat er ja vielleicht ganz recht, was er über die Naturwissenschaft sagt; man kann mit den naturwissenschaftlichen Methoden den Geist nicht einfangen, man kann über den Geist nichts ausmachen; da sind eben Grenzen, da liegen eben jenseits der Naturwissenschaft Gebiete, über die wir nichts wissen können. – Aber gerade aus dem gestrigen Vortrage, aus seinem ganzen Sinn und Geist wird hervorgegangen sein, daß dies die Meinung von Anthroposophie nicht ist. Das Gegenteil ist Erfahrung der Anthroposophie: Daß man wirklich hineindringen kann in den Geist, daß es nicht sich bloß darum handelt, zu sagen, es gebe unbekannte Gebiete, auf die man verweisen müsse, sondern daß man in diese unbekannten Gebiete durch gewisse Geist-Methoden wirklich eindringen kann.

Es ist ja für manche Menschen schwierig, sich zu sagen: Es gibt noch ein Gebiet, über das man vielleicht etwas erfahren kann, wenn man sich auf gewisse Ideen und Forschungen einläßt. – Es ist viel bequemer für diese Menschen, sich zu sagen: Das ist ein Gebiet, von dem alle Menschen nichts wissen – weil sie selbst noch nichts davon wissen. Allein, daß man von irgend etwas selbst nichts weiß, das ist ja kein Beweis, daß man davon nichts wissen kann, obwohl diese Schlußfolgerung merkwürdig oft gezogen wird. Darum also handelt es sich gerade, wenn Anthroposophie geltend gemacht wird, daß man eintreten kann als Mensch durch die Anwendung derjenigen Methoden, auf die gestern hingedeutet worden ist und die Sie in meinen Schriften, namentlich in meiner Schrift «Wie erlangt man Erkenntnisse der höheren Welten?» und in meiner «Geheimwissenschaft», finden können, daß man eintreten kann in eine geistige Welt, in der in Wahrheit der Mensch mit seiner Seele drinnen ist, in der in Wahrheit der Mensch das erlebt, was man Unsterblichkeit und Freiheit nennen kann, die eigentlichen Impulse seines übersinnlichen Daseins.

Und weil in den letzten Jahrhunderten und bis in unsere Zeit herein die Naturwissenschaft gerade so geartet sein mußte, daß sie sich richtet auf das Vergängliche, auf das, was durch den Tod abgeschlossen wird, gerade deshalb mußte ihr gegenübertreten etwas, was ebenso wie sie auf Wissenschaftlichkeit Anspruch machen kann und was in das Geistgebiet hineingeht.

In älteren Zeiten, in denen den religiösen Strömungen, den religiösen Bekenntnissen, welche den Menschen auf die geistige Welt verwiesen, noch nicht gegenüberstand eine Naturwissenschaft, welche gerade durch ihre Methoden eine gewisse Hinneigung für die sinnliche Welt einzig und allein ausbildet, war es nicht notwendig, daß eine besondere Geistwissenschaft hervortrat; denn es war auch nicht eine besondere Naturwissenschaft da, welche den Glauben für sich in Anspruch genommen hat, die einzig richtige Methode zu haben, und aus diesem Glauben heraus zu der Anschauung kommt, die man heute «monistisch» nennt, weil man den Ausdruck «materialistisch» nicht mehr salonfähig findet. Es war noch nicht eine solche Naturwissenschaft da, die zu dem Glauben verführen konnte, die einzige Wirklichkeit sei die äußere sinnliche Wirklichkeit, sei das, was mit dem Verstande aus dieser sinnlichen Wirklichkeit als Wissenschaft begriffen werden kann. Erst in der Zeit, als eine solche Wissenschaft und damit auch ein solcher Glaube auftreten konnte, mußte eine Geistwissenschaft kommen, welche das andere geltend macht, welche neben die Wissenschaft von der Natur die Wissenschaft vom Geiste hinstellt. Das liegt einfach in der Entwickelung der Zeit.

Daher kann man das Auftreten von Anthroposophie nur im richtigen Sinne begreifen, wenn man dieses ihr Hervorgehen aus der Naturwissenschaft versteht, wenn man diese ihre Notwendigkeit neben der Naturwissenschaft versteht. Naturwissenschaft würde, wenn sie nur aus sich heraus eine Art Bekenntnisglaube in den Menschen erzeugen würde, nach und nach durch das Verführerische, das in ihren streng wissenschaftlichen Methoden liegt, den Menschen ganz abbringen von der Anschauung, daß man wissenschaftlich, durch Erkenntnis in die geistige Welt hineindringen könne; sie würde es dahin bringen, daß die Menschen glauben würden im weitesten Umfang: Nun ja, wissen kann man von der sinnlichen Welt; alles übrige, was über der sinnlichen Welt ist, unterliegt dem Glauben, der niemals zu einer Gewißheit, sondern nur zu einer subjektiven Gefühlsmäßigkeit übersinnlich führen kann.

Hier liegt der Punkt, der am schwersten zunächst von den Zeitgenossen verstanden wird, weil es eine gewisse Überwindung kostet, die Seele denjenigen Erlebnissen zu unterwerfen, durch die sie hinauswächst über das gewöhnliche Dasein, durch die sie zu den sinnlichen Organen Geistorgane hinzu sich erwirbt, um einzudringen in die wirkliche geistige Welt. Und es wird noch lange dauern, bis die Vorurteile schwinden, die in dieser Beziehung herrschen, bis bei einer genügend großen Anzahl von Menschen die Einsicht entsteht, daß man wirklich in wissenschaftlicher Art genauso wie in die Natur nun in die Geisteswelt eindringen kann.

Nun ist, damit diese anthroposophisch orientierte Geistwissenschaft nach und nach sich einleben kann in unser Kulturleben, notwendig – als selbstverständlich sollte man das eigentlich ansehen –, daß sich Menschen zusammenschließen, die den Willen und das Bedürfnis haben, solche Geisteswissenschaft zu treiben. Aus diesem Bedürfnis nach Zusammenschluß zur Erarbeitung solcher Geisteswissenschaft ist ja alles auch entstanden, was sich im Dornacher Bau und um ihn herum ausgestaltet und weiter ausgestalten wird. Zusammenschluß einzelner Menschen; das führt aber sogleich wiederum zu der irrtümlichen Meinung: Nun ja, da hat man es ja mit einer Sekte zu tun, da schließen sich Menschen zusammen, die irgendeinen neuen Kirchenglauben unter sich kultivieren wollen. Das Zusammenschließen auf diesem Gebiete hat aber einen anderen Sinn als das Zusammenschließen in Sekten. Das Zusammenschließen auf anthroposophischem Gebiete hat den Sinn, daß Anthroposophie nicht errungen werden kann durch einen einzelnen Vortrag, durch die einzelne Lektüre einer Broschüre, sondern daß Anthroposophie etwas ist, was für den, der es wirklich in einer gewissen Ausdehnung kennen will, nach und nach erarbeitet sein will, was also Menschen erarbeiten müssen. Das muß ja auch in den Schulen, in den Universitäten geschehen; und wenn man das Zusammenschließen einer Hörerschaft in den Universitäten als eine «Sekte» bezeichnen will, dann kann man auch das Zusammenschließen derer, die Anthroposophie betreiben, als eine «Sekte» bezeichnen, sonst nicht. Wenn zu gewissen Vorträgen, zu gewissen Veranstaltungen nur eine Anzahl von Menschen erscheinen können, die anderes schon in sich aufgenommen haben, so erscheint das ganz natürlich; denn auch bei allem übrigen Aufnehmen von irgendwelcher Kenntnis ist es so. In die modernste Einrichtung, nicht in das sektiererische Wesen, will sich Anthroposophie hineinstellen. Rechnen will sie gerade mit den modernen Einrichtungen. Und nicht irgendein besonders Geheimnisvolles liegt zugrunde, wenn sich Menschen zusammenschließen und Veranstaltungen nur für sich haben, sondern einzig und allein das, daß sie gesucht haben die Vorbereitung dazu, wie man zu den Universitätsvorlesungen Vorbereitung sucht, bevor man sie besuchen kann, weil sonst der Besuch zwecklos ist. Alles übrige, was man sich als Ansicht bildet über solchen Zusammenschluß, ist auf diesem Gebiete vom Übel, denn es trifft nicht die Sache.

Nun allerdings muß man sagen: Solcher Zusammenschluß gerade auf diesem Gebiete muß notwendigerweise in gewisser Beziehung ein anderes Gepräge tragen als der Zusammenschluß einer Studentenschaft an einer Hochschule zum Beispiel. Die Erkenntnisse, die an einer Hochschule übermittelt werden, beziehen sich ja zumeist auf das äußere Leben, mit Ausnahme von ganz geringen, man möchte sagen, Enklaven; sie beziehen sich gerade unter der heutigen naturwissenschaftlichen Strömung, nach der Richtung, die sie angenommen haben, auf das, was Verstand und Vernunft auf Grundlage der Sinnesbeobachtung begreifen. Das aber richtet sich mehr an das bloße Denken, das richtet sich mehr, man möchte sagen, an *ein* Glied der menschlichen Wesenheit: Es richtet sich an das bloße Kopf-Begreifen. Nicht als ob Anthroposophie sich nicht an das Kopf-Begreifen richte! – Leute, die kompetent zu sein glauben, beurteilen manchmal Anthroposophie eben nach ihren Vorurteilen; da stimmt ihnen manches nicht; da finden sie diese Anthroposophie dilettantisch. Wenn diese Leute näher eingingen darauf, so würden sie allerdings finden, daß das Denken, das man zu der äußeren Wissenschaft braucht, die Logik, die man zu der äußeren Wissenschaft braucht, nicht nur in Anthroposophie auch vorhanden sein muß, sondern daß eine viel feinere, höhere Logik zum wirklichen Begreifen später, in den fortgeschrittenen Teilen von Anthroposophie, notwendig ist. Aber was von Anthroposophie gesagt werden muß, was aus den Forschungen über die geistige Welt aus Anthroposophie enthüllt werden muß, das ergreift nicht nur den Kopf des Menschen, nicht bloß das Denkverständnis, sondern es ergreift den *ganzen* Menschen, es ergreift den Menschen in seiner ganzen Seelenhaftigkeit: Alles Fühlen, alles Denken, alles Wollen, alle Innenimpulse werden davon ergriffen. Dadurch tritt allerdings, ich möchte sagen, der Mensch, indem er an Anthroposophie herantritt, in ein innigeres Verhältnis zu dem, was ihm an Erkenntnis überliefert wird, als etwa beim bloßen Universitätsstudium.

Nun darf ich vielleicht, um mich über diesen Punkt vollständig verständlich zu machen, anknüpfen daran, daß ja Anthroposophie nur eben im Sinne der menschlichen Entwickelung für die heutige Zeit als Ergänzung der Naturwissenschaft Wichtigkeit hat, daß sie auftritt eben im Sinne des heutigen Zeitgeistes, daß aber dasjenige, was durch Anthroposophie angestrebt wird, was der Mensch erreichen will an Erkenntnissen, daß es in der Art, wie es für frühere Zeitalter dienlich war, wie es den Bedürfnissen und Interessen früherer Zeitalter entsprochen hat, eigentlich immer da war. Aber man hat andere Ansichten gehabt über den Betrieb, über die Erarbeitung der entsprechenden Erkenntnisse. Man muß sprechen, wenn man in ältere Zeiten zurückblickt nach den analogen Dingen, die heute der Anthroposophie entsprechen, von Mysterien, man muß sogar sprechen von Geheimgesellschaften, in denen im Laufe der Menschheitsentwickelung getrieben worden ist, was heute in einer ganz anderen Form eben, die der Gegenwart entspricht, in Anthroposophie getrieben werden muß. Diejenigen, die in früheren Zeiten solche Forschungen getrieben haben, solche Veranstaltungen gepflegt haben, durch welche die höheren Erkenntnisse der geistigen Welt an den Menschen herangetreten sind, die hatten über diesen Betrieb die Ansicht, daß man sich gerade mit diesem Betrieb abschließen muß in einem Kreise von Menschen, der sehr gut für solchen Betrieb vorbereitet ist, bei dem man sich vergewissert hat, daß er wirklich diejenige Gesinnung und auch diejenige Erkenntnisvorbereitung, Charaktervorbereitung hat, die notwendig ist, um etwas zu empfangen, was den ganzen Menschen in seiner ganzen Seele ergreift. Und so hat man das Wissen streng geheimgehalten, das man in solchen Mysterien, in solchen Geheimgesellschaften gepflegt hat. Man kann heute noch einsehen, daß außer Nebenrücksichten, die ja auch gegolten haben, über die ich mich nicht zu verbreiten brauche, gute Gründe vorhanden waren, um dieses höhere Wissen vor den allgemeinen Blikken, möchte man sagen, vor der Entweihung durch die Allgemeinheit zu beschützen. Es haben gute Gründe vorgelegen. Und mehr im Hinblick auf die heutige Erarbeitung der Geisteswissenschaft möchte ich etwas von diesen Gründen andeuten.

Tritt man nämlich ein in der Weise, wie es gestern geschildert wurde, aus der sinnlichen in die geistige Welt, so hat man es vor allen Dingen damit zu tun, daß man ein gewisses Grenzgebiet zu überschreiten hat. Man kann sich dabei ganz gut eines Ausdruckes bedienen, dessen sich viele, die von solchen Sachen etwas verstanden, bedient haben: Man hat zu überschreiten die Schwelle, wie man immer sagte, nach der geistigen Welt. Dieser Ausdruck bedeutet etwas. Es ist nicht ein bloß bildlicher Ausdruck. Er bedeutet insoferne etwas, als die Wissenschaft des Geistigen, die Erkenntnis des Geistigen, wenn sie wirklich im Ernste an den Menschen herantritt und der Mensch sich im Ernst mit ihr verbindet, Begriffe, Ideen, Vorstellungen, Anschauungen in den Menschen hereinbringt, die nun wirklich ganz anders sind als die Vorstellungen, die Anschauungen, die man über die äußere Sinneswelt hat. Man kann schon sagen: Derjenige, der so recht versessen ist, nur das zunächst gewohnheitsmäßig gelten zu lassen, was in bezug auf die äußere Sinneswelt die Wahrheit ist, der wird finden, daß, wenn Wahrheiten aus der geistigen Welt mitgeteilt werden, diese zunächst paradox klingen; sie klingen so verschieden von den Wahrheiten über die Sinneswelt, daß sie paradox, daß sie, wie mancher mit einem landläufigen Ausdruck sagen wird, phantastisch, verworren, ja vielleicht verrückt erscheinen könnten. Das rührt eben davon her, daß man ganz fehlgeht, wenn man glaubt, die geistige Welt, die unserer sinnlichen zugrunde liegt, sei nur so eine Art Fortsetzung dieser Sinneswelt; sie nehme sich im Grunde genommen geradeso aus, nur sei sie etwas nebuloser, etwas nebelhafter, etwas feiner, etwas dünner als die Sinneswelt.

Nein, man muß sich schon damit bekannt machen, daß man Neues, in der Sinneswelt Unerhörtes, für die Sinneswelt Paradoxes als Wahrheit erfahren muß, wenn man sich einlassen will in die wirkliche geistige Welt. Daher hat das Sich-Einlassen in die wirkliche geistige Welt nicht nur etwas Frappierendes, sondern es ruft bei dem Menschen oftmals Gefühle hervor, welche, namentlich wenn er eben an der Grenze zwischen sinnlicher und geistiger Welt steht, der Furcht, der Scheu ähnlich sind, die immer vorhanden sind, wenn der Mensch in ein unbekanntes Gebiet eintritt. Denn für denjenigen, der seine Erfahrungen nur in der sinnlichen Welt gemacht hat, ist die geistige Welt ein unbekanntes Gebiet. Und so geschieht es, daß an der Schwelle zur geistigen Welt für die menschlichen Auffassungen zweierlei ineinanderfließen kann: Auf der einen Seite steht das, was man noch als Wahrheit anerkennen muß in bezug auf die sinnliche Welt, was man da als die Tatsachenfolge, als den gesetzlichen Verlauf anerkennen muß; dann aber schlägt einem gleichsam von der anderen Seite der Welt, von der geistigen Seite, etwas entgegen, was anderen Gesetzen unterworfen ist, was in ganz anderer Weise verläuft, was einen paradoxen Eindruck macht. Das kann zunächst ineinanderschlagen.

Dadurch aber kommt das Denken, dadurch kommt das Seelenauffassen in eine Lage, die hohe Ansprüche stellt an den gesunden Menschenverstand, die hohe Ansprüche stellt an eine gesunde Beurteilungsfähigkeit der ganzen Sachlage. Man muß gut vorbereitet sein im gesunden Menschenverstand, gut vorbereitet sein in Urteilsfähigkeit, wenn man an dem Grenzgebiet unterscheiden will Illusion, Phantasterei von geistiger Wirklichkeit. Wer die gestern und heute von mir genannten Bücher wirklich studiert, der wird sehen, daß dasjenige, was da als Methode mitgeteilt wird, um in die geistige Welt hineinzudringen, durchaus so gehalten ist, daß der Mensch in entsprechender Weise die Gesundheit seiner Sinne, seines Verstandes, seiner Vernunft nicht etwa in irgendeiner Weise beeinträchtigt oder herablähmt, sondern sie im Gegenteil erhöht, fördert. Alles, was nebuloses Mystizieren ist, alles, was verbunden ist mit einem traumhaften, hypnotisierten Hineindringen in die geistige Welt, ist das gerade Gegenteil von dem, was gesunde Geistesforschung anstrebt.

Das hindert allerdings nicht, daß immer wieder und wiederum übelwollende Leute – es sind eben nur übelwollende Leute – kommen und erklären: Geisteswissenschaftliche Methode hypnotisiere die Menschen, suggeriere ihnen allerlei Dinge –, während nichts so entschieden dazu beitragen kann, den Menschen zu bewahren vor allen hypnotischen Einschlägen, vor aller Suggestion, vor allem unerlaubten Einfluß eines Menschen auf den anderen, als das, was die wahren geisteswissenschaftlichen Methoden, die den Menschen frei machen, die den Menschen auf sich selbst stellen, ihm geben können. Immer wieder und wiederum wird in der geisteswissenschaftlichen Methode so gearbeitet, daß darin der folgende Grundsatz, das folgende Prinzip ist:

Ich habe in meinem Buche «Vom Menschenrätsel» darauf hingewiesen, daß man sagen kann: So wie der Mensch aus dem Schlafe, in dem er nur ein ganz dumpfes Bewußtsein hat, aufwacht zu dem gewöhnlichen Wachbewußtsein, so kann er aufwachen aus diesem gewöhnlichen Bewußtsein, in dem er im gewöhnlichen Leben sich befindet, zu dem geistigen Schauen. Es ist wie ein Aufwachen in eine geistige Welt hinein, was man sich erwirbt durch die geisteswissenschaftliche Methode. Aber so, wie das gewöhnliche Leben des Tages niemals gesund sein kann, wenn man nicht Vorkehrungen trifft, daß der Schlaf ein gesunder ist, so kann das Eintreten in die geistige Welt nicht gesund sein, wenn man nicht erst ein gesundes, auf dem Boden echter Wirklichkeit, praktischer Lebensweisheit stehendes Alltagsleben entwickeln kann, wenn man sich nicht erst so in Zucht genommen hat, daß man auf dem äußeren Lebensgebiet ein Mensch ist, der der Wirklichkeit gewachsen ist. Das Aufwachen zum Schauen kann nur aus einem gesunden Tagesleben heraus erfolgen, so wie das Aufwachen zum gesunden Tagesleben nur aus dem gesunden, nicht aus dem krankheitsgestörten Schlaf hervorgehen kann. Alles, was irgendwelche Vorkehrungen im gewöhnlichen Leben sind, durch die der Mensch sich diesem Leben entfremdet, durch die er der Wirklichkeit fremd wird, alles, was die Menschen so sehr suchen aus Torheit heraus, aus Vorurteilen heraus, in einer falschen Askese, in einer falschen Abkehrung vom Leben, in einem mystischen Halbdunkel oder auch wohl mystischen Ganzdunkel, alles das muß Geisteswissenschaft aus ihren Veranstaltungen verbannen. Gerade das richtige Drinnenstehen im Leben, das Auge-in-Auge-Gegenüberstehen der praktischen Wirklichkeit, das ist die beste Vorbereitung, um in die geistige Welt einzutreten.

Dann aber, wenn man sich einen gesunden Sinn für die äußere Wirklichkeit erworben hat, wenn man in dieser äußeren Wirklichkeit kein Träumer, kein Phantast ist, kein für das Leben unbrauchbarer Mensch, wenn man, mit anderen Worten, gesunden Menschenverstand und gesunde Urteilskraft entwickelt hat, dann kann man auch an den Grenzgebieten zwischen sinnlicher und geistiger Welt, da, wo die Schwelle ist zwischen den beiden Welten, Illusionen von Wirklichkeit unterscheiden. Daher hat man sich in früheren Zeiten, auf die ich eben hingedeutet habe, streng davon überzeugt, ob Menschen, die sich solchen, nach einem höheren Wissen strebenden Vereinigungen anschlossen, ob sie vorher wirklich in der Art vorbereitet waren, daß sie den stärkeren Kampf, den der gesunde Menschenverstand aufzunehmen hatte an der Grenzschwelle zwischen sinnlicher und geistiger Welt, wirklich bestehen konnten. Denn wer diesen gesunden Menschenverstand nicht hat, der wird gerade von dem scheinbar Paradoxen, von dem, was ihm ganz anders entgegentritt als alles, was in der Sinneswelt ist, er wird davon beirrt, abgestoßen; er läßt das Ganze bald liegen, wie man eine glühende Kohle liegen läßt, wenn man sich daran verbrannt hat, und er fühlt sich enttäuscht und wird vielleicht, während er gesucht hat, in die geistige Welt hineinzukommen, immer mehr und mehr ein Gegner alles geistigen Strebens. Ihrer Menschen wollten diese älteren Vereinigungen sicher sein.

Solche Vereinigungen haben bis in unsere Zeit hinein ihre Arbeit forterstreckt; es gibt solche noch. Anthroposophie gehört nicht zu ihnen; Anthroposophie rechnet damit, daß in der neueren Zeit in einem ganz anderen Umfange, als das in früheren Zeitaltern der Fall war, alles, was an den Menschen herantritt, der Öffentlichkeit unterliegen muß. Wir hören doch mit einem gewissen Recht, daß man danach strebt, sogar die Geheimdiplomatie durch eine öffentliche zu ersetzen. Der Geist der Zeit geht nach Öffentlichkeit. Gerade mit diesem Geist der Zeit lebt aber Anthroposophie. Und nur insoferne, als, ich möchte sagen, aus den früher erörterten Gründen, weil gewisse Vorbereitungen notwendig sind, wenn man Späteres begreifen will, nur aus solchen Voraussetzungen heraus hat manches noch den Schein der alten Einrichtungen, strebt aber doch, vollständig, restlos sich in die Öffentlichkeit hineinzustellen. Denn nur das kann Anthroposophie zu einem Glied, zu einem Element des modernen Geisteslebens machen, wozu es kommen muß, wenn sich Anthroposophie also in die Öffentlichkeit hineinstellt.

Nicht nur das aber ist eine Eigentümlichkeit der Anthroposophie, was ich eben angedeutet habe, sondern dieses innere Seelenerleben selber, dasjenige, was einen befähigt, in der geistigen Welt so zu schauen, wie man mit den physischen Sinnen in der physischen Welt schaut. Das erfordert, daß man sich überhaupt zu Begriffen, zu Anschauungen, zu Vorstellungen, zu all dem, was die Seele ausfüllt, etwas anders verhalten könne, als man sich gegenüber der äußeren Wirklichkeit verhält. Und auch auf diesem Gebiete hat die Naturwissenschaft Begriffsgebilde erzeugt, welche in dieser Art, wie sie durch die Naturwissenschaft auch populär geworden sind, in der Geisteswissenschaft unbrauchbar sind. Sie sind unbrauchbar, weil der Geistesforscher sehr bald auf folgendes kommt: Ein Begriff, eine Idee, eine Vorstellung ist eigentlich, sobald man an die geistigen Tatsachen und geistigen Wesenheiten herantritt, niemals anders als ein Abbild, eine Fotografie, die man in der physischen Welt, sagen wir, von einem Baum macht. Wenn man ein Abbild eines Baumes von einer Seite nimmt und ein Abbild von einer anderen Seite, ein Abbild von der dritten Seite – diese Abbilder sehen alle verschieden aus. Sie sind alle von ein und demselben Baume, sie sehen aber alle verschieden aus. Und nur dadurch, daß man von den verschiedensten Seiten her diese Abbildungen nimmt, kann man, indem man sie zusammenhält, gerade eine Vorstellung, ein Erleben der Wirklichkeit gewinnen. Das liebt man aber heute nicht. Man liebt heute eingeschränkte

Begriffe. Man liebt: Wenn man einen Begriff hat, so «hat» man ihn eben! Dann will man bei ihm bleiben. Das kann Geisteswissenschaft nicht. Geisteswissenschaft schildert die Sache von den verschiedensten Seiten her; sie schildert einmal von der einen Seite und weiß, daß sie damit nur ein einseitiges Bild, gewissermaßen eine Fotografie von einem gewissen Gesichtspunkte aus gibt; sie schildert dann von einer anderen Seite, schildert von einer dritten Seite, von einem dritten Gesichtspunkte aus.

Ja, was noch mehr frappiert, das ist das Folgende. Man muß, wenn man wirklich Geisteswissenschafter werden will, sehr durchdrungen sein von dem so schön von Goethe angedeuteten Satze: Zwischen zwei entgegengesetzten Meinungen liegt das Problem mitten inne. – Man muß nicht nur kennen, wenn man die Wahrheit über ein geistiges Wesen oder eine geistige Tatsache wissen will, was sich *für* sie sagen läßt, sondern auch, was sich *gegen* sie sagen läßt.

Diejenigen der verehrten Anwesenden, die öfter Vorträge von mir gehört haben, werden wissen, daß es aus der geisteswissenschaftlichen Gesinnung heraus meine Gewohnheit ist, wenn dies oder jenes gerade in Frage kommt, nicht nur zu sagen, was für eine Sache spricht, sondern auch zu sagen, was gegen sie spricht. Und insbesondere in intimeren Vorträgen über höhere Gebiete der Anthroposophie pflege ich das immer zu tun. So daß derjenige, der meine Schriften durchgeht, in diesen Schriften nicht nur findet, womit man gewisse geistige Tatsachen, geistige Wesenheiten begründen kann, sondern auch, womit man die Dinge widerlegen kann. Nur dadurch erhält man ein wahrheitsgemäßes Erlebnis.

Das allerdings hat ja gerade auf diesem anthroposophischen Gebiete zu merkwürdigen Dingen geführt, zu Dingen, die man eigentlich nur auf diesem Gebiete unter den heutigen Zeitverhältnissen erleben kann. Gerade aus den Reihen der Anhänger sind Menschen, die sich in diese Reihe gestellt haben, die ihre Rechnung darinnen nicht gefunden haben, die nicht Arbeit in geisteswissenschaftlicher Beziehung gesucht haben, sondern persönliche Interessen. Sie sind abgefallen, sie wurden dann Gegner. Sie brauchten nur abzuschreiben, was in meinen Schriften selbst steht, was in meinen Vorträgen selbst vorkommt, dann konnten sie in der schönsten Weise Anthroposophie widerlegen. Gerade auf diesem Gebiet hat man die beste Gelegenheit, zu «widerlegen». Man braucht nämlich nicht einmal eigene Widerlegungen zu erfinden, man braucht nur die gebotenen Widerlegungen abzuschreiben! Das ist in der Tat in der neuesten Zeit im umfänglichsten Sinne geschehen. Wie überhaupt das, was als Gegnerschaft von solchen, die auch Anhänger waren, gegen Anthroposophie vielfach auftritt, merkwürdige Eigenschaften zeigt, gerade die Eigenschaft zeigt, daß es selten auf das Sachliche geht, sondern daß es immer auf das geht, was vom Sachlichen abführt, auf das Persönliche, und Formen annimmt – ich sage das nur wie in Parenthese –, gegenüber denen das Widerlegen eigentlich eine ziemlich überflüssige Sache aus dem Grunde ist, weil diejenigen, die die Dinge vorbringen, selbst am besten wissen, daß sie Dinge sagen, die nicht wahr sind.

Dies aber, was ich eben angedeutet habe, ist eine durchgreifende Eigentümlichkeit anthroposophischer Forschung: die Dinge von den verschiedensten Seiten her zu beleuchten. Dadurch allein erwirbt man sich jene innere Disziplinierung der Seele, die notwendig ist, wenn man nicht bloß in abstrakten Begriffen leben, sondern sich mit geistigen Wirklichkeiten verbinden will. In dieser Beziehung ist eine innere Disziplinierung der Seele notwendig, von der derjenige gar keine Vorstellung hat, welcher sich nur an der äußeren Natur mit Naturwissenschaft allein heranbildet. Er hat deshalb keine Vorstellung, weil er denkt, er könne gewisse Begriffe, gewisse Vorstellungen, die an der äußeren Natur gewonnen sind, einfach übertragen auf das geistige Gebiet; denn sie gelten ihm für allgemein gültig. Das kann man aber nicht.

Ich möchte mich durch folgendes verdeutlichen. Allerdings beginnen damit gleich die paradoxen Begriffe, aber «paradox» nur in bezug auf manches, was als Vorurteil der Gegenwart, wenn auch stark geglaubt, herrscht. Ich gedenke zum Beispiel eines Vortrags, der im Anfange dieses Jahrhunderts von Professor Dewar in London gehalten worden ist. Der Professor Dewar hat in einer ähnlichen Weise, wie es die Geologen machen, wie es die Geognosten machen für den Anfang des Erdenwerdens, versucht, Vorstellungen zu bilden aus der Physik, aus der Chemie heraus über das mögliche Erdenende. Diese Vorstellungen sind durchaus im Sinne echter Naturwissenschaft gehalten, außerordentlich geistvoll. Wenn man verfolgt, wie die Erde sich nach und nach abkühlt, wie sich mit der Abkühlung der Erde die Verhältnisse der einzelnen Stoffe auf der Erde ändern, kommt man da zu gewissen Einsichten, die gültig sind für die Grenze, innerhalb welcher man beobachtet. Dann dehnt man sie aus, dann sagt man: Wie wird das alles sein, wenn Jahrmillionen vergangen sind? – Nun, man kann ein recht geistreicher Physiker, recht geistreicher Chemiker sein, da bekommt man die Vorstellung: Es ist so kalt, ja, so kalt, daß eigentlich kein Mensch mehr mit seiner jetzigen Konstitution auf der Erde leben kann; aber dennoch, man rechnet das aus als einen Erdenzustand; man rechnet, wie dann, sagen wir, zum Beispiel die Milch aussieht. Die Milch wird dann fest sein, sie kann nicht flüssig sein zu der Zeit, sie wird eine ganz andere Farbe haben. Man kann gewisse Stoffe, wie etwa Eiweiß, finden, mit denen man dann die Wände bestreicht, so daß die Wände leuchtend werden, daß man dabei Zeitungen lesen kann. Dies alles hat der Professor aus Physik und Chemie als eine schöne Vorstellung herausgezogen. Aber derjenige, der auf Grundlage geisteswissenschaftlicher Methoden sich geschult hat, der muß sich durch innere Seelendisziplin solche Vorstellungen versagen, der kann zu ihnen nicht kommen. Denn wie werden sie denn eigentlich gewonnen?

Nun, jetzt komme ich eben auf das, was paradox gegenüber den gangbaren Vorstellungen ist: Wenn man beobachtet, wie bei einem Kinde sich die Lebensfunktionen, sagen wir, vom siebten, achten zum neunten Jahr hin ändern, so bekommt man ein entsprechendes Bild. Man kann dann weiterrechnen, wie unter diesem Einfluß der Änderung nun die Organe ausschauen müssen in 150 Jahren. Das ist genau dieselbe Methode, nach welcher der Professor Dewar den Endzustand der Erde berechnete. Nur, wenn man sie auf den Menschen anwendet, so merkt man: Dieser Organismus ist nicht mehr da in 150 Jahren! Und man bedenkt dann nicht, daß, was auf den Menschen nicht anwendbar ist, nicht anwendbar ist auf den großen Makrokosmos der Erde, und daß die Erde ebenso vorher stirbt, bevor der Zustand eintritt, den man auf sehr geistreiche Weise aus der Physik heraus errechnete. Ebenso könnte man errechnen aus den Veränderungen vom siebten bis neunten Jahre, wie das Kind vor 180 Jahren war – aber es war noch nicht da! Für die Erde machen das die Geologen; sie rechnen aus, wie die Erde ausgesehen hat vor soundso viel Jahrmillionen. Aber – die Erde war damals noch nicht geboren.

Das klingt paradox, und man muß als Geistesforscher in die heutige Zeit Begriffe hineinwerfen, die schon paradox klingen, die vielleicht schon von manchem als verrückt angesehen werden. Aber was geisteswissenschaftlich erfahren wird, ist eben etwas, was Seelendisziplinierung geben kann. Und um sich hineinleben zu können in das Geistige, gehört eben eine Seelendisziplin, die sich auch gewisse Begriffe versagen kann, die nicht eine Kalkulation nach demselben Muster macht, nach dem man sich richten würde, wenn man sagen würde: Der Mensch, der heute vor mir steht, der war als der nämliche Mensch vor 200 Jahren vorhanden. – Die Kalkulierung würde ganz nach demselben Muster sein.

Ich weiß sehr gut, wie paradox das ist, was ich damit sage. Aber wenn man nicht auf solches Paradoxe hinweist, so kann man eben nicht aufmerksam machen auf dasjenige, was für manchen so bestürzend ist. Wenn man die Schwelle der geistigen Welt überschreitet, kann man nicht genug aufmerksam darauf machen, wie sehr der gesunde Menschenverstand wirken muß beim Übertritt aus der physischen in die geistige Welt. Eignet man sich aber eine solche Seelendisziplin an, kommt man dazu, in dieser Weise sich mit der Wirklichkeit zu verbinden, dann wird, weil solche Dinge den ganzen Menschen ergreifen, dasjenige, was die Seele davon hat, zu einer Errungenschaft der ganzen Seele; es wird Gesinnung, es wird Grundcharakter, es wird Wesenhaftiges der Seele.

Dann aber wird die Seele fähig, zu beurteilen, wie sich ihre Auffassung, wie dasjenige, was sie sich als Meinung, als Vorstellung, als Weltanschauung zu bilden hat, sich zu anderen Auffassungen, zu anderen Weltanschauungen verhält. Dann wird die Seele geneigt, zu begreifen, wie das Verhältnis ihrer eigenen Weltanschauung zu anderen

Auffassungsweisen der Welt ist. Dann kommt man dazu, zu verfolgen, was an anderen Gedanken- und Empfindungs- und Erlebnisströmungen vorhanden ist, um es vor allen Dingen nicht bloß kritisieren zu wollen, sondern sich hineinleben zu wollen. Solch ein Verhalten, das dehnt sich dann aus als eine Beurteilungsmöglichkeit allen geschichtlichen und allen zeitgenössischen Werdens in bezug auf das menschliche Geistesleben.

Und nur wenn man die Gesinnung, dieses Wesenhafte in der Menschenseele, ergreift aus den tiefsten Impulsen der anthroposophisch orientierten Geisteswissenschaft heraus, kann man das Verhältnis dieser Geisteswissenschaft zu den religiösen Bekenntnissen beurteilen. Diese religiösen Bekenntnisse werden vor allen Dingen von Anthroposophie zu verstehen gesucht. Es wird versucht, sich in sie einzuleben nicht mit kritischem Geiste, sondern so, daß man sie nimmt, wie sie sich darleben, um ihre Lebensberechtigung, ihren Daseinswert zu verstehen. Daher kommt Anthroposophie dazu, auch dem gegenüber, was vergangene Geistesströmungen sind, in ganz anderem Sinne ein gerechtes Urteil fällen zu können, als andere Gedankenrichtungen oftmals fällen.

Nehmen wir zunächst auf einem mehr abstrakten Gebiete im Mittelalter das, was man die Philosophie des Thomismus nennt, oder nehmen wir in Griechenland die Philosophie des Aristoteles. Derjenige, der heute nach dem Muster der landläufigen Begriffe Philosoph ist, Wissenschafter überhaupt ist, der sagt: Nun ja, der Aristoteles ist ein alter abgetaner Mensch; die Thomistik, die Philosophie des Thomas von Aquino, die gehört dem Mittelalter an. – Anthroposophie weiß, daß aus den Bedingungen und Impulsen des heutigen Zeitgeistes etwas Besonderes hervorgehen muß; sie will nicht, was für eine frühere Epoche das Richtige war, in die heutige Epoche hereinsetzen. Aber sie versteht aus den Bedingungen jener Epochen heraus dasjenige, was nur jene Epochen gewähren konnten. Und sie versteht das nicht bloß äußerlich, sie versteht es innerlich wesenhaft; sie versteht es so wesenhaft, daß sie sich sagt: In der thomistischen Philosophie, die im wesentlichen eine Dienerin, eine Gefährtin des damaligen Christentums war, liegt etwas vor, was nur aus dem Geiste jener Zeit hervorgehen konnte. Man muß, wenn man tüchtig werden will, hineinfinden in das, was nur aus dem Geiste jener Zeit, nicht aus dem Geiste unserer Zeit hervorgehen kann. Anthroposophie betrachtet es daher nicht als ein bloß historisches Studium, sich einzulassen auf den Thomismus, sondern sie betrachtet das, was man durch den Thomismus bekommt, als etwas, das man nur durch ihn bekommen kann. Das ist sehr wichtig. Denn das bringt nicht jene verwaschene, nebulose Toleranz hervor, von der man heute so vielfach spricht, sondern es bringt jene innere, verständnisvolle Toleranz hervor, welche zwar ganz auf dem Boden der Entwickelung steht, aber dasjenige, was sich einmal entwickelt hat, nicht als etwas Abgetanes betrachtet, sondern es gelten läßt an seiner Stelle, es auch in seiner sich fortentwickelnden Wirklichkeit gelten läßt. Manche Dinge müssen in der Natur, manche Dinge müssen im geistigen Leben sich so entwickeln wie Pflanzen, die nur ein einjähriges Dasein haben: Sie entwickeln dieses einjährige Dasein, entwickeln dann ein anderes einjähriges Dasein. Andere Pflanzen aber entwickeln fort von einem Jahr in das andere hinein, was als Holz da ist; sie sind Dauerpflanzen. So auch ist es in der geistigen Kultur. Manches muß in der geistigen Kultur weiterlaufen, muß in der späteren Zeit aufgegriffen werden von denen, die sich wirklich solidarisch fühlen wollen mit der Gesamtentwickelung der Menschheit. So aber kann man auch eine Vorstellung bekommen von dem Verhältnis der Anthroposophie zu den religiösen Bekenntnissen, zu diesen religiösen Bekenntnissen, welche glauben, aber nur aus Mißverständnis heraus glauben, daß Anthroposophie ihnen entgegentrete, dem religiösen Leben überhaupt entgegentrete als irgend etwas, was eine andere Religion sei.

Nein, so ist es nicht. Anthroposophie weiß nämlich ganz gut, daß sie niemals eine Religion werden kann, weil sie im konkreten Werdegang die Zeitentwickelung versteht, weil sie weiß, daß ebensowenig, wie man mit 60 Jahren wieder ein Kind werden kann, ebensowenig die Menschheit in dem Zeitalter, in dem sie jetzt ist und in dem sie in der Zukunft sein wird, Religionen aus sich heraus wird bilden können. Zum Bilden von Religionen gehörten andere Zeitalter. Neue Religionen entstehen nicht mehr. Daher ist Anthroposophie gerade geeignet, den absoluten Wert, die absolute Beständigkeit der Religionsbekenntnisse zu durchschauen, die sich gebildet haben, in ihrem Zeitalter sich gebildet haben. Anthroposophie würde sich selber schlecht verstehen, wenn sie glauben würde, ein neues Religionsbekenntnis begründen zu können. Aber die Religionsbekenntnisse entstanden, weil Menschen, die noch nicht jene Impulse, jene Kräfte in sich hatten, die zur Anthroposophie hindrängen – was die Menschen der Gegenwart viel mehr haben, als sie glauben –, weil Menschen, die das noch nicht hatten, Kundgebungen, Eindrücke aus der geistigen Welt erhalten sollten, so entstanden die Religionen, die ihren Wert behalten, und die gerade verstanden werden können von der Anthroposophie, die nun auch auf ihre Art in die geistige Welt sich hinaufarbeitet.

So kommt es, daß, richtig verstanden, Religion und Anthroposophie sich begegnen können. Anthroposophie arbeitet vom Menschen aus, durch Entwickelung von menschlichen Kräften, in den Geist hinein, in jenes Gebiet, in das die Religion ihre Offenbarungen hineinstellt. Kann man eigentlich ein so wenig religiöser Mensch sein, daß man glauben kann, man habe die Religion als eine Wahrheit aus göttlichen Höhen empfangen und man müsse für sie fürchten, wenn der Mensch sich nun bemüht, mit den Kräften, die ihm doch jedenfalls auch im religiösen Sinne von der Gottheit kommen müssen, sich hinaufzuarbeiten zur Wahrheit der geistigen Welt? Scheint es nicht von vornherein nur in wirklichem Sinne religiös zu sein, keine Furcht zu haben, wenn man weiß, man hat in der Religion Offenbarungen der Wahrheit, keine Furcht zu haben, daß die Wahrheit schon übereinstimmen wird mit derjenigen Wahrheit, die der Mensch selber mit seinen geistgegebenen, geistgeschenkten Kräften findet?

Das ist es, was man im tiefsten Sinne bedenken sollte, wenn man recht beurteilen will das Verhältnis von Religion und Anthroposophie. In älteren Zeiten war der Mensch nicht so veranlagt, nicht so geartet, daß er neben dem religiösen Weg in die geistige Welt hinauf noch einen anderen Weg brauchte. Geradeso, wie der Mensch des Mittelalters das kopernikanische Weltanschauungssystem nicht brauchte, brauchte er keine Anthroposophie. Heute braucht er sie, weil die Menschheit in Entwickelung ist. Aber was einmal der Menschheit gegeben ist, was aus gewissen Kräften, die nur in gewissen Zeitaltern vorhanden waren, in die Menschheit eintrat, das behält seinen Wert.

In dieser Beziehung herrscht allerdings ein völliger Gegensatz gerade zwischen Anthroposophie und der modernen Geistesströmung, die ich vorhin als die naturwissenschaftliche bezeichnet habe, von der ich ja sagen mußte: Sie verdankt ihre glänzendsten Resultate, ihren Wert, gerade dem Umstande, daß ihre Methoden nicht geeignet sind, zum Geistigen zu führen. – Was hat man aber gesehen gerade auf naturwissenschaftlichem Gebiet? Gewisse naturwissenschaftlich denkende Menschen haben sich gefunden, welche, ich möchte sagen, sich haben überfluten lassen von dem tiefen suggestiven Eindruck, den die glänzenden naturwissenschaftlichen Methoden für die äußere Natur geben, und ein Bekenntnis darauf aufgebaut haben. Sehen wir denn nicht, wie ein glänzend naturwissenschaftlich denkender Mann, David Friedrich Strauß, aus der Naturwissenschaft selber eine Religion hat zimmern wollen? Sehen wir nicht, wie selbst Eduard von Hartmann von einer «Selbstzerrüttung des Christentums» spricht und eine Religion der Zukunft begründen will, rein aus der Vernunft, rein aus der Vernunft der Philosophie heraus?

Zu solchen Irrtümern konnte Anthroposophie nicht kommen, weil ganz andere Kräfte zur Anthroposophie führen und weil sie den Versuch, eine Religion zu begründen, gleichbedeutend mit dem halten würde, daß man in einem bestimmten Alter, sagen wir mit 50 Jahren, dasselbe tun wollte, was ein Kind tut. Wobei durchaus bei dem, was das Kind tut, nichts wertloser zu sein braucht als das, was der alte Mensch tut. Anthroposophie weiß, daß die Zeit des Bildens von Religionen vorbei ist. Daher wird sie gerade ihre Kräfte dazu verwenden, die Religionen zu verstehen, tiefer und tiefer den Menschen in das Verständnis der Religionen hineinzuführen.

Nun muß man sagen: So, wie die Seele anthroposophisch in die geistige Welt hineinstrebt von ihren eigenen

Kräften aus, namentlich von den Erkenntniskräften – aber nicht bloß von den Erkenntniskräften des Kopfes, sondern von den Erkenntniskräften der ganzen Seele aus –, so strebten die Religionen nicht hinein. Sie strebten so hinein, daß man sagen kann: Während Anthroposophie vom Menschen ausgeht und hinaufstrebt in die geistige Welt, gingen die Religionen davon aus, dasjenige entgegenzunehmen, was ihnen wie durch gnadenvolle Offenbarung geworden ist. Das aber wirkt anders in der menschlichen Seele; das erfüllt die menschliche Seele anders als das, was aus den eigenen Kräften heraus geschaffen wird. Anthroposophisch orientierte Geisteswissenschaft ist eine Wissenschaft. Dasjenige aber, was da wirkt als Glaubenswahrheit, das ergreift die Seele noch anders als eine Erkenntniswahrheit, wie es auch die anthroposophische sein muß. Man kann nicht die Anthroposophie unmittelbar zu einer Religion machen. Aber aus wirklich verstandener Anthroposophie wird auch ein wirklich echtes, wahres, ungeheucheltes religiöses Bedürfnis entstehen. Denn die menschliche Seele ist nicht etwas Einförmiges, sondern die menschliche Seele ist etwas Vielförmiges. Die menschliche Seele braucht verschiedene Wege, um auf der Bahn zu ihrem Ziele heraufzusteigen. Die menschliche Seele braucht nicht nur den Weg durch die Erkenntniskräfte, die menschliche Seele braucht auch das Durchglüht- und Durchwärmtsein mit jener Art, sich zur geistigen Welt zu stellen, wie es in dem religiösen Bekenntnis, in wirklich religiösem Empfinden vorliegt.

Merkwürdig war immer eines. Ich habe im Laufe der Jahre viele Briefe hier aus der Schweiz erhalten, die immer einen ganz bestimmten Grundton hatten. In diesen Briefen stand etwa das Folgende: Ich kann ja ganz gut verstehen, was Sie mit ihrer anthroposophisch orientierten Geisteswissenschaft wollen, ich kann auch das Berechtigte einsehen, auf diese Art in die geistige Welt hineinzukommen – nicht jeder schreibt so, doch es gibt solche, die dies schreiben –, aber ich vermisse eines bei dieser Geisteswissenschaft: Ich vermisse, daß sie auf so innerliche Weise, wie – und nun wird diese oder jene sektiererische Richtung angeführt – in die christlichen Erlebnisse hineinführt.

Ja, man will einen Mangel dieser Geisteswissenschaft, dieser Anthroposophie, ausdrücken auf diese Art. In meinen Augen ist der Ausdruck dieses Mangels immer der Ausdruck eines besonderen Vorzuges. Denn man verlangt von der Anthroposophie etwas, was sie durch ihr ganzes Wesen eben gerade nicht sein will. Sie will aber durch ihr ganzes Wesen dem anderen auch das Recht geben. Er nimmt es einem übel, wenn man ihm gerade einen anderen Weg noch offen läßt. Das ist das Eigentümliche. Und so nehmen es einem Pastoren, Pfarrer, heute übel, wenn man ihnen einen Weg offenläßt, auf dem Anthroposophie selber gar nicht gehen will. Da kommen Widerlegungen von jener Seite, die da sagen: Du sagst ja etwas ganz anderes über den Christus, als wir sagen – man sagt nichts anderes; man sagt nur etwas Ausführlicheres – ich kann jetzt nicht näher darauf eingehen, der Kürze der Zeit wegen –, also bist du nicht auf dem richtigen Weg; man muß dich widerlegen. – Ja, wenn die Sache aber so stünde, daß man eben gerade dasjenige sagt, was er nicht sagt, und ihm sein gutes Recht läßt, das zu sagen, was er wissen kann, was auf seinem Wege liegt. Er greift einen gerade um dessentwillen an, um dessentwillen man ihn so recht gelten lassen will, um dessentwillen man alles tut, damit er erst auf seinem Platze stehen könne. Es wird einem auf der einen Seite übelgenommen, daß man die

Aufgabe des anderen nicht löst, weil man sie ihm überläßt. Würde man etwas anderes sagen, würde es einem auch übelgenommen. Und so tritt das Paradoxe auf, die ganz sonderbare Sache tritt auf, daß man mit dem widerlegt wird, was gerade der innerste Nerv ist, was gerade der andere als eine Wohltat empfinden müßte! Weil Anthroposophie nicht in das Urspezielle der Religionsbekenntnisse hineinreden will, weil sie diesen das Recht gibt, auf ihrer Stätte zu wirken von sich aus, deshalb sagt sie eben etwas anderes, was an dieser Stätte nicht gesagt wird. Sie tut das, was sie tut, um die Berechtigung der Religionsbekenntnisse darzutun. Sie kann offenbar nicht mehr tun, um die Religionsbekenntnisse auf ihrer Stätte gelten zu lassen. Und gerade deshalb wird sie angegriffen. Man verlangt von ihr, sie soll die Aufgabe der Religion übernehmen. Auf diesem Gebiete müßte eigentlich eine ganze Summe von klaren Vorstellungen an die Stelle von unklaren Vorstellungen treten.

Man kann sagen: Ein gewisser Anfang ist gemacht worden, ein ganz schöner Anfang, in dem vorzüglichen Werke, welches Ricarda Huch über «Luthers Glaube» geschrieben hat. Neben manchem anderen Ausgezeichneten, das man aus diesem Buche gewinnen kann, bekommt man daraus auch eine Vorstellung von dieser ganz anderen Färbung des Gemütsweges, den das religiöse Bekenntnis geht, als der Erkenntnisweg selber ist. Die Art der Glaubenswahrheit, das ist etwas, was aus jeder Seite dieses Buches neben anderem Vorzüglichen spricht. Nun allerdings, in unserer Gegenwart werden, gerade wenn tiefere Wahrheiten gesagt werden, diese in der Regel recht trivialisiert, denn ein jeder glaubt, er habe nicht viel nötig, um sich in die Tiefen dieser oder jener Sache einzulassen, er sei schon ein Fertiger. Ricarda Huch hat eigentlich ein schönes Wort gesprochen im Zusammenhang mit der Art und Weise, wie Nietzsche-Anhänger vor einigen Jahren überall entstanden sind, weil man das Zeug in sich zu haben glaubte, ein solcher zu sein, wie er von dem oder jenem geschildert wird. Man will sich nicht heraufranken, man will sich nicht hinaufringen, sondern man will vor allen Dingen, wenn einer einen Übermenschen schildert, ein Übermensch gleich sein! Und so sah man denn die «Übermenschen» herumlaufen, zahlreich herumlaufen überall: Die nicht einmal die Anlage zu einem respektablen Meerschweinchen hatten, sie liefen als «blonde Bestien» im Sinne Nietzsches herum.

Ein Weg, wie er von der Gegenwart gefordert wird, hinauf in die geistige Welt, der zu Hilfe kommt den Bestrebungen der religiösen Bekenntnisse, des religiösen Erlebens überhaupt, das ist Anthroposophie. Man beurteilt auch den äußeren Verlauf der Geschichte viel zu oberflächlich. Man denkt, in weiteren Kreisen habe die Religion nicht mehr jenen Einfluß, den sie in früheren Zeiten gehabt habe, da müsse man die Religion, so wie sie nun einmal war in alten Zeiten, wiederum hintragen. Man glaubt, auch der Religion einen Gefallen zu tun, wenn man das, was man für ihre Gegner hält, bekämpft. Man geht nicht auf das Tiefe ein. Wenn man auf die wirklich tieferen Gründe eingeht und studiert, warum zum Beispiel – im Jahre 1873 wurde es konstatiert – nur ein Drittel der Bevölkerung von Frankreich, Land- und Stadtbevölkerung zusammengenommen, im kirchlichen Sinne gläubig war, nur ein Drittel, zwei Drittel ungläubig; wenn man die Sache streng nähme, wenn man diese Dinge studierte, so würde man sich sagen: Nicht aus diesen oberflächlichen Gründen, sondern aus tiefen Seelenimpulsen heraus ist eine Interesselosigkeit nicht nur gegenüber den einzelnen Religionen, sondern gegenüber der geistigen Wirklichkeit überhaupt, eingetreten. Ein materialistisches Zeitalter ist heraufgezogen.

Nun weiß Anthroposophie über den Entwickelungsgang der Menschheit das Folgende: Während irgendeine Entwickelungsströmung abläuft, läuft im Untergrunde, mehr unsichtbar, unbemerkbar, eine andere ab. Während abläuft zum Beispiel die Tendenz zum Materialismus, zur Geistlosigkeit, zur Geistesleugnung, entwickelten sich in dem Unterbewußten – die Menschen wußten eben nichts davon –, entwickelten sich in den unterbewußten Untergründen der Menschenseelen Bedürfnisse, tiefe Interessen, einen Weg in die geistige Welt zu finden. Und so konnte der Mensch mit seinem Kopf ein David Friedrich Strauß sein, ein Gottes- und Geistleugner; und in seiner schlafenden Seele, in der Seele, von der er nichts wußte, entwickelten sich die Kräfte, die aber dann nur durch einen direkten Weg, einen direkten Erkenntnisweg, eben den anthroposophischen Weg, entwickelt werden können, nur wenn man den findet. Dann aber findet man auf diesem Umweg wiederum den Anschluß an das religiöse Bekenntnis, während man das religiöse Bekenntnis verläßt, wenn man sich bloß an die glänzenden Fortschritte der Naturwissenschaft hält.

Diejenigen wissenschaftlichen Richtungen, welche, ich möchte sagen, nur unter der Zucht der Naturwissenschaft sich entwickelt haben, wie haben sie sich denn eigentlich zur religiösen Entwickelung gestellt? Ganz anders als Anthroposophie. Anthroposophie sucht die religiösen Bekenntnisse zu verstehen. Weil religiöse Bekenntnisse vom Geist sprechen und Anthroposophie als ihre Forschungsergebnisse geistige Tatsachen und geistige Wesenheiten kennt, begegnet sie sich mit den religiösen Bekenntnissen. Andere Richtungen sprechen anders. Ich will das Beispiel des Psychologen Ebbinghaus anführen: Er untersucht, wie Religion entstanden ist; von seinem in Naturwissenschaft heranerzogenen Geist, von seiner Beurteilungsfähigkeit aus untersucht er, wie Religion entstanden ist. Nun, ich will in Kürze andeuten, was er sagt: Da haben die Menschen gefunden, in älteren Zeiten, in denen sie noch nicht das erleuchtete Denken der Gegenwart hatten, daß sie Gefahren ausgesetzt sind in der äußeren Welt von Regen, Gewittern und dergleichen; da haben sie gefunden, daß feindliche Mächte da sind. Sie haben sich dazu dämonische Geisteswesen erfunden, aus der Furcht heraus. Wiederum haben sie gefunden, daß sie jene Mächte anders nicht überwinden können, weil sie zu schwach sind. Aus der Not heraus haben sie sich Götter erfunden, die ihnen helfen sollen.

Nun, solche Dinge klingen recht schön, und derjenige Mensch, der an die heutigen landläufigen Vorstellungen gewöhnt ist, sieht diese Dinge so leicht ein. Aber man geht von einer ganz falschen Vorstellung aus, wenn man immer wieder und wieder sagt, der Naturmensch sei wie das Kind geneigt, Tischecken zu personifizieren, zu beseelen; wenn es sich daran stößt, so schlägt es die Tischecke. Es beseelt gar nicht die Tischecke, sondern es kennt noch nicht den Unterschied von Totem und Lebendigem, und aus einem inneren Triebe heraus schlägt es auf das Tote hin; es beseelt gar nichts. So beseelt auch der Naturmensch nichts, sondern er folgt seinen Trieben; und es ist nicht wahr, daß er immer das, was ihm feindlich oder abträglich entgegentritt, irgendwie durch Erfindung eines Dämons zu erklären sucht. Ich möchte einmal wissen: wenn ein nichtsnutziger Junge einem wilden Menschen irgendwie gefährlich wird, – ich glaube gar nicht, daß der gleich einen Dämon erfindet, mit dem er sich dann gegen den Jungen wehrt, sondern er haut ihn durch.

Diese Dinge nehmen sich wieder paradox aus. Aber sie können nur in der richtigen Weise beurteilt werden von der Geisteswissenschaft oder Anthroposophie. Geisteswissenschaft weiß die Tatsachen in der richtigen Weise zu erfassen, daß das Kind ja eigentlich noch gar nicht zur Religion veranlagt ist, ebensowenig wie es der wilde Mensch ist. Man sieht in der Religion etwas Kindliches. Gerade das Kind aber ist nicht veranlagt zur Religion, sondern es muß erst zur Religion erzogen werden oder heranerzogen werden. So ist auch im Laufe der Menschheitsentwickelung der Mensch heranerzogen worden. Ein Ausspruch von Ebbinghaus lautet so, daß er erstens sagt: Furcht und Not sind die Mütter der Religion. – Dann sagt er: «Die Kirchen füllen sich und die Wallfahrten mehren sich in Kriegszeiten und bei verheerenden Epidemien.» Ich möchte wissen, ob die Kirchen auch bei denjenigen, die von vornherein ganz materialistisch geneigt sind, sich füllen bei Epidemien und bei Kriegszeiten. Nur bei denen füllen sie sich doch, die irgendwie etwas schon von religiöser Veranlagung haben. Das kommt aber nicht aus Furcht und Not, das kommt davon, weil der Mensch in seiner Seele das Geistige erlebt. In alter Zeit hat er es mehr instinktiv erlebt. Heute kann er es mehr bewußt erleben. Weil der Mensch sich nach und nach entwickelt zum Erleben des Geistigen, sieht er in dem, was sinnlich ist, ein Abbild des Geistigen.

Wenn man die Verbindung, die die Menschenseele mit der Umwelt hat, dann, wenn sie mit Geistorganen dem Geiste gegenübertritt, bezeichnen will, aber nur durch ein Analogon bezeichnen will, so kann man sagen: Es ist eine Art Mitgefühl. Das Mitgefühl kennt man vom moralischen Sinn aus; es ist eine Art Liebe. Das Verbundensein mit der geistigen Welt läßt sich vergleichen mit dem Gefühl der Liebe. Und so kann Anthroposophie sagen: Wenn auch primitive Religionen aus Not und Sorge heraus entstanden sind, sie haben sich erfüllt mit geistigen Inhalten, mit Begriffen und Vorstellungen und Ideen von der geistigen Welt, weil der Mensch in einer solchen lebt. Vollkommene Religionen, vor allen Dingen diejenige Religion, die die Synthese, der Zusammenschluß der übrigen Religionen ist, die hat sich nicht aus Furcht und Not herausentwickelt, die hat sich aus dem entwickelt, was man vergeistigte Liebe nennen kann, Zusammenwachsen mit der geistigen Welt. Nicht Furcht und Not, die Liebe erzeugt eigentlich die vollkommenen Religionsbekenntnisse.

So muß man sagen: Diejenigen, die sich nur von materialistisch-naturwissenschaftlichen Vorstellungen beherrschen lassen, verkennen das ganze Verhältnis zwischen Religion und Erkenntniswahrheit. Immer wieder und wiederum darf es wiederholt werden: Steht man fest auf dem Boden einer religiösen Wahrheit, dann darf man voraussetzen, wenn der Mensch von einer anderen Seite her sich der geistigen Welt nähert, daß Verständnis, ja sogar Unterstützung möglich ist. Und so wird man es immer mehr und mehr erleben – wenn auch die Menschen das heute nicht zugeben wollen –, daß, während sich unter dem Einflusse der menschlichen Impulse, die sich in der modernen naturwissenschaftlichen Weltanschauung ausleben, die Religionen geschwächt fühlten, die Religionsbekenntnisse sich gelähmt fühlten, sie gerade wiederum in ihrem Wert, in ihrer Würde, in ihrem Gewicht für die Menschheit werden erkannt werden, wenn der Mensch auf geisteswissenschaftlichem Wege dem Geiste sich zu nähern vermag. Freunde der anthroposophisch orientierten Geisteswissenschaft sollten gerade die Religionsvertreter sein.

Sie werden es auch werden. Denn der Konflikt zwischen Religion und Wissenschaft entsteht ja nicht aus gewissen religiösen Voraussetzungen heraus. Dieser Konflikt zwischen Religion und Wissenschaft ist dadurch entstanden, daß im Grunde genommen die Vertreter der religiösen Bekenntnisse in älteren Zeiten zugleich mit die Wissenschaft vertreten haben. Man muß diese Tatsache durchaus anerkennen. Man braucht ja gar nicht zu weit in der Entwickelungsgeschichte der Menschheit zurückzugehen und man wird finden: Jene, die die Vertreter der Religion waren, waren zugleich diejenigen, die die Menschen die weltlichen Wissenschaften gelehrt haben. Sie waren verbunden mit diesen weltlichen Wissenschaften. Erst im Laufe der Zeit haben sich die äußeren, nach der Naturwissenschaft gehenden Wissenschaften von dem Religiösen emanzipiert. Diese Emanzipation wirkt mit auf das geistige Weltgeschehen.

Es liegt nur in der menschlichen Natur, daß das Verständnis für solche Dinge nachhinkt. 1822 sind ja erst die Dekrete aufgehoben worden von der katholischen Kirche, welche die Lehre des Kopernikus, des Galilei verdammt haben. Von da ab ist es erst einem Katholiken erlaubt worden, an die kopernikanische Weltanschauung zu glauben. Vielleicht wird man Jahrhunderte brauchen, wenn es dazu kommen sollte, dem Katholiken zu verbieten, an wiederholte Erdenleben zu glauben, daß solch ein Dekret, solch eine Meinung aufgehoben wird. Aber kommen wird diese Aufhebung. Denn was wirklich menschliches religiöses Erleben ist, wird nicht in Konflikte geraten mit den wiederholten Erdenleben, ebensowenig wie mit der kopernikanischen Weltanschauung.

Immer wieder und wieder muß ich bei dieser Gelegenheit erinnern an jenen Priester, der zugleich Universitätsprofessor war und der, als er das Rektorat an der Universität Wien übernommen hat, als katholischer Priester in einer Rede über Galilei gesagt hat: Eine richtig verstandene Religion wird sich nicht auflehnen gegen naturwissenschaftlichen Fortschritt, sondern die religiöse Wahrheit wird im Gegenteil fest sich gestützt fühlen dadurch, daß sie sich sagen kann: Wenn die Astronomie hinausweist in die Weite der Sternenwelt und ihre Gesetze entdeckt, dann geschieht das auch aus der Herrlichkeit und aus der Kraft des göttlichen Wesens und des göttlichen Seins heraus. Ein Kopernikus hat nicht zur Untergrabung der Religion beigetragen, sondern durch seine Tätigkeit beigetragen zur Herrlichkeit der Offenbarung des göttlichen Wesens. – Das sind ganz andere Priesterworte als diejenigen, die immer wieder und wiederum aus Mißverständnis heraus entstehen und die sich gegen dasjenige wenden, was eben in der Entwickelungsgeschichte der Menschheit auftreten muß.

Ich habe schon darauf hingedeutet, wie merkwürdig es ist, daß verlangt wird, man soll nicht nur dasjenige über Christus Jesus zum Beispiel gelten lassen als Christentum, was der eine oder der andere Vertreter dieser oder jener Konfession sagt, sondern man soll etwas anderes nicht sagen. Der Anthroposophie kann ja wahrhaftig – das zeigt die Erfahrung – nicht vorgeworfen werden, daß sie irgendein religiöses Bekenntnis stört. Aber sie muß gerade über jenen wichtigen, wichtigsten Einschnitt in der Entwickelungsgeschichte des Erdendaseins, der bezeichnet wird durch den Christus Jesus, etwas erkennen, was für das ganze Weltall wahre Bedeutung hat. Sie weiß noch ganz andere Dinge zu sagen über den Christus-

Impuls, als was bisher gesagt werden konnte. Man nimmt es ihr übel, daß sie noch mehr beitragen will zur Begründung und zum Verständnis des Christentums, als die offiziellen Vertreter beitragen. Man mache sich nur einmal klar, wie sonderbar solch ein Kampf eigentlich ist. Man mache sich nur einmal klar, wie wenig man den Aufgaben der Zeit gewachsen ist, wenn man so wenig verstehen will, daß Anthroposophie das wahrhafte religiöse Bekenntnis niemals stören kann, sondern nur vertiefen kann. Dann braucht man allerdings eine Gesinnung, wie sie der Bischof Ireland geäußert hat mit den Worten: Die Religion bedarf neuer Formen und Auffassungsweisen, um mit der Neuzeit Fühlung zu bekommen. Wir brauchen Apostel des Gedankens und der Tat.

Ja, es gibt auch innerhalb der religiösen Bekenntnisse diejenigen, welche die Zeichen der Zeit zu fühlen, zu empfinden vermögen. Die verlangen dann sogar, daß ihnen ein anderer Weg entgegenkomme. Denn sie verstehen, daß, wenn die Menschheit das Interesse an dem Geist verliert, dann ja auch das Interesse an dem Religiösen sich verlieren muß. Wenn aber die Menschheit in irgend etwas Interesse für das Geistige gewinnt in der Weise, wie es ihrer heutigen Entwickelung gemäß ist, dann müssen auch wiederum die religiösen Bekenntnisse zum richtigen Verständnis kommen. Daher kann man immer die Erfahrung machen: Während in der neueren Zeit vielfach durch die einseitig ausgebildete Naturwissenschaft die Menschen abgebracht worden sind von ihrem Erleben in diesem oder jenem Religionsbekenntnisse, werden sie wiederum zu ihm hingeführt dadurch, daß der Geist durchdrungen wird von anthroposophischer Geisteswissenschaft.

Würde man die Art wirklich ernsthaftig verstehen wollen, wie das Walten des Geistes in den einzelnen Religionsbekenntnissen von Anthroposophie verstanden werden kann, wie von ihr verstanden werden kann, daß aus diesen Bedingungen heraus das eine Religionsbekenntnis, daß aus jenen Bedingungen heraus das andere Religionsbekenntnis entstanden ist, wie sie mit ihren Mitteln den Wert der einzelnen Religionsbekenntnisse zu beurteilen vermag – man würde gerade von dieser Seite aus Anthroposophie niemals bekämpfen wollen.

Man bleibt heute gern bei Abstraktionen stehen. Man sagt, Anthroposophie wolle in allen Religionen den Wahrheitskern suchen, sie mache eigentlich dann alle Religionen gleich. Damit würde sie nicht eine wahre Entwickelungsgeschichte sein; damit würde sie gleichen dem, was man in der äußeren Wirklichkeit niemals unternehmen könnte, wenn man auf dem Tische hat Salz, Pfeffer, Zucker und man sagt: Das alles sind Speisezutaten, die sind alle dem Wesen nach ganz gleich –, nun, da nimmt man Pfeffer in den Kaffee statt Zucker. So ist es nicht; das ist eine äußere Beurteilung, wenn man sagt, Anthroposophie wolle den Wahrheitskern in allen Religionen ungefähr gleich anerkennen. Sondern sie sucht, wie eine Religion aus der anderen heraus sich entwickelt hat. Sie sucht zu begreifen, wie wesenhaft dasjenige Religionsbekenntnis, welches alle Menschen über die Erde hin in dem einen Geist zufrieden machen will, wie das die Synthese, der zusammenfassende Zusammenhang der verschiedenen, auf die einzelnen Völker verteilten Religionsbekenntnisse ist. Sie weiß mit Frobenius zu sprechen von ethnischen Religionen und von der Menschheitsreligion.

Ich müßte noch viel sprechen, wollte ich alles, was sich an Mißverständnis und Mißverständnis immer mehr und mehr aus Oberflächlichkeit, aus bösem Willen manchmal, manchmal auch aus gutem Willen anhäuft, um gerade von seiten der religiösen Bekenntnisse her Anthroposophie zu verdammen, zu bekämpfen; ich müßte viel anführen, wenn ich das alles in seiner Mißverständlichkeit aufweisen wollte. Das Verhältnis des religiösen Lebens zur Anthroposophie kann also nur dann klar werden, wenn man erfaßt, wie Anthroposophie den Menschen ergreift, wie Anthroposophie den Menschen erweckt für die geistige Welt und wie er dadurch gerade fähig wird, dasjenige wiederum zu empfinden, was er in Gemeinschaft, in der religiösen Gemeinschaft, erleben kann. Wird Anthroposophie von den Religionen bekämpft, dann muß sie sich wehren. Verfolgen Sie, wo Anthroposophie polemisch wird, Sie werden immer sehen: in der Abwehr. Aggressiv, angreifend wird Anthroposophie in den seltensten Fällen; nur da, wo durch etwas Mißverstandenes etwas da ist, was weggeschafft werden muß, als ein Mißverständnis weggeschafft werden muß. Sonst aber wird Anthroposophie nie aggressiv; sie wird es nur, wenn sie sich zu verteidigen hat. Sie hat sich allerdings sehr oft zu verteidigen: Dann etwa, wenn man, wie ich schon im Eingang meiner heutigen Ausführungen gesagt habe, immer wieder damit kommt, nicht auf das einzugehen, was Anthroposophie selber ist, was man in ihr finden kann, wenn man sich nicht ernsthaftig, ehrlich und aufrichtig mit ihr bekanntmacht, sondern wenn man eine Karikatur entwirft und dann sein eigenes karikiertes Bild bekämpft, womit man eigentlich wahrhaftig nicht den trifft, der seine anthroposophische Forschung aus seiner innersten Überzeugung heraus geltend macht!

Nicht durch Einzelheiten wollte ich das Verhältnis der Anthroposophie zu den religiösen Bekenntnissen auseinandersetzen, sondern aus dem ganzen, totalen Geist der anthroposophischen Weltanschauung heraus. Ich wollte zeigen, daß für den, der Anthroposophie versteht, keine Rede davon sein kann, daß irgendein religiöses Erleben durch diese Anthroposophie gestört werde. Auch in dieser Beziehung gilt, was ich schon gestern sagte: Ich möchte am liebsten diejenige Weltanschauung, die sich mir ergeben hat als die anthroposophische aus den Goetheschen gesunden Weltvorstellungen heraus, ich möchte sie am liebsten Goetheanismus nennen, und ich möchte, wenn es nur von mir abhinge, den Dornacher Bau am liebsten Goetheanum nennen.

Es führt alles, was man auf dem Boden der Anthroposophie finden kann, eigentlich immer dahin, sich sagen zu müssen: Du setzest nur fort, was dieser einzigartige Geist in die Menschheitsentwickelung hineingeworfen hat. Er ist in vieler Beziehung bei den elementaren Vorstellungen stehengeblieben. Aber nicht dann ist man im rechten Sinne ein Bekenner des Goetheanismus, Bekenner derjenigen Weltanschauung, die durch Goethe geworden ist, die Goethe erkraftet hat, wenn man historisch oder äußerlich biographisch das betrachtet, was Goethe selber hingeschrieben hat; sondern dann ist man im rechten Sinne ein Bekenner der Goetheschen Weltanschauung, wenn man lebendig sich in diese Weltanschauung hineinzuversetzen und weiter und weiter sie fortzusetzen vermag.

Goethe war ein Goetheaner bis zum Jahre 1832 hier in der physischen Welt. Er selber würde sich heute ganz anders aussprechen, als er sich in seiner Zeit ausgesprochen hat. Aber wenn etwas gesund ist, bleiben gewisse Grundimpulse, gewisse Grundkräfte, welche auch eine Weltanschauung von einer Epoche in die andere hinübertragen. Wenn, ich möchte sagen, in neuer Blüte und neuer Frucht das, was im Keime da war, wiederum aufgeht, dann darf es hinweisen auf diese Solidarität der ganzen Menschheitsentwickelung, ja, daß es gewisse Grundimpulse aufgreift. Und so darf ich auch schließen diese heutigen Betrachtungen damit, daß ich, ich möchte sagen, das Bekenntnis Goethes hierbei, das ja bekannt genug ist, das ich auch öfter ausgesprochen habe, an den Schluß stelle.

Goethe, anschauend, was Kunst, was Religion Menschen sein kann, was aber auch durch Wissenschaft aus dem Menschen gemacht wird, betrachtet den Menschen, der nicht eine Scheinwissenschaft, nicht eine falsche Religion, nicht eine falsche Kunst auf sich wirken läßt, sondern wahre Kunst, wahre Wissenschaft, wahre Religion, er betrachtet den Menschen und sagt sich dann das tief bedeutsame Wort:

> Wer Wissenschaft und Kunst besitzt,
> Hat auch Religion.
> Wer jene beiden nicht besitzt,
> Der habe Religion.

Auf den Fall der Anthroposophie angewendet, darf ich vielleicht dieses Goethesche Wort im Sinne der heutigen Zeit so fortsetzen:

Wer Anthroposophie besitzt, Geisteswissenschaft, wie sie aus ihr erblüht, der hat auch Religion. Ich fürchte nur, daß diejenigen, die nicht Anthroposophie oder wenigstens ihren Geist und ihren Sinn besitzen wollen, in der Zukunft nicht mehr Religion haben werden.

GEISTESWISSENSCHAFTLICHE (ANTHROPOSOPHISCHE) FORSCHUNGSERGEBNISSE ÜBER DAS EWIGE IN DER MENSCHENSEELE UND ÜBER DAS WESEN DER FREIHEIT

Basel, 23. November 1917

Anthroposophisch orientierte Geisteswissenschaft, von der hier wieder die Rede sein soll, wie in den Vorträgen vor einigen Wochen von ihr die Rede war, diese Geisteswissenschaft wird von vielen Menschen in unserer Zeit noch aufgefaßt, wie man etwa – man könnte den Vergleich schon machen – einen uneingeladenen Gast innerhalb einer Gesellschaft auffaßt. Man verhält sich zunächst, selbstverständlich, gegenüber einem uneingeladenen Gaste, wenn man ihn so ansehen muß, recht ablehnend. Andere wissenschaftliche Strömungen, andere wissenschaftliche Zweige sind durch die schon erkannten Bedürfnisse der Menschen durchaus eben, ich möchte sagen, geladene Gäste im geistigen Streben der Menschheit der Gegenwart. Allein, wenn man gegenüber einem ungeladenen Gaste dann die Wahrnehmung macht, daß er einem etwas zu bringen hat, das man verloren hatte und das einem doch in einer gewissen Beziehung sehr, sehr wertvoll sein kann, dann beginnt man, auch den ungeladenen Gast etwas anders zu behandeln als vorher. Und in dieser Lage ist im Grunde die anthroposophisch orientierte Geisteswissenschaft. Sie hat zu sprechen von geistig-seelischen Gütern der Menschheit, die in einer gewissen Beziehung in ganz begreiflicher Art der neueren Kulturmenschheit verlorengegangen sind und die wiederum gebracht werden müssen. Verlorengegangen sind sie dadurch, daß während Jahrhunderten, Jahrtausenden geschichtlicher Entwickelung die Menschheit für dasjenige, was da in Betracht kommt, ein gewisses instinktives Erkennen hatte; dieses instinktive Erkennen kann die Menschheit sich nicht fernerhin in derselben Art bewahren, hat es sogar bis zu einem gewissen Grade schon verloren.

Geradesowenig, wie die Menschheit bleiben konnte bei der mittelalterlichen Weltanschauung vom Stillstehen der Erde, den Drehestellungen des Himmels und der Sonne, so wenig konnte die Menschheit bei den alten instinktiven Erkenntnissen über das Wesen des Seelischen und damit über das eigentliche Kernwesen des Menschen bleiben. Und in den Vorträgen, die ich vor Wochen hier gehalten habe, war es insbesondere meine Aufgabe, auszuführen, wie in begreiflicher und gerechtfertigter Weise naturwissenschaftliche Art des Denkens von den Seelen der Menschen Besitz ergriffen hat, wie dieses naturwissenschaftliche Vorstellen sich immer mehr und mehr verbreitet, immer mehr und mehr auf die gesamte Kulturentwickelung der Menschheit Einfluß gewinnen muß. Aber dieses naturwissenschaftliche Erkennen ist auf der anderen Seite, so einleuchtend, so anschaulich es ist, nicht geeignet, dem Menschen die Geheimnisse seines eigenen seelischen Wesens zu enthüllen, gerade wenn es stark und kräftig bleiben will auf dem Gebiete, das ihm zugewiesen ist. Und dieses naturwissenschaftliche Vorstellen hat die Eigentümlichkeit, daß es die alten instinktiven Erkenntnisse über das Seelische nicht mehr gelten lassen kann, daß es sie gewissermaßen vernichtet.

Geisteswissenschaft, wie sie hier gemeint ist, will, in derselben Art wie die Naturwissenschaft auf ihrem Gebiete, durch geregeltes Erkennen in das geistige Gebiet bewußterweise hineinleuchten und damit dem Menschen in bewußter Art wieder bringen, was er als eine instinktive Erkenntnis verloren hat.

Ganz gewiß, die Menschen, die heute noch diese Anthroposophie als einen ungebetenen, ungeladenen Gast empfinden, sie werden ihn gerade deshalb als einen sehr willkommenen Gast ansehen – so ist die Hoffnung desjenigen, der drinnensteht in diesem geisteswissenschaftlichen Streben –, wenn sie eingesehen haben, daß er die Kunde, die Erkenntnis eines verlorenen Lebensgutes bringt.

Wenn wir Umschau halten in den verschiedenen Darstellungen über die menschliche Seele und ihr Wesen, wie sie aufgetreten sind in der Zeit, in welcher die naturwissenschaftliche Denkart schon ihren tiefen Einfluß geübt hat, und bis in die Gegenwart herein, so sehen wir, daß zwei der allerwichtigsten Fragen, welche der alten Seelenwissenschaft eigen waren, geradezu aus dieser neueren, naturwissenschaftlich angehauchten Seelenwissenschaft verschwunden sind. Allerdings gliedern sich mit diesen zwei Hauptfragen eine ganze Reihe anderer zusammen; aber diese anderen sind gewissermaßen mitgegeben, wenn man die Aufmerksamkeit auf diese zwei Hauptfragen richtet: auf die Frage nach dem Ewigen in der Menschenseele, die sogenannte Unsterblichkeitsfrage, und auf die Frage nach der menschlichen Freiheit. Inwiefern die Frage nach dem Ewigen immer mehr und mehr aus dem Gesichtskreise der neueren Betrachtungen verschwinden mußte, soweit von Wissenschaft die Rede ist, davon habe ich in den letzten Vorträgen gesprochen, und ich habe dazumal schon die Bemerkung gemacht, daß es heute meine Aufgabe sein soll, so gut das in einem Vortrage geht, die Seelenfrage zu behandeln von dem Gesichtspunkte einer wenigstens skizzenhaften Betrachtung der menschlichen Freiheit.

Wenn Naturwissenschaft ihre Denkweise ausdehnt auf das Seelische, muß sie zunächst ihr Hauptaugenmerk darauf richten, inwiefern dieses Seelische seine Grundlage in dem Leiblichen des Menschen hat. Nun ist aber diese naturwissenschaftliche Betrachtungsart ganz und gar darauf angewiesen, den Verlauf der äußeren Vorgänge, auch den Verlauf der seelischen Vorgänge, wie sie sich ergeben in der Zeit, ursächlich zu betrachten. Die naturwissenschaftliche Denkart kann, wenn sie Seelenlehre wird, das Seelische nur im engsten Zusammenhange mit dem Leibe betrachten. Der Leib aber gehört ganz und gar dem materiellen, dem stofflichen Zusammenhang der äußeren Welt an. Für diesen Zusammenhang findet naturwissenschaftliche Denkungsweise in einer großartigen Form gesetzmäßige Zusammenhänge. Aber diese gesetzmäßigen Zusammenhänge führen geradezu weg, nicht hin, von einer Betrachtung der beiden angedeuteten Hauptfragen über das menschliche Seelenleben.

Um nur ein Beispiel anzuführen: Indem die Naturwissenschaft immer mehr und mehr, ich möchte sagen, Besitz ergriff von der Betrachtung des Seelenlebens, versuchte sie auch, ihre auf ihrem eigenen Gebiete so fruchtbaren Gesetze anzuwenden auf die Betrachtung dieses Seelischen. Da kann sie nicht anders als darauf hinsehen, wie eine menschliche Handlung, wie ein menschlicher Willensimpuls, wie alles dasjenige, was der Mensch von seiner Seele aus unternimmt, herausfließt aus dem leiblichen Erleben. Sie muß in ihrer Art Versuche anstellen, wie sie es gewöhnt ist auf ihrem naturwissenschaftlichen Gebiete, und sie fühlt sich, gewissermaßen mit Recht, tief befriedigt, wenn sie in ihren Versuchen findet, daß auch das seelische Leben in keiner Art durchbricht, was naturwissenschaftlich für das äußere natürliche Leben festgestellt ist. Man braucht nur solch einer Sache zu gedenken wie, daß Physiologen, Biologen Versuche darüber angestellt haben, welches die Kraftmenge ist, die der Mensch, die das Tier durch ihre Nahrung aufnehmen; dann wiederum, welches die Kraftmenge ist, welche der Mensch, das Tier entwickeln, wenn sie seelische Äußerungen in der Welt unternehmen. Rubner, der Biologe, der ausgezeichnete Forscher, hat Versuche angestellt mit Tieren, in denen er gezeigt hat, wie alles, was sich in der Bewegung, im Handeln der Tiere als Kraft äußert, nichts anderes ist als berechenbar umgesetzte Nahrungsenergie, die aufgenommen wird. Und Atwater hat Versuche angestellt, welche zeigen, wie dieses Gesetz auch für den Menschen gilt, wie alles, was wir aufbringen an Bewegungsarbeit und dergleichen, sich zahlenmäßig berechnen läßt als Umsatzprodukt desjenigen, was wir stofflich mit der Nahrung als Kraft aufnehmen und dann in Wärme und dergleichen in uns verwandeln.

So führt Naturwissenschaft aus ihrer Denkweise heraus auch das seelische Leben auf das sogenannte Gesetz von der Erhaltung der Kraft zurück. Sie kann nicht anders als von ihrem Gesichtspunkte aus sagen: Wo sollte ein Seelisches von sich aus in das Getriebe des menschlichen Wesens eingreifen, gewissermaßen wie durch ein Wunder etwas Neues schaffen, wenn man beweisen kann, daß alles, was gewissermaßen vom Menschen nach außen sich betätigt, nur Umwandlungsprodukt desjenigen ist, was der Mensch wiederum aus der Welt aufnimmt? Wenn die menschliche Äußerung dasjenige ist, was der Leib in sich aufgenommen hat, dann ist das Gesetz von der Erhaltung der Kraft, dieses seit Julius Robert Mayer, Helmholtz und so weiter so bedeutungsvoll in die Naturwissenschaft eingetretene Gesetz, erfüllt. Nirgends tritt eine neue Kraft auf; alles, was an Kraftäußerungen auftritt, ist nur umgewandeltes schon Vorhandenes. Man kann also nicht sagen, wenn der Mensch eine sogenannte freie, willkürliche Handlung vollbringt, so komme diese aus seiner Seele heraus, denn dann würde sich zu den Kräften, die schon da sind, eine neue gleichsam aus dem Nichts heraus gesellen.

Wer sich in naturwissenschaftliche Vorstellungen eingelebt hat, empfindet selbstverständlich so etwas als einen ganz geschlossenen Gedankengang. Und weil dieses so ist, weil Naturwissenschaft auf ihrem Gebiete so Großes, so Eindrückliches leistet, hat selbstverständlich Anthroposophie, die wissenschaftliche Strenge auf das Geistgebiet ausdehnen will, in ganz begreiflicher Weise einen schweren Stand. Aber nicht in einigen abstrakten Sätzen, sondern, ich möchte sagen, durch den ganzen Geist dessen, was ich in diesen Vorträgen vorzubringen habe, soll sich ergeben, daß diese anthroposophisch orientierte Geisteswissenschaft durchaus nicht nur in keinen Widerspruch kommt mit der Naturwissenschaft, sondern daß sie im Gegenteil diese Naturwissenschaft voll fortsetzt, ausbildet, trotzdem sie den Pfad, den Weg einschlägt aus dem Gebiete der Sinnenbetrachtung heraus in die Betrachtung des geistigen Lebens hinein.

Da allerdings begegnet sie unzähligen Vorurteilen. Wer in der Anthroposophie drinnen lebt, weiß am allerbesten, wie berückend Vorurteile wirken und der Anthroposophie eine Gegnerschaft erwecken müssen. Man kann sagen: Schon gegen die Art und Weise, wie auf dem Gebiete der Anthroposophie geforscht werden soll, liegen genügend Gründe vor – wenn man nur vorurteilsvoll genug sein will, sie anzuerkennen –, Einwände zu machen, Gegnerschaften zu erheben. Denn «Beweise», wie man sie in der gewöhnlichen Wissenschaft und im gewöhnlichen Leben kennt, sie sind durchaus innerhalb der Anthroposophie vorhanden; aber sie werden in einer gewissen Weise anders gehalten sein und anders aufgefaßt werden müssen, als was man «Beweise» in der gewöhnlichen Wissenschaft und im gewöhnlichen Leben nennt.

Vor allen Dingen handelt es sich in der gewöhnlichen Wissenschaft und im gewöhnlichen Leben darum, daß man dasjenige, was man untersuchen will, gegeben vor sich hat. Niemand kann leugnen, daß die Welt der Sinne eben vor den Sinnen ausgebreitet ist, daß sie Fragen an uns stellt.

Dieses ist in einer gewissen Weise nicht der Fall bei anthroposophischer Betrachtung. Da muß die Welt selbst erst zur Offenbarung gebracht werden, von der man eigentlich zu reden hat, so zur Offenbarung gebracht werden, wie für ein Wesen aus der niederen Reihe der Organismen etwa, wenn es sich weiterentwickeln würde, die Welt der Sinne zur Offenbarung gebracht würde, wenn dieses Wesen erst Sinne bekäme. In demselben Maße, in dem das Wesen Sinne bekommen würde, würde sich ihm die Sinneswelt erschließen. Dann, wenn sich die Sinneswelt ihm erschließt, dann ist eben deren Dasein erwiesen. Daher wird vieles – nicht alles – von der beweisenden Kraft, welche der anthroposophisch orientierten Geisteswissenschaft innewohnt, davon abhängen, daß man einsieht: Die vorbereitenden Arbeiten in der eigenen Seele, die der Geistforscher durchgeführt hat, um erst zu der Welt, die er betrachtet, zu kommen, sie sind berechtigt.

In der anderen Wissenschaft arbeitet man auf einer gewissen Grundlage, und dann erst beginnt die geistige

Tätigkeit, dann beginnt dasjenige, was die Seele zu verarbeiten hat. In der anthroposophisch orientierten Geisteswissenschaft muß die Seele zuerst arbeiten, und ihre Arbeit ist nicht etwas, was wieder Gesetze entwirft über anderes, sondern ihre Arbeit ist zunächst etwas, wodurch sie sich selbst zubereitet, um das zu beobachten, um was es sich in der geistigen Welt eigentlich handelt. Da kommt man darauf, für die anthroposophisch orientierte Geisteswissenschaft fordern zu müssen, was in der Gegenwart so ungern anerkannt wird: Daß, sobald es sich darum handelt, Einsicht in das Übersinnliche zu gewinnen, erst die Fähigkeiten in der Seele, welche dieses Übersinnliche schauen können, erweckt werden müssen, herausgeholt werden müssen aus der Seele. Aber geradeso, wie im Laufe der Entwickelung niedere Organismen, die noch gewisse Sinne nicht haben, durch ihre Wechselbeziehung mit der Außenwelt solche Sinne aus ihrem noch undifferenzierten Organismus herausentwickeln, so ist es möglich, aus der undifferenzierten menschlichen Seele heraus Fähigkeiten zu entwickeln, welche zur Anschauung der geistigen Welt so führen wie zur Anschauung der Sinneswelt eben die physischen Sinne.

Ich werde heute nicht eingehen auf die Entwickelung dieser seelischen Fähigkeiten. Ich habe in vielen Vorträgen, die ich im Laufe der Jahre hier gehalten habe, auch in den letzten Vorträgen, einiges Prinzipielle über die Entwickelung solcher Fähigkeiten, über das Heraufholen solcher Fähigkeiten vorgebracht. Heute möchte ich in dieser Richtung nur auf meine Bücher verweisen, namentlich auf meine Schrift: «Wie erlangt man Erkenntnisse der höheren Welten?» und meine «Geheimwissenschaft», in der sich gezeigt findet, was die Seele mit sich vorzunehmen hat, damit sie die Fähigkeit erlangt – die durchaus erlangbar ist –, Wahrnehmungen zu machen in der geistigen Welt. Sie kann diese Fähigkeit nur erlangen, wenn sie ihr inneres Wesen unabhängig von dem Leiblichen macht. Um nicht in Wiederholungen zu verfallen, werde ich, wie gesagt, heute nicht davon zu sprechen haben, wie solche Fähigkeiten erlangt werden. Nur einiges möchte ich anführen von den Eigentümlichkeiten dieses geistigen Weges, der in das übersinnliche Gebiet, dem der Mensch angehört, hineinführt.

Eine zunächst sonderbare Wahrheit in bezug auf diesen Weg ins Übersinnliche möchte ich aussprechen. Der Geistesforscher muß in der Seele Fähigkeiten zu einer Erkenntnisart entwickeln, welche sich auf Dinge bezieht, die im Grunde genommen jeder sich selbst verstehende Mensch zu dem Gegenstande seiner Betrachtung machen möchte, wenn ihn nicht irgendwelche naturwissenschaftlichen oder anderen Vorurteile davon abhalten. Das Ewige der Seele, das Wesen der menschlichen Freiheit und alles, was damit zusammenhängt, diese ewigen Philosophen-Fragen der Menschheit, sind Fragen für jeden Menschen. Die alte instinktive Erkenntnis hat sich mit ihnen befaßt. Die neuere, geisteswissenschaftliche Erkenntnis muß einen solchen Erkenntnisweg gehen, der sich auf etwas bezieht, was sozusagen von jedem sich selbst verstehenden Menschen begehrt wird. Aber die Wege, welche einzuschlagen sind, um durch wirkliche Erkenntnis in dieses übersinnliche Gebiet einzudringen, werden weniger geliebt, werden geradezu abgelehnt. Und zwar nicht bloß abgelehnt in Vorurteilen, sondern, ich möchte schon sagen, abgelehnt durch gewisse Eigentümlichkeiten der menschlichen Natur selber. Und da kommt namentlich das Folgende in Betracht.

Wir sind gewohnt, wenn wir uns Vorstellungen bilden, Begriffe bilden, diese anzulehnen an ein Seiendes, an ein Wesenhaftes, das unabhängig von diesen Vorstellungen, von diesen Begriffen, an uns herantritt. Wir stehen in der Welt als Sinneswesen mit dem Seienden in Verbindung, über das wir uns Vorstellungen machen. Als Menschen zwischen Geburt und Tod, als Menschen, die im Leibe leben, stehen wir nun nicht in unmittelbarer Verbindung mit demjenigen, worauf sich die übersinnlichen Erkenntnisse beziehen. Daher müssen diese übersinnlichen Erkenntnisse eine größere Kraft der Seele, eine weit höhere innere Energie in Anspruch nehmen als die Erkenntnisse der gewöhnlichen sinnlichen Außenwelt, die uns immer dadurch zu Hilfe kommt, daß sie eben von vornherein da ist. Diese innere Verstärkung des seelischen Lebens, worinnen namentlich die Erweckung der höheren Erkenntnisfähigkeiten besteht, dieses Heraufholen von aktiven, nicht bloß passiven Erkenntniskräften, das ist etwas, vor dem viele Menschen zurückscheuen, das ist etwas, was sehr vielen Menschen deshalb, weil es sich nicht unmittelbar auf ein Sein bezieht, wie ein Phantastisches, wie ein bloßes Phantasiegebilde erscheint. Das Allerbegreiflichste ist es, daß derjenige, der in ein tieferes Verständnis der Sache nicht eindringt, die Vorstellungen, die Begriffe der Geisteswissenschaft für Phantasiebilder nimmt, weil er gewöhnt ist, nur diejenigen Vorstellungen als wirklich gelten zu lassen, für die das Seiende, das Wirkliche, wie man es nennt, schon draußen vor den Sinnen ausgebreitet ist. Was aber den Menschen von der übersinnlichen Welt vor allem interessiert, was von seinem eigenen Wesen über Geburt, oder sagen wir Empfängnis, und Tod hinaus lebt, das nicht in dieser Sinneswelt und in dem Leben dieser Sinneswelt sich erschöpft, das muß in solchen Vorstellungen eines übersinnlichen Erkennens erfaßt werden. Diese Vorstellungen müssen aus großen Tiefen der Seele herausgeholt werden. Die Seele, wie sie gewöhnt ist, die sinnliche Welt zu verfolgen, naturwissenschaftlich mit gewissen Gesetzen zu durchdringen, ist schwach im Verhältnis zu jener Seele, die die Erkenntniskräfte aufbringen muß, um durch sie in das Übersinnliche hineinzuschauen. Nicht wie man sie erforscht, aber wie sie in einer gewissen Beziehung sind, diese Erkenntniskräfte, davon will ich gerade im heutigen Vortrag sprechen.

Der Mensch ist gewohnt: Wenn er sich eine Vorstellung von irgend etwas, das gleichsam in der Wirklichkeit abläuft, bildet, dann hat er eben ein Bild von irgend etwas Wirklichem; an das kann er sich dann erinnern; das bleibt ihm als Erinnerung. Das ist ja eine Eigentümlichkeit unseres gewöhnlichen Vorstellens, eine Eigentümlichkeit, die uns eigentlich alle Lebenssicherheit gibt, daß wir uns in der Lage fühlen, dasjenige zu behalten, was uns die äußere Welt verbildlicht. Wenn der Geistesforscher aus den Tiefen seiner Seele diejenigen Kräfte heraufholt, die ihn befähigen, in das Übersinnliche hineinzuschauen, dann ist es so, daß er im «schauenden Bewußtsein» – so habe ich in meinem Buche «Vom Menschenrätsel» diese Fähigkeit genannt – in die Lage kommt, in das Übersinnliche einen Blick hineinzutun. Aber wenn er nun versuchen wollte, das, was er geschaut hat, das, was ihm geistig vor die Seele getreten ist, in derselben Weise wie irgend etwas anderes, was er aus der äußeren Sinneswelt erfahren hat, durch das Gedächtnis zu bewahren, so würde er zunächst einen vergeblichen Versuch machen. Erlebnisse der geistigen Welt, Erlebnisse, die sich auf das Ewige, auf das Unsterbliche unserer Seele beziehen, können durch übersinnliche Erkenntniskräfte erkannt werden; aber sie können nicht in der gewöhnlichen Weise dem Gedächtnisse einverleibt werden, sie werden gewissermaßen wie ein flüchtig durch die Seele eilender Traum sogleich vergessen.

Nun können Sie sagen: Wie ist es also dann mit diesen Erkenntnissen? Können sie überhaupt nur wie Ergebnisse eines flüchtigen Traumes angesehen werden? – Man muß sagen: In einem gewissen Sinne durchaus! Aber das Folgende gilt nun: Man muß, um solche Einschau in das Übersinnliche zu haben, die ganze menschliche Seelenverfassung in einer gewissen Weise vorbereiten; man muß jedesmal von neuem eine solche innere Seelenverfassung herbeiführen, vor welcher die Geistesschau auftreten kann. Das, was man da in der Seele als Verrichtung anstellt, was man in der Seele vornimmt, um in die Geisteswelt hineinzuschauen, das kann man im Gedächtnisse behalten, daran kann man sich erinnern. Hat man also einmal einen Einblick in dieses oder jenes Geschehnis der Geisteswelt, über diese oder jene Wesen der geistigen Welt erlangt, so hat man gewußt, was man mit der Seele für Übungen vornehmen muß, damit diese Geistesschau eintreten kann. Soll nach einiger Zeit diese Geistesschau wieder eintreten, so muß man dieselben Bedingungen in der Seele herstellen. An diese Bedingungen kann man sich erinnern. Was man schaut, daß muß immer wieder von neuem auftreten. Dadurch ist ein großer Unterschied gegenüber den gewöhnlichen Erkenntnissen gegeben.

Der Geistesforscher ist nicht in der Lage – so paradox das klingt –, einmal etwas zu erfahren, dann es gewissermaßen auswendig gelernt zu haben, um es immer wieder und wiederum in seiner Seele lebendig machen zu können wie eine Erinnerung. Nein, will er derselben geistigen Wesenheit oder demselben geistigen Geschehnisse wieder entgegentreten, dann muß er in sich selber die Gelegenheit herbeiführen, es neuerdings zu erleben. So sonderbar es klingt, wenn der Geistesforscher von den elementarsten Wahrheiten spricht – ich möchte sagen: an fünf aufeinanderfolgenden Tagen zu irgendeiner Gemeinde, zu irgendeinem Publikum –, und er will so sprechen, daß das Gesprochene unmittelbar herausgesprochen ist aus der geistigen Erfahrung, dann muß er jedesmal diese geistige Erfahrung von neuem machen.

Ich will damit zum Ausdruck bringen, daß eines der wichtigsten Gesetze, eine besondere Eigentümlichkeit unseres geistigen Erlebens, ist: Während unsere sinnlichen Vorstellungen scheinen – es ist ja auch nur scheinbar der Fall –, als ob sie später wieder auftauchen könnten aus der Erinnerung, als ob sie ein geistiger Besitz wären, gilt dies ganz und gar nicht für die Praxis der geistigen Erkenntnis. Geistige Erkenntnisse müssen immer von neuem und neuem erworben werden.

Warum setze ich gerade dieses auseinander? Ich möchte hier – worauf ich auch schon öfter hingewiesen habe – besonders darauf aufmerksam machen, daß die Aneignung des geisteswissenschaftlichen, des geistesforscherischen Weges keineswegs eine Notwendigkeit für jedermann ist, der sich mit der Geisteswissenschaft im modernen Sinne beschäftigen will. Gewiß, es ist heute ein allgemeines Bestreben, was man für wahr halten soll, auch selber bis zu einem gewissen Grade zu erfahren; und insofern ist es gerechtfertigt, wenn diejenigen, die von Geisteswissenschaft und ihren Ergebnissen hören, auch danach fragen: Wie kann ich selber auf solche Dinge kommen? – Allein das Wesentliche im Verhältnisse des Menschen zur Geisteswissenschaft besteht gar nicht darinnen, daß man selber Geistesforscher wird. Denn der geistesforscherische Weg ist ein solcher, der dem Leben, und auch dem unsterblichen Leben, nur dann etwas gibt, wenn das, was in der Geistesschau auftritt, nun zurückverwandelt wird in gewöhnliche menschliche Begriffe, wie wir sie für die Sinneswelt auch haben. Der Geistesforscher könnte ein noch so hochentwickeltes Wesen in bezug auf übersinnliche Erkenntnisse sein, als Mensch hätte er vor anderen Menschen durch diese Geistesschau nichts Besonderes voraus; denn alles, was in diese Geistesschau eintritt, ist nur ein Weg, ist nicht das Ziel. Das Ziel besteht darinnen, das, was durch die Geistesschau gewonnen wird, in gangbare menschliche Begriffe zurückzuverwandeln, in diejenigen Vorstellungen, die wir gerade an der äußeren Sinneswelt gewonnen haben, wenn dann auch vieles bildlich klingen muß, was wir durch solche Vorstellungen ausdrücken, die wir in der Sinneswelt gewonnen haben.

Wenn daher jemand – mehr oder weniger hypothetisch sei das gesagt – gar nicht Geistesforscher werden wollte, gar nicht einen innerlichen Weg machen wollte, dann könnte er von dem Geistesforscher das übernehmen, was dieser durch seine Forschung findet. Die Ergebnisse, zu denen er kommt, sind für sich verständlich, wenn man nur genügend vorurteilslos ist. Und der Besitz dieser Erkenntnisse im gewöhnlichen menschlichen Vorstellen – nicht im übersinnlichen Schauen –, der macht das eigentliche Lebensgut aus. Der Geistesforscher würde gar nichts von seiner Geistesforschung haben, wenn er nur im übersinnlichen Schauen schwelgen und beseligt sein wollte, gar nichts; das wäre etwas, das viel vergänglicher, viel vorübergehender wäre als die gewöhnlichen äußeren Sinnesergebnisse. Worauf es ankommt, ist, daß, was also Vergängliches in der Seele ist, die Schau des Geistigen, zurückverwandelt wird in gangbare menschliche Vorstellungen. Die teilen sich dann der Seele mit, die sind dann dasjenige, was die Seele mitnehmen kann, wenn sie durch die Pforte des Todes aus diesem sinnlichen Leben in ein anderes geistiges Leben tritt. Die Geistesschau als solche kann man nicht mitnehmen, nur, was die Geistesschau bringt. Und so, wie man sich als Geistesforscher aus der geistigen Welt heraus selbst mitteilt, was eben von solchen Vorstellungen umgesetzt werden kann, wie das für einen selbst ein Gut werden kann, so, und geradesogut, kann es ein Gut werden für den anderen, der nicht selbst Geistesforscher ist, sondern die Dinge nur aus dem allgemeinen gesunden Menschenverstand heraus, der durchaus dazu imstande ist, einsieht.

Dieses muß einmal mit aller Schärfe gesagt werden, weil selbst von vielen Menschen, welche innerhalb der anthroposophischen Bewegung stehen, das Vorurteil erweckt wird, als ob dasjenige, worauf es ankommt, ein Sichzurückziehen vom Leben, ein Sichhineinleben in ein ganz anderes, was weiß ich, mystisches Seelendunkel wäre. Das ist es nicht, um was es sich handelt. Um was es sich handelt, ist, daß durch gewisse Veranstaltungen der Seele – wie gesagt, Sie können die Sache lesen in meinen genannten Schriften – gefunden wird, was für die übersinnliche Welt gilt, daß dies Gefundene dann umgewandelt werden kann in gewöhnliche menschliche Begriffe, die allerdings heute noch abgewiesen werden von den Menschen, weil sie glauben, daß diese Begriffe vom gesunden Menschenverstand nicht durchdrungen sein können. Aber sie sind begreiflich, und man wird im Laufe der Zeit einsehen, daß sie begreiflich sind.

Wenn trotzdem heute das Bedürfnis besteht, daß jeder bis zu einem gewissen Grade selbst hineinschauen will in die geistige Welt, so ist das im Leben einmal berechtigt. Die Literatur kommt dem entgegen. Und es entspricht dieses eben einer Forderung unserer Zeit, nicht bloß zu glauben, sondern selbst zu sehen. Allein, wie gesagt, die Hauptsache, um die es sich handelt, ist das nicht. Und wenn in ausführlicher Weise gerade von mir der Erkenntnispfad beschrieben wird, durch den man in die geistige Welt hineingelangt, so ist es erstens, um den eben angeschnittenen Bedürfnissen entgegenzukommen, zweitens aber vorzugsweise, weil der Geistesforscher selbst als Ziel vor sich sehen muß, Rechenschaft abzulegen von der Art und Weise, wie er zu seinen Wahrheiten gekommen ist. Dann kann aber auch derjenige, welcher solch eine Schrift wie zum Beispiel «Wie erlangt man Erkenntnisse der höheren Welten?» oder den zweiten Teil meiner «Geheimwissenschaft» liest, aus der Art und Weise, wie der Geistesforscher den geistesforscherischen Weg beschreibt, ersehen, daß es sich nicht um Phantastik handelt, sondern um einen realen, wirklichen Hineingang in die übersinnliche Welt. Er kann gewissermaßen sehen, wie von einer Wirklichkeit Rechenschaft abgelegt wird.

Das ist wiederum etwas, was gesagt werden muß zu der Tatsache, daß in vieler Beziehung die Beweise, die der Geistesforscher beizubringen hat, in einer anderen Weise geführt werden müssen als gewöhnliche Beweise. Der Geistesforscher muß eben darauf Anspruch machen, daß man die Begreiflichkeit, die Berechtigtheit des Weges anerkennt, den er Stück für Stück angibt, der in die geistige Welt hineinführt. Wenn er nun aber trotzdem solch eine besondere charakteristische Eigentümlichkeit der Geistesschau hervorhebt, wie die eben angedeutete ist – daß das Hineinschauen in die geistige Welt ganz und gar nicht stimmt zu unserem gewöhnlichen Seelenleben –, dann geschieht dieses gerade, um die übersinnliche Welt besonders zu charakterisieren, in die man da hineinkommt.

Für das gewöhnliche Seelenleben, so sagte ich, ist es eine charakteristische Eigentümlichkeit, daß wir in der Erinnerung behalten, was wir einmal aus der Sinneswelt aufgenommen haben; für die Geistesschau gilt dies nicht. Indem man so etwas ausspricht, weist man darauf hin, daß das Darinnenstehen in der geistigen Welt noch etwas ganz anderes ist als das Darinnenstehen in der sinnlichen Welt. Man gibt gewissermaßen Eigentümlichkeiten der geistigen Welt an; man zeigt, daß man auf dem geistesforscherischen Wege in eine solche Welt eintritt, die sich gar nicht so mit unserem Leibe verbindet, wie sich die sinnliche Welt mit ihm verbindet. Die sinnliche Welt verbindet sich so, wenn wir sie wahrnehmen mit unserem Leibe, daß wir das Wahrgenommene behalten können in der Erinnerung. Die geistige Welt steht uns leiblich so ferne, daß sie gar nicht die Veränderungen in unserem Leibe hervorruft, welche zur Erinnerung führen. Das ist gerade eine Eigentümlichkeit der geistigen Welt, die man ins Auge fassen muß. Und die richtige Erkenntnis dieser Eigentümlichkeit ist eben ein Beweis dafür, daß man mit der Geistesschau in einer Welt drinnensteht, welche mit unserem Leib gar nichts zu tun hat, daß es vollständig berechtigt ist, zu sagen: Während alles, was im Leib wahrgenommen wird, mehr oder weniger Erinnerungen hervorruft, ruft dasjenige, was wahrgenommen wird, wenn die Seele sich außerhalb des Leibes befindet, wie in der Geistesschau, eben deshalb keine Erinnerungen hervor, weil es nur in Beziehung zu unserer übersinnlichen Seele, nicht in Beziehung zu unserem Leibe tritt.

Also um eine Eigentümlichkeit des Wesens der geistigen Welt anschaulich zu machen, wird so etwas erwähnt.

Und auch andere Eigentümlichkeiten, die vor dem Geistesforscher auftreten, wenn er sich in die übersinnliche Welt hineinbegibt, werden aus demselben Grunde und in demselben Sinne erwähnt. In der gewöhnlichen physischen Wahrnehmungswelt stellt sich die Sache so: Wenn man immer wieder und wiederum eine Vorstellung wiederholt – wie viel Pädagogisches beruht darauf! –, dann wird sie uns geläufiger, wir können sie besser behalten, sie verbindet sich besser mit unserer Seele. Das Entgegengesetzte ist der Fall für das, was wir auf geistigem Gebiete erfahren. So sonderbar das wieder klingt, man kann geradezu sagen: Habe ich ein geistiges Erlebnis und versuche ich, es öfter zu haben, so wird mir's nicht leichter, sondern schwieriger. Man kann sich nicht üben, geistige Erlebnisse immer besser und besser zu haben.

Damit hängt etwas sehr Eigentümliches zusammen. Es gibt Menschen, welche Anstrengungen machen, durch gewisse Seelenübungen Einblicke in die geistige Welt zu bekommen. Die in jeder Seele aufgesammelten Kräfte, die in den Tiefen der Seele befindlich und nach der übersinnlichen Welt hingerichtet sind, werden dadurch aufgerufen. Dadurch tritt einmal, ich möchte sagen, wie traumhaft vorübergehend, ein beseligendes, vielleicht oftmals ein großartiges Erlebnis auf. Es braucht nicht, wenn der Betreffende auch Anstrengungen gemacht hat, um dieselben Seelenbedingungen wieder herbeizuführen, die sogar verstärkt wirken können, beim zweiten-, drittenmal wieder aufzutreten. Man kann geradezu sagen: Ein richtiges geistiges Erlebnis flieht uns, wenn es einmal dagewesen ist, und wir müssen stärkere, erheblichere Anstrengungen machen, wenn wir es wieder hereinbringen wollen.

Darüber wundern sich oftmals diejenigen, die die ersten Anstrengungen gemacht haben, daß einem ein sehr bedeutsames geistiges Erlebnis nicht immer wieder und wiederum aus der Seele herauf auftaucht. Auch dies führe ich an, um zu zeigen, wie die Erfahrungen, die der Geistesschauer macht, indem er sich der übersinnlichen Welt nähert, ganz andere sind als die Erfahrungen, die man macht gegenüber der sinnlichen Wahrnehmungswelt.

Eine weitere Eigentümlichkeit ist die: Man verspürt, indem man vorschreitet in geistiger Erkenntnis, daß man die Ereignisse, die geistig wesenhaft vor einem auftreten, mit dem reifen Zustand seines Vorstellungslebens bemeistern muß, wenn man nicht zu Phantasmen, zu allerlei phantastischen Vorstellungen kommen will. Man muß daher einsehen, daß die Vorbereitung für die Geistesschau von ganz besonderer Bedeutung ist. Man muß möglichst reife, möglichst vielseitige, möglichst eindringliche Vorstellungskräfte schon entwickelt haben, damit man mit dem, was man den geistigen Erlebnissen entgegenbringt, sie bemeistern kann. Wiederum ist das ganz anders, als wenn man Erlebnisse hat auf dem gewöhnlichen sinnlichen Wahrnehmungsgebiet. Da ist dieses Wahrnehmungsgebiet vor uns ausgebreitet; wir gewinnen immer mehr und mehr Vorstellungen aus diesem Wahrnehmungsgebiet; wir bereichern daraus unsere Vorstellungen. *Nachdem* wir die Wahrnehmungen gehabt haben, bereichern wir unsere Vorstellungen. Umgekehrt ist es bei den geistigen Erlebnissen: Wir müssen unsere Vorstellungen *zuerst* reich und vielseitig machen, damit sie vorbereitet sind, wenn wir übersinnliche Erfahrungen haben wollen. Sie sehen wiederum etwas ganz anderes, als in dem gewöhnlichen Leben und in der gewöhnlichen Wissenschaft da ist.

Ich wollte damit andeuten, daß der Weg in das übersinnliche Gebiet hinein ein solcher ist, der uns in ganz anderes Erleben, in ganz anderes Erfahren und Wahrnehmen führt, als dasjenige ist, das wir im gewöhnlichen Leben und in der gewöhnlichen Wissenschaft haben. Vor dieser anderen Art des Wahrnehmens, vor dieser ganz anderen Art, Begriffe und Vorstellungen zu haben, schrecken sehr viele Menschen heute noch zurück. Und was Geisteswissenschaft durchzumachen haben wird, ist dies: Sie wird vor allen Dingen darauf angewiesen sein, daß die Menschen wiederum Mut und Kraft finden, auch solche Vorstellungen sich zu bilden, welche nicht, ich möchte sagen, getragen werden von dem, wozu wir nichts tun, wozu wir nichts beitragen: von der schon vorhandenen äußeren Wahrnehmungswelt.

Diese Vorstellungen aber bildet vorzugsweise die naturwissenschaftliche Denkweise aus. Und da sie in ihrer Art ihre großen Erfolge errang, so hat sie für eine Zeitlang die Menschen von dem geistigen Erkennen abgeführt. Sie wird sie wiederum, gerade durch ihre Eigentümlichkeit, zu diesem geistigen Erkennen zurückführen. Gerade indem sie auf das Materielle hinweist und auch von den Menschen das Materielle immer mehr und mehr durchschaut wird, wird der Mensch gedrängt werden, anzuerkennen, daß das Geistige auf einem anderen Wege gesucht werden muß.

Da möchte ich nun an gewissen Forschungsergebnissen der Geisteswissenschaft zeigen, wie Menschheitserkenntnis überhaupt etwas anderes werden wird, wenn nach und nach die anthroposophisch orientierte Geisteswissenschaft eingreift in das menschliche Arbeiten nach den Erkenntniszielen. Diejenigen der verehrten Anwesenden, die mich öfter hören, wissen, daß ich von Persönlichem ganz ungerne spreche. Aber eine Andeutung darf ich machen, weil sie gewissermaßen mit dem zusammenhängt, was ich vorzubringen habe: Was ich nun zu sagen mir vorgesetzt habe über die Beziehung des menschlichen Geistig-Seelischen zu dem menschlichen Leiblich-Körperhaften, das ist für mich das Ergebnis eines mehr als dreißig Jahre lang dauernden Forschungsweges. Denn auf geistigem Gebiete werden die Dinge nicht so gewonnen, daß man wie im Laboratorium irgendein Objekt oder irgendeinen Vorgang vor sich hat und von dem entnehmen kann, was über ihn zu sagen ist, wenn man die Methode entwickelt hat. Das geistige Forschen ist vorzugsweise ein solches, das in der Zeit verläuft. Und es handelt sich darum, daß man auf gewisse Dinge erst dann kommt, wenn man zeitlich auseinanderliegende Erlebnisse miteinander in Beziehung zu setzen vermag.

Das Aufrücken von der gewöhnlichen wissenschaftlichen Erkenntnis und von dem gewöhnlichen Bewußtsein zu der geisteswissenschaftlichen Erkenntnis läßt sich zunächst vergleichen mit dem unmusikalischen Anhören einzelner Töne und dem musikalischen Auffassen von Melodien oder Harmonien. Hört man einen einzelnen Ton, dann ist das eine Wahrnehmung eben dieses einzelnen Tones; es ist ein einzelnes Erlebnis. Will man in die Welt des Musikalischen eintreten, dann ist der einzelne Ton in Beziehung zu setzen mit anderen Tönen, dann wird er, was er ist, nur dadurch, daß er mit anderen Tönen in Beziehung tritt. Im gewöhnlichen sinnlichen Wahrnehmen tritt die Seele mit einer sinnlichen Außenwelt, mit einer stofflichen Außenwelt in Beziehung. Das läßt sich vergleichen mit der Wahrnehmung des einzelnen Tones. Im geistigen Erkennen muß die Seele in Beziehung treten zu demjenigen, was in der Zeit verläuft. Andeuten will ich nur, wie es zum Beispiel von großer Bedeutung ist, daß der Geistesforscher in der Lage ist, das, was er, sagen wir, heute innerlich seelisch erlebt, nicht nur als einzelnes Ereignis des unmittelbaren gegenwärtigen Daseins zu erleben, sondern daß er das in Beziehung zu setzen vermag mit einem Erlebnis, das vielleicht ein Jahr zurückliegt, so wie ein Ton einer Melodie mit einem anderen Ton der Melodie in Beziehung gesetzt wird, wenn eine musikalische Auffassung dasein soll. Wie man durch das gewöhnliche Wahrnehmen mit der Seele in Verbindung tritt mit irgend etwas räumlich außer uns Gelegenem, so tritt man im geistigen Erleben zunächst mit dem gegenwärtigen Erlebnis in Verbindung, setzt es dann aber in Beziehung zu dem lebendig in der Seele Heraufgeholten der Vergangenheit. Man schaut von einem Falle der Vergangenheit aus ein gegenwärtiges Erlebnis an; wiederum so von einem weiter zurückliegenden Erlebnis aus. Auf diese Weise, indem man innerhalb der Zeit hinschaut, gliedern sich die seelischen Erlebnisse, so daß man sagen kann: Aus dem gewöhnlichen Erkennen wird etwas wie ein musikalisches Überschauen des Seelischen.

Dadurch wird die Seele auch in die Lage gebracht, nicht nur das aufzunehmen, was sie im Leibe erlebt. Sondern sie bringt das, was sie durchlebt und was erinnerungsfähig ist zwischen Geburt und Tod – wie das Ohr einen musikalischen Ton in einer Melodie in Beziehung bringt mit einem anderen –, sie bringt, wenn sie die innerliche «musikalische» Auffassung des Seelendaseins hat, dieses gegenwärtige, zwischen Geburt und Tod verlaufende Seelenleben in Beziehung zu dem, was vor der Geburt, oder sagen wir vor der Empfängnis, liegt und was nach dem Tode liegt. Aber die Seele muß sich dazu vorbereiten dadurch, daß sie innerhalb des Lebens zwischen Geburt und Tod einzelne Erlebnisse wie die Töne von Melodien miteinander in Beziehung setzt, nicht bloß die einzelnen Erlebnisse auffaßt, nicht bloß diese durchlebt, sondern das Erleben ausdehnt über die Zeit und in der Zeit die verschiedenen Abstufungen, die verschiedenen Differenzierungen wirklich wie innerliche Musik erlebt.

Was dann weiter auftritt, ist nicht nur innerliche Musik, sondern das ist etwas, was wie innerliches Lesen oder Anhören von Worten ist, wo man nicht nur Töne hört, die mit anderen in melodische oder harmonische Beziehungen treten, sondern die einen Sinn ausdrücken, der darin liegt. Dann wird für den Geistesforscher entstehen, was ich so charakterisieren kann, daß ich sage: Die gewöhnliche naturwissenschaftliche Betrachtung sieht die Dinge so an, wie man eine bedruckte Seite ansehen würde, wenn man nur die Form der Buchstaben beschreiben würde, die Striche und Winkel zueinander bei den Buchstaben, die Aufeinanderfolge der Buchstaben. Das auf die Natur angewendet, so wie es die Naturforschung macht, ist Naturwissenschaft. Das ist eine Beschreibung der Buchstaben. Der Geistesforscher lernt lesen. Er löst sich vollständig los von dem, was bloßes Buchstabenlesen ist. Und was er in der Natur findet als Übersinnliches, verhält sich zu dem, was in der Natur vor den Sinnen ausgebreitet ist, wie der Sinn des Gelesenen und Gehörten, den man aufnimmt, zu den einzelnen bloßen Tönen, die die Worte bilden, oder zu den einzelnen Buchstaben, mit denen das Papier bedruckt ist.

Aber das ist im wesentlichen abhängig von einem inneren Fortschritt, zu dem man jedoch auch kommt, wenn man nicht selbst Geistesschüler ist, sondern wenn man nur die Begriffe, die Vorstellungen aufnimmt, welche durch die Geistesforschung erlangt werden. Man lernt die Welt gewissermaßen in ihrem eigentlichen Zusammentönen und Zusammenklingen kennen; man lernt den Sinn erkennen, der hinter dieser, vergleichsweise gesprochen, «tönenden» Welt liegt.

Auf eine solche Weise hat sich mir geistesforscherisch im Laufe von mehr als drei Jahrzehnten etwas ergeben, was ich als den Zusammenhang des Seelisch-Geistigen mit dem Leiblich-Körperhaften aussprechen möchte, was sich ganz gewiß in der nächsten Zeit der Naturwissenschaft, die heute von der Anhörung einer solchen Sache noch weit entfernt ist, auch ergeben wird. Denn Geistesforschung und Naturwissenschaft werden einander begegnen, die Geistesforschung von der geistigen Seite her, die Naturwissenschaft von der materiellen Seite her. Sie werden sich treffen, wie Arbeiter, die einen Tunnel graben, wenn sie richtig orientiert sind, von beiden Seiten her in der Mitte zusammentreffen.

Was ich also vorzubringen habe, ist geistesforscherisch gefunden. Aber schon die heutige Naturwissenschaft, Physiologie und Biologie, bieten Gelegenheit genug, das voll zu erhärten, was ich als geistesforscherisches Ergebnis nun vorzubringen habe. Bei den Besprechungen und Betrachtungen über den Zusammenhang des Seelischen mit dem Leiblichen gibt man sich nämlich heute einer, ich möchte fast sagen, verhängnisvollen Einseitigkeit hin. Wer heute eine Psychologie, eine Seelenwissenschaft in die Hand nimmt, der wird sehen, daß sich als Einleitung überall eine Betrachtung des Nervensystems findet. Das ist vom naturwissenschaftlichen Standpunkte aus heute voll berechtigt. Man kann durchaus sagen: Der Naturforscher kommt zu nichts anderem, als daß er das Seelische einseitig zu dem bloßen Nervensystem in Beziehung stellt. Einer totalen Betrachtung des Lebens ergibt sich etwas ganz anderes. Einer totalen Betrachtung des Lebens ergibt sich, daß nur ein Teil des seelischen Erlebens unmittelbar in Beziehung gesetzt werden darf zu dem Nervensystem, und zwar bloß das Vorstellungsleben. So daß wir sagen können: Alles, was in unserem seelischen Erleben Vorstellungsleben ist, findet sein – nun, gebrauchen wir den Ausdruck – physisches Gegenbild in dem Nervensystem. Das Nervensystem ist die Grundlage, der Träger, der physische Träger für das Vorstellungsleben.

Nicht aber für das Gefühlsleben. Das Gefühlsleben wird ja ohnedies von den naturforscherischen Psychologen, welche die Psychologie für die Naturwissenschaft erobern wollen, höchst stiefmütterlich behandelt. Theodor Ziehen läßt – mit Recht von seinem Standpunkt aus – das Gefühlsleben in der Seele überhaupt als etwas Selbständiges nicht gelten; er spricht nur von der «Gefühlsbetonung der Vorstellungen». Jede Vorstellung hätte gewissermaßen einen «Gefühlston». Das widerspricht selbstverständlich den gewöhnlichsten seelischen Erfahrungen. Für das gewöhnliche seelische Erfahren ist das Gefühlsleben ein so reales wie das Vorstellungsleben. Es ist nicht bloß irgendein «Gefühlston» unserer Vorstellungen da, sondern es bildet sich neben dem Vorstellungsleben das Gefühlsleben aus. Wenn man dieses Gefühlsleben so unmittelbar zu dem Nervenleben in Beziehung bringt wie das Vorstellungsleben, begeht man einen zwar heute noch durchaus begreiflichen, aber deshalb nicht minder so zu nennenden Irrtum. Denn so unmittelbar wie das Vorstellungsleben mit dem Nervenleben zusammenhängt, so unmittelbar hängt das Gefühlsleben – so sonderbar es eben heute klingt – zusammen mit all den rhythmischen Vorgängen in unserem Organismus, die abhängig sind, die begrenzt sind vom Atmungsrhythmus und seiner Fortsetzung, vom Blutrhythmus, von den rhythmischen inneren

Bewegungen; wobei wir allerdings nicht bloß an den groben Rhythmus der Atmung und Blutzirkulation denken dürfen, sondern an die feineren Ausästelungen des rhythmischen Systems. An dasjenige müssen wir denken, was Rhythmus, rhythmische Bewegung ist, wenn wir die physische, die körperhafte Grundlage für das Gefühlsleben suchen.

Ich weiß sehr gut, daß Hunderte von Einwänden sich ergeben können, wenn so etwas ausgesprochen wird. Ich könnte diese Einwände wirklich alle herzählen. Aber ich möchte nur eines erwähnen, nur um ein Beispiel anzuführen, wie man – allerdings exakter, viel exakter als die «exakte» Wissenschaft will – diesen Dingen zuleibe gehen muß, wenn man sie in ihrer wahren Gestalt erkennen will. Da könnte zum Beispiel jemand sagen: Na ja, da kommt jetzt so jemand und führt dilettantisch aus, daß das Gefühlsleben, um körperhaft dazusein, das rhythmische Bewegungsleben im Körper so unmittelbar ergreift, wie das Vorstellungsleben das Nervenleben ergreift. Weiß denn der nicht, daß zum Beispiel, wenn irgendein musikalischer Eindruck bei uns stattfindet, wir den aufnehmen durch das Ohr, daß er also zunächst als Vorstellung überliefert wird, daß in diesem Leben in der musikalischen Vorstellung das ästhetische Erlebnis liegt, daß es also Unsinn ist, zu sagen, das Gefühl, das selbstverständlich mit einem musikalischen Eindruck verbunden ist, sei nicht eine Folge, eine Konsequenz des Vorstellungslebens?

Ich weiß, daß für die heutigen Denkvorstellungen dieser Einwand eigentlich allgemein gültig sein muß; für die Wirklichkeit ist er es nicht. Wir müssen uns nur klar sein darüber, daß dasjenige, was wir als das Tonbild durch unser Ohr aufnehmen, noch nicht das musikalische Erlebnis ist. Musikalisches Erlebnis wird es erst, wenn der Tonvorstellung das entgegenkommt, was als die Verästelungen des Atmungsrhythmus vom Atmungsvorgang in das Gehirn hinaufgelangt. In dem Begegnen des Rhythmus, der heraufschlägt aus dem Atmen in das Gehirn, in das die Tonvorstellung eindringt, haben wir das körperhafte Gegenbild für den musikalischen Eindruck. Alles, was Gefühlsleben ist, hängt ursprünglich physisch zusammen mit dem rhythmischen Leben in unserem Leib.

Drittens ist etwas, was wir in unserer Seele haben, das Wollen. So wie das Vorstellen mit dem Nervenleben, so wie das Gefühlsleben mit dem rhythmischen Wechselspiel der Kräfte zusammenhängt, die vom Atmungsrhythmus und vom Blutrhythmus ausgehen, so hängt alles Wollen im menschlichen Organismus zusammen mit dem Stoffwechsel. So sonderbar es klingt, alle Willensvorgänge sind unmittelbar so, daß sie ihren Ausdruck finden in Stoffwechselvorgängen, wie alle Gefühlsvorgänge ihren Ausdruck finden in rhythmischen Bewegungen, alle Denkvorgänge, alle Vorstellungsvorgänge in gewissen nervösen Vorgängen. Ich habe darauf aufmerksam gemacht in meinem neuesten Buche «Von Seelenrätseln», wo ich diese wissenschaftlichen Ergebnisse zum ersten Male habe drucken lassen, allerdings in einer kürzeren Gestalt, wie das jetzt bei dem Papiermangel eben angemessen ist.

Man muß, wenn man diese Dinge durchschauen will, allerdings ins Auge fassen, daß Nervenleben, rhythmisches Bewegungsleben, Stoffwechselleben im Organismus nicht nebeneinanderliegen. Der Nerv muß auch ernährt werden, selbstverständlich. So daß fortwährend Ernährungsvorgänge im Nerv vor sich gehen. Alle Organe der rhythmischen Bewegungen müssen ernährt werden.

Alle diese einzelnen Glieder, diese drei Glieder des Organismus, durchdringen sich gegenseitig. Aber eine genaue, eine wirklich exakte Forschung zeigt uns, daß dasjenige, was zum Beispiel im Nerv Stoffwechsel ist, nichts zu tun hat mit dem Vorstellen, sondern zu tun hat mit dem Willensvorgang, der sich auch in das Vorstellen hineinerstreckt. Natürlich, wenn ich etwas vorstellen will, so will ich es vorstellen; wenn ich meine Aufmerksamkeit auf das Vorstellen richte, so ist das schon eine Willensentfaltung. Dieser Keim, der mit dem Willen zusammenhängt, hängt auch mit dem Stoffwechsel im Nervenleben zusammen. Aber das Eigentliche im Vorstellen hängt mit Vorgängen zusammen, die nichts zu tun haben mit dem Stoffwechsel, sondern, im Gegenteil, die zu tun haben mit einem Abbau des Stoffwechsels, die zu tun haben mit etwas in den Nerven, ja, was sich vergleichen läßt – die Vergleiche werden noch paradox sein, Geistesforschung ist eben etwas Junges, Neues und muß sich erst allmählich einleben in die Gemüter der Menschen –, was sich vergleichen läßt nicht mit dem Stoffwechsel, sondern viel eher mit dem Zurückziehen des Stoffwechsels, mit der Entstehung des Hungers. Nur handelt es sich eben darum, daß man es mit einem Abbau im Nervensystem zu tun hat, der nicht verwechselt werden darf mit dem Abbau im ganzen Organismus.

Solche Verwechslungen sind geschehen. Und gerade indem ich auf solche Verwechslungen hinweise, werde ich das spezifisch Eigentümliche der neueren anthroposophisch orientierten Geisteswissenschaft gegenüber älteren und heute noch immer als gültig anerkannten Geistesströmungen hervorheben können. Wer wüßte nicht, daß, was die neue Geisteswissenschaft, wie sie hier gemeint ist, durch rein innerliche Seelenmethoden, die gar nichts zu tun haben mit irgend etwas Leiblichem, zu erreichen sucht, früher auf solchen Wegen zu erreichen versucht worden ist, die sehr wohl viel zu tun hatten mit allerlei Leibesverrichtungen, mit allerlei asketischen Dingen. Man erinnere sich nur, wie gewisse Mystiker durch gewisse Hungervorgänge, durch Hungerasketik, also durch Abbau im Organismus, ihre Vereinigung mit dem Geiste herstellten. Das ist kein Weg, mit dem wahre Geistesforschung im heutigen Sinne irgend etwas zu tun hat. Aber hinweisen muß diese Geistesforschung darauf, daß allerdings ein Abbau, der nun nicht abnorm ist, sondern normal, im Nervensystem stattfindet, wenn das Vorstellungsleben seinen Ausdruck durch das Nervensystem finden soll. Und ich habe in dem Vortrag, den ich vor Wochen hier gehalten habe, darauf hingewiesen, wie das Bewußtsein, das im Vorstellungsleben erfahren wird, zusammenhängt mit dem Tode. Ich habe sogar den Satz ausgesprochen vor Wochen hier: Indem wir vorstellen, ersterben wir fortwährend in das Nervensystem hinein.

Nur wenn solche Vorstellungen ausgebildet werden, wird Naturwissenschaft sich begegnen können mit der Geistesforschung. Und so – ich kann es nur andeuten, die Zeit würde nicht ausreichen, um eine weitumspannende Anschauung in allen Details anzuführen –, so müssen wir sagen: Nach der leiblichen Seite hin hängt das dreigliedrige Seelenleben, das Vorstellungsleben, das Gefühlsleben, das Willensleben, mit dem ganzen Leibe, nicht bloß mit einem Teil des Leibes, nicht bloß mit dem Nervenleben, sondern mit dem ganzen Leibe zusammen; denn der ganze Leib ist dabei beteiligt mit seinen drei organischen Gliedern: dem Nervenleben, dem rhythmischen Leben, dem Stoffwechselleben. Unser Seelenleben steht nicht in einseitiger Weise mit unserem Nervenleben bloß in Verbindung, sondern die ganze Seele findet ihren ganzen Ausdruck in dem ganzen Leib. Das ist ein Ergebnis, zu dem Geisteswissenschaft in ihren Forschungen führt: daß das Vorstellungs-, das Gefühls- und das Willensleben ihre Gegenstücke haben nach dem Leibe zu.

Aber ebenso wie diese drei Glieder des menschlichen Seelenlebens ihre leiblichen Gegenstücke haben, so haben sie ihre geistigen Gegenstücke. Wie das Vorstellungsleben, auch für das naturforscherische Bestreben, immer mehr und mehr zusammengegliedert wird nach der Leibesseite hin mit dem Nervenleben, so gliedert es sich zusammen für ein übersinnliches Erkennen, wie ich es heute charakterisiert habe und wie Sie es charakterisiert finden können in meinen Büchern, mit einem Geistigen, das nur zu erfassen ist in gewissen inneren Erlebnissen, die ich in meinen Schriften genannt habe: die imaginative Erkenntnis. Es ist die erste Stufe der geistigen Erkenntnis, die erste Stufe des Hineinschauens in die geistige Welt. So wie wir nach der einen Seite als ein leibliches Gegenstück für das Vorstellungsleben das Nervenleben finden, finden wir nach der anderen Seite das Vorstellungsleben hervorgehend aus einem Geistigen, das nur in übersinnlicher Anschauung zu erfassen ist, und zwar durch die erste Stufe der übersinnlichen Anschauung, durch die sogenannte imaginative Erkenntnis. In einer Wirklichkeit, die sich in Bildern auslebt, die sich in Bildern der Erkenntnisdramatik auslebt, zeigt sich, was geistig dem Vorstellungsleben entspricht. Und in diesem, was geistig dem Vorstellungsleben entspricht, wenn es aufgefaßt wird durch übersinnliche Erkenntnis, haben wir nun zu gleicher Zeit dasjenige vor uns, was zeitlich als Bildekräfteleib unser ganzes Dasein durchzieht von der Geburt, oder sagen wir von der Empfängnis, bis zum Tode. Während unser Stoff fortwährend sich ändert, während er immerfort neu ersetzt wird, bleibt uns von der Geburt bis zum Tode der einheitliche Bildekräfteleib, der zugleich die geistige Grundlage unseres Vorstellungslebens ist.

Das ist das erste übersinnliche Glied des Menschen, das mit dem Vorstellungsleben so zusammenhängt wie das leibliche Nervenleben nach der anderen Seite.

Fassen wir aber das Gefühlsleben ins Auge. Nach der leiblichen Seite hin hängt es mit dem Atmungs- und dem Blutrhythmus zusammen; auf der anderen Seite hängt es geistig zusammen mit einem geistig Wesenhaften, das erfaßt werden kann auf einer höheren Stufe der geistigen Schau des übersinnlichen Erkennens, als die imaginative Erkenntnis ist, durch das, was ich in meinen Schriften genannt habe die inspirierte Erkenntnis, diejenige Erkenntnis, die nun keine Bilder mehr braucht, sondern die bildlos sich in die übersinnliche Welt erhebt. Wird aber das, was so geistiger Ursprung unseres Gefühlslebens ist, wirklich durchschaut mit übersinnlicher Erkenntnis, dann ist es das in unserem geistigen Wesen, was sich nicht bloß erstreckt von der Geburt bis zum Tode oder von der Empfängnis bis zum Tode, sondern was uns eigen ist in der geistigen Welt, bevor wir durch die Geburt zu dem leiblichen Leben gehen und womit wir durch die Pforte des Todes schreiten; denn sich wirklich geistig mit dem, was geistig dem Gefühlsleben zugrunde liegt, vereinigen, daß heißt: ausdehnen seine Geistesschau über das, was über Geburt und Tod hinausgeht.

Und – es ist wieder paradox, aber gerade auf dem Gebiete der Anthroposophie treten, weil die Dinge ja neu sind, nur aus diesem Grunde manche Paradoxa auf – so, wie unser Willensleben nach der Leibesseite hin mit dem Stoffwechsel zusammenhängt, so hängt es nach der geistigen Seite zusammen mit dem höchsten, das nun zunächst uns Menschen beschieden ist in geistiger Schau zu erreichen, mit dem, was ich in meinen Büchern genannt habe intuitives Erkennen. Nicht die gewöhnliche verwaschene intuitive Erkenntnis, von der man gewöhnlich spricht, ist damit gemeint, sondern das, was in meinen Büchern als intuitive Erkenntnis charakterisiert ist: Das wirkliche Hineinleben in das Wesenhafte der geistigen Welt habe ich intuitive Erkenntnis genannt. Das umfaßt, was geistig als Höchstes unserem Menschenwesen zugrunde liegt.

Und das Merkwürdige tritt auf: Während der Stoffwechsel – wenn wir die Ausdrücke überhaupt gebrauchen wollen – das Niedrigste nach der Leibesseite hin ist, ist umgekehrt dasjenige, was dem Wollen nach der Geistesseite hin entspricht, das Höchste, das unserem Wesen zugrunde liegt. Und dem, was wir als das Höchste ansehen müssen zwischen Geburt und Tod, dem Nervenleben, das dem Vorstellungsleben entspricht, dem liegt das Niederste der geistigen Welt zugrunde, nämlich dasjenige, was durch imaginative Erkenntnis zu erreichen ist.

Für den Menschen selbst – ich möchte es hier, obwohl ich vielleicht vor Jahren darauf schon aufmerksam gemacht habe, noch einmal ausführen – wird insbesondere eines klar, wenn er die Beziehung seines Geistig-Seelischen zu diesem in der Intuition zu erfassenden Geistigen kennenlernt. Das aber kann ich nur in folgender Weise charakterisieren. Was ich da charakterisiere, ist nicht nur etwas, was man in der Geistesschau erlebt, sondern etwas, was jeder Mensch, der durch gesunden Menschenverstand die Ergebnisse der Geistesforschung begreift, durchmachen kann. Nimmt man diese geistesforscherischen Resultate wirklich in sich auf, lernt man erkennen, was Geist ist, erlebt man in der Seele, was Geist ist, dann bedeutet das etwas Besonderes. Dieses Ereignis darf schon beschrieben werden, weil es als etwas ganz Besonderes in die Seele hereingreift, dieses Ereignis, das uns zum ersten Male das innerliche Bewußtsein erweckt: Jetzt weißt du, was eigentlich Geist ist, was das Ewige in deiner Seele ist; jetzt weißt du es.

Dieses Erlebnis kann man nur so bezeichnen, daß man sagt: Es ist ein innerliches Schicksalserlebnis. Das ganze menschliche Leben ändert sich unter Umständen, bekommt eine andere Richtung unter dem Einflusse dieses Erlebnisses, das sich darin kundgibt, daß man weiß, was Geist in einem ist. Man braucht dadurch nicht stumpfer zu werden für andere Schicksalserlebnisse. Gewiß, wir erleben in dem äußeren Leben, in das wir hineingestellt sind, Ereignisse, die uns himmelhoch jauchzend machen, Ereignisse, die uns zu Tode betrübt machen, wir erleben Glückliches, Erhebendes, Beseligendes, wir erleben Trauriges, Niederschmetterndes. Der Geistesforscher braucht für das nicht stumpf zu werden. Im Gegenteil, er wird empfindlicher dafür dadurch, daß er auch die geistige Seite von alledem durchschaut. Aber was auch – obwohl er ebenso in einem Erleben steht, wie es für den Nicht-Geistesforscher der Fall ist –, was auch im äußeren Leben an ihn herantritt: Ein größerer Einschnitt in das Leben, eine stärkere Schicksalssituation ist das Hereingreifen dessen, was das Erleben des Geistes, des Ewigen in sich ist. Daran lernt man erkennen, wie man selber Schicksal herbeiführt, denn man muß geistige Erkenntnis durch eigene Kräfte herbeiführen, wie man Wendungen im Leben herbeiführt, indem Geisterkenntnis eine Schicksalsfrage allerallerersten Ranges wird. Das bringt einem auch das Verständnis für das übrige Menschenschicksal.

Das bringt einem aber auch das volle Verständnis für das, was Intuition ist. Dann merkt man, womit das menschliche Wollen nach der geistigen Seite zusammenhängt. Und dann ruft man durch ein solches in das Seelenleben hereinbrechendes Schicksal eine Kraft hervor, welche das übersinnliche Erkennen nicht bloß zu dem führt, was sich im Leben zwischen Geburt und Tod, und nicht nur zu dem, was sich im Leben zwischen dem Tod und einer neuen Geburt vollzieht, sondern zu dem, was ewig-geistiger Seelenkern ist und was auch in wiederholten Erdenleben auftritt. Was der Mensch im innersten Wesenskern zur Darstellung bringt, lernt er dann erkennen als zusammenhängend mit den Impulsen, die in früheren Erdenleben dagewesen sind. Und was er jetzt erlebt als Schicksal, was er jetzt erlebt, indem er eigene Handlungen vollführt, das wird ihm, wenn die Erkenntnis Schicksal geworden ist, so, daß er es auch weiß als Grundlage für folgende Erdenleben.

Durch den Zusammenhang des dreigliedrigen Seelenlebens – des Vorstellungslebens, Gefühlslebens, Willenslebens mit dem Nervenleben, dem rhythmischen und dem Stoffwechselleben – lernt man das Vergängliche im Menschen kennen. Durch die Beziehung dieser drei Seelenglieder zu dem Geistigen lernt man das Unsterbliche, Ewige, das durch Geburten und Tode geht, kennen, so daß man dieses vollständige menschliche Leben überschaut, das ja in aufeinanderfolgenden Erdenleben und in dazwischenliegenden geistigen Leben zwischen dem Tod und einer neuen Geburt verläuft.

So sieht man hinein in das, was das Ewige im Menschenleben ist, anders als durch philosophische Spekulationen. Anders als bloß durch Begriffszergliederung oder Begriffssynthese sucht Geistesforschung in dieses Ewige hineinzuführen dadurch, daß sie die Anschauung von diesem Ewigen hervorruft. Was wir als zeitlich-leibliches Wesen sind, ist herausgestaltet aus dem Ewigen, das ebenso aus dem imaginativen, dem inspirierten und dem intuitiven Teil besteht, wie unser Leibliches aus Nervenleben, rhythmischem Leben und Stoffwechselleben besteht.

Dies sind einige angedeutete Forschungsergebnisse über das, was sich als das Ewige in der Menschenseele ergibt. Nur diesem Ewigen, nur dem, was unabhängig ist von dem Leibesleben, kann das zugesprochen werden, was man die menschliche Freiheit nennt. Der Naturforscher muß stehenbleiben innerhalb desjenigen Erlebens, das im Vergänglichen abläuft: im Nervenleben, im rhythmischen Leben, das er heute noch gar nicht nach dieser Seite durchforscht, und im Stoffwechselleben, das er heute noch verwechselt mit dem Nervenleben, indem er auch im Stoffwechsel sucht, was dem Nervenleben zugrunde liegt. Der Naturforscher muß innerhalb dieses stofflichen Lebens stehenbleiben. Daher findet er auch für jeden Willensakt irgend etwas, was diesen Willensakt hervorbringt. Lernt man aber erkennen, was als Ewiges in der Menschenseele wirkt, lernt man dadurch erkennen, daß dieses Ewige in sich einen Inhalt hat, der unabhängig von dem Leibesleben ist, dann wird das, was als menschliche Freiheit innerlich-seelisch erfahren wird, eine Wirklichkeit. Wieso?

Nun, ich habe ja gerade in den letzten Vorträgen und in dem heutigen ausgeführt, daß in uns ein Abbauprozeß stattfinden muß, daß Bewußtsein in einer gewissen Beziehung ähnlich ist dem Tode, daß es ein Hineinsterben in das Nervensystem ist, wenn wir zur bewußten Vorstellung kommen. Dadurch zeigt sich aber für die Geistesforschung, daß alles, was zum Seelenwesen gehört, nicht ein Ausfluß des leiblichen Wesens ist, sondern daß das leibliche Wesen nur die Grundlage ist für das seelische Erleben und daß dieses seelische Erleben gerade dann seine Grundlage im Leibesleben findet, wenn dieses Leibesleben nicht seine wachsenden, seine fortschreitenden Kräfte entwickelt, sondern wenn diese wachsenden, diese fortschreitenden Kräfte abgebaut werden. Rückbildungsprozesse in uns sind es, die dem bewußten Seelenleben zugrunde liegen.

Die Naturforschung wird schon finden, daß diese eben ausgesprochenen Wahrheiten durchaus auch mit den naturwissenschaftlichen Ergebnissen zusammenstimmen. Ich deute nur darauf hin, wie in Parenthese, daß die Nervenzellen zum Beispiel nicht teilbar sind, während die Fortpflanzungszellen teilbar sind. Die Fähigkeiten, die den wachsenden, den fortschreitenden Zellen eigentümlich sind, sind gerade abgebaut in den Nervenzellen, sind abgebaut aus demselben Grund in den Zellen der roten Blutkörperchen. Dem, was sich in dem bewußten Leben entwickelt, entspricht im Leibe nicht ein pflanzenhaft Fortschreitendes, Wachsendes, Zeugendes, dem entspricht ein Zurückgehen, ein Abbauen des Lebens. So daß dort, wo in uns bewußtes Leben sich entwickeln soll, das Leibesleben zuerst abgebaut werden muß, daß die Prozesse zurücktreten müssen, die dem Leibesleben und seinen Funktionen besonders dienen.

Das seelische Leben wird in seiner Selbständigkeit erkannt durch Geisteswissenschaft. Dadurch aber bekommt der Freiheitsbegriff erst einen Sinn, und er wird vollständig vereinbar mit dem Begriffe, den die Naturwissenschaft auf ihrem Gebiete ganz mit Recht entwikkelt, mit dem Begriff: daß alles, was in unseren Handlungen, in unseren Willensimpulsen auftritt, aus unserem Organismus heraus verursacht sein muß. Diese naturwissenschaftlichen Vorstellungen bestehen voll zu Recht. Aber der Organismus führt eben, indem er dem Bewußtsein immer mehr und mehr als Grundlage dient, er führt dazu, gerade dadurch diesem Bewußtsein als Grundlage zu dienen, daß er seine Prozesse aufhebt, daß er zurücktritt gegenüber den bewußten Prozessen.

Dadurch bekommt der Freiheitsbegriff den Sinn, den wir etwa vergleichsweise in der folgenden Art ausdrücken können: Das Kind ist physisch ganz gewiß ein Ergebnis des Elternpaares; aber es löst sich von dem Elternpaare los. Suchen wir nach den Ursachen, müssen wir sie bei den Eltern suchen. Aber wenn das Kind größer geworden ist und selbständig handelt, werden wir für seine Handlungen und für das, was es ist, nicht in allem immer zu den Eltern zurückzugehen haben. Wenn das Kind dies oder jenes ausführt, nachdem es einmal dreißig Jahre alt geworden ist, gehen wir für die Ursachen nicht zu dem Elternpaar zurück. Das Kind löst sich los von den Eltern, wird frei. So löst dereinst sich das geistige Leben von dem Leibesleben, so daß das Gesetz der Erhaltung der Kraft allen Ursächlichkeiten nach vollbracht ist. Aber wie im Kinde die Ursache in dem Elternpaare ist, das Kind aber doch zur Selbständigkeit heranwächst, so entwickelt sich das seelische Leben in Selbständigkeit gegenüber dem Leibe, in dem die Ursachen zu dem Seelenleben liegen.

Damit habe ich vergleichsweise darauf hingewiesen, wie der Freiheitsbegriff dadurch einen Sinn erhält, daß wir von anderer Seite her dazu kommen, dieses Seelenleben wirklich zu erklären: nicht bloß zugeordnet Leibesverhältnissen, sondern zugeordnet dem selbständigen Geistesleben, das durch Geburten und Tode geht. Diese geistig-seelische Wesenheit des Menschen ist es, der wir die Freiheit zuschreiben können. Freiheit wurde immer so behandelt in den Philosophien, daß man von einem Entweder-Oder sprach: Entweder ist der Mensch frei, oder er ist unfrei. Ich habe schon, indem ich nur von der philosophischen Seite her die Freiheitsfrage in Angriff genommen habe, in meiner «Philosophie der Freiheit» – sie ist 1894 erschienen, heute allerdings vergriffen, aber in den Bibliotheken einzusehen – gezeigt, daß man dem Freiheitsbegriff beikommt, wenn man das selbständige Seelenleben ins Auge faßt. Dieses selbständige Seelenleben wird aber im Laufe der physischen Menschheitsentwickelung nach und nach erst errungen. Man kann nicht davon sprechen: Der Mensch ist entweder frei oder nicht frei. Sondern man kann nur davon sprechen: Freiheit ist etwas, was der Mensch im Lauf seiner Entwickelung erwirbt, dem er sich immer mehr und mehr nähert – dadurch nähert, daß er dem innerlichen geistig-seelischen Wesen auch die Kräfte zuführt, die dieses Wesen in sich selber so erstarken, daß es Ursächlichkeit entwickeln kann für das menschliche Handeln, für das menschliche Wollen, trotzdem auf der anderen Seite, von anderer Richtung her, diese Ursächlichkeit im menschlichen Leibe liegt.

Sonderbarer Widerspruch, nicht wahr! Auf der einen Seite wird behauptet: Aus dem menschlichen Leibe muß zwischen Geburt und Tod alles kommen, was der Mensch in seine Handlung hineinlegt; auf der andern Seite wird das selbständige freie Seelenleben behauptet. Ich möchte nochmals durch einen Vergleich klarmachen, um was es sich handelt. Nehmen wir an, wir haben einen Raum, den wir luftleer machen können, den Raum also unter dem Rezipienten einer Luftpumpe. In den können wir die Luft einströmen lassen, wenn wir in die Luftpumpe eine Öffnung hineinmachen; die Luft strömt hinein, nachdem wir die Öffnung gemacht haben.

In diesem Verhältnisse, das man erst finden muß, steht der freie menschliche Entschluß zu dem, was eine menschliche, gewollte Handlung ist. Es wird sich schon durch Geistesforschung herausstellen: Wenn der Mensch nicht den bloßen Antrieben des Trieblebens, sondern dem folgt, was ich in meiner «Philosophie der Freiheit» die rein geistigen Antriebe, zu denen man sich erst durchzuringen hat, genannt habe, dann läßt er nicht dasjenige Wollen unmittelbar sich vollziehen, welches sich durch leibliche Ursachen nach außen äußert. Gewiß, auch das freie Handeln vollzieht sich so, daß leibliche Ursachen da sind. Aber diese leiblichen Ursachen werden erst so vorbereitet, daß der freie Begriff, die freie Vorstellung gewissermaßen geistig einen Hohlraum erzeugt, wie ich unter dem Rezipienten einer Luftpumpe einen Hohlraum erzeuge; und wie dann mit Notwendigkeit darauf folgt, daß die äußere Luft durch eine Öffnung einströmt, so folgt auf diejenige Handlung, die ganz und gar in Seelenkräften durch unsere Seele konzipiert ist, die Wirkung auf unseren Leib. Und wie die von außen einströmende Luft nach rein natürlichen Ursachen in den leeren Luftraum einströmt, so vollzieht dann der Leib entsprechend durch seine Gesetze, die nun rein naturwissenschaftliche Gesetze sind, dasjenige, was erst in ihm vorbereitet wurde, indem die Grundlage geschaffen wurde durch den freien Seelenentschluß.

Auf diesen Freiheitsbegriff werden wir morgen in dem Vortrage zu bauen haben, und ich werde ihn dann auch noch weiter ausführen. Ich wollte die heutigen Auseinandersetzungen gipfeln lassen in dem Aufzeigen des Freiheitsbegriffs, gipfeln lassen darinnen, daß Geisteswissenschaft zeigt, wie der Freiheitsbegriff erst denkbar ist, wenn man durch Geistesforschung zu dem wirklich vom Leibesleben unabhängigen Seelenleben sich erhebt. Erst aus dem heraus, was Geisteswissenschaft erkennt als den intuitiven, inspirierten und imaginativen Teil des Menschenwesens, entsteht die freie Handlung.

Was sich dann unter dem Einflusse der Geisteswissenschaft für die sozial-sittlichen Begriffe, die für unsere Gegenwart von so einschneidender Bedeutung sind, nach denen so vieles hinweist in bezug auf Erneuerung, in bezug auf Ergründung dessen, was in dieser tragischen Gegenwart an uns herantritt, was sich für Rechtsbegriffe, überhaupt für das äußere menschliche Gemeinschaftsleben ergibt, das soll morgen ausgeführt werden. Heute wollte ich nur zeigen, daß anthroposophisch orientierte Geisteswissenschaft durchaus in bezug auf den Ernst und die Exaktheit ihrer Forschung sich neben die Naturwissenschaft der neueren Zeit hinstellen kann, wollte aber auch zeigen, wie für den Geist ganz andere Wege eingeschlagen werden müssen, wenn er erkannt werden soll in demselben Sinne, wie die Natur von der Naturforschung erkannt wird, wie aber die Geistesforschung selbst ihr Licht auch auf die Natur wirft, wie die Geistesforschung zeigt, daß der ganze geistig-seelische Mensch dem ganzen physischen Menschen, nach Nervensystem, rhythmischem Leben und Stoffwechselleben, zugeordnet ist. Gerade dadurch, daß Geisteswissenschaft mit der Naturwissenschaft im Einklange arbeiten wird, wird sich ein Großes ergeben können für den Fortschritt der Menschheit.

Man wird sich allmählich abgewöhnen, davon zu sprechen, daß es für den neueren Menschen geradezu beschämend sei, noch eine wirkliche geistige Erkenntnis anzuerkennen. Nicht nur, daß man Vorurteilen heute begegnet, wenn von Geisteswissenschaft geredet wird; man kann schon sagen: Viele Menschen sind heute so geartet, daß sie sich geradezu schämen, daß sie glauben, in einen alten Aberglauben zu verfallen, wenn sie anerkennen, was als der Nerv der heutigen Ausführungen dargestellt worden ist.

Man beruft sich heute gerne auf Goethe. Ich habe in dem letzten Vortrage hier gesagt, daß, wenn es auf mich ankommt, ich die Geisteswissenschaft, die ich vertrete, am liebsten «Goetheanismus» nennen würde und den Bau in Dornach, der ihr gewidmet ist, «Goetheanum». Ich sage das noch einmal mit Rücksicht darauf, daß es heute scheinbar recht viele sich aufgeklärt dünkende Menschen gibt, Menschen, die voll auf dem Standpunkte der gegenwärtigen Erkenntnis stehen wollen, die da sagen: Ja, Goethe war ja auch einer derjenigen, die mit der Natur etwas Allumfassendes haben denken wollen.

Aber schon der junge Goethe hat die Natur nicht als etwas angesehen, was erschöpft werden kann durch solche Vorstellungen, wie sie die heutigen gangbaren monistischen oder ähnliche Weltanschauungen haben. Sondern Goethe hat schon als junger Mann die Natur in seinem Prosa-Hymnus, der auch «Die Natur» überschrieben ist, so angesprochen, daß er gesagt hat: «Gedacht hat sie und sinnt beständig.» Um Worte streitet sich die Geisteswissenschaft am allerwenigsten. Wenn jemand dasjenige, was aus Stoff und Geist in der Welt besteht, «Natur» nennen will und in der Natur nur den Geist sucht, dann mag er das ganze Weltall «die Natur» nennen; wenn er soweit geht wie Goethe, zu sagen: Die Natur denkt und sinnt beständig – wenn auch nicht als Mensch, sondern als Natur –, dann ist für einen solchen Denker wie für Goethe eben der Geist-Begriff schon im Natur-Begriff drinnen.

Und denjenigen, die aus dieser Anerkennung des Natur-Begriffs gerne ableiten möchten ein Zusammenstimmen der Goetheschen Ansicht mit irgendeiner Ansicht von den Grenzen des Erkennens, daß man nicht eindringen könne in die geistige Welt, denen muß immer wieder und wiederum erwidert werden, was auch hier schon in früheren Vorträgen erwähnt worden ist, daß Goethe gegenüber einem sehr verdienten Physiologen, dem Physiologen Albrecht Haller, der auch – von seinem Gesichtspunkte aus mit vollem Recht – das Wort ausgesprochen hat:

«Ins Innere der Natur
Dringt kein erschaffner Geist.
Glückselig! wem sie nur
Die äußre Schale weist!»

daß Goethe gegenüber diesem Naturforscher protestiert hat, so protestiert hat, daß er durch diesen Protest deutlich gemacht hat: Der Mensch kann in sich diejenigen Erkenntniskräfte finden, die ihm den Geist nicht nur als etwas Unerforschliches hinstellen, sondern als etwas, in das er nach und nach bei emsiger, wirklich geistig exakter Forschung eintreten kann. Denn Goethe hat gegen Hallers Worte, die eben angedeutet worden sind, einen Einwand gemacht, im hohen Alter, ich möchte sagen, auf Grundlage einer gereiften Erkenntnis:

«In's Innre der Natur
Dringt kein erschaffner Geist.
Glückselig! wem sie nur
Die äußre Schale weist!»

Das hör' ich an die sechzig Jahre wiederholen,
Und fluche drauf, aber verstohlen;
Natur hat weder Kern
Noch Schale,
Alles ist sie mit einemmale;
Nichts ist drinnen, nichts ist draußen,
Was drinnen ist, ist auch draußen, –
Dich prüfe du nur allermeist,
Ob du selbst Kern oder Schale seist!

Das sind doch die Worte, die uns auf den wahren Goetheanismus hinweisen, der da besteht in der Anerkenntnis der Möglichkeit, mit dem menschlichen Geiste in den Geist des Weltenalls einzudringen und das Unsterbliche und Freiheitliche der Menschennatur zu erkennen.

Wie unendlich das notwendig ist und wie unendlich notwendig es ist in der heutigen tragischen Zeit, den Blick hinzuwenden nach solchen Vorstellungen, die aus der Geistesforschung kommen, für unser praktisches Leben, das sich selbst in solche Katastrophen hineingebracht hat, davon möchte ich dann morgen sprechen, um zu zeigen, daß Geistesforschung ein ungeladener Gast nur für diejenigen ist, die da nicht andere Bedürfnisse dem Menschen zuerkennen als diejenigen, die sich durch die mechanistischen Erkenntnisse befriedigen lassen. Lernt man noch andere Bedürfnisse des Menschen erkennen – diejenigen Bedürfnisse des Menschen, von denen gerade heute in dieser tragischen Zeit deutlich die Zeichen der Zeit sprechen –, dann wird man auch auf sozial-sittlichem Gebiete die Notwendigkeit der Geistesforschung erkennen.

DIE WISSENSCHAFT DES ÜBERSINNLICHEN UND DIE SITTLICH-SOZIALEN IDEEN

Basel, 24. November 1917

Soll ich eine Grundeigenschaft des anthroposophisch orientierten geisteswissenschaftlichen Strebens bezeichnen, so möchte ich sagen: Eine solche Grundeigenschaft ist die, nach Ideen, nach Vorstellungen, nach Begriffen über die Welt zu streben, welche in einem viel tieferen Sinn in die Wirklichkeit eingesenkt sind oder auch, könnte ich sagen, von Wirklichkeit durchdrungen sind, als die Begriffe, Vorstellungen und Ideen, welche der naturwissenschaftlichen Weltanschauung der neueren Zeit mit Recht eigen sind. Das könnte gewiß zunächst sehr sonderbar erscheinen, da sehr viele Leute glauben, diese naturwissenschaftlichen Vorstellungen seien gerade diejenigen, die am intensivsten in der Wirklichkeit darinnenstehen. Allein, selbst wenn man absieht von dem, was im Laufe der in diesem Jahre gehaltenen drei geisteswissenschaftlichen Vorträge vorgebracht worden ist, und bloß auf das sieht, was einsichtige Naturwissenschafter selber vorgebracht haben in bezug auf das, was Naturwissenschaft über das Wesen dessen zu sagen weiß, was dem Naturgeschehen zugrunde liegt, so wird man zu der Einsicht kommen, daß auch solche Naturwissenschafter selbst sich klar sind darüber: Mit den gewöhnlichen naturwissenschaftlichen Ideen, die auf ihrem Felde so fruchttragend sind, kann man nicht hineindringen in das Wesen, in die tieferen Gründe des Wirklichen. Wie viel haben gerade Naturwissenschafter gesprochen über die

Grenzen des naturwissenschaftlichen Erkennens! Und eine charakteristische Tatsache habe ich ja im ersten dieser Vorträge vorgeführt, die Tatsache, daß einer der bedeutendsten Schüler Haeckels, Oscar Hertwig, selber ein grundlegendes bedeutsames Buch geliefert hat in diesen Jahren, in dem er die Unmöglichkeit zeigt – er, der Naturforscher, der Biologe! –, gerade mit den naturwissenschaftlichen Begriffen, die in der zweiten Hälfte des 19. Jahrhunderts die größten Triumphe gefeiert haben, irgendwie dem Wesen der Lebenserscheinungen nahezukommen.

Solange es sich darum handelt, bloß in das Wesen der Natur selbst einzudringen, so lange kann diese Eingeschränktheit naturwissenschaftlichen Vorstellungslebens gar nicht zutage treten. Aber sie tritt dann zutage, wenn der Mensch die Seelenkräfte, die er auf naturwissenschaftliches Erkennen verwendet, auch anwenden will auf das sittlich-soziale Leben im weitesten Umfange. Was in der Naturwissenschaft vielleicht ein bloßer Irrtum oder eine bloße Einseitigkeit bleibt, über die sich diskutieren läßt, die sich im Laufe der Zeit auch wirklich begrifflich oder durch die Erfahrung zurechtlegen läßt, das wird, wenn es zugrunde gelegt wird der Arbeit im sittlich-sozialen Leben, das ja in die Gestaltung des menschlichen Gemein- und Gesellschaftswesens eindringen will, zum Schädlichen, führt kleinere oder größere Katastrophen herbei.

Eine der größten Katastrophen für das menschliche Erleben ist diejenige, in der wir in diesen Jahren drinnenstehen. So eigenartig es manchem in der Gegenwart erscheinen wird: dem, der die Dinge in ihrem tieferen Zusammenhange zu erfassen vermag, ist klar, wie das, was jetzt als ein so tragisches Geschehen durch die Menschheit geht, mit den unzulänglichen sittlich-sozialen Ideen zusammenhängt, die seit Jahrhunderten sich vorbereiteten und die insbesondere in dem in anderer Beziehung so glorreichen 19. Jahrhundert zu ihrer besonderen Geltung gekommen sind. Die bloße Wissenschaft, das bloße Erkennen, die bloße Theorie korrigiert auf schmerzlose Art, wenn ihr unzulängliche Begriffe eingefügt werden. Die Wirklichkeit korrigiert unter Schmerzen und Katastrophen, wenn ihr Taten eingefügt werden, die hervorgehen aus unzulänglichem Erkennen und Durchdringen dieser Wirklichkeit.

Nun werden wir, wenn wir die anthroposophisch orientierte Geisteswissenschaft auf das sittlich-soziale Leben anwenden wollen, zu scheinbar entlegenen Vorstellungsarten kommen müssen, entlegen nur, weil sie der Gegenwart, den gegenwärtigen Denkgewohnheiten noch sehr, sehr fremd erscheinen wegen der Vorurteile, mit denen man ihnen entgegenkommt. Ich muß den Ausgangspunkt davon nehmen, daß ich darauf aufmerksam mache, wie die Betrachtung des Menschen gerade unter dem Einflusse der neuzeitlichen Weltanschauung eine verhältnismäßig einseitige geworden ist, eine einseitige in dem Grade, daß eigentlich auch weiterblickende Naturforscher in der Gegenwart schon andere Wege versuchen als diejenigen, auf die man im 19. Jahrhundert so große Hoffnungen gesetzt hat, um nicht nur einzudringen in die reine Naturseite des Menschen, sondern einzudringen in den vollen, umfassenden Menschen, in dessen ganze Wesenheit. Denn nur wenn seine ganze Wesenheit ins Auge gefaßt wird, kann sie im sozial-sittlichen Leben Wirklichkeit werden, kann eine Einflußnahme auf das sozialsittliche Leben von irgendwelchem Heil sein.

Nun könnte es sonderbar erscheinen, wenn man sagt:

Zur vollen, ganzen Betrachtung des menschlichen Lebens ist notwendig, daß man diesen Menschen nicht nur ins Auge faßt, wie er sich betätigt im wachen Tagesleben, in dem Leben, das sich abwickelt durch die Betrachtung der Sinne, durch den Verstand, der auf die Wahrnehmung der Sinne gebaut ist; daß man vielmehr, um den ganzen Menschen ins Auge zu fassen, Rücksicht nehmen muß auch auf die andere Seite des Lebens, die im Wechsel mit dem wachen Tageszustand fortwährend im Menschenleben, im Menschendasein auftritt, auf das Schlafen und auf das, was aus dem Schlafesleben auftaucht, auf das Traumesleben. Ja, es versuchen einsichtige Naturforscher diesem Traumesleben in der heutigen Zeit etwas nahezukommen, indem sie neben dem, was dem Menschen im wachen Tagesbewußtsein vorliegt, auf das Unterbewußte Rücksicht nehmen wollen. Allein schon bei der Betrachtung des Traumlebens zeigt es sich, daß solche Versuche heute noch, weil sie sich dem, was anthroposophisch orientierte Geisteswissenschaft ist, fernhalten wollen, mit unzulänglichen Erkenntnismitteln arbeiten.

Was Geisteswissenschaft auf solchen Wegen zu zeigen vermag, wie sie gestern charakterisiert worden sind, das führt uns zu der Erkenntnis, daß dieses Schlafes-Traumesleben noch in viel intensiverer Weise in das Gesamtleben des Menschen einfließt, als man in der einseitigen Naturbetrachtung glaubt. Und ich muß einen Satz in den Vordergrund stellen, der heute noch in weitesten Kreisen paradox erscheint, der aber immer mehr und mehr erhärtet werden wird, wenn man von abstrakten Begriffen zu lebensvollen, zu wirklichkeitsgesättigten Begriffen übergeht. Ich könnte eine vergleichende Psychologie des Schlafes durch die Pflanzen-, durch die Tierwelt in die Menschenwelt herauf geben. Dabei würde es sich herausstellen, wie die Geisteswissenschaft – es ist das hier öfter betont worden – es schwerer hat als die einseitige Naturbetrachtung, weil sie nicht von «einfachen Begriffen», wie man so gern im bequemen Denken sagt, ausgehen und die ganze Welt damit umspannen kann. Geradeso wie der Tod – wir haben das in einem früheren Vortrage betonen müssen – für den Geisteswissenschafter etwas anderes ist im Pflanzen-, im Tier-, im Menschenreiche, so ist auch der Schlaf, so ist das Traumesleben für die Geisteswissenschaft etwas anderes im Tierleben, etwas anderes im Menschenleben. Und Geisteswissenschaft kommt darauf, indem sie durch die Mittel, von denen gesprochen worden ist, das wirkliche Seelenleben beobachten kann, daß wir, was wir als menschliches Ich-Bewußtsein erleben, dieses eigentliche Zentral-, dieses eigentliche Mittelpunktswesen des Menschen, nur dadurch haben können, daß wir im Wechsel mit dem wachen Tagesbewußtsein den Schlaf so erleben, wie wir ihn als Menschen erleben. Die Trivialansicht ist natürlich diese – ich habe auch das hier schon erwähnt –, daß der Mensch schlafen muß, weil er ermüdet ist. Es ist eine Trivialansicht, und die Betrachtung des Rentners, der sich in einen Vortrag oder in ein Konzert setzt und der ganz bestimmt nicht ermüdet ist, aber nach den ersten fünf Minuten schon eingeschlafen ist, beweist hinlänglich durch Erfahrung, daß es mit der Ermüdungstheorie für den Schlaf ganz gewiß nicht geht. Nur derjenige wird den Schlaf verstehen, der ihn versteht als innerlichen Rhythmus, als einen Rhythmus nur von längerer Zeitdauer, wie er das Leben durchsetzen muß und wie wir gestern einen solchen Lebensrhythmus als eines der Glieder, die als Leibeswerkzeuge, kann man sagen, der seelischen Wesenheit des Menschen entsprechen, kennengelernt haben.

Der Mensch muß gewissermaßen, so wie – ich wiederhole das gleichsam von gestern noch einmal – der einzelne Ton niemals Musik sein kann, sondern nur im Zusammenspiel mit anderen Tönen der Eindruck der Melodie oder Harmonie entstehen kann, sein Leben so zubringen, daß sich Lebenszustand an Lebenszustand schließt, daß Lebenszustand mit Lebenszustand mit der Zeit in Wechselwirkung tritt. Rhythmisches Geschehen muß dem Seelenleben des Menschen zugrunde liegen. Und rhythmisches Geschehen ist es auch, das in den Wechselzuständen von Schlafen und Wachen und in den hineinspielenden Träumen zur Tatsache wird.

Nun glaubt man gewöhnlich, diesen Schlafzustand, Traumzustand zu verstehen, wenn man ihn so, wie er sich der gewöhnlichen Beobachtung darstellt, betrachtet. Allein gerade dann, wenn man ihn so betrachtet, wird man niemals zu einer wirklichen Anschauung über das Wesen des Traumzustandes oder des Schlafzustandes als solchen kommen. Nur wenn man ins Auge zu fassen vermag, was sich der Geisteswissenschaft als der ewige Wesenskern des Menschen ergibt, dann wird man auch erkennen können, daß, wenn der Mensch sich zurückzieht aus dem wachen Tagesleben, wenn er jede Verbindung mit dem Leibesleben löst, die zum Sinnesleben und zum Verstandesleben führt, wenn er also in den Schlaf oder in den Traum zurücksinkt, daß dann in ihm viel mehr dasjenige tätig ist, was seinem ewigen Wesen angehört, als während des Wachzustandes. Nur daß der Mensch, so wie er in der gegenwärtigen Weltenperiode ist, noch wenig mit Bezug auf dieses sein Ewiges ausgebildet ist. Wenn dieses Ewige nicht die Grundlage des Leibeslebens hat wie im wachen Tagesleben, wenn dieses Ewige auf sich selber angewiesen ist wie im Schlafe, dann zeigt sich in diesem Ewigen das, was zwar durchaus auf andere Zustände hinweist, als diejenigen sind, die zwischen Geburt und Tod ablaufen, aber so hinweist, daß die unmittelbare Wahrnehmung, die unmittelbare Betrachtung das Wesen gar nicht ergeben können.

Daher zeigt Geisteswissenschaft, daß das Wesen zum Beispiel des Traumes in der mannigfaltigsten Weise mißverstanden wird. Man mißversteht es dann, wenn man sich in der alten Weise abergläubisch an den Traum wendet, wenn man die Traumbilder ins Auge faßt, den Inhalt des Traumes ins Auge faßt und dann der Meinung ist, der Traum könne irgendwelche prophetische Aussage im Leben machen. Man mißversteht aber auch das Wesen des Traumes, wenn man so recht ein moderner Aufklärer ist und nur lächelt über diejenigen, die in dem Traum etwas Prophetisches gesehen haben.

Geisteswissenschaft zeigt: Es ist wahr, daß etwas Prophetisches im Traume ist. Was im Traume wirkt, was darinnen tätig ist, das ist durchaus das Wesen in uns, das mit unserer Zukunft so zusammenhängt, daß es noch dasjenige in uns umfaßt, was wir durch die Pforte des Todes tragen. Die Kräfte unserer ewigen Seele wirken wirklich prophetisch im Traume. Allein, was als Bilder zum Vorschein kommt, dasjenige, worin der Traum sich kleidet, das ist Reminiszenz aus der Vergangenheit. Man kann sagen: Der Traum wird seiner eigenen Natur nach dadurch gefälscht, daß der Mensch nicht imstande ist, wirklich mit dem zu arbeiten, was im Traume als seine Wesenheit wirkt. Er kleidet das, was ihm noch nicht zum Bewußtsein kommen kann, in die Bilder, die ihm sein Leib, die ihm gewisse Sinnesanklänge, gewisse Erinnerungs-Reminiszenzen aus dem vergangenen Leben geben. Das alles ist eine Verfälschung des Traumes, ist eine

Maske des Traumes. Und so wie es Aberglaube ist, irgend etwas zu geben auf die Bilder, die im Traume auftreten, so steckt ein gesunder Kern in dem Aberglauben, daß der Traum etwas Prophetisches hat. Nur kann dieses Prophetische in der Wahrnehmung, in der gewöhnlichen Beobachtung des Traumes nicht zutage treten. Der Traum ist gerade etwas außerordentlich Bedeutsames, geisteswissenschaftlich betrachtet.

Das Wichtige ist aber noch etwas anderes. Das Wichtige ist, daß man in der trivialen Meinung der Ansicht ist, der Mensch lebe und träume zu einer gewissen Zeit und zu einer anderen Zeit sei er wach, voll wach. Geisteswissenschaft zeigt aus ihrer wirklichen Seelenbeobachtung heraus, daß dies eine der falschesten Meinungen ist, denen man sich nur hingeben kann. Was in uns lebt als Zustand während des Träumens, während des Schlafens, das hört nicht auf, wenn wir wachen; diese Zustände setzen sich durchaus in unser waches Tagesleben hinein fort; sie sind nur übertönt durch das, was waches Tagesleben ist. Dieses wache Tagesleben, das im Vorstellen abläuft, ist gewissermaßen ein helles Licht, welches das übertönt, was mehr unterbewußt bleibt, was unter dem Strom dieses wachen Tagesbewußtseins verläuft. Aber während wir unser waches Tagesbewußtsein in unserer Seele dahinströmen fühlen, während wir das, was durch dieses Dahinströmen geht, erleben, strömt unterbewußt, dunkel in uns ein fortdauerndes, ein das ganze Wachleben durchdringendes Traumleben weiter und strömt ein Schlafesleben weiter. Wir träumen, indem wir zu den klaren, hellen Vorstellungen hinzu Gefühle, Affekte, Leidenschaften entwickeln. Ich habe im ersten der hier gehaltenen Vorträge vor einigen Wochen darauf aufmerksam gemacht, wie das, was Geisteswissenschaft im Zusammenhange sucht, von einzelnen hervorragend einsichtsvollen Menschen wie in Lichtblitzen immer gefunden worden ist, und ich habe schon dazumal auf einen Menschen mit solchen Lichtblitzen hingewiesen: auf den großen Ästhetiker und Philosophen Friedrich Theodor Vischer. Als er seinen Aufsatz geschrieben hat über Volkelts Buch «Die Traum-Phantasie», da machte er darauf aufmerksam, daß niemand die Leidenschaft, niemand die Affekte, niemand dieses merkwürdige Leben verstehe – wir haben es gestern hier charakterisiert nach seiner leiblichen, geistigen Seite –, der die Traumwesenheit nicht versteht. Vischer ist allerdings für diese Behauptung – man sollte es nicht glauben, aber es ist geschehen – als ein Spiritist erklärt worden, von den ganz «gescheiten», von den ganz aufgeklärten Menschen der Gegenwart selbstverständlich. Also wir träumen im gewöhnlichen Leben weiter. Nur daß wir, wenn wir erwacht sind, nicht die Bilder des Traumes, sondern dasjenige ablaufen haben, was nun aber mit derselben Helligkeit oder Dunkelheit des Bewußtseins in uns abläuft, was denselben Grad von Wirklichkeit hat wie der Traum: Gefühle, Affekte, Leidenschaften.

Auch in Gefühlen, Affekten, Leidenschaften lebt, was im Vorstellungsleben lebt. Aber es lebt so in ihm, wie die Vorstellungen im Traume leben. Nur kommen uns, wenn wir ein Gefühl, eine Leidenschaft, einen Affekt entwikkeln, sei es ein guter, sei es ein schlimmer, nicht die Bilder, die aber zugrunde liegen, wie sie dem Traum zugrunde liegen, zum Bewußtsein, sondern es kommen uns das Gefühl, der Affekt, die Leidenschaft zum Traumbewußtsein.

Ebenso liegt dem Wollen, diesem geheimnisvollen, für eine wirkliche Weltenbetrachtung geheimnisvollen Wollen des Menschen, der durch das Wachbewußtsein sich hindurchziehende Schlaf zugrunde. Warum sind in dem Verlauf der geistigen Menschheitsentwickelung immer wieder und wiederum die Diskussionen dagewesen über die Natur des Wollens, über den freien Willen? Warum konnte man so viel Für und Wider gerade auf diesem Gebiete entwickeln? Und warum haben sich die Philosophen niemals geeinigt, wie eigentlich der Wille in dem Menschen lebt, ob als freier oder als unfreier? Aus dem Grunde, weil für das gewöhnliche wache Tagesbewußtsein das, was im Wollen geschieht, verschlafen wird. Trotzdem wir in unseren Vorstellungen während des wachen Tagesbewußtseins ganz klar, trotzdem wir von Helligkeit, so dürfen wir vergleichsweise sagen, durchdrungen sind: den wirklichen Vorgang des Wollens, das wirkliche Erlebnis des Wollens, das verschlafen wir. In diesem Wollen lebt Tiefstes von menschlicher Wesenheit, aber es ist dem wachen Tagesbewußtsein nicht unmittelbar gegenwärtig.

Nun zeigt die Geisteswissenschaft, daß sie mit dem, was sie schauendes Bewußtsein nennt, hineinblickt in die übersinnliche Welt. Mit dem, was sie auf den ersten beiden Stufen imaginative und inspirierte Erkenntnis nennt, dringt sie in diejenige Welt hinunter, die für das gewöhnliche Bewußtsein nur in der auf- und abflutenden, chaotischen, man möchte sagen, in dem Sinne, wie ich es eben ausgeführt habe, gefälschten Traumeswelt vorliegt. Für den Menschen mit dem gewöhnlichen physischen Bewußtsein, wie er in der äußeren Sinnenwelt steht, flutet und wallt aus der Welt, die eben die Welt des Ewigen, Wesenhaften ist, die unter dem äußeren Sinnlichen wallt und webt, nur herauf, was die gefälschten Traumeswege sind. In der imaginativen übersinnlichen Erkenntnis, in der inspirierten übersinnlichen Erkenntnis hebt die Geisteswissenschaft aus diesen Untergründen die wahre Gestalt desjenigen, was da lebt und webt und wallt, wirklich herauf. Und in der intuitiven Erkenntnis wird heraufgehoben, was sonst verschlafen wird, was vollständig mit der Dunkelheit des Bewußtseins zugedeckt wird.

Daraus aber wird Ihnen hervorgehen, daß im Menschenleben nicht das allein waltet, was mit dem gewöhnlichen wachen Bewußtsein überschaut wird, sondern daß im Menschenleben, weil Traum, weil Schlaf auch das wache Tagesleben durchzieht, das waltet, was real, wirklich ist, was für das gewöhnliche wache Bewußtsein nicht erreichbar, nicht in Begriffe, nicht in Vorstellungen zu fassen ist, sondern was allein für das schauende Bewußtsein in Begriffe, in Vorstellungen zu fassen ist. Schauen wir uns also das soziale Menschenleben an, schauen wir uns das Menschenleben an, wie es umfaßt werden soll mit den sozialen, sittlichen, politischen Begriffen – wir finden: In diesem Menschenleben lebt, der Wirklichkeit nach, was nur geträumt, was sogar verschlafen wird.

Dies ist das Geheimnis des sozialen Lebens, dies ist selbst das Geheimnis des geschichtlichen Lebens, dies ist das Geheimnis alles desjenigen, was man sittlich-soziales Dasein des Menschen nennen kann. Mit den Begriffen, die an der Naturwissenschaft herangebildet sind, die aus den Denkgewohnheiten der Naturwissenschaft heraufkommen und die ganz und gar allein dem gewöhnlichen wachen Bewußtsein angehören, mit diesen Vorstellungen kann die Geschichte nicht erfaßt werden, mit diesen Vorstellungen kann das sittlich-soziale Leben nicht erfaßt werden.

Ich habe gestern darauf hingewiesen, daß anthroposophisch orientierte Geisteswissenschaft dem Menschen etwas zurückbringen soll, was er verloren hat. Instinktiv, sagte ich, waren in früheren Jahrhunderten und Jahrtausenden die Impulse vorhanden, die die Geisteswissenschaft zum Bewußtsein zu bringen hat. Interessant ist es, von diesem Gesichtspunkte der Menschheitsentwickelung aus einmal das Eingreifen der modernen Naturwissenschaft ins Auge zu fassen. Fragt man nach dieser modernen Naturwissenschaft und ihrer Bedeutung nur so, wie man das heute vielfach tut, so kommt man zu einem vollständig falschen Begriff. Man geht immer davon aus zu glauben, diese Naturwissenschaft sei so geworden, wie sie geworden ist, weil eben die Begriffe, die sie gibt, der reinen Wahrheit entsprechen, der absoluten Wirklichkeit entsprechen. Wer Einsicht hat in die Dinge, weiß, daß die Ansicht ganz wahr ist: Derjenige, der gerade auf naturwissenschaftlichem Boden feststeht, muß zugleich Zweifler, Skeptiker sein, weil er weiß, daß diese naturwissenschaftlichen Begriffe ganz und gar nur einer sehr oberflächlichen Gestalt der Wahrheit entsprechen. Diese naturwissenschaftlichen Begriffe sind nicht aufgetreten in der Menschheitsentwickelung, weil der Mensch durch Jahrtausende dumm und töricht und kindisch war, wie viele glauben, die immer von dem Grundsatz ausgehen, daß wir's «so herrlich weit gebracht» haben, sie sind nicht deshalb entstanden, weil die Menschen so lange kindisch waren und jetzt gerade gescheit geworden sind und eben gescheit bleiben – oder wenigstens es meinen –, so lange die Erde steht. Sondern sie sind aus einem ganz anderen Grunde gekommen.

Blickt man in die Zeiten zurück, wo eine mehr instinktive Erkenntnis auf Natur und Geist zugleich ging, so hatte der Mensch damals auf der einen Seite die Begriffe, die er auf die Natur so anwandte, daß er von Naturgeschehen, von Naturwesenheit sprach, als ob das auch ein

Seelisches wäre; und wenn er von seinem Seelischen sprach, so spielten materialistische Vorstellungen herein. Sogar in unseren Worten von «Geist» und «Seele» liegen noch materialistische Vorstellungen, wenn wir diese Begriffe ganz genau historisch kennen. Der Mensch war noch so zusammengewachsen mit der Natur, daß er sein Seelisches nicht genauer von der Natur unterschied. Die neuere Entwickelung der Menschheitsgeschichte bedeutet, daß der Mensch sich losgelöst hat von dem natürlichen Dasein. Und gerade durch dieses Loslösen ist er darauf gekommen, solche Naturbegriffe zu begründen, wie sie eben den Inhalt der modernen naturwissenschaftlichen Vorstellungsart darstellen, die nichts Seelisches mehr enthalten. Um auf eine solche Stufe der Entwickelung zu kommen, hat der Mensch diese naturwissenschaftlichen Begriffe entwickelt: um seinetwillen. Nicht weil das die einzig seligmachende Wahrheit ist, zu der man endlich einmal gekommen ist, sondern weil der Mensch zu einer gewissen Stufe der Freiheit, der Selbstbestimmung nur dadurch kommen konnte, daß er sich von der Natur losgemacht und Begriffe hingestellt hat, die die Natur umfassen sollen und die nichts der Seele geben können.

Wenn der Mensch solche Naturbegriffe hat, daß er in diesen Naturbegriffen sein Seelisches nicht mehr sehen kann, daß er sich ganz herausgestellt fühlt aus der Natur, wie das in alten Zeiten nicht der Fall ist, wohl aber unter der heutigen naturwissenschaftlichen Weltanschauung, dann muß der Mensch um so mehr hingewiesen werden auf die eigenen Kräfte seines Innern, auf die wir gestern hingewiesen haben. Dann wird sein Selbstbewußtsein erst in rechter Weise erwachen können. Wir sind in einer Übergangsstufe. Die Naturwissenschaft wird einen Spiritualismus der Auffassung des Seelenlebens heraufbringen. Der naturwissenschaftliche Materialismus hat das große Verdienst, weil er die Natur alles Seelischen entkleidet, den Menschen auf eine hohe Stufe der Selbstbesinnung hinaufzuführen.

Sieht man so die Entwickelung der modernen Naturwissenschaft an, so erscheint sie einem allerdings anders, so erscheint sie einem angelegt – wenn ich den Ausdruck Lessings gebrauchen darf – auf eine «Erziehung des Menschengeschlechts», dann sind die naturwissenschaftlichen Begriffe ausgebildet worden, damit der Mensch nicht mehr, wie früher, in einer mystischen Weise selber die Natur durchseelt, sondern damit er sich freimacht in der Naturanschauung von allem Seelischen, aber um so mehr aus den Tiefen seines eigenen Wesens das herausholen muß, was dieses Seelische durchgeistet, was man im Seelischen als spiritualisiert erblicken kann. Dann kann man, gerade wenn man Geistesforscher ist, in dem berechtigten Materialismus der Naturwissenschaft ein Großes sehen. Und es ist nur eine Verleumdung der anthroposophisch orientierten Geisteswissenschaft, wenn man sie irgendwie in einen Gegensatz zur Naturwissenschaft bringt. Im Gegenteil, sie weist auf die große, bedeutsame Rolle hin, welche die naturwissenschaftliche Entwickelung in dem großen Erziehungsprozeß des Menschengeschlechtes durch die Erdengeschichte hindurch hat.

Aber was als naturwissenschaftliche Vorstellung auftritt, was man so hereinbekommt in die Seele als naturwissenschaftliche Vorstellung, das ist eben, gerade weil das wahr ist, was ich eben ausgeführt habe, nicht geeignet, dieses Leben zu umfassen, das wir als das sittlich-soziale Leben bezeichnen können, nicht geeignet, Begriffe, Vorstellungen, Ideen zu bilden, aus denen Handlungen im sittlich-sozialen Leben werden können. Was der Mensch als Natur überblickt, das überblickt er im wachen Bewußtsein. Was sittlich-soziales Leben, was geschichtliches Erleben ist, das hat nicht solche Impulse zugrundeliegend, wie sie das wache Tagesbewußtsein ganz geeignet für die Ergreifung der Natur hat, sondern das hat solche ideellen Impulse zugrundeliegend, wie sie sonst nur durch das Traumleben zutage treten.

Und so kommt Geisteswissenschaft zu dem sonderbaren Ergebnis, daß geschichtliches Leben der Menschheit, soziales Leben der Menschheit nicht umspannt werden kann von einem Seelenwesen, das an der Naturwissenschaft sich herangebildet hat und nun Geschichte schreiben will nach dem Muster der Naturwissenschaft, Sozialwissenschaft betrachten will nach dem Muster der Naturwissenschaft.

Was hat man an unzulänglichen Begriffen alles gerade in der Gegenwart unter den Eroberungszügen der Naturwissenschaft versucht, um das soziale Leben zu begreifen mit den Erkenntnismitteln, die in der Naturwissenschaft ihre Erfolge haben!

Man braucht sich nur zu erinnern an den englischen Philosophen Herbert Spencer, der in umfassender Weltanschauung alles Tatsächliche, in das der Mensch hineingestellt ist, umfassen wollte, auch die soziologische Gestaltung der Menschheit. Er hat die Begriffe der Embryologie, die Begriffe des Keimeslebens anwenden wollen auf die Gestaltung des Gesellschaftslebens, auf die Gestaltung des sittlich-sozialen Lebens des Menschen: Der Keim entwickelt sich embryologisch so, daß man an ihm zu unterscheiden hat in seinem früheren Zustande das Ektoderm, aus dem sich das Nervensystem entwickelt, das Entoderm, aus dem sich andere untergeordnete Organe entwickeln, und das Mesoderm. Aus diesen drei Gliedern entwickelt sich allmählich der Menschen-Embryo, wächst heran: das sind die drei Glieder des Keimes. In dem sittlich-sozialen Werden, in der sittlich-sozialen Entwickelung unterscheidet Spencer auch drei solche Impulse. Er sagt: Ebenso, wie in der natürlichen Entwickelung Ektoderm, Mesoderm, Entoderm vorhanden sind, so auch im sozialen Werden des Menschen. Und er will zeigen: Wie der organische Keim das Ektoderm hat, so entwickelt sich im Menschenwerden das, was militärisch, politisch stark ist, hauptsächlich aber militärisch stark, aus dem Ektoderm heraus, aus dem sozialen Ektoderm; das, was arbeitend, ackerbauend, friedliebend ist, aus dem Entoderm; und die Kaufmannschaft, der kommerzielle Stand, aus dem Mesoderm. Da hat man einen Parallelismus gegeben zwischen den Schichtungen des sozial-sittlichen Lebens und den Schichtungen des organischen Keimes. Es liegt selbstverständlich dieser Anschauung des großen englischen Philosophen Herbert Spencer zugrunde, daß, weil sich aus dem Ektoderm das Nervensystem entwickelt, sich auch aus dem, was dem Ektoderm im sozial-sittlichen Leben entspricht, das Wertvollste im Staate, in einem menschlichen Gemeinwesen entwickeln muß. Daher ist selbstverständlich die Weltanschauung Spencers darauf angewiesen, den eigentlich wertvollen Stand im Militarismus zu sehen. In ihm soll sich das politische, das höhere Leben ausprägen. Wie sich das Nervenleben ausprägt aus dem Ektoderm, soll das Politische, das eigentliche führende Wesen, aus dem Militärwesen hervorgehen.

Ich will mich einer weiteren Charakterisierung, aus leicht begreiflichen Gründen, dieser merkwürdigen Ansicht des Philosophen Herbert Spencer enthalten. Aber es ist schon notwendig, daß man auf solche Dinge auch in der Gegenwart aufmerksam wird. Und ich könnte nun viele, viele aus allen Gebieten des geistigen Erdenlebens hergenommene Beispiele anführen, wie man versucht hat, naturwissenschaftliche Vorstellungen auf das soziale Leben anzuwenden, immer wieder und wiederum das sittlich-soziale Werden zu begreifen in derselben Weise, wie man die Naturtatsachen begreift.

Aber das Eigentümliche liegt vor, daß in der Menschheitsentwickelung das alte instinktive Erkennen, das Geist und Leib, Materie und Geist zugleich umfaßt hat, aber eben nicht voll bewußtes Erkennen war, daß das allmählich im Laufe der Menschheitsentwickelung durch das naturwissenschaftliche rein äußere Erkennen des Toten in die höheren Stufen des Erkennens übergeht, auf die heute die Geisteswissenschaft hinweist: in das imaginative Erkennen des schauenden Bewußtseins, in das inspirierte Erkennen, in das intuitive Erkennen. Naturwissenschaftliche Erkenntnis ist nur eine Zwischenstufe zwischen dem instinktiven Erkennen, das alten Zeiten eigentümlich war, und dem höheren Erkennen, das der Menschheit aus den Tiefen der Seele selbst erwachsen muß. Ich habe es charakterisiert in meinem Buche «Vom Menschenrätsel» und neuerdings wiederum in meinem Buche «Von Seelenrätseln». Das schauende Bewußtsein zerfällt eben in das imaginative Bewußtsein, das gewissermaßen die niederste Stufe ist, das inspirierte Bewußtsein, eine höhere Stufe, und das intuitive Bewußtsein, eine nächste Stufe. Das Eigentümliche ist nur, daß für die Betrachtung der äußeren natürlichen Welt dieses instinktive alte Erkennen in die naturwissenschaftlichen Vorstellungen übergehen mußte. Nach diesem Übergang werden die anderen, die geistigen Erkenntnisarten kommen.

Das sozial-sittliche Leben kann diesen Übergang nicht haben. Er wird versucht; aber es kann ihn nicht haben. Das instinktive Erkennen, das instinktive Leben im Staatlichen, in sozial-politischen Ideen, muß direkt, mit Überspringung der naturwissenschaftlichen Art der Vorstellungsweise, in das bewußte Erkennen derselben Welt übergehen, welche in der Geschichte und im sozialen Leben von der Menschheit geträumt wird. Was die Menschheit träumt in Geschichte und im sozialen Leben – bewußt erkannt werden kann es nur im imaginativen, im inspirierten, im intuitiven Bewußtsein. Und einen Übergang vom instinktiven zum imaginativen Bewußtsein durch das naturwissenschaftliche gibt es auf diesem Gebiete nicht. Verhängnisvoll muß es werden, wenn man diesen Übergang machen will, wenn man in die Gesellschaftsordnung solche Begriffe, solche Vorstellungen einfügen will, welche nach dem Muster naturwissenschaftlicher Begriffe ausgebildet sind. Überall ist das geschehen im Laufe der letzten Jahrhunderte, insbesondere des 19. Jahrhunderts, und bis in unsere Tage herein. Naturwissenschaftliche Vorstellungen sind von katastrophaler Wirkung, wenn sie, aus den menschlichen Gemütern herausströmend, in das menschliche Handeln übergehen. Unmittelbar muß der Übergang sein von dem alten instinktiven Erleben, das zum Mythus, zur Phantasie gegriffen hat, zu dem imaginativen Erkennen.

So kann jemand lächelnd, spöttisch sagen: Also darf überhaupt nicht die Anschauung herrschen, daß man das soziale, sittliche Leben meistern könne mit den an der Naturwissenschaft herangezogenen Begriffen, sondern daß dieses sozial-sittliche Leben heilsam durchdrungen werden kann erst wiederum, wenn eingesehen wird, daß man die Begriffe geisteswissenschaftlich vertiefen muß! –

Es mag jemand spötteln, er mag sich blind machen gegenüber manchen großen Zeichen der Zeit, gegenüber jener deutlichen Sprache, die aus den Katastrophen des heutigen Tages spricht. Aber es ist so. Und so wie man in einzelnen Kreisen bereits beginnt, etwas aufzumerken auf Geisteswissenschaft, die etwas zu sagen hat, wenn es sich um die Gestaltung der Wirklichkeit handelt, die nicht das Phantasiebild einiger Träumer ist, sondern die eben etwas zu sagen hat, wenn es sich um Gestaltung der Wirklichkeit handelt, so werden die Stimmen immer mehr und mehr werden, welche einsehen werden, daß man sich dann, wenn man lebensvolle Begriffe für das sittlich-soziale Dasein braucht, an Geisteswissenschaft zu wenden hat, die allein Ersatz bieten kann für das, was abstrakte Begriffe, die ihre volle Geltung in der Naturwissenschaft haben, niemals für das sittlich-soziale Dasein des Menschen hergeben können. Deshalb ist Geisteswissenschaft in unserer Zeit nicht aufgetreten aus willkürlicher Agitation zugunsten einzelner Leute, sondern als Ergebnis der Zeichen unserer Zeit, als Ergebnis tiefer historischer Notwendigkeiten.

Blicken wir einmal auf manches, was uns unter den Anschauungen einer älteren Zeit entgegentreten kann. Ich habe schon auch hier aufmerksam darauf gemacht, wie aus dem Vorstellen, aus dem Vorstellungswesen, möchte ich besser sagen, das sich ganz herangebildet hat unter dem naturwissenschaftlichen Materialismus, solche Ansichten gekommen sind, wie sie im Beginne dieses Krieges geherrscht haben: daß dieser Krieg nicht länger als vier bis sechs Monate dauern könne! Einsichtsvolle, ganz gescheite Leute haben das als Theorie vertreten.

Aber wir brauchen nicht bloß auf untergeordnete Persönlichkeiten hinzudeuten, wenn wir das ins Auge fassen wollen, was hier in Betracht kommt. Geschichte ist ja noch nicht sehr alt, Geschichte als Wissenschaft des sittlich-sozialen Lebens. Man hält dafür, daß sie eine alte Wissenschaft ist. Sie ist nämlich in Wirklichkeit, so wie sie heute getrieben wird, kaum hundert Jahre alt! Davon kann sich jeder durch die Geschichte der Geschichte selber überzeugen. Als Geschichte auftrat, wollte einer der ersten Lehrer der Geschichte der große Schiller sein. Und vielleicht ist es gut, gerade eine große Persönlichkeit da zu nennen, wo man Beispiele anführen will für das, was so oft gesagt wird, daß man aus der Geschichte für das sittlich-soziale Leben der Menschen lernen könne. Wie oft hört man heute von den Leuten, heute, wo jeder Tag von den Menschen Urteile abfordert über das und jenes, was unter dem Einfluß der tragischen Ereignisse gefühlt, empfunden werden muß: Die Geschichte lehrt das, die Geschichte lehrt das. – Na, schaut man sich diese Lehren der Geschichte an, schauen wir sie an bei einem der Größten: Als Schiller seine Professur in Jena antrat – es war 1789 –, da charakterisierte er eine Lehre der Geschichte, die sich ihm ergeben hatte, in der folgenden Weise. Es ist wohl gut, auf solches hinzuhorchen. Schiller sagte in seiner berühmten Antrittsrede, mit der er den Anfang seiner geschichtlichen Vorlesungen an der Universität in Jena gemacht hat, über den philosophischen Kopf und den Brotgelehrten in der Geschichte, er sagte: «Die europäische Staatengesellschaft scheint in eine große Familie verwandelt. Die Hausgenossen können einander anfeinden, aber hoffentlich nicht mehr zerfleischen.»

Das ist die Lehre, die selbst ein so Großer wie Schiller aus der Geschichte gezogen hat! Man muß bedenken: 1789 ist dieses prophetisch sein sollende Wort ausgesprochen! Was ist an Zerfleischung der europäischen Völker bald danach, und was ist heute wiederum über dieses Europa ergangen! Welcher Prophet war der Historiker, selbst der Historiker von solchem Genie wie Schiller? Warum ist dies alles? Hunderte und Hunderte von Beispielen könnten angeführt werden dafür, daß eine Geschichtsbetrachtung solcher Art, wie sie heute noch üblich ist, nichts für das Leben gibt. Warum? Aus dem einfachen Grunde, weil man in einer solchen Geschichtsbetrachtung mit Vorstellungen arbeitet, die der äußeren Wirklichkeit, die Gegenstand der Naturwissenschaft ist, entnommen sind. Diese Begriffe taugen nicht, um das Leben der Geschichte und der sittlich-sozialen Wirksamkeit zu umfassen, was von den Menschen, so wie sie im Leben sind, nur geträumt wird.

Was Geschichte des Lebens ist, wird nur geträumt. Und sollen wir Begriffe haben, welche in dieses geschichtliche, in dieses sittlich-soziale Leben eingreifen, welche es wirklich umspannen, welche es wirklich umfassen, die es auch meistern können, so müssen diese Begriffe zwar wissenschaftlich klar sein, wie andere wissenschaftliche Begriffe, aber wesentlich soll daran sein, daß sie klar erfassen, was von dem gewöhnlichen Bewußtsein nur in den Träumen der Geschichte und des sittlich-sozialen Lebens ins Dasein tritt.

Ich weiß, es ist heute noch eine paradoxe Wahrheit, wenn es ausgesprochen wird, daß das, was geschichtliches Werden ist, von den Menschen nicht so durchlebt wird, daß dieses Durchleben in Begriffen des wachen Tageslebens arbeitet. Aber es ist eine Wahrheit; eine Wahrheit, die erkannt werden muß. Dann erst wird auch erkannt werden, welcher Art die Begriffe und die Vorstellungen und Ideen und Ideale sein müssen, die dieses Leben meistern können.

Herman Grimm – verzeihen Sie, daß ich diese persönliche Angabe heute mache – hat mir in Gesprächen öfter gesagt – er, der geistreiche Kunstforscher, der Raphael, Michelangelo, der andere Kunstperioden in so glänzender, geistvoller Weise dargestellt hat –: Wolle man eine geschichtliche Betrachtung haben, die das Geschichtliche wirklich umfaßt, dann könne man die Geschichte nicht in solchen Begriffen geben, wie sie der Naturforscher anwendet, dann müsse man die Geschichte geben – nun, er sagte, weil er keine Begriffe, keine Vorstellungen von der imaginativen Erkenntnis hatte – von der schaffenden Phantasie der Völker aus. – Von dem also, was gewissermaßen im Unterbewußten bleibt, muß man ausgehen, das muß man erst ins Bewußtsein, aber in ein anderes Bewußtsein, als das gewöhnliche ist, herauftragen. Eine Ahnung von dem, was auf diesem Gebiete wahr ist, lag dieser Herman Grimmschen Intuition zugrunde.

Wer daher glaubt, geschichtliches oder sozial-politisches Leben mit den Begriffen umspannen zu können, welche am naturwissenschaftlichen Denken erzogen sind – und das sind heute alle unsere populären Begriffe, mit denen wir in alles hineinarbeiten wollen –, der irrt sich gar sehr. Denn wer die Dinge durchschaut, der weiß zum Beispiel, was das sicherste Mittel ist, ein Gemeinwesen in verhältnismäßig kurzer Zeit zugrunde zu richten, es dem Absterben zu überliefern. Machen Sie in diesem Gemeinwesen ein Parlament, in das Sie hineinsetzen lauter Theoretiker von Professorenart, die naturwissenschaftlich denken; lassen Sie diese die Gesetze machen, lassen Sie diese die Rechtsbestimmungen für das Gemeinwesen machen: dann werden Sie durch ein solches Parlament von naturwissenschaftlich denkenden Theoretikern sehr bald den Untergang des Gemeinwesens herbeiführen. Denn die werden in die Wirklichkeit lauter Begriffe, lauter Ideen umsetzen wollen, welche im geschichtlichen, im sozial-sittlichen Leben keine Wirklichkeit haben können, sondern dieses sozial-sittliche Leben in einen Leichnam verwandeln müssen.

Daher ist die Bemerkung Herman Grimms sehr fein, daß er sagt: Es ist merkwürdig, daß der englische Geschichtschreiber Gibbon, dieser musterhafte englische Geschichtsschreiber, wenn er die ersten christlichen Jahrhunderte beschreibt, nicht das aufsteigende christliche Leben, das Wachsende, Werdende, Gedeihende schildert, sondern daß er merkwürdigerweise das Untergehende, die Dekadenz des alten Lebens nur zu schildern vermag, weil er mit seinen Begriffen, eben als ehrlicher Forscher, nur das dekadente, das untergehende Leben zu erfassen vermag. – Das wachsende, gedeihende, aufsteigende Leben kann nicht in Vorstellungen gefaßt werden, die vom wachen Tagesleben umfaßt sind, sondern nur von Vorstellungen, die in dasselbe Lebensstromeswesen eintauchen, in das die Menschheit eintaucht, wenn sie mit dem gewöhnlichen Bewußtsein bloß träumt.

In der neueren Zeit sind alle diese Dinge aus dem Grunde ganz besonders wichtig geworden, weil gerade im 19. Jahrhundert, ich möchte sagen, die naturwissenschaftliche Betrachtungsweise ihren Eroberungszug auch im geschichtlichen, im sozial-ethischen Leben zu machen versuchte. Und nur wenige haben sich gegen dieses Hineintragen naturwissenschaftlicher Denkungsart auch in das geschichtliche Leben gestemmt. Aber es ist gemacht worden. Blendend ist es gemacht worden da, wo es am bewußtesten gemacht worden ist, dieses Hineintragen. Und am bewußtesten wurde es gemacht von dem ganz naturwissenschaftlich sein wollenden neueren Sozialismus. Der Sozialismus suchte die sozial-sittlichen Ideen ganz in das Fahrwasser einer naturwissenschaftlichen Betrachtung einzureihen. Gerade in der neueren Zeit, wo die Naturwissenschaft ihren Siegeszug begonnen hat, trat diese extreme Art auf, das menschliche Leben, das sozialsittliche menschliche Leben nur unter dem Gesichtspunkte materieller Interessen, Klassenkämpfe, Mehrwertsimpulse und so weiter zu betrachten, wie es im Marxismus und wie es in der materialistischen Geschichtsbetrachtung geschehen ist.

Geisteswissenschaft steht nicht auf dem Boden, daß man bei allem ein Entweder-Oder geltend machen muß – das muß ich von vornherein bemerken, sonst kann ich gerade bei solch einer Sache sehr mißverstanden werden –, Geisteswissenschaft steht auf dem Boden, daß menschliche Begriffe in der Regel Einseitigkeiten darstellen. Ich habe schon oft den Vergleich gebraucht: Wenn der Geistesforscher zu Begriffen aufsteigt, so daß er sie ansieht als Beleuchtungen oder auch Abbilder des Wirklichen von verschiedenen Seiten, wie vier Fotografien einen Baum von vier Seiten in vier verschiedenen Gestaltungen wiedergeben, so kann man die Welt pantheistisch, theistisch, monotheistisch, polytheistisch abbilden. Diese Dinge alle sieht man nur in ihrer wahren, echten Bedeutung, wenn man sie gewissermaßen als einseitige Abbilder der wahren Wirklichkeit nimmt, die niemals in den abstrakten Begriff eingehen kann, sondern nur in das lebendige Einssein mit ihr selber. Deshalb dürfen Sie, was ich jetzt sagen werde, auch nicht so auffassen, als wenn ich alles, was unter dem Einflusse des sozialistischen Denkens in der neueren Zeit heraufgekommen ist, in Grund und Boden bohren wollte. Das wird mir nicht im Traume einfallen. Denn vieles Wertvolle hat diese Anschauung heraufgebracht, und sie hat sich ja schwer genug durchgekämpft. Diejenigen, die die eigentlichen erleuchtetsten, bedeutenden offiziellen Träger des Geisteslebens sind, die zu wachen haben darüber, daß richtige Begriffe und Vorstellungen heraufkommen, haben ja jahrzehntelang, einfach genug, negativ abgewiesen, was von dieser Seite gekommen ist, bis sie sich haben heranbändigen lassen und jetzt nicht nur die spärlichen Begriffe des älteren Katheder-Sozialismus, sondern viel dickleibigere Begriffe des Sozialismus sogar schon salon- nein, kathederfähig geworden sind.

Solche Dinge liegen außerhalb der geisteswissenschaftlichen Betrachtung, welche nicht Partei nimmt, welche nur objektiv dem Tatsachenbestand ins Auge sehen will. Allein es muß gesagt werden: Diese Betrachtungsweise des neueren Sozialismus, insbesondere die materialistische Geschichtsauffassung, sind im wesentlichen naturwissenschaftlich orientiert. Was sind sie in Wahrheit?

Für den Geistesforscher ist, was zum Beispiel Karl Marx mit solcher dialektischer Schärfe, eindringlicher Logik dargestellt hat, ein Ausdruck desjenigen, was die Menschheit an sozial-sittlichen Impulsen in den vier Jahrhunderten bis zur Mitte des 19. Jahrhunderts geträumt hat. Karl Marx hat das geschildert, was an Impulsen durch drei bis vier Jahrhunderte, vom 16. Jahrhundert angefangen, klar da war. Aber es war so da, daß es nicht in den wachen Tagesvorstellungen lebte, sondern daß die Menschheit in ihren Impulsen, in ihren sozialen, sittlichen Ideen, diese Dinge träumte. Und als eigentlich der Traum schon ausgeträumt war, als eigentlich schon eine sozial-sittliche Ordnung eingetreten war, wie sie im Sinne der Träume der letzten vier Jahrhunderte war, da schrieb über das, was schon Leichnam geworden war, woraus schon ein Erwachen stattfinden sollte, Karl Marx seine Bücher. In der Wirklichkeit lebte das, was Karl Marx als Programm hinstellen wollte, in der Zeit, die vorher war, eigentlich bevor er sogar mit seinen Gedanken dagewesen ist.

Aber die Wirklichkeit fordert, daß jetzt, wie ich charakterisiert habe, mit Überspringung der naturwissenschaftlichen Denkweise die sozial-sittlichen Ideen durchdrungen werden von dem, was höheres Bewußtsein, was übersinnliches Bewußtsein, was Ergreifen ist der im sozial-sittlichen Leben existierenden übersinnlichen Impulse. Früher konnte man das instinktiv erfassen. Und selbst das, worüber Karl Marx geschrieben hat, ist noch instinktiv durchträumt worden. Die neue Zeit darf es sich nicht mehr gestatten, bloß zu träumen, bloß instinktiv die sozial-sittlichen Ideen zu erleben; sie muß dieselben einzutauchen wissen in das imaginative Erkennen, in das Erkennen desjenigen, was übersinnlich in dem menschlichen historischen, in dem sozial-politischen Strom waltet, in den der Mensch eingespannt ist.

Man kann, wenn man trivial sein will, von jeder Zeit sagen, es ist eine «Übergangszeit». Es handelt sich nur immer darum, was übergeht. In unserer Zeit geht aber das alte instinktive Erkennen über in das bewußte Erkennen. Auf dem Gebiete der Naturanschauung hat unsere Zeit das Zwischenstadium der Naturwissenschaften betreten. Im Sozialen muß sie den unmittelbaren Übergang finden vom instinktiven sozial-politischen Fühlen, wie es sich in der alten Zeit mystisch, in alten instinktiven Vorstellungen, auslebte, wie es noch herübergetragen ist zum Beispiel im Römischen Recht, sie muß den Übergang finden zum Schöpferischen. Sie muß diesen Übergang zum Schöpferischen auch da finden, wo, ich möchte sagen, die sittlich-sozialen Ideen unmittelbar in die Menschheitsgestaltung selber eingreifen: auf dem Gebiete der Pädagogik. Mit reinen Erkenntnisbegriffen, wie sie dem wachen Tagesbewußtsein vorliegen, kann man weder ein Pädagoge noch ein Politiker, noch irgend jemand sein, der an der Gestaltung des sozialen Lebens an dieser oder jener Stelle teilnimmt. Es wird eine Zeit kommen, wo man über das, was heute als Nationalökonomie, über das, was heute als sozialpolitische Theorien auftritt, ebenso denken wird, lächelnd denken wird, wie man heute lächelnd denken würde, wenn irgendein Theoretiker, der sich Ästhetiker nennt, die Musterbeispiele aufschreiben würde, wie eine richtige Oper oder Symphonie eigentlich sein muß, ein Theoretiker, der nicht komponieren kann, der nur ästhetisch-wissenschaftlich eine Symphonie oder eine Oper betrachten, der selber nicht aus dem imaginativen Leben heraus schaffen kann. Wenn der das Musterbeispiel hinstellte, man würde lachen.

So sonderbar es heute noch klingt: Was aus bloßen Begriffen des wachen Tagesbewußtseins als Nationalökonomie, die sich so unzulänglich erwiesen hat, auftritt, wird man so ansehen. Lächelnd verstehen wird man es als einen Irrtum, der begreiflich war im naturwissenschaftlichen Zeitalter. Aber man wird es überwinden, wenn die Betrachtung des sozial-sittlichen Lebens in eine solche Begriffswelt einlaufen muß, die in lebendiger Verbindung steht mit der übersinnlichen Wirklichkeit, die in das Rechtsleben, Pflichtleben, in das geistige Leben, das von sozialer Liebe durchdrungen ist, in das Organisationsleben der Gemeinschaften dieses Übersinnliche hereinbringt.

Und man kann sogar im einzelnen angeben, daß derjenige, der an der staatlich-sozialen Gestaltung eines Gemeinwesens teilnehmen will, ein Bild nur von einer, ich möchte sagen, wissenschaftlichen Betrachtung gewinnen kann, die etwas Künstlerisches hat, die selbst künstlerisch-schöpferisch ist, wenn ich den Ausdruck gebrauchen darf. Nicht Ästhetiker, sondern Komponisten müssen Opern und Symphonien schaffen. Nicht naturwissenschaftlich denkende Theoretiker können soziale Begriffe finden, sondern diejenigen, die von Begriffen durchdrungen sind, die aus diesem Lebendigen heraus sind, das sonst nur in den Traum-Impulsen aufsteigt, im Gefühls-, im Gemüts-, im Affekt-, im Leidenschaftsleben, im Willensleben selber.

Und die soziale Gestaltung des Gemeinwesens kann sich nur ergeben aus der imaginativen Erkenntnis. Jenes Leben, das die sozialen Gemeinwesen durchdringt, jenes Leben des Traums, das aus dem Menschen herausströmt in Liebe, in Liebe des einen Menschen zum andern, im gegenseitigen Verstehen, dieses Leben, das dann Pflichtenleben wird, kann nur seine äußere Ausgestaltung im Gemeinwesen erfahren unter dem Einfluß von inspirierten Begriffen des schauenden Bewußtseins.

Und das Rechtsleben, dieses Rechtsleben, das heute noch vollständig unter dem Nachklang von alten Rechtsbegriffen steht, die noch dem instinktiven Bewußtsein der Menschen entstammen, entweder dem Bewußtsein der germanischen oder dem Bewußtsein der romanischen Völker – im Römischen Recht, als instinktiver Ausgestaltung, leben heute nur Begriffe, die in Wirklichkeit von dem nichts fassen, was ursprünglich unter römischem Rechtsbegriff lebte –, dieses Rechtsleben, das so dunkel bleibt für das naturwissenschaftliche Betrachten, dieses Rechtsleben, an dem herumgepfuscht wird, indem man alle möglichen und unmöglichen psychologischen Begriffe der neueren Zeit, naturwissenschaftlich betrachtet, in den Gerichtssaal hineinträgt, dieses Rechtsleben wird erst gedeihlich schöpferisch wiederum werden können, wenn es von intuitiver Erkenntnis durchzogen ist.

Wahrhaftig, nicht um ein paar Träumer handelt es sich in anthroposophischer Lebensbetrachtung, sondern um Menschen, die tauglich werden sollen, sich kraftvoll ins Leben hineinzustellen, dieses Leben zu ergreifen und mitzuarbeiten im Leben; nicht um die Begründung einzelner Kolonien von ein paar Leuten, die auf ihre Art sich's wohlgehen lassen wollen und irgendwo in einer Gebirgsgegend vegetarisch essen und ähnliche Allotria weiter treiben, handelt es sich, sondern darum handelt es sich, die Zeichen der Zeit zu verstehen, zu wissen, was wirklich historisch notwendig ist im Entwickelungsgang der Menschen. Anthroposophie ist nicht die Liebhaberei einzelner Gruppen; Anthroposophie ist etwas, was vom Geiste unserer Zeit selber gefordert wird.

Alles, was heute so vielfach als pädagogische Regeln existiert, wird der Erkenntnis weichen, die auf geisteswissenschaftlichem Wege von der Natur, von der Wesenheit des Menschen gefunden werden kann. Vorgefaßte Regeln, vorgefaßte Gesetze werden bei den künftigen Pädagogen nichts sein. Aber eine sich in unmittelbare, erkennende Liebe verwandelnde Verständigung mit dem kommenden, mit dem werdenden Menschenwesen wird den Pädagogen durchdringen. Er wird ganz anderes lernen als theoretische Pädagogik; er wird lernen, im vollen Leben darinnen zu stehen. Er wird daher auch jedem individuellen Wesen gewachsen sein. Man wird verstehen lernen, wie sich Freiheit und Notwendigkeit im Leben durchdringen.

Man wird verstehen lernen, daß das sittlich-soziale Leben, nach naturwissenschaftlichem Muster betrachtet, etwa so wäre, wie wenn ich hier einen Gegenstand habe, einen zweiten Gegenstand, einen dritten Gegenstand. Den ersten Gegenstand beleuchte ich, lasse Lichtstrahlen darauf fallen, da ist er beleuchtet; jetzt beleuchte ich den zweiten Gegenstand, der erste wird dunkel; jetzt lasse ich den zweiten dunkel werden, beleuchte den dritten. Ich verfolge das. Indem ich dieses verfolge, sage ich: Der erste Gegenstand ward erst beleuchtet, das ist die Ursache des Leuchtens des zweiten; der zweite ist die Ursache des Leuchtens des dritten. Eine solche Illusion, wie wenn der erste Körper, der von außen beleuchtet ist, als Ursache des Beleuchtetseins des zweiten wirkte und der zweite als Ursache des Beleuchtetseins des dritten, eine solche Illusion liegt jener geschichtlichen Betrachtungsweise zugrunde, welche die folgende Tatsache immer als die Wirkung der vorhergehenden Tatsache betrachtet, die vorhergehende wiederum als die Wirkung der ihr vorhergehenden Tatsache. So wie gar kein Zusammenhang besteht zwischen dem Leuchten des ersten Gegenstandes, dem Leuchten des zweiten, dem Leuchten des dritten Gegenstandes, wenn sie beleuchtet werden aus einer gemeinsamen Lichtquelle, und so wie auf diese geschaut werden muß, wenn man erkennen will, warum ein Körper nach dem andern aufleuchtet, so besteht kein solcher Kausalzusammenhang, wie in der Natur, in der aufeinanderfolgenden Geschichte. Sondern es besteht die Tatsache, daß ein gemeinsames Licht die aufeinanderfolgenden Tatsachen beleuchtet. Und es muß in dieses Licht in einer höheren, übersinnlichen Erkenntnis eingedrungen werden.

Was in der Naturwissenschaft gut ist: die Dinge im einzelnen zu teilen, die Dinge im einzelnen zu ergreifen –, in der Geisteswissenschaft geht es nicht. Aber im sozial-politischen Leben geht es auch nicht. Für die Geisteswissenschaft wäre eine Beschreibung des sozial-politischen Lebens im einzelnen geradeso – verzeihen Sie den Vergleich, aber er wird vielleicht, wenn ich ihn gebrauche, das, was zu sagen ist, treffend wiedergeben können –, wie wenn ein Schachspieler sich genau abzirkeln wollte, was er an Zügen machen will, und glauben würde, wenn er sich nun mit einem Partner an den Schachtisch setze, so könne er diese Züge durchführen, die er zuerst sich ausgedacht hat. Er kann sie nicht durchführen, denn das hängt von den Zügen des Gegners ab! Aber deshalb kann man doch, wenn man die Regeln des Schachspiels beherrscht, ein guter Schachspieler sein. Man kann gewissermaßen als Schachspieler seinen Mann stellen oder seine Frau. Und so ist es auch, wenn man das Leben meistern will. Nur auf dem Gebiete der Natur gibt es ein Abgezirkeltes an Gesetzen. Wenn man dem Leben gegenübersteht, dann muß man Können haben, das diesem Leben auch gewachsen ist. Dann muß man immer darauf gefaßt sein, daß einem so etwas aus der Fülle des Lebens entgegentritt, wie es der Partner beim Schachspiel ist.

Jedes einzelne Kind ist beim Pädagogen etwas wie der Partner für den Schachspieler, jedes einzelne Kind. Die pädagogische Wissenschaft wird Formen annehmen, durch die sie den Menschen lebenstüchtig macht, fähig macht, einzudringen in jedes einzelne Menschenwesen. Ein solches Leben im Sozial-Politischen kann aber nur hervorgehen aus einem wirklichen Erkennen desjenigen, was in den Menschenleben und Menschenwesen wirklich steckt, was da geträumt wird als Geschichte, was geträumt wird als sozial-politische Impulse. Wieviel wird nach dieser Richtung heute noch versäumt!

In der Geisteswissenschaft – ich will darauf nur hinweisen – ist seit vielen Jahren der Anfang damit gemacht worden, zu studieren, welches das Wesen der westlichen Völker Europas, der mittleren Völker Europas, der östlichen Völker Europas ist, was da für Impulse wirklich leben, wie sich die verschiedenen Seelenäußerungen verteilen, geographisch, historisch, welche Impulse wirklich vorhanden sind. Nur durch die Kenntnis der wirklich vorhandenen Impulse kann jene Imagination, jene Inspiration entstehen, welche sich ausleben kann in den sittlich-sozialen Ideen, wie sie im sozialen Leben, im Pflichtenleben, im Rechtsleben, hervortreten in der Weise, wie es schon angedeutet ist. Auch Anfänge sind gemacht worden auf diesem Gebiete. Auf einen sehr vielversprechenden Anfang darf ich hinweisen gerade hier in der Schweiz, weil hier wirklich einmal aus der Kenntnis der im unmittelbaren Leben wirkenden Impulse ein Einzelnes, ein Detail herausgeholt worden ist in juristischer Beziehung. In dieser Beziehung darf ich hinweisen auf das, was Dr. Roman Boos als Buch hat erscheinen lassen über den «Gesamtarbeitsvertrag nach Schweizerischem Recht», ein Buch, das zum erstenmal aus der wirklichen essentiellen Substanz, aus dem Wesen heraus gewisse im Rechtsleben vorhandene Begriffe und Institutionen erfaßt, der «Gesamtarbeitsvertrag nach Schweizerischem Recht» von Dr. Roman Boos.

Man hat allerdings in der neueren Zeit mancherlei Ansätze gemacht, um aus dem seelisch-sozialen Wesen heraus zu erkennen, wie die Gesetze, wie die Impulse sich nach und nach abspielen. So hat ein Amerikaner ein sehr interessantes Buch geschrieben – ich weiß nicht, ob er sich heute noch dazu bekennt; Roosevelt hat eine Vorrede dazu geschrieben, die aber weniger bedeutend ist als das Buch –, dieser Amerikaner hat also ein Buch geschrieben, in dem er zeigen will, wie die Völker sich in zwei Gruppen teilen: Die eine Gruppe sind die aufstrebenden, die wachsenden, die fortschreitenden Völker, die anderen sind die absteigenden, die in die Dekadenz verfallenden Völker. Das Seelische bei den aufsteigenden Völkern schildert Brooks Adams, der Amerikaner, so, daß er sagt: Es geht hervor aus einer grundseelischen Eigenschaft dieser Völker, aus dem Imaginativ-Kriegerischen; so daß Völker, die Zukunft haben, mit imaginativem Phantasieleben und mit kriegerischen Impulsen begabt seien. – Nicht ich sage es, des Amerikaners Brooks Adams Urteil ist es! Und diejenigen Völker, die in die Dekadenz kommen, die keine Zukunft, die nur eine Vergangenheit hinter sich haben, eine ähnliche Vergangenheit im kriegerischen und imaginativen Leben, das sind die industriellen und wissenschaftlichen Völker.

Das ist selbstverständlich einseitig. Aber selbst diese einseitigsten Betrachtungen zeigen, daß man schon den Versuch gemacht hat aus dem heraus, was wirklich ist, eine Bemeisterung des Lebens durch wirklich sittlich-soziale Ideen zu finden. Nur kann man das Leben nicht überschauen mit den Begriffen, die nur an dem Muster der Naturwissenschaft gebildet sind. Überschauen kann man es nur, wenn man in die Tiefen, in die übersinnlichen Tiefen dieses Lebens eindringt. Und das kann man eben nur durch das schauende Bewußtsein, dessen sich die Geisteswissenschaft bedient.

Ich konnte nur spärliche Andeutungen machen. In einzelnen Vorträgen kann ich ja immer nur Anregung geben. Geisteswissenschaft kann man heute leicht anfeinden, leicht widerlegen, denn sie kann immer nur Anregungen geben. Dann ist es für jemanden, der ein, zwei Vorträge einmal hört, wirklich kinderleicht, alle möglichen Widerlegungen, die strengste Kritik anzubringen, selbstverständlich. Aber so glücklich ist ja Geisteswissenschaft heute nicht, daß sie unzählige Lehrstühle, wie die andere Wissenschaft, zur Verfügung hat. Das wird auch kommen. Und dann werden die Kritiken von jenem Kaliber, wie sie heute noch gegen die Geisteswissenschaft da sind, verstummen. Solche Dinge haben sich ja im Laufe der Entwickelung der Menschheit in der mannigfaltigsten Weise gezeigt. Sie gehen geradeso, wie diese Dinge gegangen sind. Aber diese Geisteswissenschaft, sie kann eben heute bloß anregen. Sie kann auch in bezug auf die sozialsittlichen Ideen nur Anregungen geben.

Und wenn man schließlich alles überblickt, was heute skizzenhaft vorgebracht worden ist, würde man es gipfeln lassen können, indem man zeigt, daß das Gemeinwesen sich unter dem Einflusse lebendiger sittlich-sozialer Ideen auch so entwickeln muß, daß der Mensch als Ganzes, als Totalwesen, in diesem Gemeinwesen drinnen zur Entwickelung kommen kann. Zu diesem Totalwesen gehört aber, was ich gestern ausgeführt habe: das selbständige, ewige Wesen des Menschen, dieses selbständige ewige Wesen, von dem ich gestern sagen durfte, daß in ihm die Freiheits-Idee ist.

Die höchste der sozial-sittlichen Ideen ist diese Freiheits-Idee. Kein Gemeinwesen wird die Freiheits-Idee in sich verwirklichen können, das nicht von übersinnlichen Ideen ausgeht. Denn gedeihen kann das Übersinnliche, das frei sein kann, allein da, wo die Gestaltung des Gemeinwesens von übersinnlichen Impulsen, Empfindungen, Begriffen, Vorstellungen ausgeht. Die Vorstellungen des gewöhnlichen, des wachen Tagesbewußtseins, die so glorios bedeutsam geworden sind für die Naturwissenschaft, sie wirken nicht in dem Leben, in dem die sozial-sittlichen Ideen wirken. Will der Mensch wirken in diesem Leben, so muß er mit einem andern Gliede seines Wesens hineinarbeiten in dieses sittlich-soziale Leben, mit einem anderen Gliede seines Wesens als mit dem, das tüchtig wird durch die naturwissenschaftliche Vorstellungsweise.

Man kann sagen: Die großen Menschen der Vergangenheit haben in einzelnen Lichtblitzen schon gesehen, um was es sich handelte. Und habe ich gestern in anderer Weise am Schlusse hinweisen können auf den Geist, der einer der größten ist im Verlauf des menschlichen Geisteslebens, nach dem ich am liebsten die Geistesrichtung, die ich selber vertrete, Goetheanismus benennen würde, so darf ich auch heute am Schlusse, um empfindungsgemäß zusammenzufassen, was ich angegeben habe, wiederum hinweisen auf Goethe. Er hat noch nicht Geisteswissenschaft gehabt. Aber wenn er auf das geschichtliche Leben, das ja die Ausgestaltung des sozial-sittlichen Lebens ist, hinblickte und sich klarmachen wollte, was diesem sozial-sittlichen Leben, wie es sich in der Geschichte verkörpert, wenn ich so sagen darf, zugrunde liegt, da kamen ihm merkwürdige Worte, schöne Worte, indem er sagte: Das Beste, was wir von der Geschichte haben, ist der Enthusiasmus, den sie erregt.

Was liegt Wunderbares in einem solchen Ausspruche! Ich sagte, Friedrich Theodor Vischer, der V-Vischer, habe gesagt: Die Leidenschaften, Affekte, das Gefühlsleben kann man nicht verstehen, wenn man den Traum nicht versteht. – Goethe schaut hin auf das, was in der Geschichte von der Menschheit durchlebt wird, auf den Geschichts-Traum. Er weiß instinktiv, intuitiv, daß die Menschheit träumt, indem sie Geschichte lebt, daß also nicht in den Vorstellungen, die ähnlich sind den naturwissenschaftlichen Vorstellungen, die geschichtlichen Impulse sich ausleben, sondern in dem, was in der Traumes-Sphäre des geschichtlichen Erlebens sich auslebt. Deshalb ist das Beste, was wir von der Geschichte haben, nicht jene Fable convenue, die in den Geschichtsbüchern steht und die wir heute als die Geschichte verehren, die aber nichts anderes gibt als den Leichnam, den schon getöteten Leichnam, nicht das, was als der Strom der Menschheit im sozial-politischen Werden sich entfaltet.

Und Goethe weiß: Nicht was in den Geschichtsbüchern steht, ist das, was der Mensch als bestes von der Geschichte hat, sondern das, was mit diesem Traum von der Geschichte zusammenhängen kann, eine gute Eigenschaft, eine schöpferische Eigenschaft: der Enthusiasmus, den die Geschichte erregt.

Damit hat er von der einen Seite her erahnend eine große Wahrheit ausgesprochen, eine Wahrheit, die reformatorisch werden muß, wenn die Menschheit über die katastrophalen Ereignisse, wie die der Gegenwart sind, hinauskommen will.

Aber diese Wahrheit läßt sich auf der anderen Seite ergänzen, indem man darauf aufmerksam macht, daß nicht mit ausgeklügelten Begriffen nach dem Muster naturwissenschaftlicher Vorstellungen, wie sie auch schon im neueren sozialen Leben, wie sie in der neueren, auch in der akademischen Sozialwissenschaft leben, daß nicht mit solchen, nach dem Muster der Naturwissenschaft gebildeten Begriffen irgendwie fruchtbar in das sozial-sittliche Leben eingegriffen werden kann, sondern mit Begriffen, die dem Leben selbst viel verwandter, viel inniger mit ihm zusammenhängend sind, mit Ideen, die voll in diesem Leben drinnenstehen, wie sie angestrebt werden von der anthroposophisch orientierten Geisteswissenschaft.

Stärkeres als die nicht schöpferischen Ideen in der Geschichte, von denen auch die Historiker träumen, stärkere Kräfte braucht es: Enthusiasmus braucht es. Alles, was bewirken soll, daß die menschlichen Gemeinschaften, daß das sozial-sittliche Leben sich entfalten kann, muß aus einem Enthusiasmus hervorgehen. Aber aus einem rechten Enthusiasmus. Und der rechte Enthusiasmus kann nur der sein, der entsteht, wenn das, was nun nicht naturwissenschaftlich erfaßt, sondern durch Vereinigung des einzelnen Menschen mit dem allgemein übersinnlich Menschlichen durch Imagination, durch Inspiration, durch Intuition erkannt werden kann, wenn das die Seele so erfüllt, daß der sittlich-soziale Enthusiasmus daraus wird.

Wie Goethe auf der einen Seite sagen konnte: Das Beste, was wir von der Geschichte haben, das ist der Enthusiasmus, den sie erregt –, so möchte der Geistesforscher hinzufügen: Die anthroposophisch orientierte Geisteswissenschaft sucht in das Übersinnliche einzudringen; sie sucht das Ewige, das Unsterbliche, das Freiheitsgemäße im Menschenleben zu erkennen. Doch das Beste, was sie der Menschheit geben will, das wird sein, daß sie den Enthusiasmus einflößen kann und darf, der da gestaltend sein kann für das Höchste, das die Menschheit auf der Erde ausgestalten kann: das sittlich-soziale Leben, die sittlich-sozialen Ideen.

Nach dieser Richtung wollte ich mit diesem letzten Vortrag einige Andeutungen und Anregungen geben, um damit zu zeigen, daß Geisteswissenschaft nicht bloß eine Theorie sein will, sondern eine Kraft, die aus den innersten Impulsen des Lebens heraus mitarbeitet mit dem echten, wahren, mit dem tatkräftigen Menschenleben, wie wir es brauchen. Das zeigt sich in dieser katastrophalen Zeit.

DAS WIRKEN DER SEELENKRÄFTE IM MENSCHEN UND IHR ZUSAMMENHANG MIT DESSEN EWIGER WESENHEIT

Bern, 28. November 1917

Vor allen Dingen bitte ich, die beiden Vorträge, die ich heute und übermorgen hier halten werde, als ein zusammengehöriges Ganzes zu betrachten. Obwohl ich mich bemühen werde, jeden einzelnen Vortrag aus sich verständlich zu machen, wird doch manches gerade mit Bezug auf das in Aussicht gestellte Thema nur dadurch zu erreichen sein, daß ein Vortrag den anderen in einer gewissen Beziehung beleuchtet und beide zusammen ein Ganzes werden.

Wenn man nun dasjenige, was den Betrachtungen der beiden Abende und den Betrachtungen, die ich bei früheren Vorträgen in dieser Stadt hier schon anstellen durfte, zugrunde liegt als anthroposophisch orientierte Geisteswissenschaft, ins Auge faßt, so kann man vielleicht in bezug auf die Empfindungen, welche zahlreiche unserer Zeitgenossen gegenüber dieser Geisteswissenschaft noch hegen, durch einen Vergleich sich ausdrücken, der einem einfallen kann. Das ist: Ich möchte diese anthroposophisch orientierte Geisteswissenschaft in gewisser Beziehung vergleichen mit einem ungeladenen Gast in einer Gesellschaft. Die geladenen Gäste vergleiche ich dabei mit den anderen, gegenwärtig voll anerkannten wissenschaftlichen Richtungen und Strömungen, die gewissermaßen schon dadurch eingeladen sind zum Gesamtgeistesleben der Menschheit in der Gegenwart, daß ja die

Menschen durch ihre Bedürfnisse, durch dasjenige, was die äußere Sinneswelt gibt, was sonst das Leben fordert, diese verschiedenen Wissenschaften in ihren Bereich ziehen wollen. Geisteswissenschaft findet sich heute noch innerhalb des Geisteslebens der Gegenwart so ein, als wenn man sie eben nicht gefordert hätte. Allein, einem ungeladenen Gast gegenüber, so unfreundlich, so unzart man vielleicht zunächst ist, einem ungeladenen Gast gegenüber beginnt man nach und nach höflicher zu werden, sogar höflicher als gegenüber den eingeladenen Gästen, wenn man merkt, er hat irgend etwas zu bringen, das man verloren hat, das *er* gefunden hat. Man hat das vorher nicht gewußt, und man merkt das dann erst.

So ist es wohl mit Anthroposophie, wenigstens nach dem Glauben der wenigen, die sich heute schon voll vertiefen können in das, was Anthroposophie eigentlich gegenüber den großen Aufgaben der Menschheit will. Was Anthroposophie der neueren Kultur, der Kultur der Gegenwart und der Kultur der Zukunft, bringen will, das ist etwas, das im Grunde genommen durch Jahrhunderte, Jahrtausende die Menschen in einer anderen Weise besessen haben, das sie wieder erringen sollen durch Geisteswissenschaft. Instinktiv haben die Menschen dasjenige besessen, aus einem gewissen instinktiven Seelenvermögen heraus, was man nennen kann: ein gefühltes Erkennen des Ewigen in der menschlichen Natur, ein gefühltes Erkennen der eigentlichen Menschenseele und ihrer Geheimnisse. Und nur derjenige, der gegenüber der Geistesgeschichte der Menschheit befangen ist, kann leugnen, daß diese instinktive Erkenntnis ebenso der Menschheit abhanden kommen mußte – die Menschheit ist eben in Entwickelung –, wie ihr in einem gewissen Punkte der geschichtlichen Entwickelung abhanden kommen mußte die mittelalterliche Weltanschauung in bezug auf das Räumliche des Weltenalls, wonach die Erde im Mittelpunkt steht, ruhend, die Sonne und die Sterne sich um sie bewegen. So wie diese räumliche Weltanschauung ersetzt werden mußte durch eine andere, so mußte gegenüber den großen, bedeutsamen und gerade von der Geisteswissenschaft – ich habe das hier oftmals betont – voll anerkannten Fortschritten der Naturwissenschaft weichen das alte instinktive Erkennen von dem Ewigen in der Menschenseele und von denjenigen Kräften, die in der Menschenseele vor allen Dingen dem Menschen am meisten wert sind, von der Erkenntniskraft des freien Willens, über die wir dann übermorgen sprechen werden.

Ich glaube, daß gerade derjenige den eigentlichen Nerv, die tiefste Bedeutung dieser anthroposophisch orientierten Geisteswissenschaft am besten würdigen kann, welcher die großen und bedeutsamen Fortschritte naturwissenschaftlichen Erkennens für den Gesamtfortschritt der Menschheit einsieht und nicht nur dilettantisch sich dazu verhält, sondern das Naturwissenschaftliche bis zu einem gewissen Grade auch erkennt. Doch gerade dadurch, daß die Menschheit dazu geführt worden ist, die Welt zu ergreifen mit naturwissenschaftlichen Methoden und dieses Ergreifen auch auszudehnen eben auf eine Weltanschauung, dadurch ist sie auf der anderen Seite darauf angewiesen, das Seelische nunmehr anders zu suchen, als sie es instinktiv durch Jahrhunderte, ja Jahrtausende gesucht hat.

Naturwissenschaftlich erkennt man nur richtig, wenn man von dem natürlichen Gebiete, das man zu beobachten, zu erforschen hat, das Seelische immer mehr und mehr ausschließt, wenn man immer weniger und weniger einmischt vom Seelischen in dasjenige, was man als Naturbild entwirft. So war es in früheren Zeiten nicht. In früheren Zeiten – man braucht nur, um das einzusehen, ein Kenner des Geistesstrebens früherer Zeiten zu sein – beobachtete der Mensch die Naturerscheinungen, und er fühlte instinktiv, wie durch die Naturerscheinungen Geistig-Seelisches zu ihm spricht. Er sonderte die Naturerscheinungen nicht ab von dem Geistig-Seelischen. Und so bekam er, indem er die Natur beobachtete, an den Naturtatsachen und Naturwesen zugleich geistig-seelisches Leben in sein Seelenleben herein.

Der Mensch wäre nie zur völligen Befreiung seines Wesens gekommen, wenn er nicht den Aufstieg getan hätte zum naturwissenschaftlichen Erkennen. Also dadurch, daß sich die Seele völlig loslöst und im Naturbeobachten nur die Natur als solche gelten läßt, indem sie sich für die Naturwissenschaft loslöst von allem Seelischen in der Natur, dadurch wird die Seele gezwungen, um so stärkere, bedeutsame Kräfte aus ihrem eigenen inneren Seelen- und Geistesquell zu holen, um, abgesehen von aller Naturbetrachtung, abgesehen von allem Sinnesleben, in einer neuen Art in die geistige Welt einzutreten. Wenn *etwas* nämlich den wirkungsvollsten Anstoß geben muß, anthroposophisch orientierte Geisteswissenschaft zu treiben, so ist es das Durchschauen desjenigen, was Naturwissenschaft der Menschheit gebracht hat.

Nun aber beginnt sogleich, wenn der Mensch der Gegenwart, namentlich derjenige, der sich schon daran gewöhnt hat, die Welt nach naturwissenschaftlicher Vorstellungsart zu betrachten, versucht, an das heranzukommen, was nun Geisteswissenschaft, so wie sie sich eben hereinstellen will in die Geistesbewegung der Gegenwart, geltend macht, es beginnt sofort ein sehr Bedeutungsvolles, möchte ich sagen, sich gegen diese Geisteswissenschaft ganz begreiflicherweise geltend zu machen. Und niemand begreift besser als derjenige, der gerade drinnensteht in dieser Geisteswissenschaft, daß diese Geisteswissenschaft gegenwärtig noch Gegner über Gegner haben muß, daß ihr mit allen möglichen Vorurteilen entgegengekommen werden muß. Was diese Geisteswissenschaft erforschen will: das Ewige in der Menschenseele, das Walten der über Geburt und Tod hinausweisenden Kräfte der Menschenseele, also dasjenige, was man zusammenfaßt unter dem Unsterblichkeitsproblem, und auch dasjenige, was man zusammenfaßt unter dem Freiheitsproblem, das ist zwar etwas, worüber zu wissen jeder Mensch ein selbstverständliches Begehren hat. Der Mensch will etwas wissen über die Gegenstände, die den Inhalt der Geisteswissenschaft, wie sie hier gemeint ist, bilden. Aber zu gleicher Zeit, wenn nun gesprochen wird von den Methoden, von der Art und Weise des Forschens, von den Dingen, die zu vollziehen sind, um in das bezeichnete Gebiet einzudringen, dann muß heute noch notwendigerweise, weil allgemeines Verständnis der Sache nicht entgegenkommen kann, ich möchte sagen, nicht nur die Gegnerschaft, sondern der Widerwille sogar vielleicht sich regen.

Und namentlich steht dem rechten Verständnis dieser Geisteswissenschaft, wie sie hier gemeint ist, heute noch entgegen, daß diejenigen, die gern herangehen möchten an die Erforschung dessen in der Menschenseele, was hinter dem gewöhnlichen Bewußtseinsleben liegt, daß sie in allerlei abnormen, in allerlei herabgestimmten Seelenerscheinungen viel lieber dasjenige finden möchten, was gesucht wird, als in dem, worauf eigentlich die wirkliche Geisteswissenschaft weisen muß. Und so kommt es, daß diese wirkliche Geisteswissenschaft oft verwechselt wird mit dem, was ja an sich gewiß außerordentlich interessante, namentlich naturwissenschaftliche Ergebnisse liefern kann, daß Geisteswissenschaft verwechselt wird mit dem, was allerlei traumhafte, somnambule, mediumistische Seelenzustände aus dem unbewußten oder unterbewußten Leben des Menschen, das sich dem gewöhnlichen Bewußtsein entzieht, heraufholt.

Diese Verwechslung ist verhängnisvoll. Sie wird aber noch lange geübt werden, denn es ist ja so, daß der Mensch – ich will das nur einleitungsweise kurz berühren – durch gewisse Umstände in Bewußtseinsverhältnisse kommen kann, bei denen die gewöhnliche Sinneswelt nicht mitwirkt, bei denen auch der gewöhnliche Wille nicht mitwirkt, traumhafte, somnambule, mediumhafte Zustände und so weiter, aus denen er aus einer gewissen Tiefe seines Seelenlebens allerlei heraufholt, was den Menschen absonderlich erscheinen muß und daher interessant ist. Das Absonderliche ist immer interessant, besonders wenn man glauben kann, daß sich – wie es ja in einer gewissen Beziehung sogar richtig ist – durch es ankündigt irgend etwas im Menschen, was über das gewöhnliche Erleben zwischen Geburt und Tod hinausgeht. Allein, gerade wahre Geisteswissenschaft zeigt – und der Sinn desjenigen, was ich in diesem Vortrage werde anzudeuten haben, wird das ergeben –, gerade wahre Geisteswissenschaft zeigt, daß, was durch traumhaft abnorme Geisteszustände, durch Somnambulismus, durch mediumistische Zustände zutage tritt, viel weniger wirklich menschliche Geltung hat als dasjenige, was der Mensch durch seine gewöhnlichen Sinne erfaßt, und dasjenige, worauf er durch seinen gewöhnlichen Willen einen Einfluß hat. Worauf er durch seinen Willen im Alltagsleben einen Einfluß hat, das hängt zusammen mit der menschlichen Wesenheit zwischen Geburt und Tod. Das aber, was durch die angedeuteten Zustände zutage tritt, das ist in einem Tieferen, Niedrigeren der Menschennatur enthalten als selbst die Sinneswelt. Das kommt dadurch zustande, daß die Sinneswahrnehmungen ausgeschlossen, der Wille auch ausgeschlossen werden und untere organische, niedrigere organische Verrichtungen stattfinden, durch die dasjenige, was sich dem Sinnesleben und dem Willen verhüllt, zutage tritt. Das kann aber nicht das volle, ganze Menschliche bezeichnen, sondern nur etwas, was unter der Oberfläche des Menschlichen liegt, während wahre Geisteswissenschaft den Menschen hinaufführen will über die Oberfläche des gewöhnlichen Lebens, über das, was der Mensch so im Alltag und auch in der gewöhnlichen Wissenschaft anstrebt. Allerdings haben diese abnormen Zustände, die zur Beobachtung eines Unbekannten im Menschen dienen, etwas recht Berükkendes; denn dadurch, daß der Mensch in Zustände kommt, die viel mehr mit seinem Leibesleben verknüpft sind als selbst das Sinnesleben, viel mehr in seinen Leib hineingesenkt sind, und namentlich dadurch, daß sich an solche Dinge die Neugier, das Interesse heftet, dadurch erlebt er in solchen Zuständen etwas, das ihn beseligen kann, das ihn geradezu mit einem gewissen inneren Wohlgefallen erfüllt. Und das Lebensgefühl, das sich dann an die inneren Organe heftet, wirkt auch auf den Beschauer hinüber, auf den Beobachter; der glaubt sich diesen Dingen gegenüber sicher, glaubt, er habe etwas Wirkliches vor sich, was er an einem Menschen, den er selber verändert hat, erlebt: während der Geistesforscher zu dem wirklich Ewigen, zu dem über Geburt und Tod Hinausreichenden führt. Er muß zwar auch auf Veränderung der gewöhnlichen Menschennatur verweisen; er muß darauf verweisen, daß man das Ewige nicht mit den Sinnen, auch nicht innerhalb der gewöhnlichen Willenssphäre, die sich nur auf die Außenwelt bezieht, erforschen kann; aber indem er kommt und schildert, was die Menschenseele durchmachen muß, damit sie sich freimacht vom Leibe, damit sie das Seelische nicht nur mit dem Leibe, sondern mit der Seele beobachten könne, da schildert er dann Zustände, gegenüber denen der Mensch Gegenwart aus dem gewöhnlichen Bewußtsein heraus empfindet so etwas wie ein Nicht-auf-sicherem-Boden-Stehen, wie ein Stehen an einem Abgrunde. Daher scheint er erst recht träumerisch, phantastisch. Der Geistesforscher aber, wenn er von seinen Forschungsergebnissen spricht, ist darauf angewiesen, nicht zu dem Experiment, nicht zu der Beobachtung der äußeren Sinne hinzuführen, wie das der Naturforscher kann, sondern er ist darauf angewiesen, zur Seele selbst hinzuführen. Daher muß dasjenige, was er vorbringt, in gewisser Beziehung einen anderen Weg machen, als wenn man irgend etwas naturwissenschaftlich erörtert. Wenn man etwas Naturwissenschaftliches erörtert, dann beschreibt man zuerst: Das wird gemacht und das wird gemacht, oder dies ist da, dies ist dort, und daran knüpft man dann seine geistige Verrichtung, seine Vorstellungen, Kombinationen, versucht Gesetze über dasjenige, was da ist, herauszufinden, und dergleichen mehr. Man knüpft dasjenige, was die Seele aus sich heraus zu machen hat, an etwas schon Vorhandenes an.

Diesen Weg muß der Geistesforscher geradezu umkehren. Und das ist dasjenige, was zunächst frappiert, was zunächst paradox erscheint, so paradox erscheint, daß derjenige, der nicht auf die Sache eingehen kann, sagt: Ja, der Geistesforscher behauptet nur, die Dinge seien so;

aber er bringt keinerlei Beweise. – Nun, seine Beweise bestehen eben darinnen, daß er zeigt, wie die Seele zuerst die Verrichtungen durchzumachen hat, die rein innerlich seelisch sind, und dann an den geistigen Vorgang, an das Objektive herangehen kann. Während also die gewöhnliche Wissenschaft den Vorgang zuerst hat und nachher zufügt, was die Seele macht, muß der Geistesforscher aus sich selbst das machen, die Seele mit sich allein lassen. Dann holt die Seele solche Kräfte, solche Fähigkeiten hervor, durch die das und jenes als eine geistige Tatsache, die nicht mit Augen gesehen, nicht mit Händen gegriffen werden kann, vor dem Menschen auftritt. In der Aufzeigung des Weges, den Geistesforschung zu nehmen hat, liegen die allergewichtigsten Beweise.

In früheren Jahren, wenn ich hier vorgetragen habe, habe ich einzelnes von den Wegen der Seele ausgeführt, die zu nehmen sind, damit sie wirklich zu dem erwacht, was man schauendes Bewußtsein nennen kann, was man, um den Goetheschen Ausdruck zu variieren, Geistesauge, Geistesohr nennen kann, so daß man das Geistige wirklich schaut; ich habe auseinandergesetzt, was die Seele in sich vorzunehmen hat, wie sie durch reine Seelenübungen gewissermaßen seelisch in sich dasjenige hervorruft, was der Körper hervorruft, indem er Augen, Ohren aus sich heraus organisiert, und wie dann durch den Besitz solcher Geistesorgane das Geistige wirklich durchschaut werden kann. Um nicht für diejenigen verehrten Zuhörer, welche öfter hier gewesen sind, in Wiederholung zu verfallen, verweise ich für die Einzelheiten, wie die Seele mit sich zuwege gehen muß, um jene starken Kräfte, die sonst in ihrem Unterbewußten ruhen, hervorzuholen, so daß sie das festhalten und schauen kann, auf meine Bücher: «Wie erlangt man Erkenntnisse der höheren Welten?» und auf meine «Geheimwissenschaft», auf alle Bücher, in denen geschildert wird, was die Seele zu vollbringen hat, um wirklich mit geistig neuen Organen sich auszurüsten, um das Geistige zu schauen. Allein einiges Prinzipielle möchte ich gerade mit Bezug auf den Weg der Geistesforschung immer vorbringen und möchte daher auch heute etwas darüber sagen, wie der Geistesforscher zu seinen Tatsachen kommt, von denen wir dann noch werden zu sprechen haben.

Für den, der sich nicht wirklich intim befassen kann mit jenen inneren seelischen Übungen, welche die Menschenseele vorzunehmen hat, um das Ewige in sich und in anderen Wesen zu finden, für den hört freilich jene Bequemlichkeit auf, die man hat, wenn man einfach den Menschen in abnorme, mediumhafte oder somnambule Zustände versetzt, um dadurch etwas Absonderliches wahrzunehmen; dieses Bequeme hört auf. Und dann, wenn der Mensch unvorbereitet herantritt an dasjenige, was gefordert wird an seelischen Übungen, um den Geist und sein Leben wirklich zu schauen, dann, ja dann hört das Interesse, von dem ich eingangs gesprochen habe, auf. So daß man sagen kann: An den Gegenständen, die die Geistesforschung erkennen will, hat jeder einzelne Interesse. An der Vorstellungsart, an der Methode weniger. Dasjenige, was der Geistesforscher zu tun hat, um in die wirkliche Geisteswelt einzudringen, das ist nicht so kurzweilig, interessant, die Aufmerksamkeit herausfordernd, wie die Erlebnisse des Somnambulen, oder wie die Erlebnisse des Mediums für den äußeren Beobachter zunächst sind. Nein, man darf schon sagen, so paradox das klingt: Dasjenige, was die Seele vorzunehmen hat, um ihre allerwertesten, geschätztesten, allerhöchsten, ihre ewigen Geisteswerte zu erforschen, das ruft zunächst sogar Abneigung hervor, es ruft Interesselosigkeit hervor. Man wird zunächst finden, daß die Seelenübungen, von denen der Geistesforscher spricht, vielleicht zuerst aus Neugierde von dem oder jenem vollführt werden, aber dann leicht und bald langweilig gefunden werden. Und langweilig, nicht des Interesses wert, wird oftmals auch das gefunden, was in der Seele vorzunehmen ist, um zum Ewigen, zum Inhalt des unsterblichen Wesens in der Seele zu kommen. Zuerst ist es – namentlich wenn der Mensch gewahr wird durch Verstärkung der Gedanken, durch eine Umänderung der Gefühle, von der ich nachher noch sprechen werde, wenn der Mensch gewahr wird, er kommt an den Rand derjenigen Welt, die man als geistige Welt bezeichnen kann –, zuerst ist es Furcht vor dem Unbekannten. Der Mensch läßt ab von seinem Eindringen in diese Welt, weil er Furcht vor dem Unbekannten hat. Er wird sich nicht bewußt dieser Furcht; aber die unbewußte Furcht ist deshalb nicht minder eine Furcht. Dann macht sich geltend – ich werde heute noch Beispiele dafür anführen – eine Abneigung, geradezu ein Haß.

Das sind ganz erklärliche Erscheinungen. Überwindung ist daher notwendig. Ein eigenes Seelendrama muß derjenige durchmachen, welcher wirklich durch seine Seele in die geistige Welt eindringt. Und man kann sagen: Wenn sich doch Menschen finden, die zunächst ohne weiteres eindringen, sich interessieren für das Langweilige der geistigen Übungen, von denen der Geistesforscher spricht, so ist es deshalb, weil durch einen gewissen Umschlag in der menschlichen Aufmerksamkeit und im menschlichen Interesse dasjenige, was ganz langweilig ist, durch seine Langweiligkeit zuletzt interessant wird. Durch solche seelischen Übungen, dadurch, daß die Gedanken verstärkt werden, die Gefühle und auch der Wille eine andere Richtung bekommen, als sie für das gewöhnliche Leben und für die gewöhnliche Wissenschaft haben, dadurch gelangt die Seele dazu, eigentlich erst wirklich zu erkennen, wie sie sich des Leibes bedient, um die Erinnerungen des gewöhnlichen Bewußtseins hervorzurufen, um im gewöhnlichen Dasein zu leben.

Prinzipiell will ich heute etwas hervorheben, was als erstes im Geistesforschen auftreten kann, gewissermaßen als der Weg zum inneren seelischen Experiment, das dann den Eintritt in die Geisteswelt eröffnen kann. Der weitere Verlauf meiner Auseinandersetzungen wird das mehr oder weniger Berechtigte dessen, was ich da erzähle, schon darlegen.

Wenn man mit seinem Erleben in dem gegenwärtigen Augenblick oder im gegenwärtigen Tage steht, so kann man überhaupt nicht an dasjenige in der Seele heran, das zum Ewigen gehört. Was der Geistesforscher zunächst bemerkt, wenn er wirklich seine Seele so verstärkt, daß sie unabhängig vom Leibe wahrnehmen kann, das ist, daß der Mensch in seinem gewöhnlichen Alltagsleben ungemein abhängig ist von einer gewissen weiterverbreiteten Gegenwart. Man gebraucht immer den Leib, um dasjenige zu erleben, was man erlebt. Und man kann sagen: Wenn man nur Gegenwärtiges erlebt, nur dasjenige, was sich in der Gegenwart um uns herum befindet und abspielt, dann ist man ausgeschlossen von seinem seelischen Erleben, so wie man ausgeschlossen ist vom Erleben des Tages, wenn man in tiefem, traumlosem Schlaf liegt. So sonderbar und paradox es klingt, das Seelische, das eigentlich Ewige in der Menschennatur, verschläft der Mensch durch jenes Erleben, das ihm die Gegenwart durch seine Sinne und durch seinen gewöhnlichen Willen darbietet. Der Mensch verschläft sein Seelisches. Schlaf dehnt sich gründlich in das Tagesleben herein.

Wie ist das eigentlich? Das ist so: Derjenige, der die Gabe der Selbstbeobachtung entwickelt – sie muß erst entwickelt werden, sie ist im gewöhnlichen Bewußtsein nicht ohne weiteres vorhanden –, der merkt, daß er überhaupt dasjenige, was er heute erlebt hat, was er auch noch gestern erlebt hat, gar nicht in einer solchen Weise in die Seele hereinbringen kann, daß er es im Lichte des Ewigen aufzufassen in der Lage ist. An dem, was wir gegenwärtig erleben, wirkt immer unser Leibliches mit. Erst wenn wir, das zeigt die innere Erfahrung der Selbstbeobachtung, zwei bis drei Tage über irgendein Erlebnis hinaus sind, wenn ein Erlebnis, eine Beobachtung, irgend etwas, was wir im gewöhnlichen Tagesleben durchgemacht haben, zwei bis drei Tage vorüber ist, erst dann ist das in der Seele in einen solchen Zustand gekommen, daß man es in seiner eigentlichen seelischen Natur erkennt. Vorher, bevor zwei bis drei Tage vergangen sind, ist dasjenige in uns, was dieses Seelische auffaßt, im Erleben noch so durchsetzt von den Sinnesimpulsen, von den aus dem inneren Leibe kommenden Impulsen, daß wir unfähig sind, manches auszusondern, unfähig sind, irgendein Erlebnis so zu fassen, wie es in der Seele, und nur in der Seele als Seele lebt. Wir müssen darum in der Regel darauf verzichten, dasjenige, was wir in der Gegenwart erleben, auf seinen seelischen Gehalt hin zu prüfen. Aber das Eigentümliche stellt sich heraus, wenn nun alles Leibliche, alles das, was aus den Sinnen nachklingt, was vom Inneren des Leibes aus in den Leibesempfindungen noch wirkt, wenn das weg ist und die Sache nur noch Erinnerung ist – erinnern können wir uns natürlich an irgendein Erlebnis in einer unbestimmten Weise –, wenn die Sache nur noch Erinnerung ist, dann können wir den eigentlichen aktiven Anteil, den die Seele an dem Erlebnisse genommen hat, nicht mehr so unmittelbar zurückrufen. Wir können uns an das Erlebnis erinnern, allein wir können dieses Erlebnis nicht so vor uns haben, wie wir ein gegenwärtig Erlebtes verarbeiten. Aber ohne daß wir das können, ohne daß wir uns in etwas, das sich durch zwei bis drei Tage von uns gelöst hat, so einleben, daß wir es so lebendig erleben, wie ein gegenwärtiges Ereignis, ohne das können wir überhaupt nicht an das Seelische, Ewige heran. Jedoch man täuscht sich sehr, wenn man glaubt, daß etwas, was zwei bis drei oder mehr Tage oder Jahre zurückliegt und erinnert wird, *so* erlebt werden könnte, wie ein gegenwärtiges Ereignis. Nicht nur abgeblaßt ist es, sondern vor allen Dingen jene unmittelbare innere Aktivität, welche die Seele in einem gegenwärtigen Ereignisse entfaltet, die kann sie nicht entfalten, wenn sie einem vergangenen Ereignisse gegenübersteht. Ihre eigene Aktivität verschläft die Seele gegenüber dem vergangenen Erlebnis. Das vergangene Erlebnis kommt als Bild herauf. Aber dasjenige, was man in der Gegenwart erlebt, das kommt nicht mit herauf. Das muß aber herauf erweckt werden. Man kann dasjenige, was da zu erleben ist, gegenüber jedem lang zurückliegenden Ereignisse oder Erlebnisse entwickeln, wenn man glücklich genug dazu ist. Am besten tut man, falls man nicht zufällig Geistesforscher ist, wenn man sich nicht darauf einläßt, sehr weit zurückliegende Erinnerungen ins Auge zu fassen, sondern eben die kurzgespannten von zwei bis drei Tagen nimmt, weil man dasjenige, was zu erreichen ist, dadurch am ehesten erreicht. Nimmt man ein Ereignis, das zwei bis drei Tage zurückliegt, so ist es am besten, wenn man ein solches Ereignis wählt, das schon deshalb erlebt worden ist, um in dieser Weise zum Ewigen in der Seele hinzuführen. Die gewöhnlichen Erlebnisse tun das gar nicht. Deshalb wird der Geistesforscher genötigt sein, dasjenige auszuführen, was man Gedanken-, Gefühlsübungen nennt. Durch diese Gedanken-, Gefühlsübungen, zum Beispiel dadurch, daß man sich auf Gedanken viel länger konzentriert, als man das im gewöhnlichen Erleben sonst tut, ist man in der Lage, namentlich innerlich Seelisches schon im Anfange zu erleben, früher, als sonst die Menschen es erleben. Und dann kommt man in die Lage, wenn wir, wie gesagt, den kürzesten Zeitraum ins Auge fassen – nach zwei bis drei Tagen kann das der Fall sein –, daß man wirklich zurückblickt jetzt durch die gewöhnliche Erinnerung über diese zwei bis drei Tage.

Also verstehen wir uns wohl: Der Geistesforscher kommt nach einiger Zeit dazu, dasjenige, was die letzten zwei bis drei Tage ihm an Erlebnissen gebracht haben, wie in einem Tableau anzuschauen. Das ist notwendig. Es ist notwendig, daß man wirklich das gegenwärtig macht, was man die letzten zwei bis drei Tage erlebt hat. Was man da in den letzten zwei bis drei Tagen erlebt hat, in dem wird man, wenn man sich also durch die nötige Selbstbeobachtung geübt hat, überall verspüren, wie da leibliche Organe noch mitwirken. Zwar können, wenn man sich gewöhnt hat, im Seelischen zu leben, die Erinnerungen über diese zwei bis drei Tage wie im Augenblick ablaufen, so daß man vor sich hat ein Bild dieser zwei bis drei Tage. Aber in diesen zwei bis drei Tagen ist es nicht so, daß man die Seele losgelöst vom Leiblichen vor sich hat, sondern man hat für das, was man erinnert aus diesen zwei bis drei Tagen, die Seele zwar vor sich, aber überall infiziert, überall beeinflußt von dem Leibeserleben. Es ist nur wie ein über diese zwei bis drei Tage ausgebreitetes und schnell wirkendes Gedächtnis.

Anders wird es mit Bezug auf das Ereignis, das dann zwei bis drei Tage zurückliegt. Hat man sich fähig gemacht, nachdem man die zwei bis drei Tage so überschaut hat, wie ich es geschildert habe, hat man sich fähig gemacht, dieses Ereignis nun wirklich zu durchleben wie ein gegenwärtiges, dann lebt man in einem Seelischen.

Sie sehen, ich schildere Ihnen nichts Abstraktes, nicht Begriffsgespinste, sondern ich schildere Ihnen, was die Seele mit sich selber vornimmt, um zunächst durch einen gewissen Zeitenlauf loszukommen von demjenigen, was man nicht seelisch bloß erleben kann, und zurückzukommen zu etwas, was seelisch nunmehr erlebt werden kann. Es muß allerdings das Seelenleben verstärkt sein; so daß man bei etwas, was sich nun eben im Lebenslauf zwei bis drei Tage zurück befindet, wirklich seelisch drinnenstehen kann. Dann weiß man, was diese zwei bis drei Tage im inneren seelischen Erleben beim Menschen überhaupt bedeuten.

Dadurch lernt man etwas erkennen, was man nur auf diese Art erkennen lernen kann. Man lernt erkennen, daß dasjenige, was wir in der Gegenwart seelisch durchmachen, sich alles loslöst vom Leibe, sich alles vergeistigt und erst nach zwei bis drei Tagen wirklich vergeistigt ist. Aber dann ruht es für das gewöhnliche Bewußtsein so in Bewußtseinsfinsternis, daß der Mensch es verschläft, wenn er sich nicht vorbereitet hat, nun drinnen zu leben. Hat er sich aber vorbereitet, so weiß er, daß er jetzt bei seiner schaffenden Seele ist, bei dem, was seine Seele sonst nicht erlebt hat: Er befindet sich in einem rein geistig-seelischen Erlebnis drinnen.

Natürlich kann das für weiter zurückliegende Erlebnisse gesucht werden; aber dann steht man vor der bedeutsamen Notwendigkeit, alles dasjenige, was sich zugetragen hat bis zu diesem weiter, vielleicht jahrelang zurückliegenden Erlebnis, wirklich gedächtnismäßig wie in einem Tableau zu durchschauen. Das ist natürlich viel schwieriger als dasjenige, was sich die letzten zwei bis drei Tage zugetragen hat und was man versucht, sorgfältig im Gedächtnis wiederum zu rekonstruieren. Erst wenn man dies absolviert hat, erst es Stück für Stück zurückverfolgt hat und in der Seele noch so viel Kraft zurückbehalten kann, um dasjenige zu erleben, was dann auftritt, weiß man durch unmittelbare Erfahrung: Jetzt hast du das in deiner Seele ergriffen, was nur seelisch ist, was in dir zwar wirkt, aber im gewöhnlichen Bewußtsein gar nicht auftritt. Im gewöhnlichen Bewußtsein wirkt selbst die Erinnerung nicht so, daß irgend etwas mit der Lebendigkeit herantreten würde, die notwendig ist, um es als Seele zu erleben. Dasjenige, was die Erinnerungen zutage fördert, daran wirkt immer das Leibliche mit. Die Gedächtniskraft ist an das Leibliche zunächst gebunden, wenn auch nicht dem Leiblichen verdankt.

Damit habe ich Sie hingewiesen darauf, daß durch eine ganz bestimmte innere Erfahrung, durch etwas, was man sorgfältig vorbereiten, wozu man sich sorgfältig innerlich erziehen muß, das eigentlich Seelische im Menschen entdeckt wird. Wenn man dieses eigentlich Seelische entdeckt hat, so weiß man: Dieses Seelische ist in dir. Man weiß: Wenn man wiederum die Möglichkeit hat, an dieses selbe Seelische heranzutreten, dann ist es da. Denn man weiß, indem man es entdeckt: Dieses Seelische ist jetzt unabhängig von allem Sinnlichen. Das Sinnliche wirkt nur mit bis in die Zeit zurück, zu der man kommt, wenn man dieses entdeckt. Dieses Seelische ist jetzt da, unabhängig geworden von dem Sinnlichen, dieses Seelische ist jetzt unabhängig vom Willen auch geworden, ist nicht an die äußeren Bewegungsorgane des Menschen gebunden.

Man weiß, indem man dieses Seelische ergreift: Was da mit der Eigenschaft der Dauer ergriffen ist, das ist dasjenige, was in sich diese Dauer so greift, daß der Mensch es durch den Tod hindurchträgt. Das ist dasjenige, was des Menschen Ewiges in seiner Natur ist. Und man weiß jetzt, warum dieses Ewige sich dem gewöhnlichen Alltagsbewußtsein entzieht, weil dieses Alltagsbewußtsein sich nur mit Hilfe des Leibes entwickelt, weil dasjenige, was sich nicht mit Hilfe des Leibes entwickelt, von diesem gewöhnlichen Alltagsbewußtsein nur so erlebt wird, wie erlebt wird der Tiefschlaf. Wie wenn man aus dem Tiefschlaf heraufholen würde Erlebnisse, die so dumpf sind – *da* sind sie ja –, daß sie das gewöhnliche Bewußtsein eben nicht wahrnimmt, so hebt man aus dem inneren Quell des Seelischen heraus dasjenige, was eben gefunden wird auf die Art, wie ich es geschildert habe.

Man kann sagen: So etwas ist die erste Stufe des Lebens des Seelischen, was schon etwas gibt, unmittelbar, nicht begrifflich etwa bloß, sondern es gibt unmittelbar Anschauung des Seelischen. Man hat dasjenige vor dem schauenden Bewußtsein, das durch die Pforte des Todes geht. Und indem man dieses hat, weiß man, daß der Mensch, indem er unmittelbar drinnen lebt in einem Seelischen, mit diesem Seelischen nicht auf die Gegenwart angewiesen ist; man weiß, daß dieses Seelische durch sich die Dauer hat und daß es hervorruft dasjenige, was der Mensch nun miterlebt.

Wenn nun der Geistesforscher Ihnen dasjenige schildert, was mit dem Tode eintritt, so schildert er das nicht aus der Phantasie heraus, sondern indem er dasjenige fortsetzt, was ich eben jetzt ausgeführt habe. Er weiß: Das Seelische, indem es sich befreit von dem Leiblichen, braucht zwei bis drei Tage Rückschau, bevor es in sich selber, in seine eigene Wesenheit eintritt. Er lernt so in der eigenen Seele kennen, was die Seele erlebt, indem sie durch die Pforte des Todes tritt. Er lernt erkennen, wie diese Seele, indem sie durch die Pforte des Todes geht, noch eine zwei bis drei Tage dauernde Rückschau hat, ein Lebenstableau; wie diese Rückschau dann hinunterzieht; wie die Seele dann, zwei bis drei Tage nach dem Tode, nachdem sie völlig frei geworden ist von dem leiblichen Erleben, wenn sie in das eigentliche seelische Gebiet eintritt, in demselben Element lebt, in dem der Geistesforscher lebt in den zwei bis drei Tagen, wenn er jenes innerliche Experiment durchführt, von dem ich Ihnen gesprochen habe.

Diese Seelenübungen, die dazu führen, das Seelisch-Geistige und die seelisch-geistige Umwelt zu erleben, Sie können sie durchaus in den angeführten Schriften «Wie erlangt man Erkenntnisse der höheren Welten?» und in meiner «Geheimwissenschaft» finden. Sie können von jedem ausgeführt werden, müssen es aber nicht. Ich muß immer wieder und wieder betonen: Der Geistesforscher führt an dasjenige heran, was getan werden muß von der Seele, um zur geistig-seelischen Welt heranzugelangen; aber es ist nicht notwendig, daß man selber durchaus diese Übungen durchmacht, wenn man Überzeugung für die Wahrheit dessen haben will, was die Geistesforschung zutage fördert. Der Geistesforscher selber, so sonderbar es klingt, hat von dem, was er durch seine Übungen erreicht, von dem, was ihm die eigentliche Geistesforschung gibt, von diesem Hineinschauen in die geistige Welt, er hat davon nicht irgend etwas für sein Ewiges, sondern erst dadurch hat er für sein Ewiges etwas, daß er imstande ist, dasjenige, was er so als Seelisch-Geistiges schaut, umzuwandeln in die gewöhnlichen gangbaren

Begriffe des gesunden Menschenverstandes. Der gesunde Menschenverstand kann dasjenige verstehen, was der Geistesforscher zu sagen hat, wenn er das in Begriffe, in Vorstellungen umwandelt, was er in der geistigen Welt erschaut.

Dieser gesunde Menschenverstand muß sich nur freimachen von all den Vorurteilen, die heute noch so bergehoch aufgetürmt werden gegenüber dem wirklichen Verständnis. Aber auf der anderen Seite ist es eine Forderung des heutigen Menschen, nicht bloß auf den guten Glauben hin irgend etwas für wahr zu halten, sondern sich bis zu einem gewissen Grad von allem selbst zu überzeugen. Deshalb muß es heute Schriften geben, die es auch jedem ermöglichen, wie die gesagten Schriften es tun, dasjenige nachzuprüfen, was der Geistesforscher sagt. Allerdings, die Einwände, die sehr häufig gemacht werden von den Menschen, die sich berufen glauben zu urteilen, treffen, soweit es nur möglich ist, daneben. Da wird etwa gesagt: Wenn ein Geistesforscher davon spricht, wie er oder diejenigen, die von ihm zur Geistesforschung gebracht werden, wirklich in den Geist hineinschauen, wie sie das Geistig-Seelische des anderen Menschen beobachten, dann mögen sie es uns einmal zeigen. Wir bringen ihnen einige Menschen, sie sollen nichts wissen von dem, was in dem Seelisch-Geistigen dieser Menschen vorgeht, aber sie sollen mit der Geistesschau diese Menschen beobachten. Dann werden sie ihre Aussagen machen können. Wenn diese zutreffen, dann werden wir glauben.

Es ist sehr merkwürdig, daß dieser Einwand gemacht worden ist – ich habe ihn in meinem Buch «Von Seelenrätseln» am Schlusse besprochen –, daß er immer wieder aufgetreten ist, während die Geistesforschung jedem die Möglichkeit gibt, nachzuforschen und sagt: Das und das kann getan werden; von alledem, was der Geistesforscher behauptet, kann man sich selbst überzeugen. Statt sich zu überzeugen auf diese Weise, fordert man von ihr, was alle Geistesforschung vernichten muß. Denn dasjenige, was beobachtet werden soll von der Seele, das entzieht sich immerfort, wenn irgendwelche Unfreiheit an die Seele herantritt, wenn irgendwelcher Zwang an sie herantritt, wenn nicht dasjenige, was sie an Kräften entfaltet, aus ihrem eigenen Inneren hervorgeht. Durch die Möglichkeit der Beobachtung äußerer Experimente kann man das nicht; jeder kann es nur sich selbst gegenüber. Wenn er sich aber anstrengt, wird er zu demselben kommen, wozu der Geistesforscher kommt. Die äußere Veranstaltung dazu, das Experiment, das ist etwas, was ebenso die Fähigkeiten des Geistesforschers vertreiben muß, wie das Leben vertrieben wird, wenn man den Organismus zerschneidet. So sonderbar dies klingt, es ist so.

Ich habe Sie darauf geführt, wie das Seelische erfahren werden kann. Natürlich ist das nur ein Anfang. Solche Übungen müssen fort und fort immer wiederholt werden. Man kommt immer weiter und weiter, bis endlich ein Geistgebiet mit Wesenheiten um einen da ist, wie vor den Sinnen die Sinnenwelt ausgebreitet ist. Aber dieses geistige Erfassen, es hat eben besondere Eigentümlichkeiten. Und einige dieser Eigentümlichkeiten will ich noch anführen. Zunächst, wenn der Geistesforscher ein Erlebnis hat, hinschaut auf dieses Erlebnis, dieses Erlebnis gewahr wird, könnte man nun glauben, solch ein Erlebnis, das müsse sich ebenso verhalten zu dem Menschen, wie sich irgendein anderes Erlebnis der äußeren Sinneswelt verhält. Das ist nicht der Fall. Es zeigt sich, daß, wenn der Geistesforscher ein solches Erlebnis hat, er es nicht ins Gedächtnis, ins gewöhnliche Gedächtnis hereinbringen kann. So wie man über das gewöhnliche Gedächtnis, wie ich es gezeigt habe, durch zwei bis drei Tage hinausgehen muß, so kommt man auch aus dem Gedächtnis heraus, wenn man in die geistige Welt hineinkommt. Man kann nicht, wenn man einmal ein Geistiges geschaut hat, es ohne weiteres dem Gedächtnis einverleiben, so daß man sich an dieses geistige Erlebnis erinnert. Man muß es immer wiederum hervorrufen. Sie müssen das wohl verstehen: Wenn es dem Geistesforscher gelingt, seine Erlebnisse in Vorstellungen, in Begriffe hereinzubringen, hat er die Begriffe, wie die gewöhnlichen sind; an die kann er sich selbstverständlich erinnern. Aber das ist nicht das geistige Erlebnis, das ist das begriffliche Abbild. Daran kann man sich erinnern. Aber an das geistige Erlebnis kann man sich nicht zurückerinnern. Geistige Erlebnisse sind Tatsachen, die in der geistigen Welt drinnenstehen. Man kann sie anschauen, aber sie haften nicht im Gedächtnis. Wenn der Geistesforscher ein solches Geisteserlebnis noch einmal oder wiederholt haben will, dann ist es nicht ausreichend, daß er einfach die Kraft, die er sonst für eine Erinnerung aufwendet, wieder aufbringt; das führt ihn zu gar nichts. Sondern er muß dieselben inneren Seelenveranstaltungen wieder in sich veranlassen, er muß genau dasselbe vornehmen, was er vorgenommen hat, um zu dem Erlebnis zu kommen. Dann kann er an dasselbe Erlebnis herantreten. Dies, daß ein geistiges Erlebnis sich nicht der Erinnerung einprägt, daß man es nur wieder erleben kann durch jene inneren Seelenveranstaltungen, das ist ein Beweis dafür, daß dasjenige, was wirklich im Geiste lebt, Dauer hat, nicht durch den Tod vernichtet werden kann. Es hat Dauer.

Also durch die Art und Weise, wie der Geistesforscher erlebt, beweist sich die Unabhängigkeit des Geistig-Seelischen vom Leiblichen. Der Geistesforscher würde sofort überzeugt sein müssen, daß ebenso, wie seine Sinneswahrnehmungen mit dem Tode dahin sind, ebenso, was er vom seelischen Erleben hat, mit dem Tode dahin sein müßte, wenn er sich daran erinnern könnte. Denn auch diejenigen Kräfte, die an das Erinnern gebunden sind, hängen an dem sterblichen Leibe. Das Unsterbliche trifft man erst dann, wenn man jenseits desjenigen ist, was Erinnerung ist.

Noch ein sonderbares Erlebnis möchte ich anführen, ein Erlebnis, das gerade sehr viele, die seelische Übungen machen, frappiert. Wenn man irgendwie im gewöhnlichen Leben sich anschickt und immer wieder und wiederum etwas durchführt, so gibt das eine gewisse Übung. Man kann es immer besser. Dem geistigen Erlebnisse gegenüber ist das merkwürdigerweise umgekehrt: Hat man einmal recht lebhaft, so recht lebendig eine geistige Schau, hat man hineingesehen in irgend etwas, was geistige Dauer hat, und man möchte es ein zweites Mal, ein drittes Mal herbeiführen, so zeigt es sich schwer und immer schwerer, und man muß dann stärkere Anstrengungen machen. Da gibt es nichts von Übung, nichts von Gewohnheiten; man muß stärker und stärker sich anstrengen, um es wiederum zu bekommen. Das geistige Erlebnis flieht uns gewissermaßen, wenn wir es einmal gehabt haben.

Das frappiert viele aus einem bestimmten Grunde: Wenn nämlich jemand zum ersten Mal an ein geistiges Erlebnis herankommt, so hat er viele Reservekräfte in sich, vieles ist aufgespeichert, was bisher geschlafen hat und jetzt aufgeweckt ist zur geistigen Schau. Da kann er unter Umständen sehr lebendig ein geistiges Erlebnis haben. Wenn er dann noch nicht genügend vorbereitet ist, noch nicht genügend reif ist und gleich Veranlassung nimmt, es wieder zu machen – vorher machte er es mehr durch seine Reservekraft, aus dem Unterbewußten heraus, als voll bewußt –, dann kann er das nicht mehr, und er ist vielleicht sehr unglücklich darüber, weil er vor allen Dingen das Erlebnis haben will. Und er scheut oftmals die Mühe, sich stärker zu üben und seelisch in größere Aktivität zu kommen, um wieder die Veranlassung dazu geben zu können, die dieses Erlebnis herbeiführen kann. Also Sie sehen, gerade das Umgekehrte gilt von dem, was uns im gewöhnlichen Leben so wichtig ist. Daß man sich Kenntnisse aneignet, um Dinge zu wiederholen, davon kann gar nicht die Rede sein, wenn es Seelenerlebnisse angeht. Die Seelenerlebnisse sondern sich immer mehr und mehr, je weiter wir an sie herandringen, von dem Leiblichen ab und zeigen gerade dadurch ihre seelisch-geistige Eigentümlichkeit.

Ferner ist ein unbedingtes Erfordernis, daß man darauf achtet, wenn man geistige Erlebnisse haben will, mit seinem Begriffs-, mit seinem Vorstellungsleben auf diese geistigen Erlebnisse vorbereitet zu sein. Man kommt in eine geistige Unklarheit hinein, die nicht pathologisch ist, sondern nur eine seelische Unklarheit ist, aber die einen zu allerlei Illusionen führt, wenn man ein geistiges Erlebnis hat, das man nicht mit Begriffen erfassen kann, das man nicht begreifen kann. Man muß also versuchen, sein Begriffsvermögen reif und immer reifer zu machen, bevor man an das geistige Erleben herangeht. Geradeso, wie man ein reifes Auge braucht, um Farben wahrzunehmen, so braucht man ein reifes Vorstellungsvermögen, um dasjenige, was einem geistig entgegentritt, wirklich erfassen zu können.

Dasjenige, was also der Geistesforscher schildert, kann in allen Einzelheiten durch den gesunden Menschenverstand begriffen werden, wenn man das Leben betrachtet, wenn man vergleicht dasjenige, was der Geistesforscher zu sagen hat, mit dem, was das Leben alltäglich darbietet. Man braucht nicht selber Forscher zu sein; und der Forscher selber hat nur dann die Früchte seiner Forschung, wenn er umwandeln kann seine geistigen Schauungen in gewöhnliche verständliche Vorstellungen, die er sich selber so mitteilt, wie er sie einem anderen mitteilen kann. Verstehen muß diese Vorstellungen auch der geistige Forscher durch seinen gesunden Menschenverstand. So kann sie auch ein anderer verstehen. Dasjenige, was der Okkultist hat von den Ergebnissen, den Früchten der Geistesforschung, das kann der Mensch haben, ohne daß er selbst ein Geistesforscher ist. Nur, um sich zu überzeugen, daß die Dinge wahr sind, braucht man die geistige Forschung.

Nun kann, möchte ich sagen, gegen die praktische Bedeutung der geisteswissenschaftlichen Ergebnisse ja allerdings manches eingewendet werden. Und indem ich einige geisteswissenschaftliche Ergebnisse gerade mit Bezug darauf bespreche, muß ich natürlich Anspruch darauf machen, daß dieser andere Weg der Geistesforschung in Erwägung gezogen wird. Erst muß in der Seele die Veranstaltung gemacht werden, dann kommt man zu der Tatsache der Ergebnisse. Der Forscher sagt nicht: Das ist so oder so –, sondern: Wenn man die entsprechenden Veranstaltungen macht in der Seele, kommt man zu geistigen Tatsachen, die sich so und so darstellen. – Die Beweise liegen in der Art des Forschens. Ich kann natürlich nicht in einer kurzen Stunde ganz genau all diese Dinge vorbringen, man müßte nicht nur zehn Vorträge halten, sondern einen über viele Monate gehenden Kursus, um dasjenige zu geben, was dabei zu geben wäre. Daher kann es sehr verständlich sein, wenn man findet, daß der Geistesforscher zwar elementar andeutet, wie der Weg ist, dann aber Rätsel darlegt, die wie aus der Luft geholt sind. Das sind sie aber nicht, sondern wenn der Weg richtig fortgesetzt wird, mit wissenschaftlicher Exaktheit, wie nur je eine neuere Wissenschaft mit ihren Rätseln ringt, kann in derselben Exaktheit auf geistig-seelische Art geforscht werden.

Zunächst möchte ich eine solche Lebenstatsache, einen solchen Lebenszusammenhang dadurch erwähnen, daß ich auf die Aussagen derjenigen Menschen mich beziehe, die immer wieder und wiederum sagen, aus den Vorurteilen und Vorempfindungen der Gegenwart heraus, was ungefähr so lautet: Wozu denn das erforschen, was über den Tod hinausliegt? Wozu denn dieses Ewige in der Menschenseele erforschen? Wenn der Tod herantritt, werde ich schon sehen, wie sich die Sache verhält, ich kann das ruhig abwarten. – Nichts ist unrichtiger als dieses. Geistesforschung zeigt, wenn sie mit den Seelen, die nach dem Tode die Unabhängigkeit vom Leibe erlangt haben, zusammentrifft, daß diese Seelen in solch einer Umgebung leben, wie sie sich diese Umgebung selber zwischen Geburt und Tod zubereitet haben. Hier in der Sinneswelt leben wir in der sinnlichen Umgebung. Diese sinnliche Umgebung tritt an uns heran. Nach dem Tode leben wir als Seele in demjenigen, was wir uns zwischen der Geburt und dem Tode zum Bewußtsein gebracht haben über das Geistige. Und dasjenige, was nicht da war für uns zwischen der Geburt und dem Tode, ist für uns keine Außenwelt nach dem Tode. Unsere Innenwelt – das wird ein großes Gesetz der geistigen Erkenntnis –, insofern wir sie als eine geistige bewußt durchschaut haben, erkannt haben nicht durch Geistesschau, sondern indem wir durch den gesunden Menschenverstand dasjenige anerkannt haben, was die Geistesschau bringt, das wird unsere Außenwelt. Und nur das haben wir als Außenwelt nach dem Tode, was wir als Innenwelt gehabt haben zwischen Geburt und Tod.

Eignen wir uns zwischen Geburt und Tod nur Vorstellungen an, die mit der äußeren Sinneswelt zusammenhängen, oder Vorstellungen, die nur am Stofflichen hängen, dann muß unsere Umgebung nach dem Tode gezimmert sein von solchen Vorstellungen. Da ich zeigen möchte, daß Geisteswissenschaft zu konkreten, zu wirklichen Resultaten gelangt, will ich nicht davor zurückscheuen, dasjenige auszusprechen, was heute noch so lächerlich gefunden wird von sehr vielen, wie lächerlich befunden wurde die Kopernikanische Weltanschauung, als sie auftrat; aber die Dinge müssen ausgesprochen werden. Wenn wir uns nichts anderes aneignen zwischen der Geburt und dem Tode als Vorstellungen, die nur der Sinneswelt entnommen sind, die dem Leben in der äußeren Sinneswelt entnommen sind, dann ist das unsere Innenwelt während des physischen Lebens und wird dann unsere Außenwelt sein nach unserem Tode. Und die Folge davon ist, daß diejenigen Seelen, die sich nicht bemüht haben, bewußt sich zu werden, daß hinter der Sinneswelt die geistige Welt ist, nach dem Tode so lange gebannt sind in die irdisch-sinnliche Sphäre, bis sie sich nach dem Tode, wo es viel schwieriger ist, freigemacht haben von dem Glauben, daß es keinen Geist gibt, von der Gewohnheit, nicht auf das Geistige hinzuschauen. Eine geistige Umwelt anderer Art zu haben, als es die irdisch-materielle ist, kann nur erworben werden dadurch, daß wir durch den Tod gehen mit Vorstellungen, die sich bewußt sind, daß es eine geistige Welt gibt. Daher werden Seelen, welche sich dieses Bewußtsein nicht erwerben, nach dem Tode in der Erdensphäre festgehalten werden. Sie können da gefunden werden von denjenigen, die sich durch Geistesforschung den Weg dazu gebahnt haben.

Und was noch viel tiefer in die Seele sich einprägt an dieser Tatsache, das ist das andere: Man lernt erkennen, wenn man die Seelen findet auf dem angedeuteten Weg, daß diese Seelen in der irdischen Sphäre nur dann günstig wirken, wenn sie auf diese irdische Sphäre durch den Leib wirken. Hier in der Erdensphäre sind wir durch den Leib in das richtige Verhältnis zur Umgebung gesetzt. Bleiben wir nach dem Tode in derselben Umgebung, wie die angedeutete Tatsache zeigt, dann wirken wir zerstörend. Dann sind wir in falscher Weise eingeschaltet. Wer ein wirklicher Forscher ist, der weiß: Wenn hier von den Menschen geglaubt wird, daß zerstörerische Kräfte von selbst kommen und sich auflösen von selbst, wenn Zerstörerisches hereinfließt in das Menschenleben, ohne daß konkret wirkliche Gründe vorhanden sind, dann sind es die Seelen derer, die hier nicht spirituelles Bewußtsein gefunden haben und die nach dem Tode dann zerstörend hereinwirken in dieses Erdenleben.

Wird einmal durchschaut diese heute noch für viele lächerliche Wahrheit, daß der Mensch sich an die Erde bannt, um ein Zerstörerischer zu sein nach dem Tode für die irdischen Verhältnisse, daß er auf Erden in trauriger Weise wütend unter den Menschen eingreift nach dem Tode, dann wird wiederum ein konkretes Verhältnis des Menschen hier zu der geistigen Welt gewonnen sein, dann wird es eine kosmische Pflicht werden, eine Pflicht gegenüber der Weltenordnung, nicht sich zu beschränken auf dasjenige, was nur äußerlich im physischen Leben erlebt werden kann, sondern was so erfahren wird, daß der

Mensch durchdrungen ist in seinem inneren Erleben davon, daß er mit dem ewigen Wesenskern seelisch in einem Verhältnis steht zu der geistigen Welt, die um uns herum ebenso ist wie die sinnliche Welt, nur daß sie das gewöhnliche Bewußtsein nicht wahrnimmt. So wie der Bauer, der noch nichts gehört hat von der Luft, auch nicht glaubt, daß die Luft ihn umgebe, sondern meint, daß da nichts ist, so glaubt man durch das gewöhnliche Bewußtsein, daß da, wo etwas nicht durch die Sinne wahrgenommen werden kann, nichts sei. Die geistige Welt ist da, und sie kann wahrgenommen werden, wenn das Bewußtsein für diese geistige Welt wirklich erwacht.

Ein anderes, was ich als Tatsache anführen will, ist dies: Man lernt begreifen, wie dasjenige, was für keine Naturwissenschaft eigentlich zugänglich ist, nur in negativer Weise zugänglich ist – der Verständige wird mir recht geben, daß ich diese Behauptung tue –, wie der Tod dadurch in das Gebiet der Forschung eingetreten ist. Während im Grunde genommen Naturwissenschaft es zu tun hat nur mit dem, was aufsteigende Entwickelung ist, Wachstum ist, lernt der Geistesforscher das Hereingreifen der absteigenden Entwickelung erkennen, das Hereingreifen des Todes in die Entwickelung selbst. Er lernt die Rolle erkennen, welche der Tod spielt; an konkreten Tatsachen lernt er dies erkennen.

Gehen wir von einem Beispiel aus: Gewaltsam, nehmen wir an, tritt an irgendein Menschenleben der Tod heran, der durch irgend etwas in der Außenwelt hervorgerufen wird, etwa dadurch, daß ein Felsblock über einen hereinbricht, daß ein Haus über einem zusammenbricht oder daß man erschossen wird auf dem Schlachtfeld – alles ein gewaltsamer Tod. Es hat im Weltenzusammenhange etwas Unerklärliches gegenüber dem Menschen.

Tritt der Geistesforscher heran und dringt immer weiter und weiter vor in der Erkenntnis, so lernt er erkennen, daß nicht nur das der Fall ist, was ich vorhin angeführt habe: In meinem gegenwärtigen Menschenleben steckt mein ganzes Leben drinnen, von der Geburt an bis jetzt, nur daß dasjenige, was zwei bis drei Tage zurückgreift, sich schon vergeistigt hat. Wenn der Forscher weiter aufrückt, nicht nur seine Gedanken durch innere Übungen verstärkt, sondern auch auf sein Gefühlsleben verstärkend wirkt, daß die Gefühle, die im Laufe des Lebens auftreten, wahrgenommen werden, daß er das geistige Erleben vergleichen kann mit einem musikalischen Erleben, mit einem Ton, einem Klang, einem Geräusch. Wenn man musikalisch erlebt, muß man den Ton erkennen können. Durch die Fortsetzung solcher Verhältnisse lernt man, das eine Erlebnis mit einem anderen zu verbinden, ein Seelenerlebnis, das auf die Art, wie ich es geschildert habe, zwei bis drei Tage zurückliegt, zusammenzustellen mit einem anderen, das vielleicht sieben bis neun Jahre zurückliegt. Man kann zusammenklingend empfinden, nicht philosophisch zergliedern, aber zusammenklingend empfinden dasjenige, was in der Zeit erlebt wird, was sich als Seelisches hinstellt, neben die Dauer, wie ich es geschildert habe. Das wird musikalisch erlebt, als Vergleich gesprochen, wenn der Mensch in dieser Weise sein Erlebnis vor sich hat. Dann kann er dieses auch ausdehnen, unabhängig von der Zeit zwischen Geburt und Tod, nicht nur auf zwei bis drei Tage oder Jahre Zurückliegendes, sondern auf dasjenige, was vor der Geburt oder Empfängnis geschehen ist. Da erlebt er sich als geistig-seelisch, bevor er heruntergestiegen ist und sich verbunden hat mit einem physischen Leibe, der ihm die äußere Sinnesempfindung gibt und die Möglichkeit, auf die äußere Welt zu wirken. Und wenn er noch weiter vorrückt, wenn er zu einem Erkennen vorrückt, das ich in der folgenden Dastellung charakterisieren will, erlebt er sich auch in verflossenen Erdenleben, erlebt er die Dinge, die herüberwirken aus verflossenen Erdenleben. Und wenn der Mensch wirklich dazu gekommen ist, Erkenntnis in sich ausgebildet zu haben, durch die er das Seelische unmittelbar erlebt, durch die er imstande ist, zu wissen, wie das Seelische in der Dauer da ist, dann kommt ein Moment im Leben, der tief eingreifend in dieses Leben ist, wo der Mensch sich sagen kann: Du hast dich verbunden mit dem Geistig-Seelischen. Das ist ein Schicksalsereignis! – Viel mehr ist damit gesagt, als sich eigentlich aussprechen läßt. Man braucht nicht stumpf zu werden gegenüber dem übrigen Leben; im Gegenteil, man kann viel feiner empfindend werden für alles dasjenige, was den Menschen erheben kann, hinausheben kann über das gewöhnliche Tagesleben bis zum höchsten Glück; man kann erleben, was uns tief ins Unglück stürzt, man kann an allem Schicksal teilnehmen. Dennoch kann der Moment eintreten, daß man sich sagt: Stärker als jeder andere Schicksalsschlag wirkt derjenige in der menschlichen Seele, in dem die Erkenntnis für uns so gegenständlich ist, so lebendig wird, daß wir das Geistige erfassen. Dann breitet sich über unser ganzes Leben dieses schicksalsmäßige Erleben der Erkenntnis aus, und wir verstehen auch das übrige Schicksal. Wir verstehen, wie unser gegenwärtiges Schicksal bewirkt ist aus früheren Erdenläufen herüber. Wir kommen zusammen mit früheren Erdenläufen, nicht erinnernd, denn erinnert werden können geistige Erlebnisse als solche überhaupt nicht unmittelbar; aber etwas tritt auf, was viel höher ist als die Erinnerung: die Anschauung des Vergangenen.

Das ist es, was eintreten muß, wenn der Mensch erforschen will so etwas wie den gewaltsamen Tod, der in das Leben herein sich stellt. Man kann ihn nicht erforschen, wenn man nur *einen* Lebenslauf eines Menschen in Betracht zieht. In diesen einen Lebenslauf stellt er sich wie ein Zufall herein. Der gewaltsame Tod erschreckt. Erblickt man aber, wie das Gesamtleben des Menschen besteht aus den Lebensläufen, die zwischen Geburt und Tod liegen, in denen er mit dem Leibe verbunden ist, und den dazwischenliegenden Zeiten, die viel länger sind, in denen der Mensch seelisch in der geistigen Welt ist zwischen dem Tod und einer neuen Geburt, dann findet man, daß dasjenige, was gewaltsam als Tod in das Menschenleben hereintritt, ein bedeutsames Erlebnis ist. Die Seele wird gewissermaßen in *einem* Augenblick entrissen dem Leben des Leibes, durch das sie mit der Sinneswelt in Verbindung steht; sie wird dadurch, daß sie nicht spontan von innen heraus getrieben wird in die geistige Welt hinein, sondern erfaßt wird durch die Außenwelt selbst, dadurch wird sie in sich, gerade durch das Erleben eines Äußeren, innerlich mit einer ganz besonderen Kraft ausgestattet.

Es ist eben ein Gesetz der geistigen Welt: Das Innere wird Äußeres, indem die Seele in die geistige Welt eintritt. Und das äußere Erlebnis hier wird innerlich, ein solches Erlebnis wie ein gewaltsamer Tod wird innerlich. Was in einem Leben ein gewaltsamer Tod ist, tritt in einem nächsten Erdenleben auf als eine Kraft, die sich herausstellt aus der gewöhnlichen Welt des Lebens.

Wenn wir daher in einem Erdenlaufe des Menschen finden: Dieser Mensch hat etwas Besonderes in einem besonderen Zeitpunkte zu vollbringen vermocht, er hat seinem ganzen Leben eine neue Richtung gegeben, wie aus unbekannten Tiefen ist etwas von Kräften in seiner

Seele aufgekommen: das kommt von einem gewaltsamen Tode in einem früheren Leben. Diese Kräfte, die dem Leben eine neue Richtung geben, die werden jetzt viel erforscht, es werden ja solche Dinge sehr viel beschrieben, wie Menschen plötzlich ihrem Leben eine neue Richtung geben. Solche Dinge führen zurück auf gewaltsame Tode, die aber selbstverständlich nicht irgendwie gesucht werden dürfen. Denn ein Tod, der als gewaltsamer Tod gesucht würde, der würde schon nicht mehr ein solcher sein, der von außen herbeigeführt wird. Selbstverständlich kann das nicht gewünscht werden. Es würde der Wunsch nach einem solchen Tode zum Beispiel den gewaltsamen Tod ähnlich machen dem gewöhnlich aus dem Organismus heraus eintretenden Tod, der vom Innern des Leibes selbst heraus bewirkt wird. Ja, nicht nur ähnlich machen, sondern er würde sogar den Menschen in ein anderes Verhältnis versetzen als der gewöhnliche Tod. Der gewöhnliche Tod, der in irgendeinem Lebensalter von innen bewirkt wird, der bringt für die nächsten Lebensläufe mit sich dasjenige, was mehr ein gleichmäßig verlaufendes Leben ist, wie es ursprünglich schon von der Kindheit und Geburt an angelegt ist. Ein gewaltsamer Tod aber, der durch Selbstmord gesucht würde oder durch den Wunsch gesucht würde, er würde den Menschen in einer Weise beeinträchtigen, daß er im nächsten Lebenslauf nicht mit seinem Leben zurechtkommen könnte, daß er gewissermaßen haltlos würde. Schon der Wunsch darf nicht in unser Leben hereinkommen, irgendwie einen gewaltsamen Tod zu finden. Mit irgendeiner Lebensfeindlichkeit hat es gerade die richtig verstandene Geisteswissenschaft nicht zu tun.

Sie sehen, dadurch, daß die Wirkung der Seelenkräfte auf konkret geistesforscherische Art gesucht wird, nicht bloß in abstrakter Weise philosophisch, dadurch kommt man zu wirklichen einzelnen Ergebnissen, die das Menschenleben verständlich machen. Ich wollte heute zunächst darüber einige Anregungen geben. Ich weiß, gerade wenn man nicht im Abstrakten herumredet, sondern solche konkreten Ergebnisse der Geistesforschung vorbringt, stößt man heute ja vielfach nicht nur auf Widerstand, sondern auf den Spott der Zeitgenossen. Ich habe schon gesagt: Dieser Widerwille beginnt heute bereits, wenn der Geistesforscher nur seine Methode, die Art seines Forschens darstellt. Wenn man beurteilen will, was der Geistesforscher vorzubringen hat, nach dem, was man schon vorher weiß ohne Geistesforschung, dann ist es kein Wunder, wenn einem das vom Geistesforscher Vorgebrachte als Phrase erscheint, schon bevor er seine Methode entwickelt hat, die seine Beweise liefert für die Selbständigkeit des geistigen Lebens. Man beurteilt diese Methoden sehr häufig als etwas, was zu keinen Tatsachen führe. Nun möchte ich wissen, ob dies nicht gewichtige, in das Leben eingreifende Tatsachen sind, was vorgebracht wird nur in den zwei Vorträgen heute und übermorgen; was gewichtiger sein könnte als diese Mitteilung vom gewaltsamen Tod und von dem Verurteiltsein, eine zerstörerische Rolle zu spielen nach dem Tode, wenn man nicht mit gewissen geistigen Vorstellungen sich zwischen Geburt und Tod durchdrungen hat.

Es handelt sich darum: Wenn solche Dinge angeführt werden, braucht es nicht so zu sein, daß derjenige, der sie erzählt, sie nicht als vollgültige Tatsachen vorbringt, sondern derjenige, der zuhört, vermag sie vielleicht in ihrer Tatsächlichkeit nicht zu durchschauen, so daß sie für ihn eine Phrase bleiben. Phrase wird vielfach dasjenige heute noch für die Zeitgenossen bleiben, was der Geistesforscher vorzubringen hat. Haß, sagte ich, wird vielleicht schon gegen die Methode des Forschens sich vielfach geltend machen. Dafür möchte ich ein paar Beispiele vorbringen, denn diese Beispiele sind nicht bloß bedeutsam durch das, was sie unmittelbar charakterisieren, sondern diese Beispiele zeigen zu gleicher Zeit etwas über die Eigenart der Geistesforschung selbst.

Ich habe vor ganz kurzer Zeit in einer Stadt der Schweiz einen Vortrag gehalten über dieselben Gegenstände, wie diejenigen sind, über die ich heute gesprochen habe. Nach ein paar Tagen bekam ich von einer sehr höflichen Persönlichkeit einen Brief, in dem ausgedrückt werden sollte, wie ein Mensch der Gegenwart, der sich das angehört hat, zu dem sich äußert, was der Geistesforscher vorzubringen hat, wie er sich eben gegenwärtig noch verhält zu dem Vorgebrachten. Da der Brief sehr höflich ist, möchte ich, um eben etwas von Geisteswissenschaft zu charakterisieren an der Art, wie sich das gewöhnliche Bewußtsein dazu verhält, einiges aus diesem Briefe vorbringen.

Zunächst sagt die betreffende Persönlichkeit, daß dasjenige, was ich vorgebracht habe, durchaus nicht als Tatsache auf ihn gewirkt habe, sondern er schreibt: Nach meiner bescheidenen subjektiven Meinung war von Tatsachen in dieser blödsinnigen Lehre keine Spur. Im Mittelpunkt Ihrer Geistesforschung scheint die Wiederverkörperungslehre zu liegen. Haben Sie mit all Ihrem, wie Sie sagen, dreißigjährigen Studium und Ihrer Forschung noch nicht herausgefunden, wie lächerlich es wäre, wenn ein menschlicher Geist, der sich, nachdem er sich während des Erdenlebens ausgebildet und emporgearbeitet hat, wiederum zurückfallen müßte in die Kindheit und ihm Begriffe wiederum erklärt werden müßten...

Ein Einwand, der selbstverständlich sehr leicht gemacht werden kann, der für denjenigen vollständig wegfällt, der da weiß, wie dieses Seelische beschaffen ist, wenn es gefunden wird auf die Weise, die ich heute geschildert habe. Da weiß man zu gleicher Zeit, daß dieses Seelische, auch nachdem es viele Erdenleben durchgemacht hat, immer wieder und wiederum diese Erdenleben zu seiner Bereicherung durchmachen kann und sie so durchmachen kann, daß man gewisse Dinge, die man wahrhaftig an sich als einen großen Mangel findet, wenn man das Seelische entdeckt, wahrhaftig nicht mehr im Alter durchmachen könnte, sondern wiederum eben von Kindheit auf durchmachen muß. Wer das Menschenleben überschaut, wie es sich über Tode und Geburten hinauserstreckt, der weiß, daß es ebenso lächerlich ist, zu sagen, man wolle nicht wiederum in die Kindheit zurück, wie es lächerlich wäre, zu sagen: Ich habe ja nun Französisch, ich habe Deutsch gelernt, warum soll ich nun, wenn es die Leute von mir verlangen, auch noch Chinesisch lernen? Warum soll ich das nun wiederum Wort für Wort, Silbe für Silbe mit aller Grammatik lernen?

Diese Einwände, die gemacht werden, zeigen eben, daß nicht der Wille vorhanden ist, mitzugehen mit diesen Dingen. Aber sie würden nicht gemacht werden, wenn nicht dasjenige aufträte, wovon ich gesprochen habe: daß ein gewisser Widerwille gegen die Geistesforschung auftritt. Und dieser Widerwille rührt im wesentlichen von folgendem her: Die Seele muß gewahr werden, wenn man sie zu ihrer eigenen Natur führt, daß sie wohl bedürftig ist, viele Erdenleben durchzumachen, daß sie durchaus dasjenige, was sie sich an Vollkommenheiten zuschreibt im späteren Erdenleben, vielfach nicht hat, weil es aus ihrer ureigenen Wesenheit stammt, sondern daß sie das hat aus ihrer Kulturumgebung heraus, daß das nicht ihr eigentliches Eigentum ist.

Und so kommt es, daß, wenn der Geistesforscher schildern muß diese Seele, sie schildern muß gewissermaßen in ihrer Nacktheit, wie sie wohl bedürftig ist, wiederholte Erdenleben durchzumachen, daß dann der Mensch böse wird, namentlich dann böse wird, wenn die Dinge der Geistesforschung geschildert werden, weil er ahnt, daß die Seele nicht dasjenige ist, was er gerne haben möchte, daß sie es sei. Man berührt vieles Unbewußte und Unterbewußte in diesen Seelen; aber auf dieses Unbewußte und Unterbewußte muß eben hingewiesen werden.

Viel interessanter als dieser Brief, der von einer höflichen Persönlichkeit herrührt, die in ihrer Ehrlichkeit sich über die anthroposophische Lehre besorgniserregt äußert, viel interessanter als dieser höfliche Brief ist etwas anderes. Nur will ich noch erwähnen, daß dieser Brief, nachdem alles so behandelt wurde, wie ich es gesagt habe vorhin, dann damit schließt, daß der Mann sagt: Es würde mich freuen, von Ihnen mit einer Rückäußerung beehrt zu werden. – Höflicher kann man ja nicht sein!

Nun, daß der Mensch böse werden kann, indem an ihn das herantritt, was wirklich Geistiges ist, ich möchte es aus einer einzelnen Erscheinung, die ja wenigen bekannt ist selbstverständlich, aber die doch bedeutsam genug ist, erwähnt zu werden, belegen. Es gibt einen Philosophen der Gegenwart – ich schätze ihn sehr –, Richard Wahle. Ich schätze Richard Wahle schon seit seinem ersten philosophischen Auftreten, weil es ihm gelungen ist, durch große Scharfsinnigkeit in einzigartiger Weise alles dasjenige, was der Mensch sinnlich wahrnimmt, so darzustellen, daß es völlig als Bild erscheint, das von allem Geistigen ganz frei ist. Wir mischen immer noch Geistiges herein, wenn wir Sinnliches schildern. Richard Wahle ist es gelungen, alles, was der Mensch im Sinnenleben erlebt, so zu schildern, daß er den Geist völlig austreibt, so daß wirklich nur das bleibt, was sinnlich wahrzunehmen ist, und alles Geistige bankrott werden muß. Das mußte einmal gemacht werden, und es ist interessant, daß es einmal gemacht worden ist. Es verhält sich zu dem, was wir als Welt erleben, so, wie wenn jemand ein wunderbares Gemälde vor sich hätte und nichts schildern wollte von all dem, was es darstellt, als wie die Farbkleckse aneinandergereiht sind. Aber es würde interessant sein, einmal zu sehen, wie das ist, bloß so etwas geschildert zu bekommen von einem wunderbaren Gemälde, wie die Farbenkleckse nebeneinandergesetzt sind. Wenn man das mit großem Scharfsinn gegenüber den Welterscheinungen tut, so ist das auch ein Verdienst. So hat es der Philosoph Richard Wahle, der vermutlich deshalb gerade Philosoph in der Gegenwart ist – er ist einer der charakteristischsten – dadurch in seinem weiteren Lebenslauf zu etwas ganz Besonderem gebracht. Ich habe nämlich noch niemals, und ich bin ziemlich – ich sage es ohne Eitelkeit – mit der philosophischen Literatur der Welt bekannt, aber ich habe noch niemals so schimpfen gehört, auch nicht von Nietzsche, über die Philosophie und über das Nutzlose der Philosophie wie von Richard Wahle in seinen Büchern «Das Ganze der Philosophie» und «Über den Mechanismus des geistigen Lebens». Wenn man sich noch so anstrengt als Philosoph, der Mensch hat nicht mehr Philosophie als ein Tier und unterscheidet sich nur dadurch in gewisser Beziehung von dem Tiere, daß er glaubt, irgendwie gegen die geistige Welt anrennen zu müssen und das nicht kann. – So schreibt Wahle noch vor kurzem.

Also es ist eigentlich niemals so temperamentvoll zu gleicher Zeit geschimpft worden über die Philosophie wie von diesem öffentlichen Vertreter der Philosophie. Aber der Universitätsprofessor Richard Wahle schimpft nur deshalb so über die Philosophie, weil er gelegentlich seiner Arbeit beim Herausschälen des bloß sinnlich Wahrnehmbaren, aus dem er allen Geist herausgetrieben hat, gerade durch diese negative Art an den Geist herangekommen ist. Und gewisse Dinge, die das geistige Leben charakterisieren, charakterisiert eigentlich niemand besser von den gegenwärtigen Philosophen als der Geistverächter Richard Wahle. Eine Stelle aus Richard Wahles «Mechanismus des Seelenlebens» möchte ich doch vorbringen, denn sie ist deshalb interessant, weil man sieht, wie ein Mensch, der getrieben wird durch seinen Scharfsinn, bei der Austreibung des Geistes, ich möchte sagen, wenn er so zum Fenster hinaus gerade weghuscht, getrieben wird, diesen Geist *doch* wahrzunehmen. Man könnte sagen, wie das Dichterwort heißt: Den Teufel spürt das Völkchen nie, und wenn er es auch schon am Kragen hätte. – Aber solch ein Mensch wie Richard Wahle, der merkt nun gerade noch den Geist; deshalb sagt er: «Welch kleinen Raum im Universum nimmt der Geist ein! Er ist nur wie eine Pfütze, in der sich Sterne spiegeln. Würden die Kombinationen des Geistes einen erheblichen Teil der Welt bilden, so müßte sie sich ihrer schämen; das würde das Weltall kompromittieren. Ist es nicht komisch, daß das Weltall so gedacht wird, als ob unser jammervoller Geist die Spitze bilden würde, da es doch besser wäre, man vergäße seiner im Ganzen.»

Das ist die Gesinnung, die ganz begreiflicherweise heraufkommt, wenn man an den Geist, der den Menschen das Wertvollste ist, herankommt. Es gibt mancherlei

Gründe, warum dieses so ist; sie werden uns noch übermorgen entgegentreten. Aber die Tatsache wollte ich Ihnen auch an einer merkwürdigen Erscheinung der Gegenwart darstellen, die Tatsache, daß überwunden werden muß an der Grenze zwischen sinnlicher Welt und geistiger Welt dasjenige, was den Menschen zunächst als Furcht, dann sogar als Haß und als Widerwille zurückhält, wirklich einzudringen in diese Geisteswelt, in die eingedrungen werden kann auf den Wegen, die ich in diesem Vortrage charakterisierte.

Dazu kommt noch – lassen Sie mich dieses heute zum Schlusse aussprechen –, daß ja viele Menschen, die den Geist anerkennen wollen, besonders zufrieden sind dann, wenn sie sagen können: Ja, Geist geben wir zu; daß irgendwie Geist ist, das geben wir zu, denn der Mensch steht immer vor etwas Verborgenem, vor etwas, was er nicht erforschen kann. – Und so verzeihen einem zwar die Leute, daß man vom Geist redet; daß man aber so in den Geist eindringen kann, daß man konkrete Tatsachen und Wesenheiten aus diesem Geistesleben heraus schildert, wie ich heute einiges geschildert habe, das verzeihen einem die Menschen nicht. Denn das wollen sie nicht anhören, daß man das Unsterbliche auch wirklich erforschen kann, daß man den Geist nicht nur als etwas Unerklärliches hinstellen könne, sondern daß man durch Ausbilden von gewissen Seelenkräften in dieses ihnen «unbekannt» genannte Gebiet auch eindringen kann und sogar, wie wir übermorgen sehen werden, eindringen muß, wenn Heil sein soll im menschlichen Leben. Eindringen muß, wenn man solche furchtbaren Katastrophen in der richtigen Weise als Zeichen der Zeit einschätzen will, wie jetzt eine über die Menschheit hereingebrochen ist.

Aber alle möglichen Leute berufen sich auf diejenigen, die sich um den Geist bemüht haben. Und so sehen wir denn, daß diejenigen, die am meisten dazu beitragen, heute durch oftmals recht scharfsinnige Untersuchungen, abzugraben die Möglichkeit, die zum Verständnis der Geisteswissenschaft, wie sie hier gemeint ist, hinführt, daß die sich berufen gerade auf einen Geist, den ich am liebsten immer anführe, wenn ich anführen will eine Persönlichkeit, auf der aufgebaut ist dasjenige, was ich in jahrzehntelanger eigener Geistesforschung zustande gebracht habe. Immer möchte ich anführen, daß diese Geistesforschung nicht auf irgend etwas Phantastisch-Träumerischem beruht, sondern auf den gesunden Grundlagen, welche gelegt worden sind durch die Weltauffassung Goethes.

Goethe war noch nicht selber Geistesforscher; die Zeit zur Geistesforschung war dazumal noch nicht gekommen. Wer aber, so wie ich es in meinen ersten Schriften getan habe, sich vertieft in Goethes Weltanschauung, der findet in dieser Goetheschen Weltanschauung die elementaren Ausgangspunkte, auf denen aufgebaut werden kann. Und wenn man darauf aufbaut, wird man direkt hineingeführt in Weiterentwickelung, in dasjenige, was ich Geistesforschung nenne und was zu solchen Ergebnissen führt, wie ich sie heute charakterisiert habe. Daher möchte ich, wenn es nur auf mich ankäme, diese Geistesforschung als Goetheanismus bezeichnen und den Dornacher Bau, der ihr gewidmet ist, als Goetheanum.

Es ist nicht notwendig, daß dies geschieht; aber so, wie ich mir klar bin darüber, daß auf denjenigen Grundlagen, die in die Menschenkultur gelegt worden sind durch den Goetheanismus, in der Zukunft dasjenige wird aufgebaut werden müssen, was die Menschheit zu ihrem Heile zu erstreben hat, so weiß ich, daß auch diejenige Strömung, die ich als anthroposophisch orientierte Geisteswissenschaft bezeichne, die direkte Fortsetzung der Goetheschen Metamorphosenlehre, überhaupt des Goetheanismus ist. Und wenn sich manche Leute berufen auf Goethe, der den Geist abgelehnt habe und alles als Natur bezeichnet habe, so darf man schon darauf hinweisen, daß Goethe verhältnismäßig jung noch in seinem berühmten Prosahymnus «An die Natur» zwar das Weltenall Natur genannt hat, aber die Worte darinnen hat: «gedacht hat sie und sinnt beständig». Wenn man von dem Weltenwesen sagt, es sinne, es denke, dann gibt man ihm nicht bloß unbewußt, sondern bewußt Geist, gibt ihm bewußte Geistigkeit. Dann braucht man sich nicht um Worte zu streiten. Um Worte geht es der Geisteswissenschaft sicher nicht. Ob man das Natur oder Geist nennt, was da als Weltenall aufgefaßt wird, darauf kommt es nicht an, sondern darauf, daß man es in seiner Konkretheit, in seiner Eigenheit, in seiner Innerlichkeit versteht. Und auch darinnen kann man Goethe recht geben, kann man mit Goethe einverstanden sein, wenn er das Unerforschliche nicht bloß als Unerforschliches hinstellen will, wenn er nicht dem Menschen die Fähigkeit benehmen will, in das Unerforschliche einzudringen. Da braucht man nur auf das hinzuweisen, auf das ich auch hier schon vor Jahren hingewiesen habe: Einem Forscher gegenüber, der sonst große Verdienste hat, einem großen Forscher gegenüber hat sich Goethe ausgesprochen über dieses mißverstandene Kantsche Prinzip von dem Unerforschlichen in der Natur. Ein bedeutender großer Forscher sagte:

«Ins Innre der Natur
Dringt kein erschaffner Geist.

Glückselig, wem sie nur
Die äußre Schale weist.»

Goethe antwortet diesem Forscher und sagt:

«In's Innre der Natur–»
O du Philister!–
«Dringt kein erschaffner Geist.»
Mich und Geschwister
Mögt ihr an solches Wort
Nur nicht erinnern:
Wir denken: Ort für Ort
Sind wir im Innern.
«Glückselig! wem sie nur
Die äußre Schale weis't!»
Das hör' ich sechzig Jahre wiederholen,
Ich fluche drauf, aber verstohlen;
Sage mir tausend tausendmale:
Alles gibt sie reichlich und gern;
Natur hat weder Kern
Noch Schale,
Alles ist sie mit einemmale;

Stück für Stück sind wir in ihrem Innern. Nichts ist drinnen, nichts ist draußen!

Dich prüfe du nur allermeist,
Ob du Kern oder Schale seist!

Goethe hat in einer wirklichen seelischen, geistigen Tatsächlichkeit darauf hingewiesen, daß der Mensch Kern der Natur sein kann, das heißt sich erfassen kann als Seelisch-Geistiges, um sich so in Einklang zu wissen mit dem Seelisch-Geistigen der ganzen Welt.

Darauf hinzuweisen in einer seelisch-geistigen Tatsächlichkeit, das ist die Aufgabe der anthroposophisch orientierten Geisteswissenschaft, um dem Menschen die Überzeugung zu geben, daß er nicht bloß Geist *ist*, sondern sich als Geist erkennen kann, bewußt in der geistigen Welt leben kann.

Davon dann übermorgen weiter.

GEISTESWISSENSCHAFTLICHE ERGEBNISSE ÜBER DIE IDEEN DER FREIHEIT UND DES SOZIAL-SITTLICHEN LEBENS

Bern, 30. November 1917

Wer heute von anthroposophischer Geisteswissenschaft hört, so wie sie in diesen Betrachtungen hier gemeint ist, der bildet sich sehr häufig aus dem oder jenem, das er über die Sache vernimmt, das Urteil, daß er es zu tun habe mit irgend etwas, das sich in sektiererischer oder ähnlicher Weise in das Geistesleben der Gegenwart hineinstellen will. Insbesondere seit zur Pflege dieser geisteswissenschaftlichen Richtung der Bau in Dornach bei Basel in Angriff genommen worden ist, hat man sowohl diesen Bau wie die ganze Geisteswissenschaft in die Schablone – Schablonen braucht man ja heute so sehr – einer sektiererischen Geistesbewegung hineingefügt. Und es ist schwierig, gerade solchen Vorurteilen gegenüber irgend etwas anzufangen. Sie nisten sich immer mehr und mehr ein, und ich möchte fast sagen: Je mehr dagegen getan wird, mit desto größerer Heftigkeit treten sie auf und desto stärkeren Glauben finden sie.

Ich möchte dagegen einleitungsweise heute nur bemerken, daß dasjenige, was der anthroposophisch orientierten Geisteswissenschaft zugrunde liegt, nicht im allerentferntesten irgend etwas zu tun hat mit einer sektiererischen Tendenz oder einem sektiererischen Ziele. Ja, so wie diese anthroposophisch orientierte Geisteswissenschaft hier gemeint ist, hat sie sich überhaupt nicht herausentwickelt aus irgendeinem zunächst religiösen Impuls, sondern sie steht auf dem Standpunkte, daß dasjenige, was sie will, eine notwendige Zeitbestrebung ist, gerade in Anbetracht der großen, bedeutsamen Errungenschaften des naturwissenschaftlichen Denkens im Laufe der letzten Jahrhunderte und insbesondere der neueren Zeit.

Das naturwissenschaftliche Denken, das so Großes nach einer gewissen Seite hin geleistet hat, erweist sich bei wirklicher Kennerschaft als unbefähigt, einzutreten in die eigentlichen, das Gebiet des Geistes betreffenden Rätselfragen der Menschheit. Gerade dann erweist sich dieses naturwissenschaftliche Denken unbefähigt dazu, wenn es auf *seinem* Gebiete das Allerausgezeichnetste, das Bedeutendste, das Treffendste leistet. Und eine geschichtliche Notwendigkeit liegt vor, daß sich neben diese Naturwissenschaft, aber mit demselben Ernst, mit dem die Naturwissenschaft selber vorgeht, geisteswissenschaftliche Forschung in der neueren Zeit hinstellt.

Und so ist es denn auch der Glaube und das Bestreben gerade dieser anthroposophisch orientierten Geisteswissenschaft, sich absolut nicht hineinzumischen in irgendeine religiöse Bewegung, absolut nicht zu beeinträchtigen irgendeine religiöse Bewegung, diese oder jene religiöse Überzeugung dieses oder jenes Menschen; im Gegenteil, sie wird die Menschen, die abgekommen sind vom Drinnenstehen im religiösen Leben, wiederum hinführen zu diesem religiösen Leben. – Doch dies nur nebenbei.

Aber, wie gesagt, nur einleitungsweise möchte ich auf manches in dieser Beziehung hinweisen, weil es, wenigstens innerlich, nicht ganz ohne Beziehung zu dem Thema des heutigen Abends steht.

Oft ist da oder dort von mir betont worden, daß niemand beeinträchtigt wird in seiner religiösen Überzeugung durch dasjenige, was als Geisteswissenschaft auftritt. Wie oft ist insbesondere betont worden, daß Geisteswissenschaft sich nicht mischt in die religiösen Bewegungen und vor allen Dingen das nicht sein will und auch nicht sein kann aus den ganzen Zeitbedingungen der Gegenwart heraus, was man etwa als Gründung einer neuen Religion oder einer neuen Sekte oder dergleichen bezeichnet – wie oft ist das betont worden! Allein, gerade wenn man dieses betont, so wird sehr häufig von gewisser Seite her ein Vorwurf erhoben, der etwa so lautet, daß man sagt: Man sehe sich nur einmal diese Geisteswissenschaft an, sie hat über diesen oder jenen religiösen Impuls nichts zu sagen. – Und man tadelt dann, daß sie dieses oder jenes nicht zu sagen habe. Während das Nichtsagen gerade hervorgeht aus der Tendenz, daß die Vertreter der religiösen Bekenntnisse ihrerseits nicht beeinträchtigt werden in dem, was sie als ihre Arbeit zu leisten haben. Man will gerade den anderen nicht hineinreden. Und man kann dann leicht eine Waffe schmieden aus dem, was, um nicht irgendein Recht zu verletzen, nicht unternommen wird. Natürlich wird auch, wenn man das Gegenteil unternimmt, eine Gegnerschaft daraus konstruiert.

Nun, ich wollte nur hinweisen darauf, daß, wer den Ursprung der geisteswissenschaftlichen Bestrebungen verfolgt, finden wird, daß sie sich in gerader Entwickelung heraus ergeben aus Forderungen, die die richtig verstandene Naturwissenschaft selber stellt.

Allein, bei genauerem Eingehen gerade auf solche Voraussetzungen, wie sie vorgestern hier besprochen worden sind, zeigt sich, daß diese naturwissenschaftliche Richtung durch dasjenige, wodurch sie groß ist, wiederum ungenügend sein muß gerade für solche Fragen, wie sie den Gegenstand der heutigen Auseinandersetzungen bilden sollen, für die Fragen des sittlich-sozialen Lebens.

Man hört heute vielfach von dieser oder jener Seite: Dasjenige, was Naturwissenschaft großgezogen hat, was sie geleistet hat, müsse auch fruchtbar gemacht werden für die soziale oder soziologische Betrachtungsweise, fruchtbar gemacht werden für die Betrachtungsweise des Einlebens der ethischen, der moralischen Ideen in die menschliche Gesellschaft und so weiter.

Nun möchte ich meinen Ausgang nehmen von etwas, was man heute sehr häufig hört. Heute wird ja das Urteil der Menschen durch das tragische, katastrophale Ereignis, in das die Gesamtmenschheit der Erde eingetreten ist – man kann schon so sagen heute –, es wird das Urteil der Menschen in mannigfaltigster Weise herausgefordert, über dieses oder jenes, was die großen, tief einschneidenden, traurigen Ereignisse bringen, sich ein Urteil zu bilden. Der eine hat nötig, durch Stellung und Beruf über dies oder jenes, was die traurigen Ereignisse bringen, sich ein Urteil zu bilden; der andere wird es sich bilden rein aus gutem Herzen, aus dem Mitfühlen mit dem Schicksal der gesamten Menschheit heraus. Und gerade aus diesen bedeutsamen, tief einschneidenden Ereignissen ist für manchen die Notwendigkeit entsprossen, sich ein Urteil zu bilden über dasjenige, was wir im weitesten Umfange das soziale Leben der Menschheit nennen können, das Leben der Menschheit in der menschlichen Gesellschaft selbst.

Da hört man wiederum sehr häufig, wenn so die Fragen auftauchen: Was kann man über das oder jenes denken? Wie können diese oder jene Dinge unter dem Einfluß der heutigen traurigen Ereignisse entschieden werden? –, da hört man sehr häufig das Urteil: Die Geschichte lehrt das oder jenes. Geschichte ist ja schließlich nichts anderes als die Aufzählung desjenigen, was die Menschen zu wissen vermeinen über den Hergang des sozialen Lebens bis zur Gegenwart.

Geschichte ist in begreiflicher Weise für viele dasjenige, woraus sie sich ein Urteil bilden wollen, wie die Ereignisse, die sich im Menschenleben bis zu dieser Stufe entwickelt haben auf diesem oder jenem Gebiete, sich weiterentwickeln könnten.

Wer mit vollem Geistes- und Seelenanteil in den Ereignissen der heutigen Zeit drinnensteht, wird sich tatsächlich sagen müssen, daß diese Ereignisse nicht den Eindruck machen auf viele, daß aus ihnen ganz Neues gelernt werden müsse, daß in vieler Beziehung man nötig habe, nicht bei den Urteilen stehenzubleiben, die man vor vier, fünf Jahren über die Impulse des Menschenlebens gehabt hat.

Derjenige, der tief drinnensteht in diesen Ereignissen mit seinem Seelenanteil, wird sich dieses Urteil vom Umlernen bilden müssen. Das ist vielleicht gerade eines der traurigsten Symptome, daß dieses Urteil vom Umlernen heute noch nicht in breiten Schichten Platz gegriffen hat, trotzdem schon so lange Zeit diese traurigen Ereignisse bestehen, daß es heute noch so viele Menschen gibt, die da glauben, über gewisse Dinge können sie heute dasselbe Urteil anwenden, das sie vor vier oder fünf Jahren als Urteil geben konnten. Gerade die Zeichen der Zeit könnten in dieser Beziehung sehr, sehr viel lehren.

Ich möchte nur zunächst ein Beispiel der zeitgenössischen Geschichte anführen und dann eines aus dem größeren Umfange der Geschichte heraus.

Diejenigen, die sich mit der Zeitgeschichte befassen, wissen, daß sogenannte einsichtige Leute, Leute, die sich ihr Urteil aus einem scheinbaren Verfolgen der Tatsachen festgesetzt haben, in völliger Sachkenntnis glaubten sagen zu können, als dieser Krieg ausbrach: Dieser Krieg kann, nach den allgemeinen wirtschaftlichen und sozialen Verhältnissen, die nun in der Menschheit sich einmal als soziale Struktur herausgebildet haben, keine längere Dauer als vier, höchstens sechs Monate haben. – Es sind wahrhaftig nicht unbedeutende Menschen, die dieses Urteil als ein solches gewählt haben, von dem sie geglaubt haben, daß es tief herausgegriffen sei aus einer sachgemäßen Anschauung über dasjenige, was ein Kenner der Verhältnisse beobachten könne.

In welcher Weise haben die Ereignisse selbst ein solches scheinbar sachgemäßes Urteil widerlegt! Wie wenig ist man noch geneigt, sich zu sagen: Solche sachgemäßen Urteile sind widerlegt, und man hat umzulernen. In solchen Dingen hat man umzulernen. – Man darf nicht einfach bei dem ja begreiflicherweise vorhandenen Vorurteile bleiben, die Geschichte lehre das oder jenes. Die Geschichte hat es gelehrt, daß der Krieg nicht länger als vier bis sechs Monate dauern kann; aber wie die Geschichte die Wirklichkeit trifft, das hat diese Wirklichkeit selber gelehrt!

Ein anderes Beispiel, das aus einem größeren geschichtlichen Zusammenhange herausgegriffen ist: Im Jahre 1789, man kann sagen, im Aufgange derjenigen Zeit, in welcher eigentlich sich die Wissenschaft der Geschichte, wie wir sie heute kennen, erst herausgebildet hat – denn sie ist nicht so alt, wie man gewöhnlich glaubt; die Wissenschaft der Geschichte, wie wir sie heute auffassen, ist kaum älter als hundert Jahre, das wissen nur sehr wenige Menschen –, im Aufgange der neuzeitlichen Geschichtsbetrachtung trat ein wahrhaft großer Mann sein historisches Lehramt an: Schiller in Jena. Und berühmt geworden ist ja die Rede, mit der er sein historisches Lehramt antrat: «Über den philosophischen Kopf und den Brotgelehrten». In dieser Rede, 1789, sprach Schiller einen sehr, sehr merkwürdigen Satz als seine Überzeugung aus, als dasjenige, was durchziehen sollte seine historische Auffassung. Dieser Satz lautet: Die europäische Staatengesellschaft scheint in eine große Familie verwandelt; die Hausgenossen können einander anfeinden, aber hoffentlich nicht mehr zerfleischen. – Dieser Satz ist ausgesprochen von jemandem, der mit Genialität versuchte einzudringen in das, was die Geschichte lehrt, und der auch, was man nicht leugnen wird, ein wenig Genialität hatte. Es ist ausgesprochen in der Zeit, welcher unmittelbar folgte die Französische Revolution mit allem, was sie dann selbst wiederum im Gefolge hatte.

Nun, wenn man gar die längeren Zeiträume, die nachher gekommen sind, ins Auge faßt – wie nimmt sich das aus, was Schiller aus der Geschichte gelernt hat, daß sich die europäischen Völker, daß sich die europäischen Staaten in eine große Familie verwandelt hätten, wie eine große Familie ausnähmen, daß sie sich zwar anfeinden, aber nicht mehr zerfleischen können? Etwas muß folgen aus dem, was heute die Zeichen der Zeit lehren. Das ist, daß man wirklich von ihnen etwas lernt.

Nun, wie verhält es sich denn eigentlich mit dem, was da zugrunde liegt, mit dem Satz: Die Geschichte lehrt dies oder jenes? – Vor allen Dingen muß man sich klar darüber sein, daß man das Leben nicht nach seinen bloßen äußeren Symptomen beurteilen kann. Gerade das will Geisteswissenschaft: von der Oberfläche fort, in die tieferen Untergründe des Lebens eindringen. Man kann das Leben nicht nach seinen äußeren Symptomen beurteilen. Dasjenige, was heraufgekommen ist als naturwissenschaftliche Denkweise – wie gesagt, ich schätze sie aufs allerhöchste –, das hat sich herausgebildet aus den Denkgewohnheiten, den Denkimpulsen, die in den letzten Jahrhunderten in der Menschheit heraufgezogen sind. Das ist der Ausdruck dieser Denkimpulse. Und nicht nur das naturwissenschaftliche Denken, sondern alles Denken der Menschheit ist in diese Denkgewohnheiten hineingezogen worden, so daß diese Denkgewohnheiten nicht nur in der Naturwissenschaft segensreich wirken, sondern daß sie wirken müssen auch auf anderen Gebieten des Lebens. Man kann schon sagen: Mühe, Mühe hat man sich gegeben, dasjenige, was die Naturwissenschaft groß gemacht hat, auch hineinzutragen als Gedankenrichtung, als Gedankenimpuls in andere Gebiete des menschlichen Lebens. Die soziologischen, die sittlichen sollen uns heute vorzugsweise beschäftigen. Aber die Impulse haben da anders gewirkt.

Derjenige, der in tieferem Sinne die Zeitgeschichte zu verfolgen vermag, weiß, wie innig zusammenhängt das, was diese Impulse als ihre Wirkungen im Laufe der Zeit geäußert haben, mit dem katastrophalen Ereignis, in dem wir heute leben.

Ich will nur als Ausgangspunkt anführen, daß sich gerade hervorragende Denker bemüht haben, dasjenige, was sich so bedeutungsvoll ergeben hat als naturwissenschaftliche Vorstellungsweise, auch auf das soziologische Gebiet zu übertragen, auf die Betrachtung anzuwenden, die zuletzt in die Geschichte, das geschichtliche Leben der Menschheit einmündet.

Es sei ein Beispiel nach dieser Richtung erwähnt, aber Hunderte und Hunderte von Beispielen könnten erwähnt werden. Der große englische Philosoph Herbert Spencer versuchte, biologische Begriffe, Vorstellungen, die aus der naturwissenschaftlichen Betrachtung des Lebens herkommen, anzuwenden auf das soziale Zusammenleben der Menschen. Der Begriff der Entwickelung ist ja auf alles angewendet worden. Mit Recht ist er angewendet worden auch auf das Leben der Menschen.

Nun sagte Herbert Spencer: Man sieht im organischen Leben, im Leben der Tiere, im Leben der Menschen selber Entwickelung; es entwickelt sich das einzelne Lebewesen so, daß es aus dem Keime hervorgeht, aus einer dreifachen Zellenlage, dem sogenannten Ektoderm, Esoderm und Entoderm. Es sind drei Zellagen, aus denen sich die verschiedenen Organe der Tiere und des Menschen entwickeln. Diese Art, einen naturwissenschaftlichen Vorgang zu erfassen, den versucht Herbert Spencer, der in die naturwissenschaftlichen Vorstellungen hineingewöhnte Herbert Spencer, nun auch auf das geschichtlich-soziale Leben anzuwenden. Er versucht, das, was sich im Menschenleben, im sittlichen, im geschichtlichen, sozialen Leben entwickelt, so zu fassen, daß es auch gleichsam aus einer dreifachen Schichtung heraus sich entwickle. Sehr interessant überträgt er alle diejenigen organischen Systeme, die sich beim Menschen und beim Tiere aus dem Ektoderm herausentwickeln, darauf, daß sich im sozialen Leben das Tun, das Wirken derjenigen Menschen, die dem militärischen Stande angehören, aus dem gleichsam sozialen Ektoderm entwickeln würde, diejenigen Menschen, die dem arbeitsamen Stande angehören, aus dem sozialen Entoderm, und diejenigen Menschen, die dem Kaufmanns-, dem vermittelnden Stande im Sozialen angehören, aus dem Esoderm. Dann ist es ja nur eine notwendige Konsequenz, daß der große englische Philosoph Herbert Spencer weiter sagt: Weil aus dem Ektoderm in der Organisation das Nervensystem und das Gehirn sich entwickelt, entwickelte sich auch aus dem sozialen Ektoderm heraus das Beste. – Ich werde selbstverständlich diese militaristische Anschauung des Philosophen Herbert Spencer nicht zu vertreten haben, will auch hier aus leicht begreiflichen Gründen nicht über diese Anschauung mich eingehend äußern; aber es ist für ihn nur eine notwendige Konsequenz, daß er dann sagt, die regierenden Kreise irgendeines Staates müßten notwendigerweise aus dem Militärstande hervorgehen, weil sonst der Staat ja kein Nervensystem, kein Kopfsystem hätte, keine Köpfe, sondern nur die untergeordneten Organe.

Dies nur als ein Beispiel, es könnten Hunderte und Hunderte angeführt werden, für den Versuch, der so oft gemacht worden ist, unmittelbar naturwissenschaftliche Denkweise zu übertragen auf das Begreifen des sozialgeschichtlichen Lebens.

Wer ein Gefühl für solche Dinge hat – ich rede zunächst nur von Gefühlen für die Dinge –, der wird sehen, wie alle diese Versuche nur das *eine* zeigen, daß man mit solchen Vorstellungen, die in der Naturwissenschaft so Großes leisten, überhaupt nicht herankommen kann an dasjenige, was im sozialen, was im gesellschaftlichen Leben wirksam ist. Man kommt nicht heran an diese Dinge. Die große Frage entsteht: Warum kommt man nicht an diese Dinge heran?

Ich werde nun scheinbar von etwas sehr, sehr weit Entlegenem ausgehen müssen, um dann unsere Betrachtungen einmünden zu lassen in das sittlich-soziale Gebiet. Aber es muß eben in der Geisteswissenschaft, da sie eine wesentlich andere Erkenntnisart anstreben muß, als es die naturwissenschaftliche ist, heute manches von sehr weit hergeführt werden.

Dasjenige, worauf ich zunächst aufmerksam zu machen habe im Zusammenhang mit dem, was ich vorgestern vorgebracht habe, ist, daß die Menschen heute wenig geneigt sind, das gesamte Leben des Menschen in ihre Erkenntnis hereinzubeziehen. Was in die Erkenntnis hereinbezogen wird, ist das, was sich einschließt in das wache Tagesleben.

Nun, wer vorgestern meinen Auseinandersetzungen gefolgt ist, wird mich nicht in dem Verdacht haben, daß ich irgendwelche phantastische, traumhafte Dinge in die geisteswissenschaftlichen Betrachtungen einführen will; aber das muß betont werden: Das gesamte Menschenleben setzt sich zusammen aus demjenigen, was der Mensch – auf andere Wesen kann ich heute der Kürze der Zeit halber nicht eingehen –, was der Mensch erlebt im wachen Tagesleben, und dem, was sich in dieses Leben hereinstellt während des Schlafens und während des Träumens, das in chaotischen Bildern zunächst auf und ab wogt aus dem Schlafesleben. Es sind ja die merkwürdigsten, sonderbarsten Anschauungen gerade auf dem Gebiete naturwissenschaftlicher Vorstellungsart gebildet worden auch in bezug auf das Schlaf-, auf das Traumleben. Es würde sehr interessant sein, einmal darauf auch einzugehen. Allein, ich muß mich in bezug auf diese Dinge, die ja nur herangezogen werden sollen, kurz fassen. Vor allen Dingen hat man mit Bezug auf dasjenige, was der Fall sein soll beim Schlaf, wirklich recht merkwürdige Vorstellungen. Auf dieses muß ich doch aufmerksam machen.

Wer wird heute nicht oftmals auch als Wissenschafter überzeugt sein davon, daß der Schlaf von der Ermüdung kommt, daß der Mensch eben ermüdet werde und dann der Schlaf eintreten müsse. Jeder kann sich selbst die Widerlegung dieser Ermüdungstheorie sehr leicht leisten, indem er sich daran erinnert, daß der wohlgenährte Rentner, der irgendwie in ein Konzert oder in eine Vorlesung sich verfügt und nach den ersten fünf Minuten einschläft, durchaus nicht aus Ermüdung in den Schlaf versinken muß, sondern daß da ganz andere Gründe vorhanden sein müssen.

Derjenige, der diese Dinge erforscht, wird sehen, daß vielmehr die Ermüdung durch den Schlaf eintritt als Schlaf durch die Ermüdung. Schlafen und Wachen sind nun wirklich ein Rhythmus des Lebens, die abwechseln müssen, weil das eine ebenso notwendig ist für das menschliche Leben wie das andere.

Nun, wie gesagt, auf die eigentliche Charakteristik dieses Lebensrhythmus kann ich nicht eingehen; was aber wichtig ist, das ist, daß Geisteswissenschaft auf der einen Seite genötigt ist, wirklich diese andere Seite des menschlichen Lebens, den Schlaf, mit seiner Offenbarung im Traume zu verfolgen, und auf der anderen Seite genötigt ist, festzustellen, daß dasjenige, was wir Schlaf und Traum nennen, viel ausgebreiteter im menschlichen Leben ist, als man gewöhnlich im trivialen Urteil eigentlich annimmt.

Geisteswissenschaft ist ganz und gar nicht darauf aus, alte abergläubische Vorurteile aufzunehmen. Und es gehört ganz gewiß zu den alten abergläubischen Vorurteilen, wenn man zum Beispiel dem Traum irgendwelche prophetische Bedeutung beimißt für irgend etwas Zukünftiges. Aber in solch altem Aberglauben steckt zuweilen ein vernünftiger Kern. Nur muß man ihn nicht so nehmen, wie man ihn gewöhnlich nimmt.

Als ich kürzlich einen Zyklus von Vorträgen gehalten habe und daher über manches genauer sprechen konnte als hier, wo mir weniger Zeit zur Verfügung steht, habe ich auch darauf aufmerksam gemacht, wie Geisteswissenschaft das Problem des Schlafes, des Traumes ins Auge fassen müsse. Darauf wurde erwidert von derjenigen Seite, die die Psychoanalyse betreibt, daß diese anthroposophisch orientierte Geisteswissenschaft von einer gewissen höheren Erkenntnis spreche, die sich wohl vergleichen ließe in bezug auf die Stärke, mit der sie im Bewußtsein wirkt, mit den im Bewußtsein anwesenden Traumesvorstellungen, daß aber die Psychoanalyse, die ja so aufgeklärt, naturwissenschaftlich sein will, in dieser Beziehung das Richtige treffe, weil sie dasjenige, was der Mensch träume, zu der Erforschung der menschlichen Natur nur so verwende, daß sie in den Äußerungen des Traumes bloß Symbolisches sehe, in alledem, was außer dem gewöhnlichen Bewußtsein auftrete, im sogenannten Unterbewußtsein, nur Symbolisches sehe; während ich zum Beispiel als Vertreter der Geisteswissenschaft dasjenige, was sonst im Unterbewußtsein auftritt, als eine Wirklichkeit nehme.

Nun, etwas weniger Zutreffendes, etwas in höherem Grade Mißverständlicheres könnte man gar nicht vorbringen. Denn niemals wird in der wirklichen anthroposophisch orientierten Geisteswissenschaft jemandem einfallen, dasjenige, was der Traum darbietet, was unmittelbar Inhalt des Traumes ist, auch nur als symbolisch zu betrachten. Man kann getrost sagen: Wenn Psychoanalyse meint, dadurch hinaus zu sein über die Geisteswissenschaft, daß sie den Traum als etwas Symbolisches betrachtet, so ist Geisteswissenschaft nicht etwa darauf aus, den Inhalt des Traumes als eine Wirklichkeit zu betrachten, sondern sie zeigt sogar, daß dasjenige, was Inhalt des Traumes ist, überhaupt keinen realen Wert, keine reale Bedeutung hat. Dagegen sagt sie: Was im Traume lebt, was im Traume sich betätigt, das hängt zusammen mit dem, wovon ich vorgestern gesprochen habe, was der Mensch kennenlernt als seinen urewigen Wesenskern. Wenn der Mensch im Traume arbeitet – wenn man das arbeiten nennen darf –, so arbeitet ein Überschuß seines gewöhnlichen Bewußtseins im Traume, jener Überschuß seines gewöhnlichen Bewußtseins, der, wenn er durch eine gleich nachher auch wiederum eben prinzipiell zu besprechende Erkenntnis genau angeschaut wird, sich als zusammenhängend erweist mit dem urewigen Wesenskern des Menschen, welcher durch die Pforte des Todes in das geistige Leben eintritt nach dem Tode. Was im Traume lebt, ist auch dasjenige, was nun in unsere Zukunft hineinarbeitet. Aber dasjenige, was der Mensch im Traume erlebt, die Bilder, die er erlebt, die haben gar nichts zu tun mit der dem Traume zugrundeliegenden Wirklichkeit.

Daher wird der Geistesforscher den Traum niemals so betrachten, daß er folgendes außer acht lassen wird: Wenn jemand etwas träumt, so liegt dem Traume ein geistiges Faktum zugrunde, aber die Traumbilder, die erlebt werden, als im Traume erlebt erzählt werden, die könnten ganz andere sein. Ein Mensch kann dasselbe erleben wie ein anderer im Traume; aber er kann den Traum ganz anders, radikal anders erzählen, weil seine Traumbilder ganz andere Bedeutung haben. Auf was kommt es beim Traume dem Geistesforscher an? Nicht darauf kommt es ihm an, die Traumbilder als solche zu verfolgen – ob man sie nun in ihrer Wirklichkeit oder in ihrer Symbolik erfaßt –, sondern auf die innere Dramatik des Traumes: wie ein Bild auf das andere folgt, ob ein Bild das nächste ablöst, also eine Entspannung ist oder eine Beängstigung und dergleichen. Diese innere Dramatik, die die Seele ganz unterbewußt durchlebt, gibt sich nur dadurch dem gewöhnlichen Bewußtsein kund, daß sich das unterbewußt Erlebte in die Reminiszenzen des Alltagslebens kleidet. In Bildern umkleidet sich dasjenige, was da in seinem Unterbewußten als die seelische Dramatik in diesen Bildern arbeitet.

Dasselbe Erlebnis kann sich für Hunderte anders, in hunderterlei andere Bilder kleiden. Wer als Geistesforscher einen Traum kennenlernt, weiß daher, daß er dem Traum nicht so zuzuhören hat, daß er auf seinen Inhalt sieht, sondern auf das Wie in ihm, auf die Art und Weise, wie die Bilder wogen. Darinnen steckt das Wesentliche.

Ich erwähne dieses, weil ich im Zusammenhange damit zu sagen habe, daß, wenn durch seelische Übungen, durch Erstarkung der besonderen Seelenkräfte in der Art, wie das vorgestern hier erwähnt worden ist, der Mensch darauf kommt, seinen urewigen Wesenskern zu schauen, der Mensch dann erkennt, was im Schlaf und Traum eigentlich ist. Diese Dinge sind Bewußtseinsvorgänge, und sie müssen auch innerhalb des Bewußtseinsfeldes erkannt werden. Der Geistesforscher, der in solcher Weise das Bewußtsein durchforscht, wie ich es vorgestern angegeben habe, kommt darauf, daß dasjenige, was in der neueren Zeit so vielfach verkannt wird, worauf keine naturwissenschaftliche Vorstellungsweise kommen kann, gerade solche ausgezeichnete psychische Physiologen wie Ziehen und andere bezeugen: Daß der Mensch die Ich-Erfahrung, das Ich-Erlebnis, so wie er es hat, nur dadurch haben kann, daß er in den Lebensrhythmus des Wachens und des Schlafens eingespannt ist.

Lernt man erkennen, was die Seele ist, so lernt man auch erkennen, daß nur dadurch der Mensch weiß von einem Ich, daß er zwischen Geburt und Tod nicht immer drinnensteckt im wachen Leben. Man denke sich hypothetisch das wache Leben ausgedehnt über das gesamte Menschenleben zwischen Geburt und Tod; man denke sich, daß man niemals schlafen könnte: dann hätte man niemals jene Widerlage, an welcher das Ich in der Zeit sich selber gewahr wird. Dadurch, daß man schlafen kann, daß man dieses Bewußtsein, das in der äußeren Sinneswelt und mit dem Verstande, der sich in der Sinneswelt betätigt, lebt, daß man dieses vertauschen kann mit einem Bewußtsein zwischen Einschlafen und Aufwachen, das nichts unterscheidet, weil es dumpf ist, dadurch hat man sein Ich-Bewußtsein. Der Mensch würde nicht lernen, zu sich «Ich» zu sagen, wenn er nicht in den Lebensrhythmus zwischen Schlafen und Wachen eingespannt wäre.

Es ist merkwürdig, wie wenig man geneigt ist, auf solche Dinge einzugehen. Der große Ästhetiker Friedrich Theodor Vischer, der sogenannte V-Vischer, hat sich eingelassen auf eine Betrachtung des Traumlebens. Er hat das interessante Buch über die Traumphantasie von Johannes Volkelt kritisiert und eine Abhandlung darüber geschrieben. Da war man flugs geneigt, ihn zum Spiritisten zu machen, obwohl er gewiß nicht im falsch mystischen Sinn sich auf solche Sachen einließ. Nun, was macht man nicht alles aus dem Menschen, wenn man ihm irgend etwas anhaben will. Aber Vischer wußte, daß die Menschen lange gut sagen können: Was sich im Traume äußert, ist phantastisches Zeug. – Gewiß ist es phantastisches Zeug, aber in diesem phantastischen Zeug lebt dasjenige, was urewiger Wesenskern der Seele ist. Und wenn der Mensch nicht bereit ist, bei vollem wachen Tagesleben, durch das wache Tagesleben, durch das, was man schauendes Bewußtsein nennen kann, Vorstellungen von solcher Stärke zu entwickeln, wie sie sonst nur der Traum hat, dann ist er überhaupt nicht imstande, in das Ewige der Menschenseele hineinzuschauen. Will man in das Ewige der Menschenseele hineinschauen, so muß man imstande sein, dasjenige, was im Traume unwillkürlich arbeitet, zum willkürlichen, zum völlig freien Bewußtsein zu erheben.

Aber Friedrich Theodor Vischer hat dazumal in sehr interessanter Weise auf etwas aufmerksam gemacht, das, richtig verfolgt, ungeheures Licht wirft auf das Menschenleben. Er hat aufmerksam darauf gemacht, daß derjenige, der den Traum nicht richtig verstehen kann, auch das menschliche Affektleben, das Leidenschaftsleben, das Gefühlsleben überhaupt, nicht richtig versteht. Warum das? Friedrich Theodor Vischer hat nämlich vollständig das Richtige getroffen! Genau ebenso, wie die Seele im Traume tätig ist, nur daß sie sich da in Bildern auslebt, die Reminiszenzen aus dem Leben sind, genau so ist während des wachen Tageslebens die Menschenseele tätig im Gefühls-, im Affekt-, im Leidenschaftsleben.

Wir träumen in unseren Gefühlen, in unseren Affekten, in unseren Leidenschaften. Und wer imstande ist, das Seelenleben wirklich zu verfolgen, der weiß: Derselbe Grad von Intensität und dieselbe Qualität des Seelenlebens, die sich äußert in dem Traume, meinetwillen auf abnorme Weise, die äußert sich während des wachen Tageslebens in all dem, was in menschlichen Gefühlen sonst lebt. Geistesforschung zeigt gerade dadurch, daß sie mit ihren Methoden die Seele wirklich beobachtet, daß der Mensch sein volles waches Tagesleben nur hat für die äußere Sinnesbeobachtung und für das Vorstellungsleben. Nur in bezug auf die Sinneswahrnehmungen und auf das Vorstellungsleben sind wir wirklich wach, während sich in das wache Tagesleben hineinzieht der Traum. Er zieht sich hinein in das wache Tagesleben, so daß dasjenige, was wir gefühlsmäßig erleben, was an gefühlsmäßigen Impulsen in uns ist, geträumt wird. Während das wache Tagesleben in den Sinneswahrnehmungen und in den Vorstellungen abläuft, geht der Unterstrom unterbewußten Lebens, der aber durch die Geisteswissenschaft in das Bewußtsein heraufgehoben werden kann, geht der Strom des unterbewußten Lebens als ein Traumstrom fort im Gefühl, im Leidenschaftsleben; wir träumen fort, indem wir wachen. Und vor allen Dingen: Wir schlafen fort, indem wir wachen. Wir träumen nicht nur, wir schlafen fort, indem wir wachen.

Alles das, was in unserem Gefühle lebt, das träumen wir während des Wachens. Was in unserem Willen lebt, das ist uns im wachen Tagesleben nicht *mehr* bewußt, als das dumpfe, eben gar nicht mehr wahrnehmbare Bewußtsein während des Schlafes. Gerade deshalb haben die Menschen auf philosophischem Gebiete sich immer gestritten, ob der Wille frei sein könne oder nicht frei sein könne, weil sie mit dem gewöhnlichen Bewußtsein, auch wenn sie noch so erleuchtete Philosophen sind, in das Getriebe der Seele, wenn sie sich im Willen äußert, ebensowenig hineinschauen können, wie sie in dasjenige hineinschauen, was die Seele erlebt während des tiefsten traumlosen Schlafes. Denn das Willensleben in seinem eigentlichen Geheimnisse wird tatsächlich nicht nur verträumt, es wird im gewöhnlichen Bewußtsein verschlafen. Wir wissen nichts weiter von irgendeiner Handlung, die wir begehen, von irgend etwas, das wir hineinstellen in das Leben, als was von der Sinneswahrnehmung bis zum Vorstellen reicht. Sie können sich selbst davon überzeugen, daß naturwissenschaftlich gründlich denkende Psycho-Physiologen auf diese Sache schon gekommen sind, wenn sie das sehr bedeutende Buch über Psychologie von Theodor Ziehen studieren: daß man stehenbleiben muß bei der Willensanlage, beim Willensimpuls, bei der Vorstellung; daß man weiter nicht hinunter kann. Dann erst tritt auf die fertige Handlung, die wieder in die Vorstellung eintritt. Was zwischen der fertigen Handlung und der Vorstellung liegt, das ist ebenso in die Dumpfheit des Bewußtseins eingetaucht beim wachen Tagesleben, wie das in die Finsternis eingetaucht ist, was der Mensch zwischen dem Einschlafen und Aufwachen erlebt, wenn kein Traum durch seinen Schlaf zieht.

So träumen wir fort während unseres wachen Tageslebens, so schlafen wir fort. Aus unserem Traumesleben, das das Wachen durchzieht, gehen die Gefühlsimpulse hervor, aus dem das wache Tagesleben druchdringenden Schlafesleben die Willensimpulse. Dasjenige also, was sich im sozialen Leben, was sich in der Geschichte äußert, geht aus unserem Traum- und Schlafesleben hervor.

Untersucht man diese Dinge, so braucht man allerdings dazu – ich habe vorgestern darüber gesprochen – ein Erkenntnisvermögen, das durch eine ganz andere Art die Seele betätigt, als das gewöhnliche Bewußtsein dazu imstande ist, und das einen befähigt, wirklich das seelische Leben als solches durch das Seelische anzuschauen.

Ich möchte auch heute etwas einfügen, was das Bewußtsein mit sich machen muß, um zu der Anschauung dieser Dinge zu kommen. Denn immer wieder und wiederum wird das Mißverständnis auftauchen, daß der Geistforscher seine Dinge nicht beweist. Er beweist sie dadurch, daß er zeigt, was die Seele vollbringt, um zu der Anschauung dieser Dinge zu kommen.

Zu der Anschauung der Dinge kann man aber allerdings nicht kommen, wenn man nur das gewöhnliche

Bewußtsein zu Rate zieht. Wie gesagt, ich habe vorgestern darüber gesprochen. Das Genauere finden Sie in meinen Büchern, wie in der «Geheimwissenschaft» und «Wie erlangt man Erkenntnisse der höheren Welten?», oder zusammengefaßt in meinem Buche «Vom Menschenrätsel», auch wiederum jetzt in meinem neuesten Buche, das in diesen Tagen erscheinen wird: «Von Seelenrätseln». Aber eines möchte ich hervorheben, was gerade für unsere heutige Betrachtung wesentlich sein kann: Die Art des Vorstellens, die für die naturwissenschaftlichen Gedanken voll gerechtfertigt ist, muß eine ganz andere werden, wenn der Mensch voll ins Auge fassen will, was ich jetzt gesagt habe und noch sagen werde. Es ist nicht mit einem so geformten Denken zu erfassen, wie man es mit Recht anwendet, wenn man es mit dem gewöhnlichen Tagesleben zu tun hat. Da reicht man nicht hinunter zum Beispiel in die Gebiete, in denen die Impulse des sozialen, sittlichen, juristischen, ethischen Lebens liegen. Man braucht da Begriffe, welche in viel intensiverer Weise mit der Wirklichkeit verwandt sind als die naturwissenschaftlichen Begriffe. Naturwissenschaftliche Begriffe zeichnen sich gerade dadurch aus, daß die Tatsache, das Wesen außer ihnen ist, daß sie in einer gewissen Weise gar nicht darauf angewiesen sind, unterzutauchen in das Objekt, unterzutauchen in die Objektivität selbst. Mit diesen Begriffen kann man nicht in Geisteswissenschaft eindringen. Um in Geisteswissenschaft einzudringen, ist nötig, daß die Begriffe zusammenwachsen mit dem Leben, daß sie untertauchen in das Leben, so daß sie in sich selber solches Erleben haben, in sich selber solches Erleben vibrieren fühlen, wie es in den Dingen selber drinnen vor sich geht.

Das kann man nur dadurch erreichen, daß man sich loslöst von der Art, wie man im gewöhnlichen Bewußtsein mit seinen Vorstellungen zu den Dingen steht. Aber mit Recht hat dieses gewöhnliche Bewußtsein sich über die ganze Naturbetrachtung ausgedehnt, denn nur dadurch sind die glänzenden Fortschritte der Naturwissenschaft zu erreichen.

Wenn der Mensch eintritt in die geisteswissenschaftliche Betrachtung, so werden seine Vorstellungen etwas ganz anderes. Sehen Sie, wenn man einen Baum von vier Seiten betrachtet – ich habe das Beispiel auch hier schon angeführt –, von vier Seiten fotografiert, dann sind diese vier Seiten ganz verschieden voneinander, und Sie werden doch immer denselben Baum haben. Aus *einer* Fotografie kann man nicht sehen, wie der Baum eigentlich ist.

Im gewöhnlichen Leben ist der Mensch zufrieden, wenn er *einen* Begriff wie ein Abbild irgendeines Vorganges oder einer Wesenheit hat, wenn er rein ein Naturgesetz aussprechen kann. Sobald man in die Geisteswissenschaft eintritt, müssen Begriffe wie diese Fotografien von vier Seiten angewandt werden. Man kann niemals von einem Wesen oder einer Tatsache der wirklichen geistigen Welt eine Vorstellung bekommen, wenn man sich nur *einen* Begriff bildet. Man muß seine Begriffe so bilden, daß sie gewissermaßen um das Ding herumgehen, daß sie das Ding möglichst von den verschiedenen Seiten aus, ich darf jetzt sagen, ins Auge fassen, obwohl der Begriff nur symbolisch gemeint ist. Im äußeren Leben sind die Menschen Pantheisten, Monadisten oder Monisten oder irgendwelche andere «Isten». Man glaubt, mit einer solchen Vorstellung so recht irgend etwas von der Wirklichkeit zu erforschen. Der Geistesforscher weiß, daß das nicht möglich ist. Wenn es sich um geistiges Gebiet handelt, ist es nicht möglich, daß man pantheistisch forscht, den Baum nur von einer Seite betrachtet. Man muß zu gleicher Zeit Monadist sein, den Baum auch von einer anderen Seite fotografieren und so weiter, man muß seine Begriffe innerlich beweglich machen.

Dadurch aber erlangen Sie die Möglichkeit, wirklich unterzutauchen in das volle Leben. Dadurch werden Sie, wie ich es in meinem Buche «Vom Menschenrätsel» gezeigt habe, wirklichkeitsgemäß in Ihren Begriffen. Und es ist nötig, in seinen Begriffen immer wirklichkeitsgemäßer und wirklichkeitsgemäßer zu werden. Das strebt der Geistesforscher an. Ich möchte mich durch ein Beispiel klarmachen.

Sehen Sie, der Naturforscher hat ganz recht, wenn er mit seinen Begriffen in der Sphäre des gewöhnlichen Bewußtseins bleibt. Bei ihm wird gerade dann Bedeutsames in seinem berechtigten Gebiete erreicht, wenn er diese Begriffe so nimmt, wie sie das gewöhnliche Bewußtsein darlebt; denn da stellen sie sich als geeignet heraus, die sinnenfälligen Tatsachen zu ergreifen. Wenn allerdings dann der Naturforscher diese Begriffe ausdehnen will über die sinnenfälligen Tatsachen hinaus, dann muß er sich bewußt sein, daß er vielleicht in eine Leere hineinkommt, daß er nicht mehr wirklichkeitsgemäß bleibt. Dazu ist das folgende Beispiel sehr interessant.

Es hat Professor Dewar, ein großer naturwissenschaftlicher Denker unserer Zeit, sehr gut und bedeutungsvoll aus dem, was der Forscher heute als Vorgänge beobachten kann, ausgemalt, wie der Endzustand der Erde sein wird nach Millionen von Jahren. Man kann, indem man ganz richtig physikalisch vorgeht, gerade als ein guter Physiker alles zu Rate zieht, sich Anschauungen darüber bilden, wie sich im Verlaufe von kurzen Zeiträumen gewisse Verhältnisse ändern. Dann rechnet man gewissermaßen aus, indem man das in der kürzeren Zeit sich Ändernde ausdehnt über einen großen Zeitraum, wie nach Millionen von Jahren die Sache aussieht. Da beschreibt der Professor sehr interessant, wie dann eine Zeit eintreten kann, wo zum Beispiel die Milch fest sein wird. – Ich weiß nicht, wie sie dann zutage treten wird; das ist eine andere Sache! – Er beschreibt, wie man die Wände des Zimmers mit diesem Weiß der Milch bestreichen wird; so fest wird die Milch sein. Allerdings wird es dann viele hundert Grade kälter sein als jetzt. Aber es wird keine flüssige Milch geben, die Milch wird fest sein. Die Dinge sind alle mit großem naturwissenschaftlichem Scharfsinn gedacht, und es ist gar nichts einzuwenden gegen die Aufstellung von solchen Hypothesen auf naturwissenschaftlichem Boden.

Für den Geistesforscher stellt sich sogleich ein anderer Gedanke hin, weil er lebendig, wirklich denkt und nicht abstrakt. Man kann ja sogar ganz gut das Beispiel von einem jungen Menschen nehmen von vierzehn Jahren, wie er sich verändert hat bis zum achtzehnten Jahre, und so diese kleinen Veränderungen dann zusammenstellen, nach der Methode, wie es Professor Dewar gemacht hat, und nun ausrechnen, wie dieser Menschenorganismus sein muß nach dreihundert Jahren. Es ist ganz dieselbe Methode. Nur lebt der Mensch nach dreihundert Jahren als physischer Mensch nicht mehr! Dem Geistesforscher stellt sich dies sogleich hin. Die Betrachtungsweise ist ganz richtig, nimmt alle naturwissenschaftlich-physikalischen Schikanen in Anspruch. Es ist gar nichts dagegen einzuwenden, sie ist ganz richtig. Man darf sie nicht als falsch hinstellen, aber sie ist nicht wirklichkeitsgemäß, dringt nicht ein in das Wirkliche. Ebenso könnte man zurückgehen von den Veränderungen, die der menschliche Organismus durchmacht, und dann von diesen Veränderungen aus sich fragen: Wie war das vor dreihundert Jahren? Man wird etwas sehr Nettes herausbekommen – nur hat der Mensch nicht gelebt vor dreihundert Jahren! Aber nach diesem Muster bildet sich derjenige, der Theorien bildet, seine Beispiele. Die Kant-Laplacesche Theorie von dem Urnebel – sie hat ja mannigfaltige Modifikationen erfahren, die man alle kennen kann –, aber dasjenige, was ihr prinzipiell zugrunde liegt, das ist für den Geistesforscher ein unerlaubter Gedanke, weil ebensowenig, wie der Mensch vor dreihundert Jahren physisch gelebt hat, wenn man auch seinen früheren und späteren Zustand ganz richtig berechnet hat, ebensowenig die Erde gelebt hat in der Zeit, für die die Kant-Laplacesche Theorie vom Urnebel aufgestellt wird; und das Sonnensystem nicht vorhanden war. Das habe ich nur als Beispiel angeführt, wie Vorstellungen ganz richtig sein können, absolut aus richtigen Grundlagen abgeleitet sein können, wie sie aber trotzdem nicht wirklichkeitsgemäß zu sein brauchen.

Das erreicht gerade der Geistesforscher durch seine Übungen, zu solchen Vorstellungen zu kommen, die wirklichkeitsgemäß sind, mit denen er dasjenige ergreift, was man nur ergreifen kann, wenn man in die Wirklichkeit untertaucht. Und durch solches Untertauchen lernt man erkennen, wie das Ich dann wäre in seinem gewöhnlichen Bewußtsein, wenn der Mensch nicht schlafen könnte. Es wäre eben gar nicht im menschlichen Bewußtsein vorhanden das Selbstbewußtsein oder Ich-Bewußtsein, wenn der Mensch nicht im zeitlichen Rhythmus von Schlafen und Wachen leben würde. Man lernt auch durch unmittelbare Anschauung erkennen, wie die Gefühlseigenschaften eigentlich geträumt werden, wie die Willenseigenschaften eigentlich geschlafen werden.

In Parenthese gleichsam möchte ich hier etwas einfügen, weil ich von mehreren Seiten darauf aufmerksam gemacht worden bin, was sich auf eine Bemerkung bezieht, die ich vorgestern gemacht habe. Ich sagte: Dasjenige, was der Geistesforscher erlebt, kann umgewandelt werden in Begriffe; aber das Erlebnis selber, die unmittelbare Wahrnehmung des Geistigen, die kann nicht erinnert werden, sondern muß immer wieder neu erfahren werden.

Man kann scheinbar ganz richtig einwenden: Wie kann man denn überhaupt wissen, daß irgendeine geistige Erfahrung neu ist, wenn man sich nicht erinnert? An die geistige Erfahrung kann man sich ebensowenig erinnern, wie man sich nicht an gewisse Menschen erinnert, die man nicht vor sich hat. Das geistige Ereignis, das entschwindet, das wird nicht in der Erinnerung aufbewahrt. Nur dann, wenn man es umgewandelt hat in Begriffe, in Vorstellungen, erinnert man sich an die Vorstellungen. Nur damit kein Mißverständnis eintritt, wollte ich dies gewissermaßen in Parenthese sagen.

Nun aber möchte ich auch noch die andere Seite des menschlichen Bewußtseins mit einer kurzen Bemerkung streifen. Was geschieht denn, wenn der Mensch nun wirklich dasjenige, was sonst immer im Unterbewußten bleibt, was verträumt, was verschlafen wird, wenn er das durch solche inneren Vorgänge, wie Sie sie geschildert finden in meinen Büchern, nun wirklich ins Bewußten heraufhebt? Wenn darüber ein Bewußtsein entsteht, so wie es im gewöhnlichen Bewußtsein des Tages nur vorhanden ist für das Sinnes- und Vorstellungsleben, da lernt der Mensch dann tatsächlich zum Beispiel dasjenige kennen, was in seinen Willensimpulsen sonst nur verschlafen wird. Aber wie man, wenn man auf das Schlafleben sich hinrichtet, erkennen lernt, daß das Ich-Bewußtsein abhängig ist vom Schlafesleben, so lernt man, in einer anderen Weise, durch die wirkliche Heraufhebung des Willenslebens aus dem Unterbewußten ins Bewußte erkennen, daß man dann, wenn man dieses Willensleben immer vor sich hätte, wenn man das Willensleben nicht verschlafen würde, ein ganz anderes Bewußtsein hätte, jenes Bewußtsein, das wirklich in einer gewissen Weise der Geistesforscher entwickelt. Das, was in uns will, und in gewisser Beziehung auch dasjenige, was unserem Fühlen entspricht, was in den Gefühlsimpulsen lebt, das würde, wenn der Mensch es so vor sich hätte wie sein Vorstellungsleben, auf ihn wirken wie ein anderer, wie wenn er einen zweiten, einen anderen Menschen in sich hätte. Der Mensch würde mit einem anderen Menschen herumgehen. Und man kann sagen: Es ist im weisheitsvollen Entwickelungsplan so eingerichtet, daß das einheitliche Bewußtsein, das der Mensch braucht für sein Leben zwischen Geburt und Tod, möglich gemacht wird dadurch, daß das Willensleben hinunter in den Schlaf gedrängt ist, er also nicht entzweigespalten wird dadurch, daß er den anderen immerfort anzuschauen hat, der eigentlich in ihm will. Dieser andere hängt nämlich wiederum zusammen mit dem urewigen Wesenskern des Menschen, mit dem von der Leiblichkeit freien, urewigen Wesenskern des Menschen, mit dem, was nicht durch die Leiblichkeit wirkt.

Daher, wenn der Geistesforscher wirklich dazu gelangt – ich habe schon vorgestern gesagt, ich lasse mich nicht abhalten durch irgendeine Scheu, auf die Dinge aufmerksam zu machen, die wirklich aus dem Gebiete der Geistesforschung hervorgehen mit wissenschaftlicher Exaktheit, wie die naturwissenschaftlichen Gesetze auf naturwissenschaftlichem Gebiete –, wenn der Geistesforscher wirklich dazu gelangt, das Willensleben und das Gefühlsleben heraufzuholen in das Bewußtsein, wenn er seine innere Aktivität so verstärkt, daß er nicht bloß das Sinnes- und Vorstellungsleben in sich lebendig machen kann, sondern in sich lebendig machen kann das Gefühls- und Willensleben, dann wird die Welt ergänzt durch die andere Seite, durch die geistige Seite; dann erlebt der Mensch als eine Wirklichkeit, daß wir von denjenigen Seelen, welche den Leib verloren haben durch den Tod, nur durch unser Sinnes- und durch unser Vorstellungsleben getrennt sind. In dem Augenblick, wo wir bewußt eintreten in unser Gefühls- und Willensleben, treten wir in eine Region ein, wo wir auf gemeinsamem Gebiet auch mit den Seelen stehen, die durch die Pforte des Todes gegangen sind.

Das Getrenntsein zwischen den sogenannten lebenden Menschenseelen und den sogenannten gestorbenen Menschenseelen überbrückt sich durch Geisteswissenschaft. Es überbrückt sich durch Geisteswissenschaft auf eine ganz exakte Weise. Durch eine ganz exakte Betrachtungsweise muß allerdings das Seelenleben wiederum umgestaltet werden. Wenn auf diesem Gebiete, in das da der Mensch eintritt, wirklich reale Wahrnehmungen gemacht werden wollen – Träume kommen unwillkürlich, dasjenige, was im Traume erlebt wird, kommt unwillkürlich –, wenn der Mensch etwas in sein Bewußtsein hereinbringen will, das wirklich aus dem Gebiete kommt, in dem die Toten leben, dann muß er mit ebensolchen willkürlichen Vorstellungen, aber jetzt höheren Vorstellungen, als die des wachen Tagesbewußtseins sind, weil diese Vorstellungen das Fühlens- und Willensleben umfassen müssen, er muß mit ebenso willkürlichen Vorstellungen den Objekten in der geistigen Welt gegenüberstehen, wie man sonst den Objekten in der Sinneswelt gegenübersteht. Im gewöhnlichen Traume kann man nicht unterscheiden das, was einen zwingt vorzustellen, und sich selber. Diese Unterscheidung ist vorhanden, wenn der Geistesforscher dem Leben naht, dem auch die durch den Tod gegangenen Seelen angehören.

Daher sind Träume, die unwillkürlich kommen, auch wenn sie uns scheinbare Botschaften bringen aus einer übersinnlichen Welt, immer mit Vorsicht aufzunehmen. Der Geistesforscher kann nur dasjenige als seine wirkliche Beobachtung anerkennen, das er mit voller Willkür herbeiführen will. Will der Forscher daher in Verbindung kommen mit irgendeiner Seele, die dem geistigen Leben angehört, die vielleicht schon lange durch die Pforte des Todes gegangen ist, dann kann er dadurch in Verbindung kommen, daß er von seinem Willen aus dasjenige herbeiführt, was er mit der betreffenden Seele erlebt, nicht in solcher unwillkürlichen Weise, wie es durch den Traum geschieht.

Sehen Sie, Geistesforschung führt uns dahin, anzuerkennen, wie eine andere Welt hereinragt in unsere Welt, die aber für unsere Welt eine tiefe, eine intensive Bedeutung hat, aus dem einfachen Grunde, weil unser Gefühls-, weil unser Willensleben dieser Welt angehört.

Für die Welt nun, die in den Sinnen beschlossen ist, die mit Gesetzen umfaßt werden soll, die diesen Sinnen entnommen sind, kurz für die Welt, die die Naturwissenschaft betrachtet, reichen die abstrakten Vorstellungen des wachen und gewöhnlichen Bewußtseins aus. Für die Welt des sozial-sittlichen Lebens braucht man wirklichkeitsgemäße Vorstellungen. Vorstellungen, wie die Kant-Laplacesche Theorie, wie die Vorstellungen über den

Endzustand der Erde, können nur zum Irrtum führen. Sie können berechtigte Vorstellungen sein, wenn man im Gebiete der theoretischen Diskussionen bleibt. In dem Augenblick, wo man in das soziale Leben, in die politische Struktur von der Wissenschaft her Vorstellungen einführt, die abstrakt, nicht wirklichkeitsgemäß sind, wirkt man zerstörend, bewirkt man Katastrophen innerhalb dieser Wirklichkeit. Da haben Vorstellungen, die nicht wirklichkeitsgemäß sind, eine ganz andere Bedeutung.

Nun stellt sich heraus, wenn man dasjenige, was im Laufe der menschlichen Geschichte wirklich geschieht, was das geschichtliche Leben weitertreibt, betrachten will, so kann man es nicht betrachten mit dem naturwissenschaftlichen Vorstellen; denn dieses geschichtliche Leben wird nicht auf einem solchen Felde erlebt, auf dem die naturwissenschaftlichen Vorstellungen anzuwenden sind, die ganze Geschichte wird von dem Menschen nicht mit wachen Vorstellungen wirklich impulsiert, sondern sie wird geträumt. Das ist das Wichtige, das ins Auge gefaßt werden kann – heute noch eine ganz paradoxe Wahrheit, wie der Kopernikanismus ein Paradoxon war, als er aufgetreten ist –, das geschichtliche Leben wird nicht geschaffen aus solchen Vorstellungen heraus, wie wir sie eben im Naturwissenschaftlichen gewöhnt sind. Das Soziologische, das soziale Leben geht nicht hervor aus einem solchen Impulse, wie wir ihn mit der Naturwissenschaft erfassen, sondern es wird erträumt. Der Mensch träumt das gesellschaftliche Leben.

Interessant war mir immer – ich darf diese persönliche Bemerkung machen; es sind jetzt mehr als dreißig Jahre, daß ich mich intensiv mit diesem Problem befasse, es von allen Seiten zu erforschen gesucht habe –, interessant war mir, wie es strahlende Lichter hingeworfen hat auf ein Rätsel, wenn Herman Grimm im Gespräche mit mir öfter gesagt hat: Wendet man die gewöhnlichen Begriffe, die naturwissenschaftlichen Begriffe auf das geschichtliche Leben an, so daß sie tauglich sein sollen, so kommt man keinen Schritt weiter. Will man das geschichtliche Leben erfassen, will man hineinschauen in die Impulse, die darin wirken, dann kann man das nur mit der Phantasie. Herman Grimm war noch kein Geistesforscher, lehnte die Dinge ab; aber er meinte, man kann dieses geschichtliche Leben nur ergreifen mit der Phantasie. Nun, mit der Phantasie kann man es auch nicht ergreifen. Aber Grimm war doch wenigstens eine Persönlichkeit, die wußte: Man kann nicht mit den gewöhnlichen Begriffen hineinkommen in das geschichtliche Leben.

Aber gerade Geisteswissenschaft kann hineinkommen, indem sie hinzufügt zu dem gewöhnlichen Bewußtsein das imaginative Bewußtsein, das inspirierte Bewußtsein und das intuitive Bewußtsein, drei übersinnliche Vorstellungsarten des schauenden Bewußtseins. Geisteswissenschaft hebt dasjenige herauf ins Bewußtsein, was sonst verträumt, was sonst verschlafen wird.

In früheren Jahrhunderten und Jahrtausenden hatten die Menschen – ich habe das auch schon vorgestern erwähnt – über die geistigen Tatsachen ein gewisses instinktives Bewußtsein. Aber dieses instinktive Bewußtsein mußte verlorengehen. Es ging verloren und wird immer mehr und mehr verlorengehen, je mehr sich die glänzenden Errungenschaften der Naturwissenschaft auf ihrem Gebiete gut bewähren werden.

Von der anderen Seite her muß das wiederkommen, was dem instinktiven Bewußtsein verlorengegangen ist.

Daher kann man sagen: Während des menschlichen Instinktlebens konnten die sittlich-sozialen Ideen, die ethischen Ideen, die juristischen Ideen in das geschichtliche, in das soziale Leben, in das gesellschaftliche Leben hineinfließen, die geträumt sind; und so kann die Menschheit jetzt noch immer zehren von dem, was aus dem instinktiven Bewußtsein gekommen ist.

Aber heraufgekommen ist dieses Zeitalter, in dem die Menschheit ins volle Bewußtsein hineintreten muß, in dem die Menschheit zur vollen Freiheit gelangen muß. Da wird das alte instinktive Bewußtsein nicht mehr ausreichen. Wir stehen in jener Epoche, in welcher geisteswissenschaftlich diejenigen Kräfte heraufgeholt werden müssen, welche in der sozialen Strukturgebung der Gesellschaft, in der ethischen Strukturgebung der Gesellschaft, im politischen Leben wirksam sein müssen. Niemals wird dasjenige, was im sozialen Leben lebt, erfaßt werden können mit den Begriffen, die nur den Sinneswahrnehmungen, die überhaupt nur dem wachen Tagesbewußtsein, dem gewöhnlichen Bewußtsein entnommen sind.

Herman Grimm hatte ganz recht – aber er wußte nur die Hälfte der Sache –, wenn er sagte: Warum ist der englische Geschichtsforscher Gibbon so bedeutend, wenn er die ersten christlichen Jahrhunderte schildert, in der Schilderung desjenigen, was da unterging? Und warum findet man in seiner Geschichtsdarstellung gar nichts von dem bedeutenden Wachstum und Werden, das durch die christlichen Impulse in die Menschheitsentwikkelung hineingekommen ist? Aus dem Grunde, weil Gibbon eben auch die gewöhnlichen Begriffe nimmt, die Begriffe des wachen Tagesbewußtseins. Die können aber auch nur dasjenige erfassen, was untergeht, die können nur den Leichnam erfassen.

Dasjenige, was wird, was wächst, das wird geträumt, verschlafen. Und das kann nur durch Geisteswissenschaft erkannt, durchschaut werden. Weil die politischen Impulse bewußt werden müssen, weil sie nicht mehr bloß instinktiv sein können, deshalb müssen sie geisteswissenschaftlich verstanden werden in der Zukunft.

Das ist es, was gerade auf einem tief mit der Menschenseele zusammenhängenden Gebiete aus den Zeichen der Zeit erkannt werden muß; selbst aus äußerlichen Dingen kann man heute solches erkennen. Nehmen wir ein heute sehr weitverbreitetes Beispiel.

Indem ich von diesem Beispiel spreche, möge man nur ja nicht glauben, daß Geisteswissenschaft einseitig nach irgendeiner Richtung sein wolle, Partei ergreifen wolle nach der einen oder anderen Richtung, sondern das nimmt sie völlig ernst, daß man mit irgendeinem Begriff nur von einer Seite eine Sache beleuchtet und daß man daher etwas Unrechtes tut, wenn man diesen Begriff unmittelbar in die Wirklichkeit einführen will. Nehme ich zum Beispiel die ja manchen Menschen glänzend einleuchtende materialistische, geschichtlich-soziologische Auffassung, die Karl Marx und ähnliche Leute über das soziale Leben der Menschheit und den geschichtlichen Verlauf gegeben haben. Verfolgt man diese sozialdemokratische Betrachtungsweise, verfolgt man bei Marx, wie er wirklich mit einem gewissen Scharfsinn darstellen will, daß alles dasjenige, was geschichtlich geschieht, durch gewisse Klassenkämpfe sich auslebt, daß materielle Impulse das geschichtliche Leben in seiner Struktur bestimmen, dann merkt man: Verstehen kann man dasjenige, was Karl Marx auf diesem Gebiete sagt, nur dann, wenn man weiß, daß er, allerdings einseitig, Wirklichkeiten schildert. Aber was für Wirklichkeiten schildert er? Die

Wirklichkeiten schildert er, die damals vergangen waren, als er seine Bücher geschrieben hat!

Vom 16. Jahrhundert ab beginnt in der Tat das europäische und das zum Europäischen gehörende Leben so, daß neben dem, was man sonst konventionell in der Geschichte erzählte – Geschichte ist ja doch meist eine Fable convenue, wie sie in den Schulen gelehrt wird –, daß neben dem, was man so erzählt als wirkliche Geschichte, Klassenkämpfe da sind, materielle Impulse da sind. Das, was heraufgekommen ist bis in das Zeitalter, wo Karl Marx schildert – er schildert einseitig, aber er schildert nicht ganz mit Unrecht –, das, was in dem Augenblicke, wo er versucht, Begriffe des gewöhnlichen Bewußtseins darauf anzuwenden, schon ausgeträumt war von der Menschheit, was damals Wirklichkeit war, als die Menschheit geträumt hat, das wird in gewöhnliche Begriffe gefaßt. Aber nun stellt sich heraus: Wird nicht angewendet die Methode der Geisteswissenschaft, die aus der Wirklichkeit heraus ist, dann findet man aus dem, was man so mit gewöhnlichem Bewußtsein erfassen will, nichts in den sozialen Vorgängen für das, was weitergehen kann; man findet nichts Anwendbares für das Weiterleben. Karl Marx' Schilderung ist richtig für eine gewisse Einseitigkeit des Lebens, für die letzten Jahrhunderte. Sie ist nicht mehr anwendbar, nachdem die Menschheit ausgeträumt, dasjenige ausgeschlafen hat, was er schildert. Es ist tatsächlich so: Wenn man wirklichkeitsgemäße Begriffe gewinnt, so kann man nicht sagen, daß man das, worauf es ankommt, aus der äußeren Erfahrung ablesen könne, wie es die Naturwissenschaft machen muß. Wer in irgendeiner Stellung des Lebens, in irgendeiner Position des Lebens eingreifen muß in die soziale Struktur, der muß wirklichkeitsgemäße Begriffe haben.

Aber diese wirklichkeitsgemäßen Begriffe können nicht vom Leben abgelesen werden. Vom Leben abgelesen werden kann nur das, was das gewöhnliche Bewußtsein erfaßt.

Man muß im sozialen Leben drinnenstehen, wenn man es nicht mit fehlender Wirklichkeit, sondern mit lebendigen Begriffen zu tun haben will. Man muß so drinnenstehen, daß man nicht angewiesen ist darauf, daß einem dieses Leben etwas gibt, sondern daß man die Gesetze kennt, die sonst nur im Unterbewußten walten, und daß man sie einzuführen vermag in das Leben. Aus der imaginativen Erkenntnis, aus derjenigen Erkenntnis, welche das gewöhnliche abstrakte Vorstellen zu innerer Lebendigkeit so zu erheben vermag, daß diese Vorstellungen zwar bildhaft sind, aber dafür in die Wirklichkeit untertauchen, aus dieser imaginativen Erkenntnis gehen alle diejenigen Begriffe hervor, welche in der Zukunft wirksam sein können in bezug auf die soziale Struktur.

Die sozialen Versuche sind deshalb so trostlos geblieben, sie haben deshalb so viele reale Irrtümer hervorgerufen, weil man glaubte, die sozialen Begriffe so auffassen zu können, wie man naturwissenschaftliche Begriffe aufstellt, weil man wirklichkeitsfremd diese Begriffe aufstellte. Aus der Imagination, aus dem Untertauchen in dasjenige, was sonst von dem gewöhnlichen Bewußtsein nur wie im Traume erlebt wird, können diejenigen Impulse nur hergeholt werden, die der braucht, der irgend etwas, was als soziale Idee gelten will, auszusprechen hat. Jede Zeit ist eine Übergangszeit. Es ist natürlich eine triviale Wahrheit, wenn immer wieder und wieder gesagt wird, eine Zeit ist eine Übergangszeit, es kommt nur darauf an, *was* übergeht. Aber in unserer Zeit geht das instinktive Bewußtsein über in das freie, in das volle Bewußtsein, das unter der Idee der Freiheit lebt. Da müssen die alten Impulse, die aus dem instinktiven Bewußtsein gekommen sind – auch das römische Recht gehört noch dazu –, sie müssen abgelöst werden von dem, was für das soziale Leben Imagination, für das ethisch-sittliche Leben die Inspiration ergibt, was für das Rechtsleben die Intuition ergibt. Das ist allerdings nicht so bequem, wie wenn man aus dem Abstrakten heraus allerlei Rechtsbegriffe konstruieren will und weiß, weil man ja ein gescheiter Mensch ist, wie die ganze Welt beschaffen sein soll. Das weiß man!

Als Geistesforscher ist man nicht in dieser Lage; da muß man überall in die Wirklichkeit eindringen. Man hat heute gar nicht viel Begriff davon, wie dieses geschieht. Durch Jahrzehnte hindurch wird auf diesem Gebiete so, aus dem Abstrakten heraus, gehandelt. Man weiß nicht, wie zum Beispiel die westlichen Völker Europas – als Völker, nicht als einzelne Menschen! – gewisse Seeleneigentümlichkeiten haben, die Völker Mitteleuropas, die Völker Osteuropas, Asiens, gewisse andere Seeleneigentümlichkeiten haben, wie diese Seeleneigentümlichkeiten zusammenhängen mit dem, was diese Völker sind. Heute in dieser katastrophalen Zeit sehen wir, wenn wir tiefer blicken, vielfach dasjenige, was die Geistesforschung allein zu sehen vermag, sehen ein für das äußere Bewußtsein nicht verständliches, trauriges Ereignis durch die Menschheit gehen in der Welt, deren Zeichen so deutlich sprechen, in der sich die Menschheit nur zurechtfinden kann, wenn sie wirklichkeitsgemäße Begriffe suchen will. Wirklichkeitsgemäße Begriffe sind nicht diejenigen, die nach dem Muster der Naturwissenschaft gemacht sind oder nach dem Muster des wachen Tagesbewußtseins, wenn es sich um das Soziale, das Sittliche, um das Rechtsleben handelt.

Hier in der Schweiz ist ein Anfang gemacht worden, ein schöner Anfang in bezug auf Rechtsbegriffe, es ist versucht worden, die Begriffe des gewöhnlichen Vertragsverhältnisses aus der konkreten Wirklichkeit herauszuholen. Dr. Roman Boos hat in seinem ausgezeichneten, vor kurzem erschienenen Buch «Der Gesamtarbeitsvertrag nach Schweizerischem Recht» zum ersten Mal in der heutigen Zeit den Anfang damit gemacht, aus der konkreten Wirklichkeit heraus etwas zu suchen, was zur Rechtsstruktur gehört.

Diese Art, in sozialer, in sittlicher, in freiheitlicher Weise ins juristische Leben hineinzuleuchten, die muß ihren Fortgang nehmen, wenn wir die wirklichkeitsgemäßen Begriffe suchen wollen. Es gibt ein einfaches Mittel – gäbe ein einfaches Mittel –, das sehr hilfreich wäre, wenn in seiner radikalen Form versucht werden würde, irgendwo zu zeigen, wie die Begriffe des gewöhnlichen Bewußtseins, die sich so großartig ausnehmen auf naturwissenschaftlichem Gebiet, wie diese Begriffe unvermögend sind, in das sittlich-soziale Leben einzugreifen. Man brauchte nur den Versuch zu machen, einmal ein Parlament zusammenzusetzen aus solchen Menschen, die gerade groß sind auf dem Gebiete philosophischen Nachdenkens über die Welt mit den Begriffen, die nur dem gewöhnlichen Bewußtsein, das man auch das wissenschaftliche nennt, entnommen sind. Ein solches Parlament wäre am geeignetsten, das Gemeinwesen, zu dem dieses Parlament gehört, in der kürzesten Zeit zugrunde zu richten, weil ein solches Parlament nur die untergehenden Impulse sehen würde.

Zum schaffenden Leben gehören diejenigen, welche in das Bewußtsein heraufheben können, was sonst im äußeren realen Leben und in der Geschichte nur träumt, was in den Schlaf hinuntergesunken ist.

Daher sind auch Utopien so trostlos. Utopien sind wirklich so, wie wenn man eine ausstudierte Schachpartie anwenden wollte, ohne Rücksicht auf den Partner. Utopien bilden heißt, dasjenige, was leben sollte, in die abstrakten Verstandesformen fassen. Daher kann eine Utopie niemals etwas anderes enthalten, als was ein Gemeinwesen zugrunde richten kann, nicht aber, was es aufbauen kann. Denn was die Wirklichkeit aufbauen kann, das kann nicht im Anschlusse an verstandesmäßige Begriffe gefaßt werden, das wirkt nur in lebendigen Imaginationen und hat im unmittelbaren Wirken etwas, was verwandt ist, aber nicht dasselbe ist – ich bitte das ausdrücklich zu bemerken –, was verwandt ist mit einem künstlerischen Wirken. Das mannigfaltigste wird einem geoffenbart, wenn man gerade dieses soziale, dieses sittliche Leben betrachtet vom Gesichtspunkt der Geisteswissenschaft.

Vor allen Dingen wird, wenn dasjenige, was sich auf diese Weise als sozial-sittliche Ideen, als juristische Ideen ausprägt, ins Leben hineingeht, immer gipfeln können in der menschlichen Freiheit. Diese menschliche Freiheit kann naturwissenschaftlich nie begriffen werden, weil Naturwissenschaft nicht auf das Freie im Menschen gehen kann; für die Naturwissenschaft kann der Mensch kein freies Wesen sein. Geisteswissenschaft zeigt aber den urewigen Wesenskern des Menschen, von dem ich Ihnen gesagt habe, das ist wie ein anderer Mensch im Menschen. Naturwissenschaft zeigt nur den einen, nicht den anderen Menschen; der andere ist aber der freie. Der freie Mensch lebt auch in dem Menschen. Aber durch das sozial-sittliche Leben, durch das staatliche Leben, durch das ethische Leben wird der freie Mensch herausgeholt.

Moderne Betrachtungsweise, wie sie jetzt durch die Tatsachen widerlegt werden sollte, wenn man richtig beobachten könnte, moderne Betrachtungsweise führt eigentlich überall schon in der Theorie zum Austreiben der Freiheit.

Lassen Sie mich am Schlusse dieses noch anführen. Es hat ja immer gegeben in der neueren Zeit – und auch jetzt tritt es hervor und macht Aufsehen – solche Betrachtungen des sozial-sittlichen und des Staats- und politischen Lebens, welche den Staat zum Beispiel vergleichen mit einem Organismus, mit einer Lebensform. Von einem ausgezeichneten Forscher, den ich sehr schätze, ist ein aufsehenerregendes Buch erschienen: «Der Staat als Lebensform». Aber es ist so recht ein Beispiel für dasjenige, was überwunden werden muß. Manche haben versucht, diese Analogien zu bilden, den Staat zu vergleichen mit einem Organismus. Vergleichen kann man alles. Wenn es auf das Vergleichen ankäme, so könnte man ganz gut Vergleiche anführen zwischen einem Pfirsich und einem Spazierstock; es kommt nur darauf an, daß man geistreich genug dazu ist! Auf Vergleiche kommt gar nichts an, sondern darauf kommt es an, daß der Vergleich auch wirklichkeitsgemäß ist, wenn er schon gebraucht werden soll.

Nun, ich kann im einzelnen die Sache heute nicht durchführen, weil die Zeit dazu nicht ausreicht. Aber vergleicht man wirklich das, was im sozial-sittlichen Leben pulsiert, mit dem, was im organischen Leben vorhanden ist, dann gilt der Vergleich nur insofern, als man den einzelnen Staat, ja, das einzelne Gemeinwesen vergleichen muß mit einer Zelle. Und wenn man eine Ansammlung von Zellen, wie es der Organismus ist, vergleichen will, so kann man nur das gesamte Leben auf der ganzen Erde zum Vergleich mit dem Organismus verwenden.

Wie gesagt, das genannte Buch, «Der Staat als Lebensform», von Kjellen ist absolut unmöglich, aus dem Grunde, weil es diesen Vergleich in ganz unmöglicher Form gebraucht. Man kann aber, wenn man den Vergleich richtig gebraucht, den einzelnen Staat mit der Zelle vergleichen und das gesamte Leben über die Erde hin etwa mit einem aus einzelnen Zellen aufgebauten Organismus. Dann ist in diesem Organismus noch gar nicht dasjenige drinnen enthalten, was sich im Organismus als Seele, als Geist entwickelt. Aber auf das, was sich im Organismus als Seele, als Geist entwickelt, kommt es an; darauf kommt es sogar sehr an, daß zu dem Gesamtleben der Erde Geist hinzukommt. Und nur eine solche soziale Struktur der Erde wird richtig gedacht sein, welche nicht bei der Betrachtung des rein Äußerlichen die Meinung hegt, damit auch den Gesamtmenschen umfassen zu können.

So wenig man im Organismus die Seele umfassen kann, den Geist umfassen kann, so wenig kann man, auch wenn man die organische Betrachtung über die ganze Erde ausdehnt, im bloßen staatlichen Leben dasjenige umfassen, in dem menschliche Freiheit wurzelt. Denn menschliche Freiheit ragt über die Organisation hinaus.

Das ist etwas, was einem den Beweis liefern kann, wenn Sie es vollständig durchschauen, daß sogar dasjenige Nachdenken, welches die gewöhnliche abstrakte Bewußtseinsform hineinträgt in die Betrachtung des staatlichen Lebens, den Freiheitsbegriff ausschließen muß.

Geisteswissenschaft, indem sie das Leben ins Auge faßt, das frei ist von der Leiblichkeit, das sich nicht vergleichen läßt mit einem Organismus, wird allein berufen sein, auch wiederum den Begriff der freien menschlichen Seele einzuführen in das Leben.

Ich habe den Anfang damit gemacht schon 1894, als ich meine «Philosophie der Freiheit» – die leider schon so lange vergriffen ist – verfaßt habe, indem ich versuchte zu zeigen, wie dadurch, daß der Mensch tatsächlich ein freies Seelenleben entwickelt, das sich als ein anderes loslöst von dem in der Naturwissenschaft mit Recht bloß betrachteten Kausal-Begriff, wie dadurch der Mensch zu dem Ausleben seiner Freiheit kommt. Solange man nicht der Ansicht ist, Naturwissenschaft habe ganz recht, wenn sie Freiheit leugne auf ihrem Gebiete, weil sie es nur zu tun hat mit demjenigen, wo keine Freiheit ist – solange man das nicht einsieht, sieht man auch nicht ein, daß dasjenige, worauf sich Freiheit bezieht, auch nicht durch Naturwissenschaft zu erfassen ist.

Das aber erreicht Geisteswissenschaft, indem sie zeigt, daß der Mensch neben seinem Leib, der nach der einen Seite ein Ausdruck seiner Seele und seines Geistes ist, sein Geistiges hat, das nur erfaßt werden kann vom schauenden Bewußtsein, vom übersinnlichen Bewußtsein: vom imaginativen Bewußtsein, aus dem auch die sozialen Ideen fließen, vom inspirierten Bewußtsein, aus dem die sittlichen Ideen fließen, die sich im gewöhnlichen Leben im Mitgefühl, im Miterleben der anderen Menschen ausleben, aus dem, indem es intuitives Bewußtsein wird, die juristischen Ideen fließen, dadurch, daß im intuitiven Bewußtsein der Mensch nicht nur eindringt in das, was das andere Wesen ist, sondern durch dieses intuitive Bewußtsein das andere Wesen bis zu einem gewissen Grade auch in sich selber durchlebt. Und indem Geisteswissenschaft eindringt in das, was ewig ist im Menschen und was nur erfaßt werden kann durch imaginatives, inspiriertes, intuitives Bewußtsein, dringt Geisteswissenschaft auch vor zu dem, was unter dem Lichte, unter der Sonne der Freiheit im menschlichen Leben pulsieren kann.

Heute ist es noch recht paradox, wenn man, um die Wirklichkeit zu schildern, in die Lage kommt, zu sagen, daß Schlaf- und Traumimpulse in der Geschichte, im sozialen Leben, im sittlichen Leben, im rechtlichen Leben, im Freiheitsleben pulsieren und daß dasjenige, was da pulsiert, nur gefunden werden kann mit Geisteswissenschaft. Aber ich muß immer wiederum erwähnen: Dasjenige, was Geisteswissenschaft für die heutige Zeit als ein Paradoxon in die Welt bringen muß, das läßt sich eben zusammenstellen mit dem Paradoxon, das Kopernikus in die Welt brachte, als die Menschen geglaubt haben, die Erde stehe still, die Sonne und die Sterne bewegen sich um sie herum. Er hat das Entgegengesetzte an die Stelle gesetzt. 1822 erst hat eine gewisse Kirche erlaubt, daß einer an den Kopernikanismus glauben dürfe! Nun, wie lange es dauern wird, bis die Gelehrten und die sogenannten Gebildeten der heutigen Zeit erlauben werden oder sich nicht mehr schämen werden wie eines Aberglaubens, anzunehmen, daß Geisteswissenschaft das Leben erklärt, erweitert zu wirklichkeitsgemäßen Begriffen, daß sie zu fruchttragenden Begriffen führt, das muß abgewartet werden. Aber die Zeichen der Zeit sprechen so stark, daß man den Wunsch haben möchte, es könne recht, recht bald geschehen! Aber erleuchtete, hervorragende Geister haben ja immer, wenn auch nur in einzelnen Geistesblitzen, dasjenige geschaut, was die Wahrheit ist. Geisteswissenschaft ist insoferne eigentlich nichts Neues. Sie faßt nur systematisch und durch wirklichkeitsgemäßes Schauen zusammen, worauf die Geistesblitze der hervorragendsten Persönlichkeiten der Menschheit immer gegangen sind.

Und wie ich gestern am Schlusse einen solchen Ewigkeitsgeist erwähnte, so sei heute derselbe erwähnt: Goethe. Er hat sich auch mit Geschichte befaßt, mit der Anschauung in der Geschichte. Er hat gefühlt, obwohl er noch nicht Geisteswissenschaft gehabt hat dazumal – die Zeit dazu war noch nicht gekommen in seinem Zeitalter –: In dem, was im geschichtlichen Leben pulsiert, ist nicht dasjenige enthalten, was in die Begriffe hineingebracht werden kann, die sich im gewöhnlichen Vorstellen und gewöhnlichen Sinneswahrnehmen eröffnen. Er hat gefühlt: Was in der Geschichte lebt, auch das Große, was in der Geschichte lebt, enthält Impulse, die anders sind als das abstrakte Vorstellen des gewöhnlichen Geisteslebens. Deshalb hat Goethe das bedeutende Wort über die Geschichte ausgesprochen: «Das Beste, was wir von der Geschichte haben, ist der Enthusiasmus, den sie erregt» –, ein Gefühl, das sie erregt, wenn man untertauchen kann in das geschichtliche Werden und nicht etwas herunterholt wie die Theoretiker des gewöhnlichen Bewußtseins, sondern wenn man solches hervorholt, das nicht bloß zum Vorstellen und Sinneswahrnehmen spricht, sondern das zu dem spricht, was in den gefühlsmäßigen Impulsen erträumt, was in den willensmäßigen Impulsen sogar verschlafen wird. Dann hat man das, was in der Geschichte lebt, nicht den Leichnam der Geschichte.

Und mit Bezug auf das sozial-sittliche Leben, mit Bezug auf das Freiheits- und juristische Leben möchte man sagen: Es wird die Menschheit einsehen müssen, daß sie zu einem solchen Erfassen der Wirklichkeit dieser Dinge zu kommen hat, bei dem sich der ganze Mensch beteiligt, auch dasjenige, was sonst im wachen Bewußtsein schläft, weil der Mensch sonst überhaupt unbewußt bleibt über das Gebiet des sozialen und des sittlichen Lebens.

Und so wird es sich darum handeln, daß gerade dasjenige, was nicht theoretisch im Menschen ist, angeregt und angespornt und angefeuert werden kann, dasjenige, was dem Enthusiasmus ähnlich ist, was wirkt wie Kunst – *wie* Kunst, sage ich! Und so wird man wohl am Schlusse einer solchen Betrachtung die Worte aussprechen müssen, die dem Goethewort, das ich eben angeführt habe, ähnlich sind und die in einer gewissen Weise zusammenfassen das, was in einer kurzen Betrachtung heute nur angeregt werden konnte, aber auch nur angeregt werden wollte, die Zusammenfassung desjenigen, von dem ich glaube, daß es heute so notwendig unter dem Einfluß der Zeichen der Zeit gesprochen werden muß. Es handelt sich darum, daß der Mensch finde den ganzen Menschen, um im sozial-sittlichen Leben in entsprechender Weise zu wirken, um an der Gestaltung der sozial-sittlichen Struktur und des politischen Lebens weiteres zu leisten. Es handelt sich darum, daß der Mensch nicht nur zu abstrakten Ideen auf diesem Gebiete komme, nicht nur zu einem physiologischen Betrachten, sondern dazu komme, von Enthusiasmus durchdrungene, reale Kräfte, lebenswirkliche Kräfte zu haben. Auf die wartet die Zeit, diese traurige, diese katastrophale, diese Prüfungszeit!

Geisteswissenschaft will nur die Antwort geben dahingehend, was als das Rechte diesem Enthusiasmus zugrunde liegen will, und Geisteswissenschaft ist der Überzeugung, daß, wenn die Menschheit den Weg wiederum finden wird zu ihrem Ewigen, zu ihrem Unsterblichen, zu demjenigen Teil im Menschenleben, aus dem der Impuls der Freiheit quillt, dann wird diese Menschheit auch die richtigen Linien finden, um aus dem Chaos, in das sie geraten ist, in Wirklichkeit, nicht bloß durch Illusion, herauszufinden.

DAS WESEN DER MENSCHENSEELE UND DIE NATUR DES MENSCHENLEIBES

Basel, 30. Oktober 1918

Ein Bild desjenigen, was anthroposophisch orientierte Geisteswissenschaft über die verschiedensten Gebiete des Lebens zu sagen hat, möchte ich in diesem Vortrage geben und heute ausgehen von einigen der bedeutsamsten Ergebnisse dieser Geisteswissenschaft für die Erkenntnis des menschlichen Seelenlebens und seiner Beziehung zu dem Wesen des Leibeslebens.

Es scheint, daß diese Seelenwissenschaft nach und nach die Grundlagen liefern müsse für die wichtigsten Fragen des menschlichen Lebens, für diejenigen Fragen, die die eigentlichen Grenzfragen des Daseins sind. Denn es ist ja doch nicht zu leugnen, daß das gegenwärtige Kulturleben darauf hinausgeht, Erkenntnisse nur gelten zu lassen, wenn sie von der einen oder der anderen Seite her eine wissenschaftliche Grundlage haben können. Man wird sich gedrängt fühlen, wenn die großen Rätsel des Seelenlebens an den Menschen herantreten, heute nicht nur dieses oder jenes Glaubensbekenntnis zu fragen, denn man ist durchdrungen davon, wissenschaftlich müsse man sich den Welträtseln nähern, man hat das Gefühl, daß das so sein müsse. So wird man auch an die Seelenwissenschaft herantreten wollen, man wird fragen wollen: Was hat die Wissenschaft der Seele über das Hereinkommen des Menschen in das physische Leben, den Austritt des Menschen aus dem physischen Leben zu sagen? Was hat, mit anderen Worten, die Seelenwissenschaft zu sagen über das Verhältnis des am und im Menschen Vergänglichen zu dem im Menschen Ewigen?

Nun aber muß man sagen: In dem Augenblicke, in dem jene Seelenwissenschaft, die heute noch durch Tradition anerkannt ist, sich an das moderne Denken gewandt hat, seit diesem Augenblicke ist diese moderne Seelenwissenschaft mehr oder weniger in ein sehr unklares Fahrwasser hineingekommen. Man muß, wenn man von moderner Seelenwissenschaft spricht, immer wieder eines Seelenforschers der Gegenwart gedenken, des vor kurzem hier in der Schweiz verstorbenen Franz Brentano, der im letzten Drittel des 19. Jahrhunderts gedachte, sein ganzes Leben und Forschen der Erkenntnis des menschlichen Seelenlebens zu widmen. Als er 1874 den ersten Band seiner sogenannten Psychologie, seiner Seelenwissenschaft herausgab, da sprach er merkwürdige Worte aus. Er sprach davon, daß es ja notwendig sei in der Gegenwart mit Bezug auf die Seelenerkenntnis keinen anderen Weg einzuschlagen als einen solchen, der sich vor der Naturwissenschaft rechtfertigen kann. Daß der Weg, der hier in diesem Vortrage besprochen wird, sich vor der Naturwissenschaft rechtfertigen kann, davon soll morgen die Rede sein.

Also Franz Brentano versuchte, mit denselben Methoden, in derselben Art des Denkens, die in der Naturwissenschaft üblich sind, so wie er glaubte, daß das sein müsse, an das Seelenleben heranzukommen. Und er sprach dann die merkwürdigen Worte aus: Im Laufe der Zeit habe die Seelenwissenschaft sich, wie es scheint, einzig und allein den Betrachtungen desjenigen zugewendet, was man menschliches Vorstellen, Fühlen, Wollen nennt, was man Gedächtnis nennt, was man die Aufmerksamkeit nennt, was man Liebe und Haß nennt und dergleichen. Er machte bemerklich dieser Seelenforschung, daß ja die moderne Naturwissenschaft über diese Dinge allerlei zutage gefördert hat, aber daß es so aussehe, als ob durch das Hineintragen moderner naturwissenschaftlicher Denkweise, moderner naturwissenschaftlich strenger Methoden in die Seelenlehre diese ausgeschlossen davon sei, heranzudringen an die großen Hoffnungen – wie Franz Brentano sagt –, die schon die griechischen Weisen Plato und Aristoteles für die Seelenlehre gehabt haben: die Hoffnungen, durch die Seelenlehre einen Ausblick zu gewinnen in dasjenige Leben des Menschen, das, wie es scheint, abgestreift wird, wenn der sterbliche Leib dahinfällt, in das Ewige der Menschenseele.

Und so meint Franz Brentano: Wenn man noch so sehr genaue Auskunft geben könne, wie Vorstellungen aufeinander folgen, wie sie sich verbinden in der menschlichen Seele, wie sie sich mit Gefühlen und Willensimpulsen verbinden, so steht man doch der Unmöglichkeit gegenüber, zu den eigentlichen Grenzfragen des Seelenlebens zu kommen, indem das, was da durch wissenschaftliche Methoden gewonnen wird, wenn sie auch in noch so strengen Forschungen bestehen, doch nicht dahin führen kann. Aber Franz Brentano hegte dazumal doch auch für sich die Hoffnung, gewissermaßen durch die Anwendung naturwissenschaftlich-methodischer Forschungen zuletzt zu einer Seelenlehre kommen zu können, die Ausblicke in diese Grenzfragen des Daseins gewähre.

Nun liegt äußerlich die bemerkenswerte Tatsache vor, daß Franz Brentano, als er 1874 den ersten Band seiner «Seelenlehre», die auf drei bis vier Bände berechnet war, hatte erscheinen lassen, den nächsten Band schon für den Herbst desselben Jahres versprach und die folgenden Bände in Kürze folgen lassen wollte – daß aber nichts mehr davon erschienen ist. Ich habe diese Tatsache auch schon hier erzählt.

Derjenige – ich habe das ausgeführt im letzten Kapitel meines letzten Buches «Von Seelenrätseln» –, der sich einläßt auf den besonderen Entwickelungsgang Franz Brentanos – er hat ja erst im vorigen Jahre in Zürich seinen Abschluß gefunden –, der wird innere Gründe dafür finden, daß dieser ernste Forscher, dem es so ungeheuer ernst war mit der Erforschung des Seelenlebens, nicht aus äußeren Gründen, sondern aus inneren Gründen die Fortsetzung seines Buches nicht hat erscheinen lassen können. Und wer die folgenden Aufsätze und Bücher Franz Brentanos verfolgt, der wird sehen, wie dieser Mann immer wieder und wiederum Ansätze machte, in das Seelenleben tiefer einzudringen, und wie sie ihm immer wieder und wiederum mißglückten. Und wer eine Antwort sucht, heute eine Antwort sucht aus den verschiedenen Erfahrungen, die man machen kann, wenn man lebendig an die heute gültige, öffentlich gültige Seelenlehre herantritt, der findet dann doch: Franz Brentano, so wie seine ganze Schule und fast alle anderen heute anerkannten Seelenlehren, sie scheuen zurück davor, jenen Schritt zu machen, von dem ich Ihnen in diesem Vortrage eben Mitteilung machen will: den Schritt in eine wirkliche Geisteswissenschaft hinein.

Klar sich vor Augen zu stellen, daß Seelenlehre ein ganz anderes Gesicht bekommen müsse, wenn sie wiederum für den Menschen wirksam sein soll, davor schreckt man gerade in wissenschaftlichen Kreisen heute zurück. Und man erhält ein Gefühl, wenn man die ganze breite, psychologische, also seelenkundliche Literatur heute auf sich wirken läßt, man erhält *ein* Gefühl: In dieser Seelenlehre herrschen heute noch immer Vorstellungen, wie sie seit Jahrhunderten, ja seit vielleicht Jahrtausenden in der Menschheit sich fortgepflanzt haben. Die Seelenlehre hat nicht viel geändert an diesen Vorstellungen.

Auf einem anderen Gebiete aber hat sich manches geändert, und die Seelenlehre ist mit Entwickelungsfortschritten auf anderen Gebieten bisher nicht mitgegangen. Vor allen Dingen erkennt man an den naturwissenschaftlichen Weltbetrachtungen heute, was sich geändert hat im Laufe der Menschheitsentwickelung der letzten Jahrhunderte. Nur eine oberflächliche Betrachtung dieser Entwickelung kann darüber hinauskommen, ohne das Wesentlichste zu sehen, ohne zu sehen, daß die Menschen vor noch wenigen Jahrhunderten ihre gesamte Weltanschauung von ganz anderen Vorstellungen, ganz anderen Gedanken und Ideen beherrscht hatten, als es heute möglich ist.

Das will man nicht anerkennen. Darin will man heute noch nicht Einsicht gewinnen, wie es nun wirklich im Fortschritte der Menschheit liegt, daß sich Begriffe und Ideen gründlich geändert haben. Aber die Änderung ist bis jetzt nur angewendet worden auf das naturwissenschaftliche Gebiet.

Einleitend meine heutigen Betrachtungen, möchte ich diese Änderung so charakterisieren: Man hatte früher gewisse Vorstellungen – und wer Literaturen, wissenschaftliche Literaturen älterer Zeiten verfolgt, der wird gerechtfertigt finden das, was ich sage –, man hatte früher gewisse Vorstellungen, durch die man sowohl das Seelenleben wie das Naturleben draußen, die Naturoffenbarungen, nach der Art umfassen konnte, die den damaligen Ansprüchen genügte. Dieselben Vorstellungen, die man anwendete, um, ich möchte sagen, die Ursachen von Blitz und Donner, von Regen und Sonnenschein, von dem Wechsel der Jahreszeiten, von sonstigen Naturvorgängen, um diese Erscheinungen zu verstehen, dieselben Vorstellungen, die man dazu anwandte, die wandte man auch auf das menschliche Seelenleben an. Seelenleben und Naturleben waren noch nicht für das menschliche Anschauen so getrennt, wie sie es heute durch die fortgeschrittene Naturwissenschaft sind.

Und die Naturwissenschaft selbst, sie hat, möchte ich sagen, auf ihrem Gebiete sich Ordnung geschaffen. Sie hat durch streng wissenschaftliche Beobachtungsmethoden, namentlich durch die Experimentierkunst, auf ihrem Gebiete zu neuen Vorstellungen gezwungen.

Seelenkunde ist zumeist bei den alten Vorstellungen, selbst in dem weitesten Kreise des gebildeten Publikums, stehengeblieben. Und so kommt es, daß dasjenige, was die Seelenlehre heute bietet, im Grunde genommen nicht auf Sachliches, auf Inhaltsvolles geht, nur als Wort erscheint. Vorstellungen, Gefühle, Wollen, Gedächtnis, Erinnerung, Aufmerksamkeit, selbst solche Dinge wie Liebe und Haß: gewiß, fühlen kann man sie, empfinden kann man, daß da Wirklichkeiten im eigenen inneren Seelenleben vorhanden sind. Aber in der wissenschaftlichen Seelenkunde hat man dafür Worthülsen, hat man Worte, die nicht mehr dem entsprechen, was heute gefordert werden muß von wahrer Wissenschaft, die nicht mehr dem entsprechen, was Ergebnis einer Beobachtung ist.

Gerade so wie Naturwissenschaft zu neuen Begriffen und Ideen seit drei bis vier Jahrhunderten, und insbesondere im 19. Jahrhundert und bis in unsere Tage hinein, hat fortschreiten müssen, so muß Seelenkunde, will sie nicht unfruchtbar bleiben für das menschliche Leben, fortschreiten. Und sie muß den kühnen Sprung machen zu völlig neuen Ausgangspunkten.

Ich will Sie nicht weiter aufhalten, um Ihnen zu zeigen, wie gerade bei dem, was man heute in den seelenkundlichen Büchern Vorstellen, Wollen, Fühlen nennt, wie im Grunde genommen das, was sich da darstellt, einem nichts mehr an Wirklichkeit gibt. Ich will nur darauf hinweisen, daß gerade dadurch Seelenkunde sich ihrem eigentlichen Berufe entzogen hat.

Sie wissen alle wahrscheinlich, daß, wenn der Mensch heute nach jenen vorhin schon angedeuteten großen Grenzfragen des menschlichen Daseins hinblickt, er in sehr wenigen Fällen nach der Universitäts-Seelenlehre, die doch darüber Aufschluß geben sollte, da sie eben Seelenlehre ist, greift. Er findet auch darinnen nichts. Er findet allerlei, ich möchte sagen, kleinere Schilderungen, wie Vorstellung an Vorstellung sich reiht, wie Vorstellungen andere Vorstellungen hervorrufen und so weiter, aber er findet keine Möglichkeit, zu dem zu kommen, was ihn eigentlich interessiert. Das Geständnis will man sich nicht machen auf diesem Gebiete, daß eben gerade dasjenige Denken, das die Menschheit aus sich heraus in ihren Fortschritten erzeugt hat, daß das nur angewendet worden ist in ganz besonderen, merkwürdigen Weisen in der Naturwissenschaft, daß dieses Denken aber gerade, wenn es sich ganz ordentlich selbst versteht, in der Seelenlehre nicht weiterkommt, daß es sozusagen, indem es wirkliche Schritte in der Seelenlehre machen will, in lauter Sackgassen hineingerät, zu lauter bloßen Worthülsen kommt.

Das aber würde der Weg sein, sozusagen der erste negative Schritt sein, um in eine wirkliche Seelenkunde hineinzukommen. Geisteswissenschaft schlägt diesen Weg ein. Geisteswissenschaft setzt sich vor allen Dingen gründlich auseinander mit der ganzen Art und Weise, wie die moderne Welt an die Offenbarung des Naturgeschehens herantritt. Geisteswissenschaft versucht sich Klarheit darüber zu verschaffen, welcher Art die Vorstellungen der Naturwissenschaft sind. Und indem sie in dieser Weise sich absolut positiv zum naturwissenschaftlichen Forschen verhält, gelangt diese Geisteswissenschaft eben dahin, zu erkennen, daß jenes Forschen, das in der Naturwissenschaft von Triumph zu Triumph führen kann, wie abreißt, wenn man das seelische Leben ergreifen will. Dieses seelische Leben ist nur zu ergreifen, wenn man zu einem anderen Vorstellen, zu einem völlig umgewandelten Vorstellen, überhaupt zu einem umgewandelten Inneren seine Zuflucht nimmt.

Vielleicht wird es noch lange dauern, bis in weiteren Kreisen der Menschheit diese innere Kühnheit erwacht, wirklich das ganze Innere erst dazu vorzubereiten, um in das Seelische hineinzuschauen. Aber wenn Seelenwissenschaft in einer für den Menschen fruchtbaren und aussichtsvollen Weise entstehen soll wiederum, dann ist dieser Schritt notwendig.

Die Einzelheiten des geisteswissenschaftlichen Seelenforschens werde ich ja Gelegenheit haben, im morgigen Vortrage auseinanderzusetzen. Heute will ich nur das eine berühren, wie von zwei Seiten her Geisteswissenschaft versucht, das Innere des Menschen so vorzubereiten, daß es wirklich in das seelische Leben hineinschauen kann. Die eine Seite ist eine besondere Ausbildung des Denkens, des Vorstellens. Man macht sich von Geisteswissenschaft einen ganz falschen Begriff, wenn man glaubt, daß diese Geisteswissenschaft es zu tun hat mit irgendeiner von Spiritismus ausgehenden oder von Mystik ausgehenden Methode. Diese Geisteswissenschaft, sie wird für denjenigen, der wirklich in sie eindringen will, sich als das Allerklarste erweisen, das er überhaupt an Wissenschaft in der Gegenwart finden kann.

Vor allen Dingen handelt es sich darum, das Vorstellen selbst, das Denken – wie ich mich ausdrücken möchte – zu erkraften, zu verstärken. Es handelt sich darum, daß wir im gewöhnlichen Leben und in der gewöhnlichen Wissenschaft das Denken gewissermaßen nur ausführen wie eine Begleiterscheinung des Lebens und des Forschens. Wir lassen im äußeren Leben alle die Dinge auf uns wirken, die auf die Sinne wirken wollen. Wir lassen in der Wissenschaft dasjenige, was uns Beobachtung durch das Experiment möglich macht, ebenfalls auf uns wirken. Wir lassen uns die Gedanken anregen, die uns dann zu den Naturgesetzen führen.

Diese Gedanken, die gewissermaßen nur in Begleitung des äußeren Lebens in der Seele entstehen, diese Gedanken erweisen sich eben in dem Augenblicke, wo man in das seelische Leben selbst hineinschauen will, als unzureichend. Sie führen zu nichts.

Diese Erfahrung muß man zunächst machen. Daher handelt es sich darum, in das Vorstellungsleben selbst sich so hineinzuversetzen, daß *nur* vorgestellt wird, so daß man innerlich erfährt, wie es sich eigentlich verhält, wenn man nur denkt, nur vorstellt. Es ist ganz gleichgültig, was man vorstellt. Es handelt sich nur darum, daß man – über das Genauere werde ich morgen sprechen – dieses Vorstellen und dieses Denken so treibt, daß man sich ihm ausgiebig, wie man sagen kann, meditativ hingibt. So daß man eben in diesem Denken, in diesem Vorstellen erlebt, was man sonst nicht, weder im Leben noch in der Wissenschaft, erleben kann, daß man erlebt, wie das Innere des Menschen sich stimmt, wenn es einem bloßen Gedanken folgt, sei er ein Phantasie-Gedanke, sei er ein von außen aufgenommener Gedanke.

Dann aber erlebt man, wenn man in der Art, wie ich es zum Beispiel in meinem Buche «Wie erlangt man Erkenntnisse der höheren Welten?» beschrieben habe oder wie ich es morgen prinzipiell von einer gewissen Seite her noch andeuten will, dann, wenn man also wirklich das Denken innerlich so methodisch erlebt, wie man sonst die äußeren Erscheinungen, die sich von selbst darbieten, erlebt, dann erfährt man etwas, was einen allerdings als heutigen Menschen in einer merkwürdigen Art berühren muß, gerade dann, wenn man versucht hat, sich mit den seelenkundlichen Anschauungen, die überkommen sind, auseinanderzusetzen.

Derjenige, der sich gewissermaßen in das meditative Denken hineinlebt, der auf dem bloßen Denken ruht, der kommt in einen Konflikt mit gerade anerkanntesten Anschauungen, die herrühren zunächst vom Augustinismus, die dann übergegangen sind auf Cartesius, die auch in der gegenwärtigen Seele neu spuken und die im Grunde genommen sich hereingeschlichen haben in alles Denken derjenigen, die in alter Art, mit alten Methoden, mit altem Denken an die Seele herantreten.

Ein Satz, er geht, möchte ich sagen, wie eine Devise durch die ganze moderne Philosophie. Das ist der Descartessche Satz: «Cogito, ergo sum», «Ich denke, also bin ich.» Es ist, nur in einer präziseren Form ausgesprochen, das Wort, das schon Augustinus sprach. Es ist dasjenige, zu dem die Denker gekommen sind, die sich sagten: Nun gut, wenn uns die äußere Welt sich darbietet, vielleicht betrügt sie uns, vielleicht sind alles das Illusionen, die sie uns offenbart, die äußere Welt, also Eindrücke, die mir Augen und Ohren enthüllen, die von diesen gemacht werden, vielleicht sind das nur Illusionen, vielleicht sind das nur Phantome. Eine Gewißheit, so sagte schon Augustin, so sagte namentlich Cartesius, Descartes, eine Gewißheit gibt es, der gegenüber nicht zu leugnen ist, daß sie unmittelbar erlebt wird, das ist: Wenn ich denke. Denn bezweifle ich auch alles, was die Welt mir offenbart, lebe ich auch bloß im Zweifel, ich muß doch eben zweifeln, das heißt denken. Also: Ich bin in meinem Denken selbst. Wenn ich zweifle, denke ich; also bin ich: Cogito, ergo sum.

Ich sage das alles nicht aus dem Grunde, weil ich etwa glaube, daß philosophische Anschauungen das Denken in weitesten Kreisen beherrschen, oder weil ich glaube, daß dasjenige, was die moderne Menschheit über die Seele denkt, ein Ausfluß dessen sei, was diese Philosophen gesagt haben. Nein, nicht aus solch einem Grunde erwähne ich dieses, sondern deshalb, weil das, was diese Philosophen gesagt haben, eben ein Spiegelbild von dem ist, was die Menschheit durch Jahrhunderte gedacht hat. Nicht daß die Menschen gelernt haben von den Philosophen zu denken, sondern die Philosophen haben den Menschen eingewohnte Begriffe gebraucht, jene Begriffe gerade, welche durch die Methoden, auf die moderne Geisteswissenschaft hinweisen muß, aus dem Felde zu schlagen sind. Diese moderne Geisteswissenschaft, indem sie den Menschen dazu drängt, in das Denken selbst sich so hineinzulegen, sich hineinzuversetzen, es zu erleben, wie ich es dargestellt habe, die führt dazu einzusehen: Je mehr man denkt, je mehr man im bloßen Denken das fortsetzt, was man sonst nur als Begleiterscheinung des äußeren Lebens hat, desto mehr kommt man gerade in die Unwirklichkeit hinein; nicht in die Wirklichkeit des inneren Lebens, sondern in die Unwirklichkeit. Und bevor man anerkennen wird den Satz: «Ich denke, also bin ich *nicht*», wird man nicht zum Einsehen wirklicher moderner Seelenlehre kommen.

So radikal ist es notwendig, heute, den Schritt zu einer wirklichen Seelenlehre zu tun, daß man einen Strich macht hinter die Anschauung: «Ich denke, also bin ich» – und sich aufschwingen kann zu der Einsicht: Indem wir mit dem Denken lebensvoll innerlich anfangen, entfernen wir uns von dem eigentlichen Sein: Ich denke, also bin ich *nicht*.

Das lernt man erkennen, indem man sich immer mehr und mehr meditativ in das Denken versetzt; indem man das Denken gerade verfeinert, erkraftet, kommt man dahinter: Indem ich denke, höre ich auf zu sein.

Eigentlich würde der Satz «Ich denke, also bin ich», indem er bauen will auf eine innere Gewißheit, schon durch jeden Schlaf widerlegt sein. Denn im Schlafe denken wir ja nicht in dem Sinne weder des Augustin noch des Descartes, auch nicht des Bergson oder ähnlicher Forscher. Der Schlaf widerlegt stets das «Ich denke, also bin ich» jede Nacht.

Nun, das ist das erste: den Schritt zu machen, die Unwirklichkeit des inneren Erlebens im Denken einzusehen.

Das zweite ist, daß man ja dann haltlos sich fühlen muß, daß es ja eigentlich im Grunde genommen für jeden Menschen, der diese Dinge ernstzunehmen versteht, etwas Furchtbares ist, daß er, indem er zum inneren Anschauen, zur sogenannten Selbsterkenntnis vorrücken will, gerade durch das Denken, also das intim seinem inneren Leben Angehörende, in das Nicht-Seiende hineingeführt wird. Von einer zweiten Seite her muß dann dieser inneren Methode, die Geisteswissenschaft anwendet, zu Hilfe gekommen werden. Ist das meditative Leben eine Kultur des Denkens, so muß auf der anderen Seite eine Kultur des Willens getrieben werden.

Wille, wir erkennen ihn eigentlich auch nur, indem wir mit der Außenwelt in irgendein Verhältnis treten. So wie wir das Denken mehr oder weniger als Begleiterscheinung der äußeren Beobachtung oder des wissenschaftlichen Forschens haben, so haben wir den Willen als Begleiterscheinung unseres Handelns: Wir erleben ihn, indem wir uns äußerlich betätigen. Dabei entfällt uns wiederum aus der Beobachtung heraus etwas, wo der Wille eine ganz bedeutsame Rolle spielt. Wir leben ja, wenn wir zunächst auch nur auf das vergängliche Leibesleben blikken, in der Zeit. Jeder von uns blickt zurück auf die Zeit bis zu seiner Geburt hin und weiß, es wird eine Zeit kommen bis zu seinem Tode hin. Wir leben in der Zeit. Aber wir leben nicht nur in der Zeit, sondern wir machen uns gewissermaßen in der Zeit, wir entwickeln uns in der Zeit. Und derjenige, der auf sein Inneres einen besonnenen Blick richten kann, der weiß ja, daß nicht nur, sagen wir, die Konstitution seines Leibes, nicht nur die Erziehung, er weiß, daß mit Hilfe der Konstitution seines Leibes, mit Hilfe der Erziehung und anderer Mittel er selber arbeitet an seiner Umgestaltung, an seiner Entwikkelung. Wir sind ja in jeder Epoche unseres Lebens ein anderer, und wir arbeiten immer mit an unserem Anderswerden.

Dieses innere Arbeiten, insoferne es von uns selbst herrührt, das ist nötig, wenn ich mich des paradoxen Ausdrucks bedienen darf, in die Hand zu nehmen, Selbstzucht zu üben. Das heißt, nicht nur unbewußt die Selbsterziehung, die Selbstentwickelung geschehen zu lassen, sondern nun wiederum mit jenen Methoden – ich werde morgen darüber genauer sprechen, ich habe sie in meinen Büchern «Wie erlangt man Erkenntnisse der höheren Welten?» und in der «Geheimwissenschaft im Umriß» beschrieben –, die angewendet werden können, bewußt an seiner Umänderung zu arbeiten. Das führt dahin, zu erkennen, daß dieses bewußte Umarbeiten ein ganz wesentliches Arbeiten im Willen ist. Und man lernt eigentlich den Willen erst kennen, wenn man seine Selbstzucht in die Hand nimmt.

Das aber gibt von zwei Seiten her dem menschlichen Seelenleben gewisse Kräfte, durch die nun ganz andere Ausgangspunkte zu gewinnen sind für eine Seelenkunde, als sie überhaupt bisher eigentlich existieren. Und vor allen Dingen: Wer sein Denken so verschärft hat, wie es in diesen Methoden gemeint ist, der gelangt dazu, den ganzen Verlauf des menschlichen Lebens in einer anderen Weise anzusehen, als das sonst möglich ist. Er gelangt dazu, überhaupt erst dieses frühere Seelenleben, das uns immer begleitet, wirklich zu beobachten. Er gelangt dazu, gewisse Momente in diesem Seelenleben aufzufassen und sie wirklich jetzt in sein Gesichtsfeld, in sein geistiges Gesichtsfeld hereinzubekommen, was sonst mit keinem Begriff gelingt als mit denjenigen Vorstellungen und denjenigen inneren Seelenimpulsen, die so ausgebildet sind, wie ich es gesagt habe. Die können Schritte nehmen und kommen zum inneren Seelenleben. Während alle anderen Begriffe eben vergeblich versuchen, dasjenige zu erhaschen, was seelisch ist.

Da kommt man dazu, nicht nur anzuerkennen die Unwirklichkeit unseres Wesens im Vorstellen. Das ist der erste Schritt, daß man weiß: Vorstellen ist unwirklich. Wieviel also auch die moderne Seelenlehre – das heißt die moderne Seelenlehre, die noch mit den alten Mitteln arbeitet – aus den Vorstellungen herausklauben will, wie sehr sie sich auch stützen will auf den Satz «Ich denke, also bin ich» in allen seinen Formen, sie wird nie eine seelische Wirklichkeit aus dem Denken herausklauben, weil wir eben nicht sind, wenn wir denken, weil wir eben dasjenige allein im Denken finden können, was nicht wirklich an uns ist. Die Unwirklichkeit des Vorstellens, das ist das erste, was dem Menschen aufgeht, wenn er wirklich sein Denken erkraften kann, wenn er seinen Willen in Selbstzucht nehmen will.

Wenn man seinen Blick richten will auf das Fühlen, das man ja beobachten will in der Seelenkunde, man kann es nicht. Warum? – Das beantwortet eben derjenige, der so Vorstellen und Wille erforscht hat, wie ich sie beschrieben habe. Er lernt erkennen, daß das Fühlen, mit gewöhnlichen Mitteln beobachtet, verworren sich darstellt. So wie die Unwirklichkeit des Denkens, so die Verworrenheit des Fühlens.

Und ein drittes – das zeigt gerade, ich möchte sagen, die aufgeklärte Seelenforschung der Gegenwart –, ein drittes zeigt sich ganz besonders klar, wenn man solche Wege einschlägt, wie ich sie beschrieben habe: die Unbegreiflichkeit des Wollens. Unwirklichkeit des Vorstellens, Verworrenheit des Fühlens, Unbegreiflichkeit des Wollens.

Nicht wahr, man braucht nur, ich möchte sagen, solche Bücher wie das ja nach einer gewissen Seite hin ausgezeichnete von Ziehen in die Hand zu nehmen, dann wird man sehen, daß gerade diejenigen, die auf gegenwärtige Vorstellungen sich stützen, naturwissenschaftliche gegenwärtige Vorstellungen sich stützen, in der Seelenlehre sich blenden lassen. Wenigstens glauben sie es, man kann davon etwas begreifen vom Vorstellen. Schon das Gefühl ist nur ein Betonen des Vorstellens. Aber der Wille entfällt einem vollständig. Man sieht, daß man handelt. Man setzt voraus, daß da irgend etwas sich abspielt. Aber hineinschauen können die gewöhnlichen Begriffe nicht in dasjenige, was das Wollen eigentlich ist.

Nun handelt es sich darum, diejenigen Kräfte in der Seele, die man auf die beschriebene Art gewonnen hat, auch anzuwenden auf das Seelenleben. Und gut ist es, den Ausgangspunkt zu nehmen von dem Fühlen, nicht von dem Vorstellen, auf das wir gleich zu sprechen kommen werden. Auch nicht von dem Willen, sondern von dem Fühlen. Und da zeigt sich: Fühlen verstehen kann man nicht, wenn man nur einen einzigen Augenblick des menschlichen Lebens ins Auge faßt. Dasjenige, was ich jetzt fühle, kann niemals verstanden werden, wenn man nur dieses jetzige Gefühl ins Auge faßt. Dasjenige, was jetzt gefühlt wird von einem Menschen, kann nur verstanden werden, wenn ins Auge gefaßt wird das Vorher und das Nachher. Das sehr Merkwürdige zeigt sich, daß man, um das Fühlen zu verstehen, nötig hat, wirkliche ernste Forschung zu treiben, wie man das sonst gewöhnt ist in der Naturwissenschaft. Lassen Sie mich ausgehen von einem konkreten Fall.

Ich will sagen, jemand setzt sich die Aufgabe, Goethes Fühlen zum Beispiel 1790 zu verstehen. Man quält sich ab, indem man zuerst versucht, sich zu vergegenwärtigen: Wie hat Goethe 1790 gefühlt? Wie waren seine Empfindungen zur Welt nuanciert, schattiert und so weiter? Hat man sich davon Vorstellungen gemacht, dann kommt man darauf, sich die Frage zu stellen: Ja, wie verhält sich dieses Fühlen bei Goethe von 1790, sagen wir, zu seinem Fühlen 15 Jahre früher, zu seinem Fühlen 15 Jahre später? – Man wird durch die Methode, die ich beschrieben habe, gedrängt auf das Richtige. Man wird endlich darauf gedrängt, den ganzen Goethe, seinen ganzen Lebenslauf zu betrachten. Und dazu wird die Seelenkunde kommen müssen, Biographien von einem solchen Gesichtspunkte, wie ich ihn nun charakterisieren will, zu betrachten. Goethes Fühlen 1790 wäre überhaupt unbegreiflich gewesen, selbst für Goethe, 1790. Wir fangen erst an, es zu begreifen, indem wir nunmehr den ganzen Lebenslauf Goethes vor uns haben.

Studieren wir sorgfältig dasjenige, was sich aus Goethes Wesen geoffenbart hat zwischen 1790 und 1832. Und dann studieren wir dasjenige, was auf Goethe gewirkt hat, was sich durch das Innere seines Wesens geoffenbart hat von seiner Geburt, 1749 bis 1790, und versuchen wir so, wie wir sonst gewöhnt sind, naturwissenschaftliche Dinge zueinander in Beziehung zu bringen, versuchen wir, so Goethes Leben nach 1790 in seiner Wirksamkeit zu betrachten auf dasjenige, was er vor 1790 erlebt hat, dann ergibt sich die besondere Gefühlsnuance, die besondere Gefühlsstimmung von 1790. Jedes, was wir fühlen in einem Punkte, ist eine Wirkung unserer eigenen Zukunft auf unsere eigene Vergangenheit.

So wird man in der Zukunft Biographien studieren! So wird man auch dem einzelnen Menschen gegenüberstehen. Man wird sich sagen: Merkwürdig, wie sich in dem, was sich im Gefühl ausdrückt, schon, ich möchte sagen, der Hereinschlag des kommenden Lebens, aber auch das ganze frühere Leben zeigt.

Man wird allerdings in solchen Studien die Erfahrung machen, daß einige innere Entschlossenheit zu solchen Studien gehört. Denn es wird zum Beispiel zu den Methoden, auf den hier angeregten Punkt in der richtigen Weise zu kommen, gehören, sich zu fragen: Wie gestaltet sich eigentümlich das Gefühlsleben von Menschen, die sehr bald nach dem Zeitpunkte, den man betrachtet, gestorben sind?

Das Allerinteressanteste ergibt sich für ein Studium des Gefühlslebens eines Menschen, wenn man solche Menschen in Betracht zieht, die nach dem Zeitpunkte, den man ins Auge faßt, bald hinterher gestorben sind. Dieses eigentümliche Zurückwirken desjenigen, was ja auf die Gefühlsnuance da zurückwirkt, das ist etwas, das sich, trotz aller Widerstände, die die Gegenwart zu erheben hat, der Zukunft schon so ergeben wird, wie jetzt angedeutet. Man wird dahinterkommen, daß dasjenige, was in einem Menschen in unmittelbarer Gegenwart lebt, der Druck seiner Zukunft auf seine Vergangenheit ist.

Dadurch, daß wir die Vergangenheit im Gedächtnisse aufbewahrt haben, die Zukunft ins Dunkel gehüllt ist, dadurch haben wir auch die Verworrenheit des Gefühlslebens, das Rätselhafte des Gefühles. Wenn wir uns nun wirklich forschend in die menschliche Wesenheit vertiefen wollen, ist dann die nächste Stufe etwa die, daß man auch versucht, sich in das Vorstellungsleben hineinzufinden, daß man sich fragt: Ja, was ist denn das im Menschen eigentlich, daß er vorstellt, daß er sich entschließen kann, über das oder jenes Gedanken zu haben? – Niemand kann diese Frage beantworten, der nicht eine Beobachtung sachgemäß machen kann. Das ist die Beobachtung des Augenblickes des Aufwachens.

Geradeso, wie eine zukünftige Seelenlehre nicht von all den schönen Redensarten ausgehen wird, welche man jetzt über das Fühlen findet in den seelenkundlichen Büchern, in den sogenannten Psychologien, so wird eine zukünftige Seelenlehre auch nicht von der sogenannten Beobachtung des Vorstellens ausgehen – da kommt es doch zu nichts weiter als zu Worthülsen, zu tautologischen Worthülsen, die keine Wirklichkeit enthalten –, sondern gedrängt wird sich die Seelenlehre fühlen, an eine Wirklichkeit anzuknüpfen, aber an eine Wirklichkeit, die vor dem gewöhnlichen Leben vorbei ist: das Aufwachen. Das Aufwachen geschieht für das gewöhnliche Leben in *einem* Augenblicke. Der Mensch geht ja aus dem Schlaf in das wache Leben, und er findet selten Gelegenheit, in der ungeordneten Weise im Aufwachen, sich zu besinnen, *wie* er aufgewacht ist. Aber selbst, wenn er es fände, er könnte das gar nicht begreifen mit dem gewöhnlichen Vorstellen. Er kann es erst verstehen, wenn er sich zu einer solchen Vorstellung durchringt, wie ich es beschrieben habe als Ergebnis des meditativen Vorstellens, des meditativen Denkens.

Da wird allerdings der Mensch, ich möchte sagen, in den Abgrund geworfen, daß er ein Unwirkliches im Vorstellen einsehen muß. Aber dafür wird dieses Vorstellen verfeinert, auch innerlich kräftig gemacht. Und dadurch kommt der Mensch erst in die Lage, den Moment des Aufwachens wirklich zu beobachten.

Die Methode – wie gesagt, wir werden sie morgen noch genauer schildern –, welche die Geisteswissenschaft hat auf diesem Gebiete, diese Methode bringt den Forscher in die Lage, solch einem Moment, wie es der des Aufwachens ist, so gegenüberzustehen, wie der Naturforscher gegenübersteht der Elektrisiermaschine oder einem anderen Apparat oder wie er vor einer Beobachtung steht, die die Natur gibt. Und da zeigt sich dann vor dem also erkrafteten oder umgewandelten Vorstellen, da zeigt sich der Moment des Aufwachens so, daß man unmittelbar hineinschaut und sich sagen kann: Da tauchst du auf aus einer Welt, die vom Einschlafen bis zum Aufwachen ebenso von Gedanken durchsetzt ist, durchsetzt war, wie dein Tagesleben von Gedanken durchsetzt ist.

Das ist die große Entdeckung, die gemacht werden kann. Gewiß, einzelne haben es geahnt. Sie finden bei einzelnen Seelenforschern überall Hinweise darauf, namentlich in der Form, daß gesagt wird: Auch wenn man nicht weiß, daß man fortwährend träumt, man träumt fortwährend. Aber man träumt nicht nur – das ist die Entdeckung, die gemacht wird durch das erkraftete Denken –, man träumt nicht nur, sondern man lernt erkennen: Das Bewußtsein, das man im Tagwachen hat, das ist etwas ganz anderes als das Ausgefülltsein von Gedanken. Das ist ein Hinschauen auf die Gedanken, die man bei Tag hat. Man kann nur so nicht hinschauen auf die Gedanken, die einen erfüllen vom Einschlafen bis zum Aufwachen, namentlich deshalb nicht, weil man im Moment des Aufwachens – wenn man nicht dieses verschärfte, erkraftete Denken hat, das erst anerzogen werden muß –, weil man im Momente des Aufwachens dasjenige vergißt, was in der Nacht im Schlafe durchlebt worden ist.

Und das ist eben ein großer, bedeutungsvoller Augenblick, in dem man beginnt einzusehen: Du tauchst auf aus einem Gedankenleben, das für das gewöhnliche Bewußtsein eben unbewußt bleibt, du tauchst auf aus einem wahren Meere, aus einer wahren Flut von Gedanken.

Und damit ist dann eine andere Beobachtung verbunden. Dann erst, wenn man so hinblicken kann auf jene Flut von Gedanken, die die Seele auch durchziehen, wenn sie nicht das Tagesbewußtsein hat, dann erkennt man, woran es liegt, daß man von diesen Gedanken nichts weiß im Tagesbewußtsein. Denn man merkt: Da, in dem Momente des Aufwachens, da kannst du alles nicht hereinnehmen, was du da durchlebt hast in der Seele während der ganzen Schlafenszeit, das kannst du nicht hereinnehmen in den Leib während des Tagwachens. Aber der Leib bildet das einzige Werkzeug für das Denken. Du mußt den Leib gebrauchen. Du kannst es nicht hereinziehen, was deine Seele durchzieht in den Nachtgedanken. Der Leib ist ungeeignet, um das aufzunehmen.

Und jetzt, wenn man erkannt hat, welcher reale Vorgang da zugrunde liegt, wenn man erkannt hat, daß man in der Tat im Schlafe in einer geistigen Welt lebt, die nicht hereinkann in die Natur der Leiblichkeit, die für sich selbst besteht, die gerade das Charakteristische hat, daß sie nicht hereinkann –, wenn man das durch Anschauen, durch Beobachten erkannt hat, dann kann man den Übergang finden von dieser Erfahrung zu dem gewöhnlichen Vorstellen, zu dem gewöhnlichen Sich-Gedanken-Machen.

Denn genau dasselbe, was sich in einer gewissen Weise als eine Art von Wirklichkeit vollzieht, indem man aufwacht, dasselbe vollzieht sich, nur in bildhafter Weise, wenn man aus dem gewöhnlichen Hinduseln oder aus dem gewöhnlichen bloßen Beobachten der Außenwelt zu einem Gedankenbilde, zu einem Gedankenfassen kommt. Das Gedankenfassen, das Vorstellungenfassen ist nichts anderes als ein im Verhältnis zur Wirklichkeit abgeschattetes Aufwachen. In dem Augenblicke wachen wir auf, indem wir irgendeinen Gedanken fassen.

Und das wird das Bedeutungsvolle der neuen Seelenkunde sein, daß sie einzusehen vermag: Aufwachen ist nicht nur vorhanden in jenem ausgezeichneten Augenblicke, wenn wir morgens aus dem Schlafe uns die Augen reiben, sondern wir wachen fortwährend auf. Und nur eben in einer besonderen Stärke und ins Wirkliche umgesetzt tritt in dem «Aufwachen» genannten Augenblicke das ein, was eine Kraft ist, die unser ganzes Leben beherrscht, insofern wir Vorstellungen fassen, Gedanken fassen. So durchzieht uns fortwährend die Kraft, die sich uns im Aufwachen offenbart, im Gedanken-Fassen offenbart.

Dadurch aber wissen wir auch, daß dieses Gedanken-Fassen eine Korrespondenz mit einer Welt ist, die gar nicht in den menschlichen Organismus herein kann. Indem wir denken, müssen wir allerdings die Wirklichkeit zu Bildern abdämpfen, weil uns der Leib dazu nötigt. Die Wirklichkeit wird nicht hereingelassen, wie uns der Moment des Aufwachens zeigt. Aber wir lernen auch erkennen, daß wir diese Bilder des Vorstellens nicht haben könnten, wenn nicht in unserem Leibe die geistige Wesenheit, die geistige Realität bestünde. Und von da aus hat man dann die Möglichkeit gewonnen, indem man fortgeschritten ist auf der einen Seite vom Aufwachen zum Vorstellen, nun vom Aufwachen wiederum zurückzuschreiten zu einem bedeutungsvollen Momente des Lebens, zu dem Momente der Geburt, oder sagen wir der Empfängnis. Die Möglichkeit dazu hat man dadurch gewonnen, daß man in sich jene innere Seelenkraft zu erwecken vermochte, welche einen erkennen läßt, daß das Vorstellen ein fortwährendes Aufwachen ist.

Hat man diese Seelenkraft, dann befähigt sie einen auch wiederum, von dem Beobachten des Aufwachens zurückzublicken zu dem, was man nennen kann: Eintritt in die physisch-sinnliche Welt. Davon soll dann im dritten Vortrage genauer gesprochen werden.

Sie sehen daraus, daß moderne Seelenkunde, wie sie die Geisteswissenschaft ausbilden will, auf wirklicher Beobachtung beruht, daß sie aber allerdings diese Beobachtung herbeiführt nicht mit denjenigen Beobachtungen, die man schon hat, sondern mit denjenigen Begriffen, die man sich erst in der Seelenwissenschaft anzuerziehen hat, in der Seele selber sich zu erziehen hat. Das Wichtige dabei ist eben gerade, anzuerkennen, daß wir im Vorstellen nur bildhaftes Dasein haben und daß, indem wir in das Leibesleben eintreten, das Vorstellen deshalb diesen bildhaften Charakter annehmen muß, weil das Leibesleben die Wirklichkeit des Seelischen nicht unmittelbar aufnehmen kann.

Man lernt erkennen, daß sich im Vorstellen tatsächlich die Bilder abspielen des ganzen vorgeburtlichen oder, sagen wir, vor der Empfängnis liegenden geistig-seelischen Lebens, so wie im Momente des Aufwachens vor unsere Seele tritt all dasjenige an Gedankeninhalt, was wir vom Einschlafen bis zum Aufwachen durchlebt haben, so tritt, wenn wir methodisch die Beobachtungen fortsetzen, vor uns unabhängig das geistig-seelische Erleben auf, das sich mit dem Leiblichen verbunden hat beim Eintritt des Menschen in dieses Leibesleben. Es gibt eben einen geraden Fortschritt auf der einen Seite von dem Verständnis des Momentes des Aufwachens zur Vorstellung. Auf der anderen Seite erlangt man dadurch die Fähigkeit, wiederum vom Beobachten des Aufwachens vorzuschreiten zum Hereintreten des Menschen in das irdische Leben.

Das Unglaubliche für die heutige Menschheit an diesen Dingen besteht nur darinnen, daß ja selbstverständlich – das weiß der Geistesforscher so gut wie ein anderer – der Mensch sagen muß: Ja, das sehe ich alles nicht ein, davon kann ich mir keine Vorstellungen bilden. – Aber darum handelt es sich gerade, das ist gerade dasjenige, worauf es ankommt, daß man sich mit dem gewöhnlichen Vorstellen in diese Dinge gar nicht hereinbegeben kann. Das ist die erste große Entdeckung, die man macht, um die es sich handelt. Man kommt erst dadurch zu der Beobachtung des vorgeburtlichen oder vor der Empfängnis liegenden geistig-seelischen Lebens, daß man sich andere Kräfte aneignet, als diejenigen sind, die man schon hat.

Das Vorstellen erkennt man eben in seiner eigentlichen Wurzelung im Geistigen nur durch einen solchen Weg, wie ich ihn angedeutet habe.

Auf der anderen Seite führt dieser Weg auch dazu, sich in den Willen vertiefen zu können. Der Wille – ich sagte es schon – muß dadurch herangezogen werden zu einer anderen Stufe, als er sie im gewöhnlichen Leben hat, als sie im gewöhnlichen Leben vorhanden ist, daß die Selbstzucht in die Hand genommen wird. Dadurch aber allerdings kommt etwas ganz anderes zustande als durch das, was ich bisher beschrieben habe. Bisher habe ich den Gang nach den Vorstellungen hin beschrieben, den Gang nach den Vorstellungen hin, der den Blick erweitert über die Geburt oder Empfängnis hinaus, aber dafür auch in das Unwirkliche des Vorstellungslebens hinein. Die Gewißheit der Unabhängigkeit desjenigen, was sich im Vorstellen offenbart, bekommen wir auf dem angedeuteten Wege.

Anders wird die Sache, wenn wir ebenso durch Selbstzucht den Willen genauer kennenlernen. Im Vorstellen, das meditativ heranerzogen wird, machen wir uns in einer gewissen Weise unabhängig vom Leibesleben. Wir merken diese Unabhängigkeit dadurch, daß das, was der Leib nicht in sich hereinbekommen kann – die ganzen Nachtgedanken – jetzt in das Bewußtsein hereingeht, daß man schaut, wie man wirklich aufsteigt aus einem Meere der Gedanken.

Dadurch, daß man die Willenszucht in die Hand nimmt, fühlt man sich immer mehr und mehr abhängig vom Leibe. Man fühlt sich sozusagen immer vertrauter und vertrauter mit dem Leib. Man gelangt immer mehr und mehr hinein in den Leib. Man gelangt zu dem, wozu eine äußere Wissenschaft doch niemals kommen kann. Sie kann doch nur auf äußere Weise, indem sie anatomisch-physiologisch vorgeht, auch nur wiederum das Äußere des Inneren erforschen. Auf innerliche Weise lernt man erkennen, was eigentlich im Leibe vorgeht, wenn gewollt wird, wenn irgendwie ein Willensimpuls Platz greift. Es klingt für die heutige Menschheit höchst sonderbar, aber man lernt dieses Leibesleben im Willen so kennen, daß man dieselben Erlebnisse hat beim Wollen, die man sonst nur kennt etwa bei Hunger und Durst, bei unmittelbaren Gefühlen, die sich an die leibliche Tätigkeit anknüpfen. Während einen das Bild des Vorstellens immer weiter und weiter entfernt von dem Leibesleben, immer unabhängiger macht von dem Leibesleben, bringt einen die Kultur des Willens dazu, tatsächlich nun den Willen so zu erleben, wie man sonst erlebt bei Hunger und Durst, bei Sättigung und dergleichen. Man kommt zu den alleralltäglichsten, mit dem Leibesleben verbundenen Gefühlen. Namentlich lernt man erkennen, wie der Gedanke, der in den Willensimpuls übergeht, gar nicht anders kann, als bei dem, der so den Willen in sich ausgebildet hat, wie ich es angedeutet habe, sich als etwas innerlich Empfindungsmäßiges, Gefühlsmäßiges zu äußern, wie sich dieses Innere äußert, wenn man Hunger hat. So paradox es klingt für die gegenwärtige Menschheit: Einen Willensgedanken erlebt man bei kultiviertem Willen durch ein Hunger- oder Durstgefühl; Sie können es nennen, wie Sie wollen.

Es handelt sich also darum, den großen Unterschied einzusehen zwischen der Kultur des Vorstellungslebens, das immer unabhängiger macht von der Natur des Leibeslebens, und der Kultur des Willenslebens, das uns zeigt, wie wir im gewöhnlichen Dasein gerade durch den Willen zusammenhängen mit unserem Leibesleben.

Aber es zeigt sich auch, wenn man nun vordringt auf diese Weise zu der Beobachtung des Willens, wenn diese Beobachtung des Willens wirklich so inneres Erlebnis wird wie Hunger- und Durstgefühl, da zeigt sich, daß in diesem Willen etwas steckt, was jedesmal, wenn ein Willensimpuls gefaßt wird, sich sehr ähnlich erweist mit dem Momente des menschlichen Einschlafens. Und man lernt jetzt auch erkennen, möchte ich sagen, das Geheimnis des Einschlafens, dieses eigentümlichen Hineingehens in den unbewußten Zustand. Das erweist sich als ganz parallel für die Beobachtung mit dem Eindringenlassen eines Gedankenimpulses in den Willen. Der Willensentschluß, der gefaßt wird, erweist sich als ein angefangenes und nicht zu Ende geführtes Einschlafen.

Und jetzt lernt man das Gegenteil kennen von dem, was man früher bei der Kultur des Vorstellens kennengelernt hat. Beim Vorstellen erfährt man, daß das Geistig-Seelische, das man vom Einschlafen bis zum Aufwachen durchlebt, nicht herein kann. Jenes Geistig-Seelische, das sich im Willen äußert, kann beim gewöhnlichen Wachzustande nicht heraus aus dem Leibe, wird angehalten. Und diese Art, dieses Anhalten, das äußert sich als die Kraft des Willens. Wird es entlassen, wird es nicht mehr vom Leibe gehalten, dann tritt der Moment des Einschlafens ein.

Das wird der andere Ausgangspunkt sein für die moderne Seelenkunde: Den Zusammenhang zu finden zwischen Wille und Einschlafen, zwischen dem Nicht-mehrhalten-Können des Geistig-Seelischen, das sich dann mit dem allgemeinen Weltenall vereinigt durch den menschlichen Leib, und dem Einschlafen, wie wir in anderer Weise den Zusammenhang gefunden haben zwischen dem Bilden von Vorstellungen und dem Aufwachen. Lernt man dann erkennen, wie das eigentlich ist, was sich auf der anderen Seite im Einschlafen äußert, wie das innig verwandt ist jedem Willensimpuls, dann bekommt man durch die Linie, die man im Forschen gezogen hat zwischen dem Einschlafen und dem Wollen wiederum die innere seelische Kraft, die Linie nach der anderen Seite fortzusetzen. Dadurch, daß man das Vorstellen erforscht hat, bekam man die Möglichkeit, vor die Geburt oder, sagen wir, Empfängnis hinzuschauen auf das Geistig-Seelische. So kann man die andere Linie nach der entgegengesetzten Richtung hin erforschen. Erst verfolgt man die Linie vom Einschlafen bis zum Willen. Man findet die Verwandtschaft des Willensimpulses mit dem Einschlafen. Dann verfolgt man mit der Kraft, die man dadurch sich innerlich angeeignet hat, das menschliche Seelenleben über das Einschlafen hinaus, und dann zeigt sich die andere Seite des menschlichen Daseins: der Tod. Denn dann zeigt sich die innige Verwandtschaft des Willens, der Kraft, die im Willensentschlusse lebt, mit dem Tode. Eine bedeutungsvolle Entdeckung, die eingetreten ist hier, wird die Naturwissenschaft selbst in gar nicht zu ferner Zeit ganz systematisch machen; sie wird dasjenige, was Geisteswissenschaft von der anderen Seite her feststellen muß, belegen. Denn die Naturwissenschaft wird zeigen – teilweise ist sie schon auf diesem Wege –, daß alles, was mit den Willensimpulsen zusammenhängt, mit gewissen toxischen Erscheinungen, mit der Bildung gewisser Gifte zusammenhängt, mit alledem, was den Menschen in dieselbe Richtung hineinführt, in die er geführt wird, wenn er dem Tode entgegengeht.

Diejenigen Kräfte, die es dem Menschen möglich machen, seinen Willensimpuls zu entfalten, das sind die Kräfte, die auf dem Wege sind zum Tode hin. Und wie sind sie auf diesem Wege zum Tode hin? Ist das Vorstellen ein bloßes Bild, gewissermaßen ein Spiegelbild seiner wahren Wirklichkeit, so ist das Wollen ein Embryonales, gewissermaßen ein bloßer Keim. Und daß wir wollen können, das beruht darauf, daß wir eine gewisse Kraft im bloßen Keime halten können.

Wenn Sie sich denken den Keim einer Pflanze und dann die ganze Pflanze in ihrer Ausbildung, dann haben Sie das Bild, das Sie anwenden können auf das, was Geistesforschung zeigt mit Bezug auf das Wollen; denn dasjenige, was wir Wollen nennen, dasjenige, was wir in jedem einzelnen Willensimpulse als innere Kraft äußern, ist ein embryonales Sterben. Geradeso wie wir fortwährend aufwachen, fortwährend geboren werden, indem wir zum Gedanken übergehen, sterben wir fortwährend, indem wir unseren Willen betätigen. Die Kraft des Sterbens liegt in uns, nur dämpfen wir sie ab, dämpfen sie gerade ab durch die Natur unseres Leibeslebens, halten sie innerhalb unseres Leibeslebens, entlassen sie für kurze Zeit beim Einschlafen, wobei sich der Leib wieder erholen kann. Aber die Kraft, die wir in uns tragen dadurch, daß wir Willensimpulse entfalten können, diese Kraft ist der Embryo derjenigen Kraft, mit der die Seele durch die Pforte des Todes geht.

So gliedern sich an die alleralltäglichsten Vorstellungen, die Vorstellungen vom Vorstellen selbst und vom Wollen, die großen Grenzfragen des Daseins an. Über das leibliche Leben schauen wir hinaus, wenn wir Vorstellen und Wollen wirklich verstehen lernen. Worthülsen sind Vorstellen, Fühlen und Wollen geworden – über andere Begriffe werde ich in dem folgenden Vortrag sprechen –, weil man nicht dazu gekommen ist, die wirkliche Denkweise der Naturforschung, die beobachtende Weise, auch auf das Seelenleben anzuwenden. Dadurch ist gewissermaßen die ganze Seelenlehre ein Gelehrtengezänk geworden.

Nicht wahr, derjenige, der sich drillt auf gewisse Begriffe, auch wenn sie nur Worthülsen sind, der glaubt zuletzt, bei diesen Worten auch wirklich etwas zu denken. So ungefähr geht es eigentlich auch in der gebräuchlichen Seelenlehre heute. Aber der Mensch des Lebens, der da wissen will, wie er an den Grenzen dieses Lebens steht, der merkt, daß er es mit Worthülsen zu tun hat, dem gibt einfach dasjenige nichts, was in den gebräuchlichen Seelenlehren steht. Diese gebräuchlichen Seelenlehren gehen aus einer Denkweise hervor, die nur nicht den Mut hat, wirklich umzuwandeln Vorstellen und Wollen in der beschriebenen Weise. Denn wandelt man es um, dann ergeben sich neue Gesichtspunkte für die Erklärung von Fühlen, Vorstellen und Wollen.

Über anderes werde ich im dritten Vortrage zu sprechen haben. Es ergeben sich solche Vorstellungen aber, die das Fühlen zeigen als Ergebnis des ganzen Lebens zwischen Geburt und Tod, die das Vorstellen zeigen als Ergebnis des Lebens vor der Geburt oder Empfängnis, die das Wollen zeigen als das Embryonale, als das Keimhafte desjenigen, was wir über den Tod hinaustragen.

Man kommt zu gar keinem wirklichen, inhaltsvollen Begriff von Vorstellen, Fühlen und Wollen, wenn man nicht anfängt, das ganze Leben so ins Auge zu fassen, wie es beschrieben worden ist heute, wodurch man über das Aufwachen und Einschlafen zum Geborenwerden und zum Sterben kommt.

Es ist ja allerdings zu sagen – morgen werde ich es vor dem Forum der Naturwissenschaft zu rechtfertigen haben, was ich heute mehr als Ergebnisse angeführt habe –, es ist zu sagen, daß dasjenige Denken, das notwendig ist, um sich in diese Dinge hineinzufinden, den Mut haben muß, mit vielem zu brechen.

Aber glauben Sie nicht, daß derjenige, der zu solchen Dingen, die ja mit Recht dem Menschen der Gegenwart, besonders dem Wissenschaftler der Gegenwart als paradox, vielleicht närrisch erscheinen müssen, der zu diesen Dingen gekommen ist, daß der nicht, wenn er die Sache ernst genommen hat, durchgegangen ist durch alles dasjenige, was die andern auch wissen, die es bezweifeln. Widerlegung dieser Sache ist leicht. Und alles dasjenige, was eingewendet werden kann, es könnte so behandelt werden, wie damals Eduard von Hartmann, allerdings in einer weniger wichtigen Sache, verfahren ist, als er von seiner Philosophie des Unbewußten aus – ich habe schon erzählt davon – versuchte, die damals landläufigen materialistisch-darwinistischen Begriffe abzutun. Damals sagten die Naturforscher, und zwar berühmte Naturforscher: Ach, das ist ein philosophischer Dilettant! Der weiß ja doch nichts über wirkliche Wissenschaft. Über das kann man hinweggehen. – Es erschienen die verschiedensten Gegenschriften gegen diesen «Dilettanten» ungefähr von derjenigen Gesinnung, von der heute die ganz gescheiten Leute sind, die den Kopf schütteln bei den Dingen, die aus der künftigen Seelenlehre heute, ich möchte sagen, präliminarisch mitgeteilt werden können. Es erschienen Gegenschriften und unter anderem auch eine von einem Anonymus, von einem, der sich nicht nannte: «Das Unbewußte vom Standpunkt der Physiologie und Deszendenz-Theorie». Und siehe da, der Biograph Darwins, Oskar Schmidt, Ernst Haeckel und andere Darwinisten lobten diese Schrift als aus wahrer naturwissenschaftlicher Denkweise stammend gegenüber dem Dilettanten Eduard von Hartmann. Und einer von ihnen sagte: Er nenne sich uns, dieser Anonymus, wir betrachten ihn als einen der unsrigen! – Ein anderer sagte: Ich selbst hätte nichts Besseres zu sagen gewußt gegen die Schrift des Eduard von Hartmann. – Und sie trugen sehr viel bei, diese Leute, daß die Schrift sehr bald abgesetzt worden ist. Die zweite Auflage war sehr bald notwendig. Da nannte sich der Verfasser, da blieb er nicht mehr unbekannt: Es war Eduard von Hartmann!

Er hatte einmal eine Lektion erteilt denjenigen, die da nicht imstande sind, sich wirklich zu versetzen in dasjenige, was alles das in sich aufgenommen hat, was sie selber wissen und noch einiges andere.

Nun, so könnte Geisteswissenschaft restlos Widerlegungen ihrer selbst liefern. Ich habe selbst einmal in Prag den Versuch gemacht, in zwei öffentlichen Vorträgen hintereinander zunächst die Geisteswissenschaft zu widerlegen, um sie dann zu begründen. Die Widerlegung ist ja natürlich viel leichter als das Begründen. Aber ein anderes ist viel bedeutsamer. Man müßte sich eigentlich in der Gegenwart sagen, namentlich mit Rücksicht auf manche Dinge, die in der allerletzten Zeit wieder geschehen sind: Die Menschheit muß ja in bezug auf so vieles umlernen, und wahrhaftig nicht wenige Leute haben sich in der letzten Zeit bequemt, über das eine oder das andere umzulernen. Muß es denn just der äußere Zwang sein, der die Menschen dazu führt, umzulernen? Es wird zwar für viele Menschen immer wieder und wiederum der äußere Zwang sein, der sie dazu führt, umzulernen, aber es ist wirklich heute ein Zeitpunkt, in dem es notwendig ist, eine Art von Selbstbesinnung zu üben, jene Selbstbesinnung, die dann schon auch wiederum durch sich selbst dazu führt, einzusehen, wie jener Schritt in die Seele hinein ins Unwirkliche führt, der von den klaren, von Triumph zu Triumph führenden naturwissenschaftlichen Vorstellungen oder von sonstigen Gegenwartsvorstellungen ausgeht, wie allein in die Seele hinein führen kann ein solches Erforschen der Seelenkräfte, wie es heute beschrieben worden ist, und daß man dazu kommen kann, aus sich selbst erst die Kraft zu diesem Forschen sich anzueignen, daß andererseits gerade die moderne Naturwissenschaft von sich aus für den, der wirklich den Nerv dieser Naturwissenschaft versteht, in die Geisteswissenschaft wie hineinführt. Das gerade möchte ich morgen zeigen.

Im dritten Vortrag sollen die weiteren Einzelheiten für die Begründung derjenigen Seelenkunde angeführt werden, von der heute die Ergebnisse und der Weg im allgemeinen gezeigt wurden. Jedenfalls wird Geisteswissenschaft, indem sie diese moderne Seelenkunde begründet, sie herausholen aus der Gelehrtenschule und sie demjenigen geben, der da sucht nach einer Wissenschaft vom Seelenleben, das dem Dasein des Menschen gerade mit Bezug auf seine Rätselfragen dienen kann.

Derjenige, der sich tiefer einlassen wird auf die Wissenschaft von der Seele, wie sie in der Gegenwart betrieben wird, dann auf die Wissenschaft von der Seele, wie sie die hier gemeinte Geisteswissenschaft versucht, er wird finden: Seelenlehre, wie sie heute an unseren Universitäten gelehrt wird und immer wieder versucht wird, sie führt entweder zu Worthülsen, oder sie führt zu dem, wozu sie geführt hat einen ernsten, tiefgründigen Menschen wie Franz Brentano: daß man überhaupt nicht mehr weiterkommt. Weiterkönnen wird man einzig und allein, wenn man diese Seelenkunde geisteswissenschaftlich begründen wird.

Sie wird dann von dem Zeitlichen des Menschen – wie wir im dritten Vortrage sehen werden – wirklich in das Ewige der Menschenseele hineinführen. Das wird sie zeigen, daß in der Zukunft, wenn die Menschen sich nicht bequemen werden, den angedeuteten Weg zu gehen, es entweder keine Seelenlehre geben wird oder eine solche, die der Seele unbrauchbare Seelennahrung gibt. Es wird entweder keine Seelenlehre oder eine unbrauchbare Seelenlehre geben, oder es wird geben die geisteswissenschaftlich begründete Seelenlehre. Es gehören Energie und – ohne Albernheit möchte ich dies sagen – innerer Mut zu dieser Seelenlehre. Aber auch die Zeit ist so beschaffen, daß sie ja, indem sie den Menschen hineinstellt in ein äußeres Dasein, zu dem man einigermaßen Mut brauchen wird, auch schon hinweist darauf, daß nun auch die Schätze, daß nun auch die Errungenschaften des menschlichen Inneren nicht durch bloßes Sich-Gehenlassen, sondern allein durch kühnes Vorschreiten des Seelenlebens zu gewinnen sind, nämlich durch solche Methoden, die erst gesucht werden müssen, die nicht schon da waren.

RECHTFERTIGUNG DER ÜBERSINNLICHEN ERKENNTNIS DURCH DIE NATURWISSENSCHAFT

Basel, 31. Oktober 1918

Anthroposophisch orientierte Geisteswissenschaft, wie ich sie in Umrissen in diesen Vorträgen charakterisieren möchte, wird von unseren Zeitgenossen zumeist nicht beurteilt nach demjenigen, was sich aus genauerer Kenntnisnahme ergibt, sondern, man möchte sagen, von außen her, nach oberflächlicher Kenntnisnahme, welche nach irgendwelchen Schlagworten das Urteil bildet.

Insbesondere aus solchen Untergründen heraus machen sich zwei Vorurteile, man könnte auch sagen, Mißverständnisse gegen die hier gemeinte geisteswissenschaftliche Weltanschauung geltend. Das eine ist, daß diese Geisteswissenschaft verstoße gegen die ernste, gewissenhafte Methode, Forschungsweise der naturwissenschaftlichen Weltanschauung, welche die neuere Zeit, die neuere menschliche Erkenntnisgesinnung durchaus beherrschen müsse, welche von Triumph zu Triumph in der neueren Zeit geeilt sei und gegen die eben nicht verstoßen werden dürfe.

Gewiß, wenn diese hier gemeinte Geisteswissenschaft nicht in der Lage wäre, sich zu rechtfertigen vor naturwissenschaftlicher Weltanschauung, man müßte sie verurteilen. Deshalb wird dieses eine der Fragen sein, die heute hier zur Sprache kommen müssen: Wie ist geisteswissenschaftliche Weltanschauung in der hier vertretenen Richtung vor der Naturwissenschaft der Gegenwart, vor wirklicher, wahrer Naturwissenschaft zu rechtfertigen?

Ein anderes, gleichgeartetes Vorurteil, das aber eigentlich innig mit dem eben charakterisierten zusammenhängt, ist das, daß diese Geisteswissenschaft führe in die Dunkelheiten, in die Trübnisse mystischer Seelenverfassung, Weltanschauung. Aus den heutigen Betrachtungen soll hervorgehen, daß ebenso das erste Vorurteil unbegründet ist wie das zweite, denn davon wollen wir einleitend ausgehen.

Der ganze Weg, den jene Forschung durchzumachen hat, welche zu der hier betrachteten Geisteswissenschaft führt, er hat vor allen Dingen, ich möchte sagen, durch zwei Erkenntnistore zu führen. Und man kann eigentlich nicht in rechter Weise in das hineinkommen, was hier gemeint ist, wenn man diese zwei Tore nicht passiert hat. Das eine Tor ist dahin zu charakterisieren, daß der Geistesforscher wirklich drinnengestanden haben muß in der ganzen Gesinnung, in der ganzen Denk- und Forschungsweise, welche im gegenwärtigen Sinne zur Naturerkenntnis führt, daß er aber nicht nur in dieser Forschungsweise drinnengestanden hat, sondern auch an ihn herangetreten ist ein wichtiges, bedeutungsvolles Erlebnis mit dieser Forschung. Für die meisten, die sich mit Naturwissenschaft beschäftigen, bleibt ja eigentlich Naturwissenschaft nun eben Wissenschaft, etwas, was man als Wissen hat, womit man glaubt, in diese oder jene Gebiete des Daseins eindringen zu können.

Für den Geistesforscher darf Naturerkenntnis nicht dieses bleiben. Für ihn handelt es sich darum, daß er, ich möchte sagen, innerlich seelisch probiert habe: Was für ein taugliches oder untaugliches Instrument sind die naturwissenschaftlichen Vorstellungen, wenn es sich darum handelt, in die Untergründe des Daseins einzudringen? Er muß gewissermaßen gelernt haben – wenn ich mich trivial ausdrücken darf – die Handhabung des naturwissenschaftlichen Denkens und mit diesem naturwissenschaftlichen Denken nach den verschiedensten Richtungen in gewissenhafter Weise, nun, ich will eben sagen, probiert haben: Wie taugt es oder taugt es nicht, um in das einzudringen, was äußere Natur selbst ist?

Nun kann man ja sagen, daß auf dem Gebiete der Naturwissenschaft selbst Persönlichkeiten erstanden sind, die mehr oder weniger bewußt sich damit befaßt haben, die Frage zu beantworten: Wie weit führt den Menschen mit Bezug auf die großen Erkenntnisrätsel das naturwissenschaftliche Forschen? – Und immer wieder und wieder muß erinnert werden an die Rede, die ein großer Naturforscher, ein großer Physiologe, Du Bois-Reymond, in den siebziger Jahren gehalten hat, an die berühmte Rede über die Grenzen des Naturerkennens, durch die er darlegen wollte, daß eben Naturerkennen an eine gewisse Grenze, und zwar an eine Grenze, die eigentlich dem menschlichen Streben sehr naheliegt, kommen müsse. Du Bois-Reymond führte dazumal aus, daß zwar die Naturforschung in der Lage sei, die Zusammenhänge der Naturerscheinungen in gewisse Gesetze zu bringen und hinter diesen Gesetzen Zusammenhänge in der atomistischen Welt zu finden, daß aber, selbst wenn man sich das Ideal dieser Naturerkenntnis erfüllt dächte, man mit ihr nicht einmal die zwei Grenzfragen beantworten könne: Was ist Materie, was ist Stoff? – und die andere: Was ist auch nur die allereinfachste Empfindung, das einfachste seelische Erlebnis?

Vor diesen zwei Fragen, meinte dazumal Du Bois-Reymond, müsse naturwissenschaftliche Betrachtung haltmachen. Und da er der Anschauung war, daß naturwissenschaftliche Betrachtung die einzige wirkliche wissenschaftliche sei, so meinte er, daß der Mensch überhaupt niemals zu irgendeiner Erkenntnis in bezug auf die beiden angedeuteten Fragen, also auch nicht zu einer Erkenntnis über das menschliche Seelenleben und über dasjenige, was eigentlich hinter der Natur steht, kommen könne, daß es nicht nur Grenzen des Naturerkennens, daß es Grenzen des menschlichen Erkennens überhaupt gebe.

Dasjenige, was da bei Du Bois-Reymond und bei vielen anderen – ich führe ihn nur als Beispiel an – aus einem gewissen logischen Spekulieren heraus als Urteil sich gebildet hat, das muß beim Geistesforscher ins Leben umgesetzt sein. Der Geistesforscher muß gewissermaßen, wenn ich mich des Ausdrucks bedienen darf, alle Hoffnungen mit dem Naturerkennen erlebt haben und alle Enttäuschungen erlebt haben. Er muß das Naturerkennen so haben auf sich wirken lassen, daß er mit ihm versuchte, die Hindernisse menschlichen Geistesstrebens zu überwinden. Er muß durchgemacht haben die bittere Erfahrung, daß man eben, so streng und so gewissenhaft dieses Forschen ist, doch an gewisse Punkte herankommt, über die dieses Naturerkennen als über bestimmte Grenzen nicht hinwegkommt. Es muß gewissermaßen Erlebnis sein, was da in der Seele des Geistesforschers auftaucht. Er muß gelernt haben, sich zu stoßen mit den naturwissenschaftlichen Begriffen an gewissen Eckpfeilern, die sich darbieten im Naturdasein.

Nun könnte ich viele solcher Eckpfeiler anführen, es würde sich in bezug auf alle dasselbe sagen lassen, was sich über die allereinfachsten Sachen sagen läßt, über die Begriffe von Kraft und Stoff zum Beispiel. Man kann mit dem, was Naturerkenntnis an Vorstellungen den Menschen darbietet, diese Natur bis zu einem gewissen Grade durchdringen. Aber unbegriffen bleibt in dem Bilde der Natur, das man sich dadurch machen kann, immer dasjenige, was sich in solchen Worten repräsentiert, wie Kraft und Stoff und vieles andere. Ich gehe auf das andere nicht ein. Man sieht, daß man mit denselben Methoden, mit derselben Denkweise, mit welcher man gerade fruchtbar in das Wesen des chemisch Vorhandenen in der Natur eindringt, daß man mit diesen Begriffen, mit diesen Vorstellungen, nicht in solches eindringen kann, das sich als Stoff ausbreitet, das als Kraft die Phänomene der Erscheinungen, der Vorgänge der Natur bedingt. Man stößt sich sozusagen an Kraft und Stoff. Man muß zuletzt zu dem Bekenntnis kommen: Je geeigneter die naturwissenschaftlichen Vorstellungen auf den zugänglichen Gebieten sind, desto ungeeigneter werden sie immer mehr und mehr für diese Eckpfeiler.

Und ich möchte sagen, wenn man genügend erlebt hat in diesem Probieren, dann kommt man zu einer bestimmten Fragestellung. Dann fragt man sich: Ja, was ist denn eigentlich der Grund, warum man mit dem Naturerkennen zu solchen Grenzpfeilern kommt? – Und da ergibt sich denn dem forschenden Seelenleben, daß die Grundbedingung für das Anstoßen an solchen Eckpfeilern in der menschlichen Organisation, in der menschlichen Wesenheit selbst liegt. Man merkt zuletzt: Die Natur gibt gewisse Rätsellösungen nicht her, weil man selbst anders sein müßte, wenn solche Rätsellösungen einem zufließen sollten.

Der Gedankengang, den ich hier vor Ihnen entwickle, ist ganz wesentlich unterschieden von dem Kantschen. Aber ich kann bezüglich der Verschiedenheit nur auf meine, jetzt in der Neuauflage eben erschienene «Philosophie der Freiheit» verweisen. Es würde zu weit führen, wenn ich diese Unterscheidung ausführlich auseinandersetzen würde.

Für den Geistesforscher handelt es sich darum, darauf zu kommen, durch wirkliche Selbstbeobachtung darauf zu kommen, daß irgend etwas in der menschlichen Organisation uns hindert, die dargelegten Eckpfeilern zu durchdringen. Da zeigt sich zunächst: Dieselbe Kraft, welche den Menschen hindert, an diesen Eckpfeilern vorbeizukommen, das ist die Kraft, welche uns im gewöhnlichen Leben, überhaupt in unserem ganzen Dasein befähigt zur Liebe. Und das ist die bedeutsame Entdeckung, die man auf solchen Wegen, wie ich sie gestern charakterisiert habe, macht. Man muß gewissermaßen als Geistesforscher hypothetisch die Frage stellen: Wie müßte ein Wesen beschaffen sein – das dann nicht Mensch wäre –, welches solche naturwissenschaftlichen Anschauungen ausbildete, daß, in derselben Weise wie das Zugängliche in der Natur, auch diese Eckpfeiler gewissermaßen durchsichtig, vorstellungsgemäß durchsichtig sich offenbaren?

Ein solcher Mensch würde eine Geistesorganisation haben müssen, die nicht von der Kraft der Liebe durchdrungen wäre. Denn untersucht man dasjenige in wirklicher Selbstbeobachtung, was in jener Lebensäußerung zutage tritt, die wir Liebe in weitestem Sinne nennen, nicht nur Liebe zu irgendeinem menschlichen Wesen, die wir Liebe eben zu jeglichem Liebbaren nennen, untersucht man diese eigentümliche seelische Kraft, so ist ihr Charakter gerade der, daß in dieser Betätigung des Liebens unterdrückt wird, zunächst instinktiv in der menschlichen Natur unterdrückt wird, jene vorstellungsgemäß aktive Betätigung, welche im Verfolgen einer Naturerscheinung oder im Zusammenstellen und Verfolgen eines Experimentes auftreten muß.

Liebe und naturwissenschaftliches Forschen müssen zwei entgegengesetzte Betätigungen des menschlichen Seelenlebens sein. Aber Liebefähigkeit muß in der menschlichen Natur sein. Der Mensch kann nicht gewissermaßen die Liebefähigkeit ad acta legen, beseitigen für die Zeit, in der er naturwissenschaftlich tätig ist. Er kann nach der einen Seite sich äußern nach dem naturwissenschaftlich Vorstellungsmäßigen. Aber dasjenige, was ihn zur Liebe befähigt, ist dann auch in ihm. Und das ist es, was gewissermaßen abdumpft, ablähmt die vorstellungsmäßige Tätigkeit an denjenigen Grenzpfeilern, die ich charakterisiert habe.

Dies ist ein erstes bedeutsames Erlebnis, eine Innenbeobachtung, welche der Geistesforscher auf seinem Wege gemacht haben muß. Gewiß, man kann sagen: Beweise das logisch. – Diese Frage liegt nahe. Weniger nahe liegt dann das Nachdenken darüber, in welchen Fällen man eine solche Frage eigentlich stellen kann. Man kann ja auch nicht die Frage stellen: Warum hat aus logischen Gründen der Stier Hörner oder der Fisch Flossen? Diese Dinge sind zunächst noch Ergebnisse der Beobachtung. Und der Geistesforscher kann auch nur auf die Beobachtung hinweisen, die sich auf dem angedeuteten Wege mit den Erfahrungen gerade des naturwissenschaftlichen Forschens ergibt.

Man kann ja sagen: Ich will meine Seelenverfassung nicht so führen, daß sie zu solchen Erlebnissen kommt. – Nun gut, man kann selbstverständlich das unterlassen. Aber man kann dann nicht Anspruch darauf machen, daß man im Gebiete der Wahrheit irgend etwas zu entscheiden hat. Denn in wirkliche Wahrheit eindringen kann eben nur derjenige, der solche Klippen, wie die bezeichneten, wirklich angetroffen und, ich möchte sagen, dann umschifft hat.

Das zweite Erlebnis, welches zu der zweiten inneren geisteswissenschaftlichen Entdeckung führt, das ist das, welches man macht, wenn man zum Beispiel angelangt ist bei dem Ergebnis, das ich eben jetzt auseinandergesetzt habe. So ausgesprochen, so exemplifiziert, wie das die moderne Geisteswissenschaft zu tun hat, wird das, was ich jetzt eben skizziert habe, allerdings kaum auf einem anderen Felde gemacht werden. Aber instinktiv, mehr oder weniger bewußt oder unbewußt, sind Leute doch darauf gekommen, wie ein gewissermaßen unbrauchbares Instrument die Naturanschauung ist, um in die Geheimnisse des Daseins einzudringen. Dann haben sie sich abgewendet von dieser Naturanschauung und versuchten auf anderem Wege diese Geheimnisse zu erforschen, nämlich auf mystischem Wege, auf dem Wege der innerlichen Selbstbeobachtung, des innerlichen Selbsterlebens. Ebenso wie der Geistesforscher gut kennen muß dasjenige, was man mit dem naturwissenschaftlichen Anschauen erleben kann, so muß er gut kennen dasjenige, was sich auf dem Wege innerlicher, mystischer Versenkung ergibt. Er muß gewissermaßen auch da probiert haben: Ist es möglich, auf dem Wege des Hinuntersteigens in das eigene Seelenleben, auf dem Wege, den man oftmals als den mystischen bezeichnet, zu den Quellen des Daseins zu gelangen? Zu jenen Quellen, mit denen ja doch der Mensch in irgendeiner Weise verbunden sein muß, wenn sie ihn überhaupt irgend etwas angehen? Der Geistesforscher wird auf diesem Wege ebenso Hoffnungen durchmachen, Enttäuschungen erleben und endlich bei dem wichtigen Ergebnisse anlangen, daß man ebensowenig auf diesem Wege der dunklen mystischen Versenkung in das eigene Innere zu den Geheimnissen des Daseins gelangen kann, wie auf dem Wege bloßer äußerer

Naturanschauung. Auch da zeigt sich ihm, ich möchte sagen, eine Wand, gegen die er stößt, allerdings eine Wand, die dann in dem eigenen Inneren, im Seelischen, ist. Und wiederum hat er die Aufgabe, nunmehr zu erforschen, woran es eigentlich liegt, daß man auch auf dem Wege der mystischen Versenkung, wie sie oftmals genannt wird, nicht zu den Quellen des Daseins kommt.

Da ist notwendig eigentlich, um zur Klarheit auf diesem Gebiete zu kommen, rückhaltlos, wirklich rückhaltlos naturwissenschaftliche Gesinnung anzuwenden, nicht mit jenen Wahnideen, mit jenen unklaren Versenkungsideen in das Innere, mit denen oftmals Mystik vorgeht, auch vorzugehen, sondern mit aller – zwar braucht es nicht immer nüchtern zu sein –, aber mit aller klaren Erforschung dieses Innere zu studieren. Dieses Innere des Menschen zu erforschen, es ist ja eigentlich gerade für den, der Klarheit anstrebt, nicht so ganz leicht. Denn dieses Innere des Menschen zeigt sich vielfach vor den eigenen Blicken recht, recht kompliziert. Ich möchte ein Beispiel anführen aus der Literatur, der naturwissenschaftlichen Literatur, welches geeignet ist, das zu zeigen. Es könnte in hundertfältiger Weise vermehrt werden, aber damit man es nachlesen kann, möchte ich es anführen aus einer Abhandlung über das unterbewußte Ich, die erschienen ist in dem Bergmannschen Verlag: «Das unterbewußte Ich, sein Verhältnis zu Gesundheit und Erziehung» von Louis Waldstein. Wie gesagt, es könnte das hundertfach vermehrt werden, ich möchte nur ein solches Beispiel anführen, welches zeigt, wie sehr man achtgeben muß, wenn man das eigene Seelenleben erforschen will, und wie leicht die Täuschung gerade auf diesem Gebiete des Forschens ist.

Da erzählt zum Beispiel derjenige, der auf solche Selbsterkenntnis mit naturwissenschaftlicher Gesinnung ausgegangen ist, von sich das folgende: Er stand eines Tages auf der Straße vor einem Buchladen. Seine Augen fielen auf ein Buch über die Mollusken. Und während er als Naturforscher diesen Buchtitel über die Mollusken liest, muß er lächeln und lachen. Er hat keine Ahnung zunächst, wie ihn dieser Buchtitel über die Mollusken zum Lächeln und Lachen veranlaßt. Und man muß auch sagen, es ist doch etwas höchst Merkwürdiges: Ein ernster Naturforscher sieht ein ernstes naturwissenschaftliches Buch in einem Buchladen – und muß lachen. Und siehe da, es fällt ihm ein: Vielleicht komme ich darauf, warum ich da ins Lachen komme, wenn ich die Augen zumache. – Er macht die Augen zu und lauscht. Ganz in der Ferne zeigen sich kaum hörbar die Töne einer Melodie, die er vor Jahrzehnten gehört hat und bei der er tanzen gelernt hat. Durch einen Leierkasten wird es hörbar. Diese Töne hat er, darauf kann er sich ungefähr besinnen, seit Jahrzehnten nicht gehört. Nun hat er sie bewußt auch nicht aufgenommen, während er den Buchtitel angeschaut hat; aber sie huschten gewissermaßen an seiner Seele vorbei und veranlaßten ihn zum Lächeln; auf ganz unterbewußte Weise wurde seine Seele veranlaßt, sich hinzuwenden den Eindrücken, die er vor Jahrzehnten gehabt hat und die recht undeutlich waren. Denn er muß sich selbst gestehen: Dazumal paßte er vielmehr auf, daß er seine Schritte ordentlich machte beim ersten Tanzenlernen, als daß er auf die Melodie selbst seine Gedanken gerichtet hätte. Seine Gedanken waren auch noch auf etwas anderes Unbedeutendes gerichtet, denn er hatte eine Partnerin, nicht wahr. Das alles wirkte aber im Unterbewußten nach, und er mußte lächeln.

Nun, nehmen wir aber das Beispiel, das wie gesagt hundertfach vermehrt werden könnte, nehmen wir das Beispiel ernst. Es ist maßgebend für unzählige Erlebnisse, die durch unser Dasein durchwallen und die uns zeigen, wie wenig eigentlich der Mensch in seinem Bewußtsein zusammenhängt mit dem, was unten im seelischen Leben vor sich geht, wie da in diesem Seelenleben herauftönt längst Vergessenes, ja nicht nur längst Vergessenes – ich habe darüber genauere Ausführungen gemacht in meinem Buche «Wie erlangt man Erkenntnisse der höheren Welten?» –, nicht nur längst Vergessenes und einmal Klargewesenes klingt da herauf im Seelenleben, sondern auch nicht bewußt Wahrgenommenes. Wir brauchen gar nicht einmal voll hingesehen oder hingehorcht zu haben auf dasjenige, was da war, und dennoch hat es einen gewissen Eindruck gemacht und kommt im geeigneten Augenblick herauf!

Derjenige, der gewissenhaft Geistesforscher ist, bildet den Weg aus, der hier mit einem ersten Schritte angedeutet ist. Er untersucht, was alles da in den Tiefen des Seelenlebens vorhanden ist, und dann kommt er darauf, wie gutgläubige, naive Mystiker oftmals solchen Dingen zum Opfer fallen. Diese gutgläubigen, naiven Mystiker, sie versenken sich in ihr Inneres, holen aus ihrem Inneren allerlei herauf, holen herauf dasjenige, was sie dann nennen ein Gefühl des Zusammenseins mit dem Urquell des Daseins, aber vielleicht sind es doch nur die umgewandelten Töne des Leierkastens! Vielleicht kommt es doch auf demselben Wege zustande, wie das zustande gekommen ist, von dem ich Ihnen erzählt habe. Denn das Eigentümliche zeigt sich im Seelenleben, daß solche Reminiszenzen, solche Dinge, die einmal Eindruck gemacht haben und dann fortwirken, nicht nur so heraufkommen, sondern umgewandelt, rein innerhalb unserer Organisation selbst, nicht nur wie sie ursprünglich waren, sondern als etwas ganz anderes. Dennoch sind sie nichts anderes als eine Bildtatsache desjenigen, was wir so erlebt haben. Mancher glaubt, tiefe Mystik tradieren zu können aus seiner Selbstbeobachtung heraus, und man hat es nur zu tun mit umgewandelten Jugendeindrücken oder dergleichen.

Gerade auf diesem Wege muß sorgfältigst Geisteswissenschaft wirklich vorgehen, denn sie soll gerade das Klarste und nicht das Verworrenste sein. Das bemerkte ich schon wiederholt.

Und so kommt denn der Geistesforscher dazu, gerade dasjenige in der menschlichen Seele zu studieren, wodurch das, was man im gewöhnlichen vollbewußten Erinnerungsleben hat, zusammenhängt mit allerlei unterbewußten Lebensreminiszenzen, umgewandelten Erinnerungen und so weiter. Und indem der Geistesforscher diesen Weg verfolgt, indem er wirklich mit naturwissenschaftlicher Gesinnung auf diesem Wege vorgeht, kommt er zur Beantwortung der zweiten Frage: Wie ist das Erlebnis mit der Mystik? Warum kommt man auf dem Wege gewöhnlicher Mystik im Grunde auch nur zu etwas Unbefriedigendem, wenn man wirklich die rechten Kräfte der Erkenntnisse in sich verspürt?

Da zeigt sich denn, daß eben im Menschen etwas dasein muß: geradeso wie die Liebeskraft dasein muß, die die naturwissenschaftliche Grenze liefert, so muß etwas da sein im Menschen, was ihn verhindert, in die Untergründe seines eigenen Wesens, wie es der Mystiker will, im gewöhnlichen Bewußtsein wirklich hinunterzutauchen. Würde nämlich der Mensch – man kann wiederum hypothetisch diese Gegenfrage stellen – die Fähigkeit haben, restlos hinunterzusteigen, alles zu verfolgen, was auf dem Wege anzutreffen ist, von dem ich gesprochen habe, und was der Mystiker glaubt, finden zu können in dem menschlichen Inneren, dann würde der Mensch die andere, für das Leben notwendige Fähigkeit nicht haben: nämlich die Kraft des Gedächtnisses, die Kraft der Erinnerung selbst. Es müssen sich gewissermaßen die Eindrücke des Lebens, die Vorstellungen des Lebens stauen. Sie dürfen nicht bis in unser Innerstes hineingehen. Wir müssen den Schleier vor unserem Inneren haben, der wie ein Spiegel wirkt und aus dem heraus zurückstrahlen unsere Erlebnisse als Erinnerungen. Und so wenig wir, wenn wir vor einem Spiegel stehen, das sehen, was hinter dem Spiegel liegt, so wenig sehen wir das menschliche Innere, das hinter jenem Spiegel liegt, der eigentlich unsere Erinnerungen zustande bringt.

Und so kommt zuletzt derjenige, der dieses zweite Erlebnis hat, wirklich darauf, daß im Grunde genommen alles, was auf dem Wege der gewöhnlichen Mystik zu erreichen ist, für den Geistesforscher nicht zu gebrauchen ist, weil es sich in irgendeiner Weise, wenn es nur im gewöhnlichen Bewußtsein verarbeitet wird, im Grunde doch als Lebensreminiszenz, als umgewandelte Erinnerungen oder dergleichen ausweist.

So sind zwei Ausgangspunkte, zwei Erlebnisse, die durchgemacht sein müssen, wenn man Geistesforscher sein will: das Erlebnis mit der Naturanschauung und das Erlebnis mit den Reminiszenzen, mit den umgewandelten Erinnerungen. Und aus diesen Erlebnissen heraus erhält man, ich möchte sagen, eine gewisse Erkenntnisweise. Und diese Erlebnisse, werden sie wahrhaftig ernst gemacht, werden sie nicht bloß, ich möchte sagen, theoretisch tradiert, sondern gelernt, mit allen Enttäuschungen, die mit diesen beiden Erlebnissen verbunden sind, an der eigenen Seele kennengelernt, dann bedeutet solches Erlebnis zu gleicher Zeit die Erzeugung einer inneren Kraft. Und diese Kraft bringt einen dazu, in anderer Weise den Erkenntnisweg zu verfolgen, als er mit dem gewöhnlichen Bewußtsein verfolgt wird.

Das eben, was ich auseinandergesetzt habe, ist die Unterlage, auf welcher sich aufbaut jenes Weiterarbeiten des Geistesforschers, das dahin zielt, nicht mit dem gewöhnlichen Bewußtsein – das ja Liebefähigkeit und Erinnerungsfähigkeit sein muß für das gewöhnliche Leben –, nicht mit dem gewöhnlichen Bewußtsein hineindringen zu wollen in die übersinnliche Welt, daß die Geheimnisse, nach denen wir forschen, sich enthüllen müssen; sondern erst sich ein anderes Bewußtsein heranerziehen, ein anderes Bewußtsein ausbilden, um mit Hilfe dieses anderen Bewußtseins in die übersinnliche Welt einzudringen.

Es wurde hier eben angedeutet, daß es nötig ist, um zu der dem Menschen erstrebbaren Wahrheit zu kommen, über den gewöhnlichen Bewußtseinszustand, der für das alltägliche Leben und auch für die gewöhnliche Wissenschaft der richtige ist, hinausgelangen zu können zu einem anderen Bewußtseinszustand. Aber vor dieser Forderung schrecken die meisten unserer Zeitgenossen noch zurück. Sie wollen diese Forderung lieber als etwas Phantastisches, als etwas Schwärmerisches hinstellen, und verfallen dadurch in ein Zweifaches: entweder die Möglichkeit der Erkenntnis der höheren Wahrheiten abzulehnen oder an sie herantreten zu wollen mit dem gewöhnlichen Bewußtsein. Es ist selbstverständlich aus dem Gesagten, daß man auf beiden Wegen nicht zu irgendeinem Ziele kommen kann.

Nun wird sich ja in einer gewissen Weise gerade aus diesen Erlebnissen heraus die Natur und Wesenheit des Weges ergeben, den man einzuschlagen hat. Was ist es denn nach dem Gesagten, was einen nicht hinuntersteigen läßt im gewöhnlichen Bewußtsein in das eigene Innere? Es ist das Gedächtnis, es ist die Erinnerungskraft. Erforscht man alles dasjenige, was zugrunde liegt der menschlichen Fähigkeit, sich an etwas zu erinnern, dann findet man, wie eben die Erinnerungsfähigkeit gebunden ist an den menschlichen Leibesorganismus.

Es ist ein ganz kolossaler Irrtum von Bergson, daß er meint, das Gedächtnis, wenigstens ein Teil des Gedächtnisses, sei nicht gebunden an den menschlichen Organismus. Geisteswissenschaft zeigt gerade, daß der Vorgang der Sinneswahrnehmung, den wir denkend durchdringen, in das Physiologische so eingeordnet ist, daß er nach der Erinnerung hindrängt. Daß wir erinnern können, das liegt schon im Sinneswahrnehmungsvorgang, der vorstellungsgemäß durchdrungen wird, selbst.

Nun, alles aber, was zur Erinnerung führt, was also nach der Naturanschauung hinzielt, das kann nicht, wie gezeigt worden ist, in das menschliche Innere hinunterführen. Die Frage entsteht also: Gibt es eine Möglichkeit, eine solche vorstellungsmäßige innere Seelenbetätigung zu entwickeln, die nichts mit der Erinnerung zu tun hat, die gewissermaßen herausgehoben ist aus dem alltäglichen und sonstigen wissenschaftlichen Leben, das ja, wenn es gesund sein will, immer an die Erinnerungen appellieren muß?

Vielleicht, weil hier das Persönliche, Subjektive, einen objektiven Wert haben könnte, darf ich hier einschalten, wie ich vor vielen Jahrzehnten selbst dahin geführt worden bin, zu den ersten elementarsten Schritten geführt worden bin, die dann zur weiteren Geistesforschung mich gebracht haben in bezug auf dieses Wesen der Erinnerungsfähigkeit.

Es ist ein vielleicht Ihnen sehr unbedeutend erscheinendes Erlebnis meiner Kindheitsjahre. Aber immer und immer wiederum mußte ich während meiner Schulzeit an mir selbst die Wahrnehmung machen, daß ich, obwohl ich eigentlich in allen Fächern, welche zur Mathematik oder Geometrie hinneigten, die allerbesten Fortschritte machte, daß ich gar kein Talent hatte, mathematische Formeln – Sie werden ja vielleicht wissen, was das ist – mir gedächtnismäßig zu merken. Ich könnte auch sagen, es lag nicht einmal daran, daß ich sie mir nicht hätte merken können, aber ich hatte keine Neigung, sie mir aneignen zu können. Wenn also eine Klausurarbeit, Schülerarbeit in diesen Dingen gemacht wurde, so machten die anderen ihre Rechnung algebraisch nach den mathematischen Formeln, die sie sich gemerkt hatten. Ich hatte immer wieder diese mathematischen Formeln im Augenblicke auch zu entwickeln aus dem Grundprinzip heraus, also immer die ganze Ableitung zu machen, und dann rechnete ich mit der Formel. Weil ich nicht verstanden habe, das gedächtnismäßig zu behalten, mußte ich immer suchen, den vorstellungsmäßigen Schluß, der zu der Formel führt, gegenwärtig zu haben, also etwas in den Vorstellungen zu entwickeln, das gewissermaßen nicht appelliert an das Gedächtnis.

Das war für mich persönlich der Ausgangspunkt auf jenem Wege, der jeden Geistesforscher dazu führen muß, solche innere Seelenarbeit zu kultivieren, die dann wirklich zu einem veränderten Bewußtseinszustand führt, die man nennen könnte: kontemplatives Meditieren, Verweilen im inneren vorstellungsmäßigen Seelenleben. Aber dieses Vorstellungsarbeiten muß so eingerichtet sein, daß es, wenn dasselbe wieder auftreten soll, gewissermaßen aus demselben Impulse herauskommt, nicht eine wiederholte, erinnerungsmäßige Arbeit im Vorstellen ist.

Darf ich vom Heutigen sprechen, so muß ich wiederum sagen – sehen Sie, ich halte über dieselben Themen manchmal zehn, zwanzig, dreißig Vorträge an verschiedenen Orten –: Niemals wäre ich imstande, einen Vortrag wiederum in derselben Weise zu halten über dasselbe Thema. Jeder ist anders, weil ich es eigentlich nicht so durchmachen will, daß ich mir irgend etwas merke, sondern daß in dem Momente, wo ich die Dinge ausspreche, sie sich wirklich auch gegenwärtig erzeugen. Also auch da kein Reflektieren auf dasjenige, was gedächtnismäßig bleiben kann.

Mißverstehen Sie mich nicht; es fällt mir nicht ein, etwa zu behaupten, daß Geistesforschung darinnen bestünde, das Gedächtnismäßige auszuschalten. Man würde den Menschen selbstverständlich unbrauchbar für das Leben machen, wenn man ihm das Gedächtnis nehmen würde. Es wird ihm auch nicht genommen, wenn er in dieser Weise sein Denken ausbildet, daß er in das gewöhnliche Seelenleben hinein solch eine Seelenbetätigung führt, die nötig macht, immer wieder und wiederum neu erzeugt zu werden, und die nicht auf das Erinnerungsvermögen reflektiert. Das ist es im Grunde, was ich in den verschiedensten Einzelheiten dargestellt habe in meinem Buche «Wie erlangt man Erkenntnisse der höheren Welten?», in meiner «Geheimwissenschaft» und in anderen Büchern; das ist es, was in der einen oder in der anderen Weise durch diese oder jene seelischen Hilfsmittel angestrebt werden kann, was aber immer auf das Folgende hinausläuft: Zu jenem Denken, von dem ich gestern gesagt habe, daß es eigentlich nur das äußere Anschauen begleiten und dann zur Erinnerung führen muß, wenn das gewöhnliche Leben gesund sein soll, zu diesem Denken kommt ein anderes hinzu, das nicht darauf ausgeht, Erinnerungsgemäßes zu erzeugen, sondern solches, welches in immer neuer und neuer Weise in der Seele lebt, immer neu und neu erzeugt werden muß.

Dadurch bringt sich der Mensch seelisch mit einem ganz anderen Element in Verbindung, als wenn er nur das Erinnerungsmäßige in sich aufnimmt. Dadurch gelangt der Mensch dazu, allmählich Vorstellungen, eine Vorstellungsbetätigung zu entwickeln, die nun wirklich nicht bloß jene blasse Vorstellungsbetätigung ist, die man kennt als Begleiterscheinung des gewöhnlichen Lebens oder der gewöhnlichen Wissenschaft, sondern es tritt nach und nach im Üben solcher nicht an die Erinnerung appellierender Vorstellungen eine Lebendigkeit auf, eine Erkraftung des Vorstellens, die, ohne daß man im Vorstellen Sinneswahrnehmungen hat, Augen-, Gehörswahrnehmungen hat, doch so lebendig ist, wie sonst nur unser Seelenleben ist, wenn wir Sinneswahrnehmungen haben. Man kommt zu einem Vorstellen, zu einem bloßen Vorstellen, welches so kraftvoll, so gesättigt ist, so lebendig ist, wie sonst nur das Seelenleben ist, wenn es der ganzen, vollsaftigen äußeren Sinneswelt gegenübersteht: ein Denken, das wie ein Anschauen ist, und ein Anschauen, aber ein innerlich erzeugtes Anschauen, das wie ein Denken ist.

Dies kann einen erst unterrichten über die Natur des eigentlichen menschlichen Lebens. Denn jetzt, wenn man in sich die Möglichkeit aufgenommen hat, solch anschauliches Vorstellen zu haben, jetzt erst kann man dieses Vorstellen vergleichen mit dem gewöhnlichen Vorstellen des Alltags und der gewöhnlichen Wissenschaft.

Und dann kommt man erst darauf, was das letztere selbst für eine Wesenheit hat. Dann kommt man darauf, sich zu sagen: Ja, die Naturwissenschaft verwendet ja nur solche Vorstellungen, welche durch ihre eigene Wesenheit nach der Erinnerung hin organisiert sind; sie verwendet niemals diejenigen Vorstellungen, die so heranerzogen werden in der menschlichen Natur, wie ich es charakterisiert habe.

Aber dann, wenn man solches Denken entwickelt, solch anschauliches Denken, dann kommt man auch zu jenem Erlebnis, welches gewissermaßen den Spiegel, von dem ich vorhin vergleichsweise gesprochen habe, durchstößt, welches wirklich hinter das Gedächtnis hinunterdringt und in das menschliche Innere hineindringen kann.

Da zeigt sich allerdings: Kommt man in die Region, die sonst durch den Gedächtnisspiegel verdeckt wird, dann trifft man etwas, was das unvorbereitete Bewußtsein zunächst in einer eigentümlichen Weise berührt. Man macht ein Erlebnis durch, das sich nur vergleichen läßt mit dem persönlichen Erlebnis, ich möchte sagen, der Übersättigung, und man kommt darauf, daß im Menschen etwas lebt, das man nur auf dem angedeuteten Wege finden kann, das dem Menschen eine unbewußte Antipathie zu ihm selbst einflößt, sein eigenes Inneres, das ihn fortwährend zurückstößt. Zurückstoßende Kraft muß da vorhanden sein, wie Licht zurückgestoßen wird durch den Spiegelbelag. Der Spiegelbelag läßt sich gewissermaßen vergleichen mit dem, was da als ein unterbewußtes Antipathie- oder Übersättigungsgefühl sich geltend macht. Man merkt das nicht im gewöhnlichen Bewußtsein, weil es eben Spiegelbelag ist, weil man das, was zurückgestrahlt ist, erlebt in der Erinnerung.

Jetzt aber, mit dem neu entwickelten Vorstellungsleben, dringt man ja hinunter, und man hat zu überwinden jene geschilderte Antipathie hinter dem Gedächtnisspiegel. Man überwindet sie nur, wenn man noch andere Erlebnisse zu den geschilderten hinzufügt, wenn man nicht nur versucht, solches Vorstellen in sich zu entwikkeln, das nicht Anspruch macht auf das Gedächtnis, sondern wenn man versucht, jene Kraft in sich auszubilden, welche in einer sehr alltäglichen, ich könnte besser sagen, allnächtlichen menschlichen Betätigung vorhanden ist, aber in einer sehr schwachen Weise, in einer unbrauchbaren Weise vorhanden ist. Ich meine jene Betätigung der menschlichen Seele, die sich im Traume darlebt.

Das Träumen, die Traumtätigkeit ist etwas, was der Geistesforscher sehr wohl studieren muß, denn die Seele lebt natürlich auch in Träumen. Sie lebt, wie ja jeder weiß, in einer gewissen Weise in einer Unwirklichkeit, indem sie im Träumen lebt. Träume haben ja immer die Menschen dazu geführt, gewisse Rätselfragen des Lebens aufzuwerfen.

Der Geistesforscher wird weder so über die Träume forschen können, wie man das früher nach dem Muster der Traumbücher getan hat, noch wird er so zu forschen haben, wie es die moderne Psychoanalyse tut, denn beides führt nicht in das Erkennen jener Kraft, die eigentlich hinter dem Träumen liegt. Kann man das Träumen verfolgen, dann zeigt sich immer, daß an jedem Traume beteiligt ist das menschliche Leibesinnere. Irgendwie sind es immer Leibesvorgänge, die mit dem Träumen zusammenhängen, aber Leibesvorgänge, die sich so äußern, daß sie in einer gewissen Weise hinausgehen über das ruhige Schlafesleben, sich hineindrängen in das Seelenleben und in irgendeiner bildlichen Unklarheit zum Ausdrucke kommen.

Dieses Träumen so nehmen zu wollen, wie es sich in seinen Bildern darstellt, das kann dem Geistesforscher ja nicht einfallen. Man hat mich einmal im Anschluß an einen Vortrag von seiten eines Psychoanalytikers gefragt: Ja, das, was Sie Anthroposophie nennen, das nimmt die Träume mit Bezug auf ihren unmittelbaren Inhalt. Wir aber, wir Psychoanalytiker, nehmen die Träume, indem wir aus ihren Bildern erforschen wollen, was da im Unterbewußten rumort. – Nun, ich will die Sache nicht weiter ausführen, aber darauf ist zu erwidern: Wie der Psychoanalytiker – allerdings mit unzulänglichen Mitteln – die Träume nicht unmittelbar in ihrer Bildhaftigkeit nimmt, sondern etwas hinter ihnen erforschen will, so macht es erst recht der Geistesforscher, aber nicht mit unzulänglichen Mitteln. Ihm ist klar, gerade aus einer wirklich mit naturwissenschaftlicher Gesinnung getriebenen Erforschung des menschlichen Seelenlebens, daß dasselbe, was im Seeleninnern vorgeht, sich in ganz verschiedene Bilder kleiden kann, wenn geträumt wird. Ich will sagen: Man geht im Traum auf einen Berg hinauf und fällt auf der anderen Seite hinunter –, dasselbe könnte vorgehen, wenn man träumt, man habe ein Papier vor sich, das man durchstößt, in das man ein Loch macht. Die Bilder, die im Traume auftreten, sie sind nur eine Verbrämung, nur eine äußerliche Auskleidung. Und derjenige, der nach dem Inhalt des Traumes, nach dem Bildinhalt des Traumes sucht, wird niemals hinter das Geheimnis jener Kraft in der menschlichen Seele kommen, die im Träumen liegt. Derjenige allein kommt hinter die Kraft, die im Träumen liegt, der den Traum, ich möchte sagen, in seiner dramatischen Folge – ganz abgesehen davon, wie er sich bildhaft zum Ausdrucke bringt – verfolgen kann, der verfolgen kann, wie Spannungen und Lösungen oder stehenbleibende Spannungen im Seelenleben auftreten. Die können sich dann in die verschiedensten Bilder kleiden. Erst ein solches Denken, wie ich es geschildert habe, erst ein solches Denken kann eindringen in diejenigen Regionen des Seelenlebens, aus denen die verworrenen Träume im gewöhnlichen Bewußtsein kommen. Denn derjenigen Region in der menschlichen Organisation gehört das Träumen an, welche hinter dem Spiegel liegt.

Man taucht unter in das Gebiet, das hinter dem Spiegel liegt, wenn man mit ausgebildetem Vorstellen, das nicht an Erinnerungen appelliert, nun untertaucht in das menschliche Innere. Denn da trifft man die Kraft, die sonst nur, ich möchte sagen, embryonal oder unvollkommen in Träumen sich auslebt, da trifft man diese Kraft des menschlichen Inneren in ihrer wahren Gestalt. Sonst ist dasjenige, was da unten als die unterbewußte Natur des Menschen ist, etwas, was aus unterbewußter Antipathie in das Bewußtsein, in das Seelenleben heraufschlägt und dadurch eben die Spiegelung des Gedächtnisses bewirkt. Jetzt taucht man unter. Und allein dieses so Geschilderte, nicht die erinnerungsmäßigen Vorstellungen, kann so untertauchen, daß die Antipathie überwunden wird. Die Antipathie ist es, die unser Bewußtsein abstumpft gegen das eigene Innere, die uns nicht hinunterkommen läßt, zu zerstoßen den Spiegel, zu dringen unter den Spiegelbelag, hinein in eine Region, die sonst sich als Antipathie, unbewußte Antipathie für das menschliche Seelenleben erweist.

Dadurch entwickeln wir eine Kraft, welche auch sonst im Leben vorhanden ist. Ich habe sie heute schon genannt in ihrer Bedeutung für das gewöhnliche Leben: jene Kraft, welche die menschliche Liebefähigkeit ist. Diese Liebefähigkeit lernen wir sonst erkennen, ich möchte sagen, in ihren Ansätzen, wie sie sich im gewöhnlichen Leben äußert. Dringen wir aber auf dem angedeuteten Weg hinunter in unser eigenes Inneres, dringen wir mit dem nicht erinnerungsmäßigen Vorstellen in dieses Gebiet hinunter, dann erhöht sich gerade die Kraft der Liebefähigkeit. Und das ist die zweite Seite des Seelenlebens, die der Geistesforscher ausbilden muß.

Die erste Kraft besteht darinnen, daß er ein Vorstellungsleben entwickelt, das nicht auf Erinnerung hin gebaut ist. Das andere ist, daß er ein solches inneres Leben entwickelt – und es stellt sich bald heraus als ein Willensleben, denn das alles, was da erlebt wird, lebt sich aus in den Willensimpulsen –, ein solches Leben entwickelt, das im wesentlichen steigert die Liebefähigkeit. Während also auf dem Gebiete, auf dem man den Geist erforschen will, geradezu die Erinnerung ausgeschlossen sein muß, muß die Liebefähigkeit erhöht werden in einem Grade, von dem sich das gewöhnliche Bewußtsein keine Ahnung macht, weil dieses gewöhnliche Bewußtsein in der Regel nur die Liebe entwickelt in bezug auf äußere Wesen und äußere Dinge, nicht aber in bezug auf das Geistige; und das Geistige wird angetroffen auf dem Wege, von dem ich eben gesprochen habe, der durch das Zerbrechen des menschlichen Gedächtnisses in das menschliche Innere hineinkommt.

So stellt sich die vielleicht paradox klingende Tatsache heraus, daß dasjenige, was notwendig ist für den gewöhnlichen Naturforscher und das gewöhnliche Leben, die Erinnerungsfähigkeit und die Liebefähigkeit, auf dem Wege, den die Geistesforschung durchzumachen hat, sich so ausbildet, daß das Vorstellungsleben auf der einen Seite einlaufen muß in eine Region, wo auf das Erinnern kein Anspruch gemacht werden kann, das Willensleben aber einlaufen muß in eine Region, wo die Liebefähigkeit im wesentlichen erhöht wird.

Dadurch dringt der Mensch in diejenigen Gebiete ein, die sonst hinter den naturwissenschaftlichen Grenzen liegen. Entwickelt er dasjenige, von dem ich gesprochen habe, eben nach den zwei Seiten der menschlichen Natur hin, dann gelangt er hinaus über jene Klippen, die an den Eckpfeilern sich darstellen.

Dasjenige, was sonst sich nur darstellt eben als Naturzusammenhang, wird gewissermaßen durchschaut. Man kommt dann allerdings nicht auf Atome, man kommt nicht auf den hypothetischen Stoff, die Materie, von denen sonst gesprochen wird; man kommt, indem man die Natur durchschaut, durchforscht, zum Übersinnlichen, zum Geist. Dadurch kommt man zum Geist, der hinter der Natur und in der Natur lebt, daß man gewissermaßen aufwacht. Denn ein Aufwachen ist es mit Bezug auf das gewöhnliche Bewußtsein, was ich eben geschildert habe. Wie der Mensch – das kann ich vergleichsweise sagen – im dumpfen Schlafes- oder Traumesdasein leben kann und dann aufwacht in das gewöhnliche Tagesbewußtsein hinein, so ist dasjenige, was ich geschildert habe, ein höheres Aufwachen, ein Aufwachen so, daß dem Erleben gegenüber, welches man mit dem Vorstellen, mit dem Wollen, wie ich es geschildert habe, durchmacht, das gewöhnliche Wachleben so ist, wie sonst das Traumesleben diesem Wachleben gegenüber.

Namentlich mit Bezug auf eines möchte ich den Vergleich weiter ausführen. Den Traum sieht jedes gesunde Bewußtsein als eine Summe von Bildern an, und es weiß: Indem es aus dem Traume heraustritt und in die gewöhnliche Wirklichkeit eintritt, tritt es aus der Bilderwelt eben in die Seinssphäre herein. Im Traume wird die gewöhnliche Seinswelt Bilderwelt. So beginnt derjenige, der ein Geistesforscher geworden ist, der Welt, die er im übersinnlichen Bewußtsein, im erweckten übersinnlichen Bewußtsein nun erlebt, gegenüberzutreten. Er weiß: Diese gewöhnliche Welt, die wir mit Augen schauen, mit Ohren hören, mit den anderen Sinnen wahrnehmen, die wird für ihn eine Bilderwelt für das übersinnlich Erlebte. Die ganze Natur wird eine Bilderwelt für das übersinnlich Erlebte, wie die Traumeswelt sonst Bilderwelt ist für das gewöhnliche, äußere Sinnesleben-Sein. Da stellt sich heraus, daß eigentlich der Gang der neueren Naturforschung mit all ihren großartigen, gewaltigen Errungenschaften – denn der Geistesforscher stellt sich in bejahender, nicht in negativer Weise zu der Naturforschung –, daß diese ganze moderne Naturforschung eigentlich nur dadurch groß geworden ist, daß sie sich beschränkt darauf, Bildnatur zu geben, nicht eindringen will mit den Mitteln, die ihr zur Verfügung stehen, in dasjenige, was als Geheimnis hinter den Bildern ist.

Ich möchte wiederum durch ein Gleichnis noch veranschaulichen, wie man zu jenem Wollen kommt, von dem ich gesagt habe, es ist eine Erhöhung der Liebefähigkeit, durch einen Vergleich, einen ganz einfachen, elementaren Vergleich, der aber dann weiter und immer weiter ausgebildet werden kann: Man weiß gewöhnlich nicht, daß dasjenige, was man Schreiben der Menschen nennt, wenn man auf verschiedene Menschen hinschaut, zwei ganz verschiedene Tätigkeiten darstellt. Diese feineren psychologischen Beobachtungen mit Bezug auf das Schreiben machen die wenigsten Menschen. Wenn der eine schreibt, so braucht dieses Schreiben seiner inneren Wesenheit nach mit Bezug auf einen gewissen Punkt nicht ganz dasselbe zu sein, was es ist, wenn der andere schreibt. Es gibt nämlich – und das ist bei den meisten Menschen der Fall – solche Personen, die schreiben, indem sie die Buchstaben so formen, daß die ganze Konfiguration des Buchstabens, ich möchte sagen, im Handgelenk liegt. Und natürlich meine ich damit mehr in alledem, was damit zusammenhängt. Der Mensch hat so seine Schrift, aber sie liegt in seiner Organisation, sie löst sich nicht los von seiner Organisation.

Ich kenne andere Leute, die schreiben anders; die schreiben so, daß sich das Schreiben mehr loslöst von ihrer Organisation; sie malen gewissermaßen, indem sie schreiben. Es ist außerordentlich interessant, wenn man darauf kommt, daß es solche Menschen gibt, die eigentlich malen, indem sie schreiben, die eigentlich immer eine Anschauung von der Buchstabenform haben, die den Buchstaben immer formen, die ihn zeichnen, die also viel objektiver im Buchstaben leben. Die haben nicht im Handgelenk die Formen der Schrift, sondern sie zeichnen die Schrift.

Gewöhnlich sind das solche Leute, die in ihrer Jugend eine große Liebefähigkeit an den Tag gelegt haben und die in ihrer Jugend die Eigentümlichkeit gezeigt haben: Wenn sie einmal einen Menschen gesehen hatten, den sie schätzten, so haben sie auch so geschrieben wie der, haben seine Schrift nachgeahmt. Wenn sie angefangen haben, einen anderen Menschen gern zu bekommen, malten sie seine Schrift nach. Und so blieb ihnen diese Fähigkeit für das Leben, daß die Schrift eigentlich ein Zeichnerisches, ein Malerisches ist.

Da wird man aufmerksam, daß eine ganz andere elementare Betätigung des Menschen sich loslösen kann von dem Menschen, mehr in das Objekt hineinsteigen kann, und daß dieses In-das-Objekt-Hineinsteigen gerade mit der Liebefähigkeit des Menschen zusammenhängt. Man wird jene Liebefähigkeit, von der ich vorhin als einer Ausbildung des Willens gesprochen habe, diese Liebefähigkeit für den Geist bei solchen Menschen vorzugsweise ausgebildet finden, die eigentlich keine durch ihre Organisation bedingte Schrift haben, die im Grunde genommen immer schreiben können, wie sie wollen, nach links, nach rechts, stehend, liegend, was sie wollen, die die Buchstaben so oder so formen können. Das hängt zusammen mit dem Untertauchenkönnen, mit dem liebevollen Untertauchenkönnen in die objektive Welt.

Nun, dasjenige, was ich hier für die elementare Tätigkeit des Schreibens ausgeführt habe, das kann aktuell werden, das kann für den Menschen so werden, daß es auch in höhere Betätigungen hineinführt. Das ist dasjenige, was auf dem Wege liegt, den ich gemeint habe, indem ich zeigte, daß zu dem nicht an die Erinnerungen appellierenden Vorstellen jene Willensimpulse dazukommen müssen, welche gewissermaßen zusammenwachsen mit der äußeren Objektivität.

Das ist wiederum dasjenige, was im Geistesforscher, ich möchte sagen, bis zu einem hohen Grade sich ausbilden muß. Dann wird für ihn dasjenige, was sonst grob, robust wirkt für das gewöhnliche Bewußtsein, es wird für ihn die Welt zum Bilde, indem sie sich gerade in ihrer Wahrheit enthüllt, und er dringt dann in Wahrheit durch zu dem Übersinnlichen.

So stellt sich dann etwas heraus, das ich in der folgenden Weise charakterisieren möchte: Es gibt heute einen Philosophen, den ich von einer gewissen Seite her sehr schätzen muß, obwohl ich eigentlich mit nichts einverstanden sein kann, was er sagt. Aber es ist ein Philosoph, der sich gerade gut befaßt hat mit der Beantwortung der

Frage: Was kann naturwissenschaftliche Gesinnung eigentlich über die Welt wissen? – Und er hat von verschiedensten Seiten her diese Frage beantwortet. Es ist der Philosoph Richard Wahle. Dieser Philosoph, ich möchte ihn als einen Repräsentanten hinstellen nicht nur für die Art, wie viele denken, sondern für die Art, nach der überhaupt das Denken der Zeit tendiert, ebenso wie ich gestern die Philosophen nicht etwa als die Lehrer der Menschheit hinstellen wollte, sondern als diejenigen, welche gewisse Symptome der Zeit zur Darstellung bringen. Dieser Richard Wahle versuchte, die modernen Weltanschauungen, wie er sie kennt – er kennt eben Geisteswissenschaft nicht und wird sie nicht kennenlernen wollen –, er versuchte, moderne Weltanschauungen zu fragen: Was kannst du lernen über die wahre Wirklichkeit? – Und er kam dazu, zu sagen: Nirgends, wenn wir nach naturwissenschaftlichem Muster die Welt anschauen, kommen wir dazu, das Kraftvolle zu erkennen, dasjenige, was die Vorgänge bewirkt; sondern wir lernen nur erkennen die Aufeinanderfolge der Vorgänge, das Bilden des einen Vorganges aus dem anderen. Aber dasjenige, was im einen Geschehen sich drängt, so daß das andere werden kann, das Kraftende, die Urfaktoren, wie Wahle es nennt, die lernt man nicht kennen. Und so kommt denn, indem er gewissenhaft versucht, die Frage zu beantworten: Was kann man mit der Naturforschung? –, so kommt denn dieser Richard Wahle, der ein Universitätsprofessor der Gegenwart ist, zu der Anschauung, daß diese moderne Naturanschauung eigentlich nun wirklich nicht ein Wahrheitsbild, ein Wirklichkeitsbild gibt von der äußeren Welt, sondern daß sie das gibt, was eigentlich nicht in der Wirklichkeit der Natur ist, sondern ein Naturgespenstisches. Und gerade je mehr das Ideal der Naturwissenschaft erfüllt ist, desto gespensterhafter wird dasjenige, was nun in dem Bild von der Natur vorhanden ist. Richard Wahle, in seinem «Über den Mechanismus des geistigen Lebens» sagt, man kann überhaupt zu nichts anderem kommen als zu einer solchen gespensterhaften Anschauung.

Nun, das gibt für ihn, ich möchte sagen, geradezu die Verurteilung alles philosophischen Strebens. Er ist Philosoph, und er hat ein eigentümliches Urteil über die Philosophie nicht nur der Gegenwart, sondern auch über die Philosophie der Vergangenheit gefällt. Es ist allerdings eine merkwürdige Tatsache, daß der offizielle Vertreter der Philosophie an einer Universität in der Gegenwart zu dem Urteile kommt, das ich gleich anführen will, über Philosophie, also sozusagen über sein eigenes Handwerk. Es ist außerordentlich charakteristisch für die Gegenwart, aber es ist so. Und es ist auch in gewisser Beziehung gerade als Phänomen, als Tatsache außerordentlich beachtenswert. Dieser Richard Wahle schaut sich an das, was die Philosophie, was er selbst auf philosophischem Gebiet geleistet hat, und sagt ungefähr: Früher glich die Philosophie einem Restaurant, in dem Köche und Kellner ungenießbare Speisen den Gästen darboten; und jetzt ist die Philosophie ein Restaurant, in dem Köche und Kellner herumstehen und überhaupt nichts zu tun haben. – Er verweist also auf diese Kellner, will sagen Philosophen, in diesem merkwürdigen Restaurant der Gegenwart und geht aus von einer in gewisser Beziehung exakten Frage: Was kann die Naturwissenschaft? – Und er kommt dazu, die Grenze der Naturwissenschaft sich vor Augen zu stellen, indem er ihr gespensterhaftes Wesen, das nur an der Außenseite haften muß, eben sich vor die Seele führt. Er bringt es zur Erkenntnis der Bildnatur alles Naturerkennens. Und das ist überhaupt ein bedeutsames Phänomen im Gegenwarts-Geistesleben.

Die Naturwissenschaft tendiert dahin, gerade wenn sie sich gut selbst erkennt, immer mehr und mehr das erkennen zu müssen, daß sie eigentlich nur Bilder liefert, daß dasjenige, was sie Natur nennt, nur Bild ist von irgend etwas.

Derjenige, der heute gewissenhafter naturwissenschaftlicher Denker ist, kommt nicht zum törichten Monismus, sondern er kommt zu der Anerkennung der Bildhaftigkeit alles Naturerkennens. Dafür könnten heute schon unzählige Zeugnisse angeführt werden, indem man diejenigen Betrachtungen nimmt, die nicht kleinlich sich hingeben dem naturwissenschaftlichen erkenntnistheoretischen Vorgang, sondern die in gewissenhafter Weise versuchen, sich die Frage zu beantworten: Inwiefern ist Naturwissenschaft ein taugliches Instrument zur Wahrheits- und Wirklichkeitserkenntnis? – Da ist es auf der einen Seite heute so, daß die Naturwissenschaft an ihre Grenze herankommt. Und je mehr sie sich ausbilden wird, diese Naturwissenschaft, je mehr ihr Ideal erfüllt wird, desto mehr wird sie gerade durch sich selbst, durch gewissenhafte Verfolgung ihres eigenen Wesens, zur Anerkenntnis ihrer Bildhaftigkeit kommen.

Und von anderer Seite haben wir den Gang der Geistesforschung, die dazu kommt, im Menschen ein solches Erkennen zu entwickeln, das über das Bild hinaus zur Wirklichkeit vorstößt. Naturwissenschaft zeigt: Was ich finden kann, ist Bild. – Geisteswissenschaft zeigt: Indem du ein höheres Bewußtsein ausbildest auf den Wegen, die ganz exakt angewendet werden, zeigst du, daß dasjenige, was im gewöhnlichen Bewußtsein, für das gewöhnliche Bewußtsein und für die gewöhnliche Wissenschaft existiert, Bildnatur hat und daß du das Wirkliche nur findest, wenn du über die Bildnatur hinausgehst.

Wie könnte Geisteswissenschaft vor der Naturwissenschaft besser gerechtfertigt sein als durch die Tatsache, daß Geisteswissenschaft von sich aus die menschliche Entwickelung dazu bringt, anzuerkennen dasjenige, was aus sich heraus als ihr Ergebnis, wenn sie sich selbst versteht, die Naturwissenschaft selber finden muß.

Nicht Worte, sondern die Tatsachen, die die Geisteswissenschaft in der menschlichen Seele produziert, sie werden übereinstimmen mit dem, was aus der Naturwissenschaft fließt. Dadurch wird sich im Zusammenarbeiten ganz von selbst dasjenige ergeben zwischen den beiden, was man nennen kann die Rechtfertigung der Geisteswissenschaft vor dem Forum der Naturwissenschaft.

Eben das wollte ich mit einigen Ausführungen und Betrachtungen heute andeuten: Was die Geisteswissenschaft vor der Naturwissenschaft rechtfertigt, das ist die recht verstandene Naturwissenschaft selbst.

Ich werde den Weg der menschlichen Geisteskultur, wie sich ihn die Geisteswissenschaft denkt, in den zwei Vorträgen der nächsten Woche weiter ausführen, in dem einen, indem ich das Dasein des Menschen von der Geburt bis zum Tode verfolgen werde und über Geburt und Tod hinaus in den ewigen Gang der menschlichen Seele hinein; in dem anderen, indem ich zeigen werde, wie sich das geschichtliche, soziale, sittlich-religiöse Leben vom Standpunkte der Geisteswissenschaft ausnehmen. Etwas aber ist da, was, ich möchte sagen, wie ein Grundton durchgehen muß durch das Bewußtsein, das der Geistesforscher der Menschheit gern übermitteln möchte, durchgehen muß als eine Grundtatsache gegenüber der mit Recht sich so, wie sie es tut, in die Zeit hineinstellenden

Naturforschung. Dieser Grundton kann in folgender Art ausgesprochen werden: Wenn Naturwissenschaft sich selber nur richtig versteht, sie mündet an einem Punkte, an dem sie sich sagen muß: Hier stehe ich an meinen Grenzen, hier wird ein anderes gefordert.

Nun gut, dieses andere wird Geisteswissenschaft geben. Und damit wird sie nicht von sich aus, sondern durch die Naturwissenschaft vor der Naturwissenschaft selbst gerechtfertigt erscheinen.

RECHTFERTIGUNG DER SEELENWISSENSCHAFT IM SINNE DER ANTHROPOSOPHIE

Bern, 9. Dezember 1918

Wer das Geistesleben in der Gegenwart denkend zu verfolgen in der Lage ist, wird sich nicht verhehlen können, daß ein großer Teil unserer Zeitgenossen in seinem seelischen Suchen etwas außerordentlich Unbestimmtes hat, daß die meisten dieser Zeitgenossen, wenn sie sich Vorstellungen bilden wollen über ihre Stellung zum All, man könnte sagen über ihr Menschsein, es schwierig haben zu finden, woran sie sich halten sollen.

Geht man den Gründen nach durch eine unbefangene Betrachtung desjenigen, was dem Menschen heute im Leben entgegentritt, was sich ihm im Leben bietet, geht man den Gründen nach, die zu einer unklaren, zu einer unbestimmten Art und Weise des Suchens führen, so wird man wohl finden können, daß gerade durch etwas, was in einer gewissen Beziehung den Vorzug, ja den Triumph unserer Zeit ausmacht, auf der anderen Seite diese Unbestimmtheit, diese Unklarheit bewirkt wird. Dasjenige, was unserer Zeit – und zwar seit mehreren Jahrhunderten schon, aber ganz besonders seit der zweiten Hälfte des 19. Jahrhunderts und dem Beginne des 20. Jahrhunderts – das Gepräge gibt, man möchte sagen, im Besten und, wie die letzten Jahre gezeigt haben, auch im Unangenehmen, das ist der bewunderungswürdige Fortschritt der Menschheit in bezug auf naturwissenschaftliche Einsicht, auf die Einsicht in die äußeren Vorgänge des

Weltendaseins, und in bezug auf die Konsequenzen, die sich daraus ergeben für das unmittelbar praktische Leben.

Leicht kann man sagen, gerade wenn man die besondere Eigentümlichkeit ins Auge faßt, wie diese naturwissenschaftliche Einsicht, diese Gewöhnung, die Welt naturwissenschaftlich aufzufassen, auf den Menschen wirkt, daß mit ihr zusammenhängend ist die Unmöglichkeit, auf diesem Wege in das eigentlich seelische Gebiet einzudringen. Vielleicht wird gerade aus den heutigen Betrachtungen für manchen der verehrten Zuhörer sich ergeben, wie es mit der Größe, mit dem Triumphe naturwissenschaftlichen Erkennens zusammenhängt, daß Naturwissenschaft auf ihre eigene Weise keinen Aufschluß geben kann über das menschliche Seelenleben.

Nun nimmt aber diese naturwissenschaftliche Denkungsweise, berechtigt durch die äußerliche Autorität, die sie besitzt, alle Denkgewohnheiten des modernen Menschen in einer gewissen Weise in Anspruch. Sie hat – das ergibt sich dem Betrachter der Menschheitsentwickelung – in bezug auf gewisse Vorstellungsarten alles im seelischen Gefüge der Menschen geändert. Sieht man zurück auf die Art und Weise, wie vor dem Aufgang des neuzeitlichen Geisteslebens – man kann den Kopernikanismus als Grenze gegenüber dem alten annehmen – die Welt angeschaut wurde, so stellt sich nämlich heraus, daß der Mensch damals sich Vorstellungen gemacht hat über die Welt, die gigantisch waren, geeignet waren – so wie er es dazumal brauchte, wie es ihm heute nicht mehr genügen würde –, nach der einen Seite hin sich Aufklärung zu verschaffen über die Naturvorgänge, die ihm in der damaligen Zeit entgegentraten, und wie diese Vorstellungen zu gleicher Zeit geeignet waren, aufzuklären über dasjenige, was in seiner Seele als Vorstellungen lebte, als Gefühl, als

Wollen pulsierte. Der Mensch hatte gewissermaßen einheitliche Vorstellungen über die Welt, die er auf der einen Seite wenden konnte nach der Natur, auf der anderen Seite nach seinem Inneren.

Man bemerkt heute nicht immer, weil man gar nicht gewohnt ist, die Entwickelung des Seelenlebens der Menschheit richtig zu beobachten, wie sehr sich die heutigen Vorstellungen von den eben gemeinten älteren Vorstellungen unterscheiden.

Nun sind auf der anderen Seite – wir werden darüber übermorgen genau zu sprechen haben – alle Religionsbekenntnisse, die doch mehr oder weniger aus alten Zeiten geblieben sind, Nachklänge aus alten Zeiten sind, genährt von demjenigen, was in solchen alten Vorstellungen lag. In ihnen ist geblieben eine gewisse Art und Weise, über die menschliche Seele und ihre Stellung in der Welt zu denken. Da hinein hat die naturwissenschaftliche Autorität eine ungeheure Erschütterung gebracht. Der Mensch gibt sich heute nicht mehr zufrieden mit dem, was ihm von alten Zeiten überliefert ist, denn er ist daran gewöhnt, die Welt wissenschaftlich zu betrachten, und will von der Wissenschaft Aufschluß haben über die Lage seiner Seele im Weltenall, im Kosmos und seiner Entwickelung.

Aber da gerade muß man gestehen, obwohl sich der Mensch gewöhnt hat, nicht mehr bei den alten Autoritäten Hilfe zu suchen, wenn er sich an etwas halten soll in bezug auf Aufklärung über sein Menschsein, gerade da muß man gestehen, daß dasjenige, was ihm nun wissenschaftlich geboten wird, ihn recht wenig befriedigen kann. Sieht man dasjenige an, was heute zum Beispiel als philosophische Seelenlehre gerade offiziell geboten wird, so wird der Mensch, der mit seinem gesunden Menschenverstand, mit seiner ehrlichen Seele sucht, an diese Seelenwissenschaft heranzutreten, nichts finden können, woraus er sozusagen etwas machen kann. Es zeigen sich heute eklatante Beispiele, daß das richtig ist, was ich eben gesagt habe.

So gibt es einen merkwürdigen Philosophen – Richard Wahle heißt er –, der, trotzdem er Fachphilosoph ist, also sogar berufen ist, Philosophie als eine Wissenschaft an einer Universität zu vertreten, in einer sonderbaren Weise unzufrieden ist mit seiner Wissenschaft, die ihm vorgibt, Aufschluß geben zu können über das Wesentlichste im Menschen, der er aber durchaus nicht zuschreiben kann, daß sie zu solchem Aufschluß in der Lage ist.

Ich bin durchaus nicht geneigt, etwa den Glauben zu erwecken, daß solche einzelnen Persönlichkeiten mit ihren Anschauungen irgendeinen tieferen Einfluß auf das Denken, auf die Vorstellungen der Zeitgenossen haben. Ich glaube im Gegenteil, das Umgekehrte ist der Fall: In solchen Persönlichkeiten zeigt sich, was in Tausenden und Abertausenden unserer Zeitgenossen pulsiert. Es zeigt sich nur an einem einsamen Philosophen, der unzufrieden mit seiner eigenen Wissenschaft ist, eben in einer eklatanten Weise.

Nun, dieser Philosoph redet sonderbar über seine Philosophie. Er sagt: Die Philosophen der früheren Zeiten – er ist auch mit denen höchst unzufrieden –, die lassen sich vergleichen mit Köchen und Kellnern in einem Restaurant, die den Leuten verdorbene Speisen reichen. Die heutigen Philosophen aber sind zu vergleichen mit Köchen und Kellnern, die im Restaurant unbeschäftigt herumstehen. – Also dieser Philosoph will von seiner Wissenschaft sagen, daß sie in den alten Zeiten nichts getaugt hat, keinen Aufschluß hat geben können über das Wichtigste im Menschen und daß sie heute nicht nur nichts taugt, sondern überhaupt nichts mehr bietet.

So sonderbar es ist, wenn ein Mann, der über seine Wissenschaft so denkt, diese Wissenschaft offiziell vertritt, so ist es doch begründet, daß solche Erscheinungen innerhalb unserer Zeit auftreten. Denn das Eigentümliche besteht, daß eben seit dem Auftauchen des Kopernikanismus, des Galileismus, in der Naturwissenschaft Vorstellungen sich gebildet haben, die wesentlich anders sind als die alten Vorstellungen, die auf Natur und Geist nach dem Bedürfnisse der damaligen Zeit gleich gut paßten. Die Naturwissenschaft hat Fortschritte gemacht, hat solche Vorstellungen gebildet, die weit verschieden sind von den alten. Seelenwissenschaft ist bis heute nicht zu solcher Umbildung der alten Vorstellungen gekommen. Seelenwissenschaft ist geblieben bei den alten Vorstellungen, mit denen der Mensch eben heute nicht zufrieden sein kann, weil er gelernt hat, naturwissenschaftlich über die Welt zu denken, und weil in ihm die unbewußte Forderung erwacht, nun über die Seele auch so forschen zu können, wie man in der Naturwissenschaft über die äußere Natur forscht. Das gibt, ich möchte sagen, einen inneren Zwiespalt gerade in den Besten unseres Zeitalters. Und dieser innere Zwiespalt zeigt sich darin, daß sie sehen müssen: In der Seelenwissenschaft besteht dasjenige, was geboten wird, zum Teil aus bloßen Worten oder Worthülsen. Man will erklären, was eine Vorstellung ist. Man will erklären, was ein Gefühl ist, was Wollen ist. Man will von dieser Erklärung ausgehen, um zu der Frage nach dem ewigen Sein oder nicht ewigen Sein der Menschenseele zu kommen. Aber derjenige, der mit gesundem Sinn und Denken und Vorstellen an diese Dinge herantritt, der merkt sehr bald, daß er eigentlich nichts Substantielles, nichts Wirkliches in dem hat, was geredet wird über seelisches Leben, daß die alten Vorstellungen ihre Tragkraft verloren haben gegenüber dem Eindringlichen der naturwissenschaftlichen Vorstellungen und daß neue noch nicht gebildet sind.

So gibt es aus solchen Untergründen heraus heute ein instinktives Sehnen der Menschen nach einer neuen Seelenkunde, nach einem neuen Wissen über die Seele. Aber es herrscht noch im öffentlichen Bewußtsein nicht eine eindringliche Klarheit darüber, auf welchem Wege da gesucht werden soll.

Aus diesen Untergründen heraus, aus durchaus in Notwendigkeiten der Menschheitsentwickelung liegenden Untergründen heraus, ist dasjenige erwachsen, über das ich nun schon öfter hier sprechen durfte, von diesem Orte aus in Bern, und über das ich auch heute mit Bezug auf gewisse Kapitel sprechen möchte, was ich nenne anthroposophisch orientierte Geisteswissenschaft. Man sieht sie heute vielfach als alles mögliche an, diese Geisteswissenschaft, nur nicht als dasjenige, was sie ist. Als den Ausfluß irgendeiner sektiererischen Strömung in der Gegenwart, als irgend etwas, was eine neue Religion stiften will oder dergleichen wird sie angesehen. Nein, diese anthroposophisch orientierte Geisteswissenschaft will dasjenige sein, was der moderne Mensch am allernotwendigsten braucht. Sie will dasjenige sein, was etwas gibt, an das man sich halten kann, wenn im echt modernen Sinne gesucht werden soll nach dem Rätsel des menschlichen Seelenlebens.

Allerdings sind die Wege, die diese Geisteswissenschaft einschlagen muß, dem heutigen Denken noch so ungewohnt, daß ein großer Teil der Zeitgenossen die Art, wie gesprochen wird über diese Dinge, schwierig findet, ein anderer Teil findet sie paradox oder phantastisch. Allein, dies teilt jede neu aufkommende Geisteserrungenschaft mit dieser anthroposophisch orientierten Anschauung.

Und so möchte ich denn heute insbesondere über die wichtigsten Seelenfragen und ihren Zusammenhang mit dem menschlichen Leibesleben vom Standpunkte dieser Wissenschaft aus sprechen, möchte namentlich eingangs darauf aufmerksam machen, wie diese Geisteswissenschaft zumeist alles dasjenige nicht ist, was sich ein großer Teil unserer Zeitgenossen von ihr vorstellt, wie sie vielmehr dasjenige ist, was gerade von dem naturwissenschaftlichen Fortschritt dringend verlangt wird. Dieser naturwissenschaftliche Fortschritt hat gerade eines, ich möchte sagen, mit einer gewissen autoritativen Denkgewöhnung an die Menschen herangebracht. Das ist der Glaube, daß es gewisse Erkenntnisgrenzen gibt, daß man diese Erkenntnisgrenzen nicht überschreiten könne. Man sagt sich: Vielleicht liegt überhaupt nichts jenseits dieser Erkenntnisgrenzen. Diesseits dieser Erkenntnisgrenzen liegt nur die materielle Welt, die Welt der sinnlichen Anschaulichkeit. – Also entweder muß man überhaupt verzichten, ein seelisch-geistiges Leben anzunehmen, oder aber man muß sich sagen, man könne die Grenzen nicht überschreiten, die uns trennen von diesem seelisch-geistigen Leben, müsse verzichten auf eine Seelenerkenntnis.

Dieser Punkt gerade, dieser so wesentliche Punkt ist es, der denen, die viel nachdenken über solche Sachen, mit großer Klarheit vor die Seele tritt, der aber unbestimmt, unterbewußt und instinktiv alle Menschen heute, die überhaupt denken wollen, beunruhigt. Von diesem Gesichtspunkte aus setzt gerade die hier gemeinte anthroposophisch orientierte Geisteswissenschaft mit ihrem Seelensuchen ein. Denn von zwei inneren Erlebnissen geht diese Seelenwissenschaft aus, von zwei Erlebnissen, die gerade zusammenhängen mit dem Auftauchen der Erkenntnisgrenzen im seelischen Suchen. Nicht daß diese Seelenwissenschaft etwa in leichtfertiger, dilettantischer Weise der Naturwissenschaft widersprechen wollte, wenn die Naturwissenschaft sich an Erkenntnisgrenzen gestellt sieht, nein, diese Seelenwissenschaft, sie sucht gerade in richtiger Weise fertig zu werden mit dem Erlebnis der naturwissenschaftlichen Erkenntnisgrenzen. Nur theoretisiert sie nicht, diese Geisteswissenschaft, sondern sie sucht mit Hilfe der naturwissenschaftlichen Methoden, mit Hilfe der naturwissenschaftlichen Vorstellungsart fortzuschreiten auf dem Wege des Erkennens. Sie sucht mit voller innerer Klarheit zu dem Punkte zu kommen, wo man das Gefühl haben kann: Hier stehst du an den naturwissenschaftlichen Erkenntnisgrenzen. – Und sie sucht dann zu erleben, was man erleben kann an diesen Erkenntnisgrenzen.

Und siehe da, diese Seelenwissenschaft muß zunächst diese Erkenntnisgrenzen zugeben. Gerade indem sie nicht in blinder oder dilettantischer Gegnerschaft gegen die Naturwissenschaft vorgeht, sondern sich gründlich bekannt macht mit der Art, wie die Naturwissenschaft forscht, kommt sie zu einem Erlebnis an der Erkenntnisgrenze, das ich nun charakterisieren will.

Sie sagt sich: Man kann mit naturwissenschaftlichem Denken Naturprozesse verfolgen, aber man wird immer an gewisse Eckpfeiler der Erkenntnis kommen, die man nicht durchschreiten kann, denen gegenüber gerade das naturwissenschaftliche Denken erlahmen muß. Ich könnte viele solche Eckpfeiler anführen, möchte nur, weil zu vielem nicht Zeit ist, dasjenige anführen, was man gewöhnlich zusammenfaßt mit dem Begriffe «Kraft und Stoff», was man in dieser Art sehr häufig zusammenfaßt in der atomistischen Vorstellungswelt. Ich möchte von dem ausgehen. Der Mensch kann sehen, wenn er sich gerade naturwissenschaftlich schult, wie er in der Zergliederung der Naturprozesse fortschreiten kann, wie er aber dann genötigt ist, gewisse Begriffe, gewisse Ideen, eben Kraft und Stoff, einfach hinzunehmen. Und wie er sich dann sagen muß: Gegenüber diesen Begriffen, die ja allerdings in der Sinneswelt Realitäten darstellen, da kommst du nicht weiter, da kannst du gerade mit der Naturwissenschaft nicht hinein, da mußt du mit dem Naturerkennen stehenbleiben. Wenn man nun nicht in einseitiger Weise von Kantschen Anschauungen ausgeht, sondern unbefangen dieses innere Erlebnis an der Erkenntnisgrenze prüft, so fragt man sich: Ja, woran liegt es denn, daß diese naturwissenschaftliche Methode uns an eine solche Grenze stellt, an gewisse Eckpfeiler des Denkens stellt, woran liegt denn das eigentlich? – Die Menschen kommen gewöhnlich nicht darauf, weil sie ihr Denken nicht so ordnen, wie ich es heute abend nachher charakterisieren will, und dadurch nicht wirklich zur Beobachtung des inneren Lebens kommen. Sie bemerken nicht, daß der Mensch selber, so wie er nun einmal organisiert ist – wenn ich den Ausdruck gebrauchen darf –, schuld daran ist, daß er an solche Eckpfeiler herandringen muß.

Die Menschen können sich nicht fragen: Woran liegt es denn eigentlich, daß mir solche Eckpfeiler begegnen? Sie können nicht von einem solchen Erleben, mit der Naturwissenschaft also, übergehen zu einem anderen naturwissenschaftlichen Erleben, Seelenerleben. Kann man das aber, eignet man sich darinnen eine gewisse Möglichkeit an, so ergibt sich folgendes: Man hat auf der einen Seite, wenn man sich an der Naturwissenschaft herangeschult hat, das Erleben von den Erkenntnisgrenzen dieser Naturwissenschaft. Man versucht dann auf der anderen

Seite, Klarheit zu gewinnen über das innere Erleben, das man einfach hat, wenn man einem anderen Menschen gegenübersteht. Und man wird dann bemerken, wenn man sein inneres Seelenleben geschult hat: Es ist etwas ganz anderes, ob man einem Naturvorgang naturwissenschaftlich zergliedernd gegenübersteht oder ob man einem Menschen gegenübersteht und versucht, sich mit diesem Menschen zu verstehen, diesem Menschen seelisch nahezukommen. Und man merkt, wenn man nun vergleichen gelernt hat auf diesem Gebiete, daß diejenige seelische Kraft, die einen befähigt, dem Menschen verständig entgegenzutreten, daß diese selbe Seelenkraft, die eine Brücke baut zwischen Mensch und Mensch und dadurch das menschliche Leben erst möglich macht, daß diese selbe Seelenkraft, weil sie immer zwischen uns ist, weil sie immer auch dasein muß, weil der Mensch ein Ganzes ist, weil sie nicht ausgeschaltet werden kann, wenn wir naturwissenschaftlich forschen, daß diese Seelenkraft es ist, die uns an die Eckpfeiler der Erkenntnisgrenzen führt.

Wir könnten einfach nicht von Mensch zu Mensch Liebe empfinden, von Mensch zu Mensch Sympathie empfinden, Neigung empfinden, wenn wir nicht diese Seelenkraft hätten, die sich dem naturwissenschaftlichen Erkennen, wenn man so sagen will, hindernd in den Weg stellt. Weil der Mensch ein Ganzes ist, weil er auch die Kraft der Liebefähigkeit haben muß und weil diese Kraft der Liebefähigkeit fortdauernd tätig ist, nicht schweigen kann, wenn man naturwissenschaftlich erkennt, so stellen sich die naturwissenschaftlichen Grenzen heraus. Dieselbe Kraft, die uns liebend zum Menschen hin uns neigen macht, dieselbe Kraft setzt uns naturwissenschaftliche Grenzpfeiler. Das stellt sich für den Geistesforscher heraus: Wäre die Naturwissenschaft nicht an Grenzen gestellt, wäre der Mensch ein zur Liebe unfähiges Wesen!

Sehen Sie, das ist das *eine* wichtige Erlebnis, welches, ich möchte sagen, die inneren Triebkräfte der Seele in Tätigkeit versetzen muß, damit man zu dem kommt, was ich hier anthroposophisch orientierte Geisteswissenschaft nenne. Man darf nicht Gegner der Naturwissenschaft sein, man muß auf sie eingehen können, man muß in ihr geschult sein, wenn man wissenschaftlich in Geisteserkenntnis tätig sein will. Aber man muß dasjenige, was der Naturforscher gewöhnlich nur als Theorie treibt, zum Erlebnis machen, und aus dem Erlebnis zeigt sich einem dann, daß das so ist, wie ich es eben auseinandergesetzt habe mit dem eigentümlichen Zusammenwirken zwischen dem naturwissenschaftlichen Erkenntnisvermögen und der menschlichen Liebefähigkeit.

Das sehen nun manche Menschen bewußt, manche unbewußt ein. Instinktiv fühlen sie es. Sie wenden sich dann nach einer anderen Richtung hin, um über die Grenzen des naturwissenschaftlichen Erkennens hinaus zu einem Seelenerkennen zu kommen. Da gelangen sie dann, mehr oder weniger klar oder unklar, auf mystische Wege, suchen dasjenige, was ihnen die Naturwissenschaft nicht bieten kann, auf dem Wege sogenannter Eigenerkenntnis mehr oder weniger klarer oder unklarer Mystik.

Sie sehen aus dem, was ich angegeben habe, daß man auf dem Wege der Naturwissenschaft – das lehrt eben gerade das Erlebnis, von dem ich gesprochen habe – zu einer Seelenforschung nicht kommen kann. Aber man tut der hier gemeinten anthroposophisch orientierten Geisteswissenschaft auch unrecht, wenn man sie mit dem verwechselt, was man gewöhnlich heute Mystik nennt. Denn ebenso wie in dem einen Erlebnis sich dem Geistesforscher die Unmöglichkeit naturwissenschaftlichen Erkennens für das seelische Gebiet zeigt, wie er durchgemacht haben muß, der Geistesforscher, dieses Erlebnis, das ihm diese Unmöglichkeit zeigt, so muß er auch durchgemacht haben, damit er den richtigen Ausgangspunkt hat, das andere Erlebnis, das ihm die Unmöglichkeit der gewöhnlichen Mystik zeigt, in das Seelenleben hineinzukommen.

Die hier gemeinte anthroposophisch orientierte Geisteswissenschaft ist weder Nachäffung der Naturwissenschaft, obwohl sie durchaus der Naturwissenschaft gegenüber nicht dilettantisch ist, wie ich gezeigt habe; sie ist aber auch nicht dasjenige, was man irgendwie Mystik oder dergleichen nennt. Aber sie muß durchgemacht haben das mystische Erlebnis, so wie sie durchgemacht haben muß das Erlebnis mit der Naturwissenschaft. Wie sie da gekommen sein muß an die naturwissenschaftliche Erkenntnisgrenze, so muß sie auf der anderen Seite dazu gelangt sein, Einsicht zu gewinnen in die Unmöglichkeit, auf mystischem Pfad in das innere Leben des Menschen einzudringen und dadurch den Kern des menschlichen Seelenlebens zu finden, den Zusammenhang mit dem Unendlichen, dem Ewigen. Auch die mystische Grenze muß der Geistesforscher gut kennen. Es muß sich ihm gezeigt haben, wie er, wenn er auf den Wegen sucht, die man so oft als mystische bezeichnet, in ein Unbestimmtes hineinkommt, das ihm zuletzt doch nichts sagt. Das drückt sich natürlich zuerst nur als eine bloße Empfindung aus. Forscht er weiter nach, dann findet er, daß ebenso eine innere Seelenkraft tätig ist, welche verhindert, auf mystischem Wege zu einer Seelenforschung zu kommen, wie in dem Sinne, wie ich es eben gezeigt habe, die Liebefähigkeit verhindert, auf naturwissenschaftlichem Wege zur Seelenforschung zu kommen.

Da zeigt sich nun das Folgende: Wenn der Mensch sich noch so sehr anstrengt mit dem gewöhnlichen Bewußtsein, das wir im gewöhnlichen Leben anwenden, das wir in der Wissenschaft nur etwas methodisch ausgebildet weiter gebrauchen, wenn der Mensch mit diesem Bewußtsein versucht, in sein Inneres hinunterzusteigen – was man so mystisches Forschen nennt –, so gelangt er doch zu nichts anderem als zu demjenigen, was im Verlaufe des gewöhnlichen Lebens zwischen Geburt und Tod, bis zu dem gegenwärtigen Zeitpunkte, in dem die mystische Forschung angestellt ist, in irgendeiner Weise sich eingeschlichen hat in das Seelenleben. In diesem Punkte sind gerade natürlich nach Mystik neigende Naturwissenschaftler in einer großen Unklarheit befangen. Sie glauben ja oft, durch innere Seelenvertiefung das oder jenes herausholen zu können, was einem Aufschluß geben kann über die Rätsel dieses Seelenlebens. Aber wir sind heute schon so weit im klaren Forschen, auch über die Naturvorgänge des menschlichen Wesens selbst, daß wir nicht mehr irre werden können, wenn wir nur gründlich vorgehen, über eine solche innere Versenkung. Ich will zum Beleg gewissermaßen ein Beispiel aus der Philosophie anführen, obwohl ich es durch eigene Erfahrung hundertfältig vermehren könnte. Allein, damit es nachgeprüft werden kann, will ich es aus der Literatur anführen. Sie finden es in den Abhandlungen über die Grenzfragen des Nerven- und Sinneslebens, die in Wiesbaden herauskommen. Eine dieser Schriften behandelt «Das unterbewußte Ich, sein Verhältnis zu Gesundheit und Erziehung». Da wird ein interessanter Fall erzählt. Louis Waldstein, der die Abhandlung geschrieben hat, spricht von einer eigenen Erfahrung. Er sagt, er ging einmal auf der Straße, stellte sich vor einen Buchladen hin, weil ihm auffiel ein naturwissenschaftliches Buch über Mollusken. Er wollte sich den Titel merken dieses Buches über Mollusken. Er schaute es mit dem Blick des Naturforschers an. Und siehe da, er mußte lächeln. Nun, denken Sie sich, ein Naturforscher steht vor einem Buchladen, sieht ein Buch über Mollusken – und muß lächeln und weiß gar nicht, warum er lächeln muß! Da kommt er darauf: Ich werde einmal die Augen zumachen, vielleicht ergibt sich mir, warum ich lächeln mußte. – Er machte die Augen zu, und siehe da: Was er, während er auf alles andere aufmerksam gewesen war, während er noch nicht die Augen zugemacht hatte, nicht bemerkte: ziemlich in der Ferne hörte er die Töne einer Drehorgel. Es waren dieselben Töne, welche ihn begleitet hatten, als er vor Jahrzehnten Tanzunterricht gehabt hatte. Schon dazumal hatte er diese Töne beachtet, sie waren ihm interessant, wie er die Schritte zu machen hatte, oder vielleicht hat es ihn an seine Partnerin erinnert. Also die Töne, die gerade dieser Melodie entsprachen, die waren es, die sich ihm eingeprägt hatten. Er hatte sie vergessen. Aber jetzt nach Jahrzehnten ergibt sich aus dem Innern seiner Seele heraus, daß er lächeln muß, weil diese Töne wiedererklingen, lächeln muß vor einem Buch über Mollusken. Sie erklingen ihm ganz unbestimmt, unterbewußt. Aber er muß lächeln, währenddem er ein Buch über die Mollusken anschaut.

Sie sehen, wie dieses innere Seelenleben des Menschen eigentlich spielt, wie wenig man geneigt ist, im gewöhnlichen Leben – das können Sie daraus entnehmen – auf dieses innere Seelenleben und sein Gefüge zu achten.

Der Kenner aber dieses inneren Seelenlebens weiß erstens, daß vieles von dem, wobei der Mensch glaubt, daß er irgend etwas ganz gewiß nicht erlebt habe, sondern ursprünglich aus der Seele heraushole, daß dies nichts anderes ist als irgendeine Reminiszenz aus der Kindheit oder Jugendzeit oder dergleichen. Man ist oftmals zum Beispiel als Mystiker geneigt zu glauben, daß man aus der eigenen Seele etwas hervorholen kann; und dabei holt man nur seine Reminiszenzen aus der Jugendzeit oder dergleichen hervor. Aber der Kenner dieses Seelenlebens weiß noch mehr. Er weiß, daß nicht nur diese Eindrücke, die oftmals recht unbestimmt in die Seele hereinkommen, so, wie sie hereingekommen sind, wiederum heraufkommen, sondern daß sie sich verwandeln können im Laufe der Zeit, daß sie zu etwas ganz anderem werden, ja, daß sie sich symbolisch umbilden, gar nicht mehr ähnlich sind in ihrem Verlauf dem Ursprünglichen, wenn sie wieder heraufkommen. Und trotzdem hat man es mit nichts anderem zu tun als mit dem, was man eben heraufgeholt hat. So gibt es manchen Mystiker, der holt sich aus seinem Unterbewußten Wahrnehmungen herauf über das Göttliche, über die Ewigkeit der Seele, große Wahrheiten, wie er meint, und siehe da: Diese großen Wahrheiten sind nichts anderes als – bildlich gesprochen – die umgewandelten Töne einer Drehorgel, die als Reminiszenzen zurückgeblieben sind. Ich will damit nur sagen, wie notwendig es ist, wenn man von Mystik redet, auf diese Dinge hinzuschauen.

Wahrhaftig, die hier gemeinte anthroposophische Geisteswissenschaft ist keine wissenschaftliche Spielerei, ist nicht etwas, was nicht rechnete mit solchen vor sich gehenden Wandlungen, wie ich sie eben jetzt charakterisiert habe. Sie ist voll wissenschaftlich durchbegründet. Und weil sie wissenschaftlich durchbegründet ist, sein will, schaut sie klar hin auf dasjenige, was inneres Seelenleben ist. Und da kommt sie dann zu dem Ergebnis, warum aus den Methoden heraus, aus dem Methodischen heraus, das ich gleich charakterisieren will, es eine innere Seelenkraft gibt, welche uns hindert, überhaupt hinunterzusteigen in dasjenige, was der ewige Seelenkern des Menschen ist.

Geradeso, wie uns – was ich vorhin charakterisiert habe – die Liebefähigkeit verhindert, in das Innere der Natur einzudringen, uns Grenzen setzt in bezug auf die Naturerkenntnis, so gibt es eine Seelenkraft, die einen hindert, in das eigene Innere hinabzusteigen. Und diese innere Seelenkraft ist eine sehr gewöhnliche, ist eine solche, ohne die unser gewöhnliches Leben, unser gewöhnliches Bewußtsein nicht gesund ist. Es ist einfach die Erinnerungsfähigkeit, die uns als Menschen im Bewußtsein zusammenhält zwischen Geburt und Tod. Diese Erinnerungsfähigkeit verhindert, daß wir innerlich in unser Ewiges hinunterschauen, denn wir können mit dem gewöhnlichen Bewußtsein, das wir eben im gewöhnlichen Leben und in der gewöhnlichen Wissenschaft ausbilden, nur bis zu jener Fläche hinschauen, auf der zurückstrahlen die Erlebnisse, die wir aufgenommen haben. Und so setzen sich uns innerlich Grenzen, die der Mystiker erlebt, durch die Erinnerungsfähigkeit.

Das ist das zweite Erlebnis. Das eine ist, daß man in der Naturwissenschaft nicht ins seelische Gebiet kommen kann, das andere, das einen zum Forschen erst entzünden muß, von dem man ausgehen muß, ist, daß man mit Mystik nicht wirklich in das Innere hinunterdringen kann, weil sich die Kraft entgegenstellt, welche die Erinnerungskraft ist.

Indem man anthroposophisch orientierte Geistesforschung wirklich intensiv innerlich erlebt, diese Dinge durch innerliche Erlebnisse, innerliche Erfahrungen durchgemacht hat, gewinnt man gerade, ich möchte sagen, an den Enttäuschungen dieser inneren Erlebnisse, an der inneren Tragik dieser Erlebnisse die Kraft zu weiterem. Und worin besteht dieses Weitere? Dieses Weitere besteht in dem Entschlusse, auf der einen Seite zu verzichten, mit dem gewöhnlichen Bewußtsein, das man im gewöhnlichen Leben und in der gewöhnlichen Wissenschaft anwendet, in die Rätsel der Dinge eindringen zu wollen; aber auch zugleich in dem anderen Entschlusse, nun ein anderes Bewußtsein zu suchen, eine andere Seelenkraft zu suchen. An dem, was er an den beiden Erlebnissen hat, entzündet sich dem Geistesforscher die Fähigkeit, zu dem gewöhnlichen Bewußtsein ein anderes Bewußtsein hinzuzufinden.

Das wird dasjenige sein, was die neue Seelenlehre zu der alten, heute nicht mehr tauglichen, hinzuzubringen hat, daß man überhaupt den Aufschluß im Sinne des modernen Bewußtseins und Denkens über das Seelenleben nicht gewinnen kann, weder auf naturwissenschaftlichem noch auf mystischem Wege mit dem gewöhnlichen Bewußtsein, sondern daß dieses selber sich entwickeln muß zu einem anderen, daß aus dem gewöhnlichen, alltäglichen Bewußtsein ein anderes heraussprießen muß. Deshalb bildet die hier gemeinte anthroposophisch orientierte geisteswissenschaftliche Forschung solche Methoden aus, durch welche eine Wissenschaft gesucht wird, die nicht nur mit den Regeln des gewöhnlichen Bewußtseins forscht, sondern die erst zubereitet die menschliche Seele zu einem anderen Bewußtsein, zu einem anderen Bewußtseinszustand, in dem man dann über das seelische Leben forscht. Dadurch gewinnt diese neuere Seelenlehre wiederum die Möglichkeit, nicht bloß von Worten zu sprechen, wie ich vorhin angedeutet habe, wie es die offizielle Seelenlehre heute tut, sondern wiederum an Wirklichkeiten, an seelische Wirklichkeiten heranzudringen.

Ich will nunmehr nur prinzipiell andeuten dasjenige, was Sie deutlich dargestellt finden in meinen Büchern, zum Beispiel in «Wie erlangt man Erkenntnisse der höheren Welten?» oder in meiner «Geheimwissenschaft» über Methoden der Ausbildung eines Bewußtseins, das in die wirklichen Rätsel des Seelenlebens hineinführen kann. Da handelt es sich dabei darum, zunächst dasjenige auszubilden in der Seele, was eine gewisse innere Seelenkraft werden kann, was aber umbildet, möchte ich sagen, verwandelt gerade die Erinnerungskraft. Die Erinnerungskraft ist es ja, die, wie ich ausgeführt habe, uns hindert, in den menschlichen Seelenkern selber einzudringen.

Nun finden Sie unter den inneren Seelenentwicklungsmethoden, in den Schriften, die ich angeführt habe, Gesichtspunkte dafür, wie man dazu kommt, solche inneren Seelenverrichtungen zu pflegen, die nicht appellieren an das Erinnerungsvermögen, an das Gedächtnis.

Ich darf vielleicht in diesem Punkte, wahrhaftig nicht aus alberner persönlicher Eitelkeit, sondern weil hier das Subjektive mit dem Objektiven sich innig berührt, anführen, wie ich vor Jahrzehnten hingeführt worden bin zu sehen, welche Nöte vorliegen in der Umgestaltung der inneren Seelenkraft, um zu einem Seelenforschen zu kommen. Es ist selbstverständlich als persönliches ein höchst unbedeutendes Erlebnis, das ich anführen will, aber es war für mich vor Jahrzehnten wirklich ausschlaggebend. Wenn ich eine mathematische Schularbeit zu machen hatte, so wurde es mir immer schwer, mit dieser Schulaufgabe fertig zu werden, obwohl ich eigentlich – ich sage das nicht aus Eitelkeit, sondern nur als eine Tatsache – ein sehr guter Schüler in Mathematik war. Ich hatte kein Interesse dafür, möchte ich sagen, mit mathematischen, algebraischen oder geometrischen Formeln zu rechnen. Nicht wahr, ein anderer hätte es sich nun nach den Formeln ausgerechnet, was auszurechnen war. Ich war innerlich in die Notwendigkeit versetzt, mir erst am Rand die Formel abzuleiten, alles zu tun, wodurch man zur Formel kommt; ich hatte kein Interesse daran, gedächtnismäßig die Formeln zu haben, sondern ich hatte mehr Interesse daran, diejenigen Geistesprozesse zu üben, die sich in unmittelbarer Gegenwart abspielen und die nicht Erinnerungsreste dann sind. Ich wollte diese Dinge in unmittelbarer Gegenwart haben. Ich kam darauf, daß in diesem Nichtreflektieren auf das Gedächtnis wirklich eine innere Seelenanlage liegen kann. Und das war für mich mit der Ausgangspunkt, um dann weiter zu suchen nach denjenigen Methoden, die Sie in den angegebenen Büchern beschrieben finden und die darin bestehen, daß man auf meditativem Wege, wenn wir das so nennen wollen, das Vorstellen so weit bringt, daß dieses Vorstellen im Menschen so lebendig wird wie sonst nur das innere Seelenleben im Wahrnehmen ist.

Nicht wahr, wenn wir äußerlich wahrnehmen, werden unsere Sinne die Wahrnehmung mit dem Denken begleiten. Es ist eine gewisse Lebendigkeit in unserem Seelenleben, wenn wir sinnlich wahrnehmen und die Wahrnehmungen mit unseren Vorstellungen begleiten. Aber wir begleiten eben nur die äußeren Wahrnehmungen mit unserem Denken. Im Meditieren macht man das anders. Im Meditieren verwendet man Vorstellungen, die man sich selbst gebildet hat, die man genau überschauen kann, bei denen man genau weiß: Es sind nicht Wahrnehmungen, nicht Reminiszenzen, nicht irgend etwas aus den Erinnerungen Entlehntes, aus den Erscheinungen Herausgeholtes, sondern sie sind etwas, was man sich selbst gemacht hat, was man klar überschauen kann.

Solche Vorstellungen versetzt man in das innere Bewußtsein, gibt sich ihnen hin, verstärkt allmählich die innere Kraft, das innere Seelische so – ohne daß man durch die äußeren Wahrnehmungen zu einem Vorstellen kommt –, daß es ebenso lebendig wird wie das seelische Verweilen im sinnlichen Wahrnehmen, begleitet von Vorstellungen. Aber man bemerkt etwas anderes, indem man wirklich durch meditatives Leben – wenn es auch oftmals sehr lange dauert und intensiv betrieben werden muß –, indem man diese Geistesforschung ausbildet. Da zeigt sich das Eigentümliche, daß die Vorstellungen, die man dann faßt, gerade die wesentlichsten und wichtigsten und fundamentalsten, daß die immer neu geschaffen werden müssen, daß sie nicht in die Erinnerung übergehen. Das sind dann Vorstellungen, die in der Seele leben, ohne an das Erinnerungsvermögen zu appellieren.

Was ich Ihnen jetzt sage, ist eben einfach Erfahrung, es ist etwas, was man nur schildern kann; selbstverständlich kann jeder sagen, das müsse erst bewiesen werden. Es wird bewiesen durch innere Erfahrung. Nicht durch spiritistische Veranstaltungen, nicht durch irgendwelche äußere mechanistische Dinge, sondern einzig und allein dadurch, daß man nun dieses ganz andere, nicht an das Gedächtnis appellierende Bewußtsein hervorruft, kommt man auf den Weg, in das wirkliche Geistesleben hineinzuschauen. Denn nur solche Vorstellungen, die nicht an die Erinnerung appellieren, sind geeignet, den Menschen hineinzuführen in das geistige Leben.

Allerdings, sie liefern ihm – das ist wieder eine Erfahrung – zunächst nur Bilder dieses geistigen Lebens. Während der Mensch, wenn er sinnlich wahrnimmt, unmittelbar an der Wahrnehmung das Gefühl hat – mögen die Erkenntnistheoretiker noch soviel dagegen haben, das könnte ich alles begründen –, während er, wenn er sinnlich wahrnimmt, unmittelbar das Gefühl hat, er stehe der Realität gegenüber, weiß der Mensch ebenso, wenn er vorrückt zu einem solchen nicht an die Erinnerungen appellierenden Vorstellen, wie ich es geschildert habe, mit diesen Vorstellungen etwas erleben kann, was er sonst auf keine Weise erleben kann, aber nur in Bildern. Er ist sich jetzt klar, durch die Stufe dieses inneren Seelenlebens, die er auf diese Weise erschritten hat, daß er ebenso, wie der Mensch in seinem Leibe zur sinnlichen Umgebung in Beziehung steht, mit seiner Seele – was er sich nur nicht vorstellt, durch das gewöhnliche Bewußtsein nicht wissen kann – in Beziehung steht zu einer geistigen Welt, die ihm zunächst allerdings nur in Bildern auftaucht. Das ist die große Erfahrung, ohne die eine Seelenwissenschaft der Gegenwart und der Zukunft nicht möglich ist, denn die alte ist nicht mehr brauchbar, gerade durch das naturwissenschaftliche Vorstellen nicht brauchbar.

Das ist das Bedeutsame, daß wirklich aus dem gewöhnlichen Bewußtsein ein anderes heraussprießen kann und daß dieses andere erst Klarheit darüber gibt: Der Mensch ist nicht nur umgeben von einer Sinneswelt, sondern er ist umgeben von einer geistigen Welt. Und so wahr jeder Mensch mit seinem Leibe in der Sinneswelt ist, ebenso ist er mit seiner Seele in einer geistigen Welt drinnen, in einer Welt geistig-makrokosmischer Wesenheiten. Der Mensch hört auf, wenn er die Erfahrung hat, von der ich eben gesprochen habe, in unklarem Pantheismus zu sprechen davon: Es gibt Geist und Geist und Geist ... [Lücke in der Nachschrift]. Der Pantheismus ist nichts als eine unklare, illusionäre, verschwommene Anschauung der Welt. Dasjenige, was sich ergibt, allerdings zunächst nur im Bilde, das ist konkrete geistige Welt, die ebenso in

Einzelheiten, in geistigen Wesenheiten vor die Seele tritt, wie die Sinneswelt in konkreten Einzelheiten vor die Seele tritt. Aber es sind Bilder.

Nur deshalb nenne ich in meinen Schriften die Stufe des Bewußtseins, zu der der Mensch auf solche meditative Weise emporschreitet, das imaginative Bewußtsein, das imaginative Bilderbewußtsein zunächst. Die geistige Welt tritt an den Menschen heran, wie, wenn er sich seiner Augen bedient, die sinnliche Welt in Farben, in Licht und Dunkel ihm entgegentritt. Aber er hat auch, wenn er nur sein Vorstellungsleben entwickelt, das Bewußtsein, er habe es mit Bildern zu tun. Sehen Sie, es ist eine Entwikkelung des Vorstellungslebens, welches den Menschen dazu führt, so in die geistige Welt hineinschauen zu können. Will der Mensch nicht nur zu Bildern, sondern im Sinne der hier gemeinten Geisteswissenschaft über die Bilder hinaus zu geistigen Wirklichkeiten, zu der Wirklichkeit der geistigen Wesenheiten kommen, so muß er nicht nur das Vorstellungsleben in einer solchen Art entwickeln, sondern auch das Willensleben. Geradeso, wie wir im gewöhnlichen Bewußtsein eigentlich nur, ich möchte sagen, nebenbei vorstellen – wir nehmen wahr, und an dem Wahrnehmen entwickeln wir das Vorstellen, machen uns Gedanken über die äußere Welt, aber das ist im gewöhnlichen Bewußtsein eigentlich mehr oder weniger eine Begleiterscheinung –, so ist für das gewöhnliche Bewußtsein eine Begleiterscheinung dasjenige, was im Wollen lebt, was im Willen lebt.

Wir können den Willen ja in der Regel nur so beobachten, daß wir unser Tun auf die Außenwelt richten. Aber dadurch lernen wir den Willen nicht wirklich kennen. Ich könnte hier vieles gerade aus der neueren naturwissenschaftlich denkenden Psychologie anführen. Sie brauchen nur ein solches Buch wie Ziehens «Physiologische Psychologie» nachzulesen, so werden Sie bestätigt finden: Wenn wir über den Willen nachdenken, kommen wir nicht zu Rande. In dieses Gebiet sieht man gewöhnlich nicht hinein. Man sieht mit dem gewöhnlichen Bewußtsein nur, daß der Mensch übergeht aus seinem inneren Leben in ein äußeres Leben, in äußere Beziehungen zur Welt, indem er sein Wollen allmählich übergehen läßt in die Handlung, indem sein äußeres Leben eben ein Abdruck wird der Impulse seines Wollens. Durch die Beobachtung dieses Wollens mit dem gewöhnlichen Bewußtsein kann man nun aber nicht weiterkommen, kann man nicht in das Wesen dieses Wollens eindringen.

Und hier handelt es sich darum: Wie das Vorstellen in der eben erwähnten Weise entwickelt worden ist zur imaginativen Erkenntnis dadurch, daß man ein gewisses Verhältnis zum Gedächtnisse, zur Erinnerungsfähigkeit hergestellt hat, so muß ein gewisses Verhältnis des menschlichen Wollens zu der Liebefähigkeit in eigentümlicher Art hergestellt werden. Es wird dieses Verhältnis dadurch hergestellt, daß gewissermaßen inneres Licht in das Wollen hineingebracht wird, daß der Mensch innerlich viel aktiver wird in bezug auf das Wollen, als er gewöhnlich ist. Dadurch wird er imstande sein, das Wollen in eine ganz andere Sphäre hineinzubringen.

Ich möchte mich wiederum durch eine sehr einfache Sache klarmachen. Viele Menschen bemerken solche Dinge des Lebens nicht; aber sie sind doch da. Die Menschen können unter anderem auch schreiben; jeder Mensch hat seine Schrift. Aber es gibt zweierlei Arten des Schreibenkönnens. Verschiedene Arten des Schreibenkönnens gibt es! Die eine besteht darin, daß man eine bestimmte Schrift hat, die wie durch die Leibesorganisation aus einem hervorgeht. Man hat so seine Handschrift. Man kann auch gar nicht anders, als, ich möchte sagen, die Handbewegung in einer gewissen Weise richten, und die Handschrift wird in einer gewissen Weise selbstverständlich, wie man in einer gewissen Weise den Löffel hält, wenn man ißt, oder sonst etwas so gewohnheitsmäßig tut, eigentlich aus der Leibesorganisation hervorgehend, schreibt man.

Aber es gibt eine andere Art, schreiben zu können, die bei einer Anzahl von Menschen auftritt, die man gewöhnlich nicht beachtet. Das ist die, wo man eigentlich das Geschriebene wie hinzeichnet, wie hinmalt, wo man mit seiner Anschauung dabei ist, wo man wie ein Zeichner oder Maler den Buchstaben aufmalt. Solch eine Schrift haben sehr häufig diejenigen Menschen, die in ihrer Jugend sehr geliebt haben irgendeinen Lehrer oder irgendeine andere Autorität, der sie ihre Schrift nachgeahmt haben.

Dieses soll nur darauf hinleiten, daß beim gewöhnlichen Schreiben der Mensch gewohnheitsmäßig mit seiner Organisation beteiligt ist. Er kann aber auch in das Schreiben dasjenige einfließen lassen, was sonst nur in der Intellektualität oder in der Erkenntnis wirkt, er kann einfließen lassen in das Schreiben die Beobachtung, das Vorstellen. Das hängt aber zusammen innerlich. Geradeso, wie es zusammenhängt mit der Liebe, wenn ein Mensch sein ganzes Leben so die Buchstaben nachahmt, wie wenn er ein Maler oder Zeichner wäre, so drängt auch die Liebe merkwürdigerweise objektiv immer in das Wollen ein, wenn sich die Beobachtung dem Wollen, wenn sich die Fähigkeit, das Wollen beobachtend zu begleiten, dem Wollen beigesellt. Wie kann man das nun erreichen? Nun, man kann es erreichen durch strenge Selbstzucht, und zwar in der folgenden Art.

Im Leben – das weiß jeder Mensch – da entwickelt man sich. Wer nur ein wenig zurückschauen kann auf seinen Lebenslauf, der weiß, daß er vor zehn Jahren eine ganz andere innere Seelenverfassung gehabt hat als heute. Nicht nur, daß wir uns ändern mit Bezug darauf, daß wir neue Erfahrungen gewonnen haben, sondern wahrhaft auch darinnen, daß unsere Denkgewohnheiten andere werden, wenn auch weniger stark als die Summe der inneren Erfahrungen und dergleichen. Aber wir tun das zum größten Teil unbewußt. Das Leben, die Erziehung, die Verhältnisse, die bringen uns so vorwärts.

Derjenige, der zur Geistesforschung kommen will, der muß dahin gelangen, diese innere Entwickelung bewußt zu verfolgen. Er muß, mit anderen Worten, dahin kommen, die Macht in sich zu entwickeln, daß er wirklich etwas anderes wird durch sein bloßes Vorstellen, durch seine bloßen Ideen. Das gehört einfach zur Methode für die Geistesforschung, zur Vorbereitung für die Geistesforschung. Man kann nicht in das Innere des geistigen Lebens eindringen, wenn man nicht das einmal durchgemacht hat, daß man fähig geworden ist, sich selber Entwickelungsimpulse einzuverleiben durch das Vorstellen.

Man denke nur nach darüber, wie das gewöhnliche Leben in dieser Beziehung wirkt. Die Menschen haben es oftmals wirklich mit den allerbesten Absichten zu tun, wenn sie sich vornehmen, diese oder jene Eigenschaft abzulegen oder diese oder jene Eigenschaft sich anzueignen. Sie eignen sich ja auch andere Eigenschaften an, aber durch die Erziehung, durch die Verhältnisse eben, durch das äußere Leben. Aber eben das innere Seelenleben, im bloßen Vorstellen, ist nicht stark genug, in den Willen einzugreifen.

Das wiederum machen die Methoden, die in den genannten Büchern geschildert werden, daß wirklich das Innerste des Menschen fähig wird, in den Willen sich einzuleben. Dann findet eine besondere Ausbildung der Liebefähigkeit statt. Während auf der einen Seite eine Fähigkeit zur Geistesforschung entwickelt werden muß, die nicht appelliert an das Erinnern, muß gerade auf der anderen Seite eine Fähigkeit entwickelt werden, die die Liebefähigkeit unendlich vertieft, sie objektiv macht. Denn, was ist es denn, was dagegen spricht, daß unsere innersten Vorstellungen uns ändern? Nichts anderes ist es als die Selbstliebe. Und die Möglichkeit, durch bloße innere Vorstellung sich zu verändern, beruht darauf, daß man ja Selbstliebe in objektive Liebe verwandeln kann.

Damit aber, daß man auf diesem Wege fortschreitet, gelangt man dazu, wiederum aus dem Bewußtseinszustand, den man im gewöhnlichen Leben hat, einen anderen herauszuholen. Und dieser andere befähigt einen jetzt, sich zu sagen: Du hast Bilder durch das, was früher geschildert worden ist; du wußtest, es gibt eine geistige Welt um dich, in der deine Seele lebt, wie dein Leib in der Sinneswelt lebt. Aber jetzt weißt du: Diese Bilder, die entsprechen einer Wirklichkeit, an die du stößest dadurch, daß du in dir einen Impuls entwickelt hast, der im Verfolg der eigenen Selbstentwickelung in systematischen Anstrengungen herangebildet wird. – Jetzt wird man nicht nur den Bildern der geistigen Wesenheiten entgegentreten, jetzt tritt man der geistigen Wirklichkeit selbst entgegen.

Nun ist man bis zu dieser Stufe gekommen. Man hat aus dem gewöhnlichen Bewußtsein ein anderes herausgeholt. Jetzt wird man wirklich fähig, das menschliche Seelenleben mit diesen Ihnen eben geschilderten Fähigkeiten zu durchschauen. Vor allen Dingen tritt eines auf: Nicht wahr, der Geistesforscher kann nur schildern, wie er zu diesen Dingen kommt. Man kann dann, ich wiederhole es, leicht sagen: Wo sind deine Beweise? – Die Beweise liegen eben darinnen, daß er schildert, wie er zu diesen Dingen gekommen ist, daß diese Dinge nachgeprüft werden können mit dem gesunden Menschenverstand und daß jeder Mensch dazu kommen kann, wenn er die Dinge nachprüft.

Dasjenige, was zum Beispiel als eine erste Möglichkeit auftreten kann, wenn man die Fähigkeiten dieses erhöhten Bewußtseins, dieses übersinnlichen Bewußtseins sich angeeignet hat, ist, daß man nun wirklich sich Aufschluß geben kann, was man vorher nicht kann, wegen der erwähnten beiderseitigen Schwellen, der mystischen und der naturwissenschaftlichen, daß man nun wirklich Aufschluß sich geben kann über den Wechselzustand, über den rhythmischen Wechsel im menschlichen Leben zwischen Wachen und Schlafen. Denn man wacht anders auf, wenn man dieses Bewußtsein entwickelt hat. Man wacht so auf, daß man nun deutlich weiß im Aufwachen: Vom Einschlafen bis zum Aufwachen hast du ein inneres Seelenleben gehabt, keinen Augenblick warst du in irgendeinem Nichts, du hast ein inneres Seelenleben gehabt, das nur ein ganz anderes ist als dasjenige, das du im Leib verbringst. Jetzt merkt man, wie neben dem Leibesprozesse die Seelenprozesse einhergehen, wie diese Seelenprozesse nur vom Aufwachen bis zum Einschlafen übertönt werden von dem, was der Mensch im Leibe erlebt; wie der Mensch aber in Wirklichkeit vom Einschlafen bis zum Aufwachen in der geistigen Welt außerhalb seines Leibes ist und wie in dem Augenblicke, wo er dann aufwachen will und in seinen Leib eintritt, gerade dadurch, daß er darauf angewiesen ist, durch seine Werkzeuge die Erkenntnis, die Wahrnehmung sich zu vermitteln, ausgelöscht wird dasjenige, was erlebt ist vom Einschlafen bis zum Aufwachen. Der Nachklang ist ja da für den Menschen; aber deutlich kommt man erst zum Bewußtsein, wie man im Geistigen gelebt hat vom Einschlafen bis zum Aufwachen, wenn man gelernt hat zu leben in solchen Vorstellungen, die nicht an die Erinnerungsfähigkeit appellieren. Denn das ist gerade das Eigentümliche: Wir führen ein Seelenleben vom Einschlafen bis zum Aufwachen, vergessen es aber, weil wir darauf trainiert sind, im gewöhnlichen Bewußtsein nur dasjenige zu wissen, was wir auch heute behalten können für das gewöhnliche Bewußtsein. Damit das gesunde Seelenleben sein könne, können wir im gewöhnlichen Bewußtsein die Schlafesvorstellungen nicht auffassen, die eben nicht darauf angelegt sind, im gewöhnlichen Sinne Erinnerungen zu werden, sondern darauf, vergessen zu werden. Wir können sie nur auffassen, wenn wir ein Seelenleben haben, das nicht veranlagt ist auf das Vergessen, sondern auf das Erinnern.

Wir können also sagen: So, wie man, wenn man im Raume vorwärtsschreitet, auf den Raum zurückschaut, den man durchgemacht hat – das ist etwas anderes als Erinnerung –, so kann man, wenn man aufgewacht ist, wenn man an einem gewissen Zeitpunkt angelangt ist, zurückschauen auf dasjenige, was man durchlebt hat. Das Erinnern, das ein Heraufholen aus dem Seelenleben ist, das verwandelt sich in ein inneres Schauen, in ein Zurückschauen. Dadurch, daß man in solche Fähigkeiten hineinkommt, ist aber zu gleicher Zeit dies gegeben, daß sich diese Fähigkeiten eines übersinnlichen Bewußtseins immer mehr steigern, daß man immer mehr und mehr dazu gelangt, nun wirklich das Seelenleben studieren zu können.

Ein erstes, das man studieren kann, ist zum Beispiel das Gefühlsleben. Und es ist gut, wenn man gerade vom Gefühlsleben ausgeht und sich orientiert an dem Erlebnis des Aufwachens und des Einschlafens mit den entwickelten Fähigkeiten des übersinnlichen Bewußtseins. Man kann nun wirklich hintreten an die Realität des seelischen Gefühlslebens. Und da zeigt sich ein Eigentümliches, etwas, was unmittelbar der Anschauung sich ergibt, wenn man das übersinnliche Bewußtsein entwickelt hat, das aber nachgeprüft werden kann und interessant nachgeprüft werden kann im Leben. Untersucht man nämlich mit dem Bewußtsein, von dem ich eben gesprochen habe, dasjenige, was Fühlen im Menschen in irgendeinem Zeitpunkte seines Lebens ist – man kann es erst untersuchen, wenn man die Seelenkräfte entwickelt hat, die im übersinnlichen Bewußtsein liegen; dann kann es nachgeprüft werden, wie ich gleich nachher erwähnen werde –, untersucht man den Gefühlsmoment, das Gefühlsleben, das, was im Fühlen in einem Augenblick ist, so stellt sich das Merkwürdige heraus, daß dieses Gefühlsleben in einem Augenblicke ein Zusammenströmen ist von alledem, was man vorher erlebt hat, und alledem, was man noch erleben wird.

Ich habe mir Mühe gegeben, nachdem ich diese Sache geisteswissenschaftlich erkundet hatte, sie nachzuweisen, sie nachzuprüfen an Beispielen, an denen man das nachprüfen kann. Man nehme das Goethesche Geistesleben, die inneren Gefühlsverläufe Goethes, sagen wir im Jahre 1790. Bei Goethe können wir den Dingen ja wirklich genau nachgehen. Nun kann man studieren, was Goethe durchgemacht hat irgendwie bis 1790, was sich auf seiner Seele abgeladen hat, was fruchtbar in dieser Seele erspros-sen ist, und auch dasjenige bei Goethe, was dann von ihm nach 1790, bis 1832, erlebt worden ist, was er gedacht, gesonnen hat. Und es ist wirklich so, Sie können es nachprüfen: Wenn Sie den Grundcharakter der Erlebnisse nach 1790 nehmen als wirksam und ebenso die Erlebnisse von vor 1790, so finden Sie die Gefühlsverfassung Goethes in dem Zeitpunkt von 1790. Der Mensch erlebt gefühlsmäßig in irgendeinem Zeitpunkt den Zusammenfluß dessen, was seine unmittelbare Vergangenheit seit seiner Geburt ist, und dessen, was nachkommen wird bis zu seinem Tode.

Man wird, wenn man die neuere Seelenlehre einmal ausbilden wird, interessante Ergebnisse haben, zum Beispiel auf folgende Weise: Man wird das Seelenleben von Menschen in irgendeinem Zeitpunkte suchen, auf den bald der Tod folgt. Wer nur einen unbefangenen Blick hat, der wird überall sehen: Ein baldiges Sterben, das drückt sich aus gerade im Gefühlsleben; denn das Gefühlsleben ist der Zusammenfluß von demjenigen, was vorher da war, und dem, was nachher erst kommen wird, was aber schon da ist wie das Wetterleuchten der Zukunft, was sich noch nicht in Erlebnissen ausdrückt, was aber sich in der Gefühlsfärbung ausdrückt.

So lernt man das Innere des Lebenslaufes, der ja vorzugsweise ein Verfließen der Gefühle ist, kennen. Und nun kann man aufsteigen, nachdem man das Gefühl geprüft hat auf diese Weise, zu der Prüfung des Vorstellungslebens. Aber man kann das Vorstellungsleben nicht mehr auf dem Wege heute erklären, wie es irgendeine der landläufigen Psychologien tut – es würden nur Worthülsen, wenn man es so erklären wollte –, sondern man muß sich fähig gemacht haben durch die Entwickelung des übersinnlichen Bewußtseins, zum Beispiel den Moment des Aufwachens wirklich anzuschauen, zu schauen, wie das Aufwachen darinnen besteht, daß das Erlebnis seinen Eindruck macht in das Leibliche. Man weiß das, weil man weiß, daß das Seelische in einer geistigen Umgebung gelebt hat vom Einschlafen bis zum Aufwachen, die eine ganz andere ist, die nur da sein kann dadurch, daß die Seele außerhalb des Leibes ist. Man weiß also, daß das Aufwachen ein Untertauchen in den Leib ist.

Man erkennt auf diese Weise die Selbständigkeit des Seelischen. Und man lernt nunmehr erkennen, daß dieses Aufwachen des Seelischen gewissermaßen in kurzen, aufeinanderfolgenden Rhythmen sich wiederholt im gewöhnlichen menschlichen Denken, im gewöhnlichen menschlichen Vorstellen. Diese Rhythmen spielen sich ab im fortlaufenden gewöhnlichen Bewußtsein, was Sie ja kaum bemerken, was aber in der neueren Psychologie sehr interessant von einzelnen Forschern bemerkt worden ist, John Ruskin sehr ausführlich schon beschreibt. So ist der reale Vorgang, der dabei geschieht, immer der, daß nur ein Miniaturbild da ist, eine kleine Abschattung des Aufwachens. Sie haben fortwährend Aufwachen, indem Sie vom Nichtvorstellen ins Vorstellen übergehen. Das ist außerordentlich bemerkenswert, das ist außerordentlich wichtig.

Lernt man auf diese Weise die Natur des Vorstellens kennen, kann man die Brücke bauen zwischen Vorstellen und Aufwachen, weiß man, daß das Vorstellen nur ein kleines Aufwachen ist, so weiß man auch, wie das Hinüber- und Herüberschwingen des selbständigen Seelischen in das Leibliche geschieht. Und indem man auf der einen Seite die Brücke baut zum Aufwachen, vom Vorstellen zum Aufwachen, kann man auf der anderen Seite sich die Fähigkeit aneignen, nun auch die Brücke zu bauen vom Aufwachen zum Geborenwerden oder Empfangenwerden, zu jenem Untertauchen des Seelischen in das Leibliche, das dann geschieht, wenn die Seele aus einer Anwesenheit in der geistigen Welt, bevor sie geboren oder empfangen ist, in den Leib untertaucht.

Die geisteswissenschaftliche Seelenkunde kann heute auf diesen kontinuierlichen Weg hinweisen. Lernt man das Vorstellen in seiner Realität kennen, so führt von dem Vorstellen die gerade Brücke zum Aufwachen, das heißt zur Beobachtung des Überganges des selbständigen Seelenlebens in das Leibesleben, aber von da aus die weitere Brücke zu dem Anschauen des leiblosen geistigen Lebens vor der Geburt oder, sagen wir, vor der Empfängnis. Und wer hineintragen kann dasjenige, was er im übersinnlichen Bewußtsein entwickelt hat, in das gewöhnliche Vorstellen, der weiß, daß er jetzt nicht nur zurückschaut auf das frühere geistige Leben, sondern er weiß, daß dieses frühere geistige Leben in das gegenwärtige Vorstellungsleben auch hereinwirkt.

Hier ist der Punkt, wo man meinetwillen heute noch lachen kann oder höhnen kann, wenn Geisteswissenschaft, anthroposophisch orientiert, wie sie hier gemeint ist, hinweist auf ein vorgeburtliches, geistiges Leben der Seele, hinweist auch auf frühere Erdenleben, die man ebenso wirklich aus der Anschauung kennenlernt. Man kann lachen; aber der Weg kann aufgezeigt werden, auf dem das wissenschaftlich untersucht wird, nachdem man erst die Möglichkeit dieser wissenschaftlichen Untersuchung herbeigeführt hat.

Hier ist der Punkt, wo aufmerksam darauf gemacht werden kann, wie man ebenso streng und undilettantisch verfährt wie heute die neuere Wissenschaft, aber durch Heranbilden, durch systematisches Heranbilden eines höheren Bewußtseins, und wie man eine Geisteswissenschaft begründet, die uns zum ewigen Wesenskern des Menschen führt, dahin führt, wirklich zu wissen, daß der Mensch mit seiner Seele einer geistigen Welt angehört, so wie er mit seinem Leibe einer sinnlichen Welt angehört; und daß in dieser geistigen Welt sein ewiger Wesenskern ist, daß er aus ihr herauskommt, wie er schon im Aufwachen da herauskommt, wie er geboren und empfangen wird und untertaucht in sein Leibesleben, untertaucht in das Vorstellungs- und Gefühlsleben.

Auf der anderen Seite kann man das Willensleben untersuchen mit dem übersinnlichen Bewußtsein. Da zeigt sich wieder eine Eigentümlichkeit.

Hat man den Willen sich durch Denken, durch Selbstzucht, wie ich es geschildert habe, heranerzogen, dann merkt man, daß das Wollen, der Übergang aus dem gewöhnlichen Bewußtsein zum Willensimpuls, eine große Ähnlichkeit hat, eigentlich gleichartig ist, jetzt nicht mit dem Aufwachen, sondern mit dem Einschlafen.

Lernt man im übersinnlichen Bewußtsein wirklich den Vorgang des Einschlafens kennen, dann kann man ihn vergleichen mit dem: «Ich will». Dann lernt man erkennen, daß das Untertauchen in den Willen jedesmal ein abgeschattetes Miniaturbild ist des Einschlafens. Und man kann die Brücke bauen zwischen dem Willensvorgang und dem Einschlafen. Naturforscher werden vielleicht leugnen gerade naturwissenschaftliche Ergebnisse, die bestätigend für das wirken könnten, was ich eben gesagt habe. Man kann die Brücke bauen, sagte ich, von den Willensvorgängen zum Einschlafen, dann aber auch von dem Willensvorgang zum Tod, das heißt zum Herausgehen der Seele aus dem physischen Leib und zum Eintreten durch die Pforte des Todes in die geistige Welt.

Wer den Willen in seiner Wirklichkeit kennt, der kann von diesem Ausgangspunkte aus die wahre Einsicht, die wissenschaftliche Einsicht in die wahre Unsterblichkeitsfrage sich erwerben. Denn es führt von einer wirklichen, nicht von einer solchen Erkenntnis, wie sie die heutige Psychologie liefert in Worthülsen, sondern von einer wirklichen Einsicht, die aber auf keine andere Weise erworben werden kann als durch die genannte Vergleichung des Willens mit dem Einschlafen, es führt von da aus der Weg zum Tode. Und so, wie wenn durch Vorstellungen wir hereinwirkend haben die Vorgeburtszeit oder die Zeit vor der Empfängnis, die wir im geistigen Leben zubringen, wie das Vorstellen ein Nachwirken ist, ein bildhaftes Nachwirken ist unseres Lebens vor der Geburt oder vor der Empfängnis, so ist das Willensleben ein embryonales Leben, das wir dann, aus dem Embryonalen herausgeholt, in Vollendung umsetzen nach dem Tode und in das folgende Erdenleben führen.

Die innere Verwandtschaft des Willens, des Wollens mit dem Sterben, die muß sich ergeben für das höhere Bewußtsein, für das übersinnliche Bewußtsein. So daß wir, wenn wir uns denken würden, das, was als der Willensvorgang noch embryonal ist – dadurch gerade ist er bei uns Willensvorgang –, wenn wir uns ihn intensiv gesteigert denken würden, wenn wir das, was in uns vorgeht beim Wollen, intensiv gesteigert denken würden: Was würde herauskommen? Der Tod, jedesmal der Tod, weil das Wollen ein embryonales Sterben ist. Daher läßt sich auch dasjenige gerade studieren beim Wollen, was beim Sterben geschieht. Beim Sterben geschieht dasselbe, was beim Einschlafen geschieht: das Übergehen der Seele aus dem Leibesleben in das Übersinnliche, in das Geistesleben.

Es handelt sich nicht darum, daß irgendwelche phantastische Hypothesen ausgedacht werden in der hier von mir gemeinten anthroposophisch orientierten Geisteswissenschaft, sondern darum handelt es sich, daß gewissenhaft und mit echter wissenschaftlicher Schulung nur eben so vorgegangen wird, daß man von denjenigen Erlebnissen, die ich geschildert habe, ausgeht und aus diesen Erlebnissen heraus die Kraft entzündet, aus dem gewöhnlichen Bewußtsein ein anderes herauszuentwikkeln. Mit diesem anderen Bewußtsein erst ist es möglich, das seelische Leben zu erforschen. Was dann erforscht wird – ich habe es in meinen Büchern dargestellt –, ist so, daß der gesunde Menschenverstand es nachprüfen kann.

Um es zu erforschen, ist notwendig das übersinnliche Bewußtsein. Ist es einmal da, ist es erforscht, kann jeder es nachprüfen, wie auch jeder eine andere Wissenschaft nachprüfen kann. Denn es ist eine allgemeine Menscheneigenschaft, es ist nicht eine besondere, göttliche Begnadigung und so weiter. Die Frage kann nun auftauchen: Hängt die Tatsache, daß diese Anthroposophie, wie sie hier gemeint ist, gerade in der Gegenwart auftritt, hängt sie irgendwie zusammen mit den eigenartigen Impulsen der Gegenwart?

Nun, bei unserem Ausgangspunkt der heutigen Abendbetrachtung habe ich ja gesagt, daß gerade die Naturwissenschaft selbst es ist in ihren Grenzen, welche diese Geisteswissenschaft herausfordert. Auf der anderen Seite treten aber, wie ich nun übermorgen Gelegenheit haben werde auseinanderzusetzen, in unserem sozialen, sittlichen, religiösen Leben heute Forderungen auf, die die Menschenseelen stellen und die aus den alten Traditionen nicht befriedigt werden können.

So wie ich heute zeigen konnte, wie diese Geisteswissenschaft entsteht, wie sie, wirklich gewissenhaft in der Forschung, sucht nach dem Unsterblichen in der Menschenseele und zu der Gewißheit der Unsterblichkeit der Menschenseele durch die unmittelbare Anschauung kommt, so ist auch nur diese Geisteswissenschaft geeignet, dasjenige zu leisten, das übermorgen eben von mir vorgebracht werden soll, was viele Menschen heute glauben, mit ganz anderen Mitteln leisten zu können. Das Seelenleben erforschen kann man nicht, wenn man nicht in das übersinnliche Bewußtsein eindringt. So kann man auch nicht die Grundlage der sozialen Struktur der menschlichen Gesellschaft erforschen, wenn man nicht mit den Mitteln des höheren Bewußtseins in die Grundlage des sittlichen, des religiösen, sozialpolitischen Lebens im heutigen Sinne eindringt. Es wird auch geschichtlich notwendig, daß der Mensch, damit er die großen Forderungen, die aus den Notwendigkeiten des Weltenwerdens ihm entgegentreten, lösen könne, eindringt mit diesem übersinnlichen Bewußtsein in dasjenige, was die Menschen denken, tun und wollen.

Das soll dann übermorgen gezeigt werden. Heute aber wollte ich nur, ich möchte sagen, zu diesem mehr zeitgemäßen Vortrage die Vorbereitung liefern, nämlich die Rechtfertigung der Seelenwissenschaft im Sinne der Anthroposophie. Und wenn ich auch nur skizzenhaft darstellen konnte dasjenige, was dabei in Betracht kommt, so glaube ich doch, daß derjenige, der vielleicht weniger auf meine Worte als auf dasjenige, was in diesen Worten sich aussprechen wollte, hinsieht und auf seine Konsequenzen, daß der sich sagen kann: Durch diese Seelenwissenschaft wird die heute suchende Menschheit das finden können, wovon ich anfangs der heutigen Betrachtung sagte, daß sie es eben nicht hat, woran sie sich im Seelensuchen und dann auch im äußeren Suchen halten kann.

Es wird Klarheit kommen über etwas, wonach ein großer Teil unserer Zeitgenossen sucht, und die anderen, die noch nicht suchen, suchen sollten. Es wird sich ihnen zeigen, daß immer unbrauchbarer werden wird für das moderne menschliche Bewußtsein dasjenige, was an alten Seelenvorstellungen traditionell heraufgekommen ist, daß die Menschen unsicher werden gerade über die wesentlichsten, ihrem Seelenleben notwendigen Rätselfragen, wenn sie nur bei den alten Vorstellungen bleiben, daß neue Vorstellungen nötig werden.

Das ist es, was ich zeigen wollte: Man wird entweder auf diesen neuen Wegen, die ich angedeutet habe, nach einer neuen Seelenwissenschaft zur Befriedigung der höchsten inneren Bedürfnisse des Menschen suchen müssen, oder man würde – was unermeßlich zu beklagen wäre – überhaupt keine Seelenwissenschaft haben. Entweder wird man auf anthroposophisch orientierten Geisteswegen eine neue Seelenwissenschaft suchen oder auf eine Seelenwissenschaft verzichten. Das letztere aber wird die Menschheit nimmermehr tun.

Daher hat derjenige, der den Geistesweg, der hier gemeint ist, kennt, das Bewußtsein und die Hoffnung, daß dieser Geistesweg nicht einer bloßen imaginären, subjektiven Willkür entspringt, sondern daß er entspringt aus dem sozialen Fortschritt des menschlichen Geschlechtes in unserer heutigen Zeit und daß er deshalb gegangen werden wird.

SITTLICHES, SOZIALES UND RELIGIÖSES LEBEN VOM GESICHTSPUNKTE DER ANTHROPOSOPHIE

Bern, 11. Dezember 1918

In dem vorgestrigen Vortrage bemühte ich mich zu zeigen, wie der Mensch dazu kommen kann, durch eine besondere Ausbildung seiner Seelenkräfte eine unmittelbare Anschauung zu bekommen derjenigen Welt, von der er als von einer geistigen Welt umgeben ist, geradeso, wie er von der sinnlichen Welt umgeben ist als Leibesmensch, jener geistigen Welt, von der aber durch das gewöhnliche Bewußtsein, durch dasjenige Bewußtsein, dem nicht jene Ausbildung der Seele zugrunde liegt, von der ich vorgestern eben gesprochen habe, von der durch dieses gewöhnliche Bewußtsein nichts erkannt werden kann. Heute möchte ich das Verhältnis dieser übersinnlich gewonnenen Erkenntnisse zu wichtigen Gebieten des menschlichen Lebens besprechen, insbesondere zu solchen Gebieten des menschlichen Lebens, die – wie man sagen kann – von einem gewissen Gesichtspunkte aus in unserer Zeit in eine Krise entweder schon eingetreten sind und sich mitten darinnen befinden oder aber in diese Krise eintreten werden. Ich möchte sprechen von dem Verhältnis der übersinnlichen Erkenntnis zu dem sittlichen, dem sozialen und dem religiösen Leben des Menschen.

Der insbesondere in früheren Zeiten viel genannte Naturforscher Wallace, der in ähnlicher Weise versuchte, eine Weltanschauung herbeizuführen wie Darwin, er hat einen bedeutungsvollen Ausspruch getan über die sittliche Entwickelung der Menschheit. Und auch Haeckel stimmt diesem Ausspruch bei, wie viele andere Forscher gerade von der naturwissenschaftlichen Richtung. Wallace sagte: So groß auch die Fortschritte der Menschheit mit Bezug auf die Erkenntnis der Natur und ihrer Hintergründe, also mit Bezug auf das Intellektuelle des Menschen sind, so gering sind auf der anderen Seite die Fortschritte des sittlichen Lebens. Von Etappe zu Etappe sehe man in der Welterkenntnis ein Weiterkommen. Sieht man hin – so meinte dieser Denker – auf die moralische Entwickelung, so kann man nicht sagen, daß die Menschheit beträchtliche Schritte seit uralten Zeiten vorwärts gemacht habe.

Nun ist gewiß ein solcher Ausspruch gerade von seiten eines Naturforschers von ganz besonderer Bedeutung. Allerdings derjenige, der versucht, sich einen tieferen Einblick zu verschaffen in den Gang der menschlichen Entwickelung, wird diesem Denker nicht für alle Zeiten Recht geben können; aber für diejenige Zeit, für welche Wallace ein ganz besonders geschärftes Auge als Naturforscher hat, für die Zeit der neueren, durch die Naturwissenschaft besonders beleuchteten Menschheitsentwikkelung wird dieser Ausspruch sich halten lassen. In älteren Zeiten, die der genannte Denker weniger überblickt, ist es nicht richtig, daß die intellektuelle Erkenntnis in einer so wesentlichen Weise vorwärts eilt gegenüber den Umschwüngen, den Etappen der sittlichen Entwickelung. Aber gerade – was das Merkwürdige ist – für die Zeit, in welcher so glanzvoll die naturwissenschaftliche Erkenntnis vorgeschritten ist, gilt dasjenige, was dieser Denker behauptet. Und derjenige, der mit Verständnis, mit Menschenanteil, mit Menscheninteresse, mit Menschenliebe die katastrophalen Ereignisse der letzten viereinhalb Jahre betrachtet, der wird sich wahrhaftig nicht darüber täuschen können, daß dasjenige, was erlebt worden ist, nicht zeugt für einen besonderen sittlichen Fortschritt, der etwa gleichen Schritt hielte mit dem Intellektuellen innerhalb der Menschheit.

Da liegt offenbar eine sehr bedeutungsvolle Frage vor, eine Frage, die um so drängender ist, als auf der anderen Seite wiederum gerade in unserer Zeit das Verlangen besteht, Bewußtsein auch über die Gebiete des menschlichen Lebens zu gewinnen, die man als das Feld des Moralischen, des Sittlichen bezeichnet. Derjenige aber, der in solcher Art, wie ich es vorgestern charakterisiert habe, vom geisteswissenschaftlichen Standpunkte aus sich Erkenntnis verschafft von dem eigentlichen Charakter des naturwissenschaftlichen Forschens, derjenige, der durch jenes Erlebnis, das ich vorgestern geschildert habe, an die Grenze dieses naturwissenschaftlichen Erkennens sich wirklich gestellt gefunden hat, der weiß, daß hier nicht nur ein zufälliges Zusammentreffen vorliegt für die letzten Jahrhunderte, sondern daß ein ursächlicher Zusammenhang zu finden ist. Ich hatte vorgestern ausgeführt, wie gerade das Bedeutsame, das Wesentliche naturwissenschaftlicher Erkenntnis darin liegt, daß diese naturwissenschaftliche Erkenntnis zu ihren Fortschritten gelangt, indem sie gewissermaßen unberücksichtigt läßt dasjenige im menschlichen Seelenleben, das uns gerade befähigt, das rechte Verhältnis, die rechte Beziehung zwischen Mensch und Mensch herzustellen, dasjenige im menschlichen Seelenleben, das wir die Liebefähigkeit nennen. Weil aber – so mußte ich sagen – diese Liebefähigkeit in der menschlichen Seele fortwirkt, nur zurückgehalten werden muß, gerade darum, damit die Naturwissenschaft zu ihrer

Höhe kommt während des naturwissenschaftlichen Erkennens, deshalb gelangt der Mensch im naturwissenschaftlichen Erkennen an eine gewisse Grenze.

Nun hängt, wie im physischen Leben leicht ersichtlich ist – und für das geistige Leben gilt etwas ganz Ähnliches –, nun hängt die Entwickelung der Liebefähigkeit im Menschen zusammen mit allem fortschreitenden, mit allem sich entwickelnden Leben, mit dem blühenden, aufgehenden Leben.

Betrachtet man im Gegensatze dazu diejenigen Geistfähigkeiten, die der Mensch gerade anwendet, wenn er den Naturlauf im Sinne der heutigen naturwissenschaftlichen Forschung undilettantisch verfolgt, dann findet man, daß die Kräfte, die in dieser Forschung eine besondere Rolle spielen, sich nicht richten können auf das sprießende, sprossende Leben, sondern auf das niedergehende, auf das sich verlierende Leben, auf das absterbende Leben. Indem wir mit diesen naturwissenschaftlich forschenden Kräften in das Leben hineinschauen, schauen wir nicht das Leben, sondern das, was diesem Leben imprägniert ist als das Absteigende, Totwerdende.

Es ist für den, der dabei sein kann seelisch, indem die Kraft des naturwissenschaftlichen Forschens sich entwikkelt, nicht irgend etwas, was als Mangel bezeichnet werden kann bloß, der allmählich sich verbreitet, wenn gerade konsequent sein wollende Naturforscher immer wieder und wiederum dagegen sind, so etwas wie «Lebenskraft» oder dergleichen einzufügen in die naturwissenschaftliche Forschung. Im Laufe des 19. Jahrhunderts ist mit Recht von der naturwissenschaftlichen Forschung ausgeschaltet worden dasjenige, was man früher als «Lebenskraft» bezeichnete. Nun glauben allerdings manche, es sei nur ein zeitweiliger Mangel, daß der Mensch nicht hineinschauen kann in das Leben, sondern eigentlich im Lebendigen nur das Tote, das Absterben betrachten kann. Aber es ist nicht so. Die Erkenntnisfähigkeit, die sich so auf die Natur richtet, ist selber darauf angewiesen, innerhalb des Lebendigen nur das Tote zu suchen, das im Abstieg Begriffene zu suchen. Daher liegt die Tendenz vor, das Leben herauszutreiben, um gerade dasjenige zu suchen, was nicht Leben ist. Und man kann nicht sagen, man werde, indem man die heute zu besonderer Höhe entwickelte naturwissenschaftliche Vorstellungsart weiter ausbildet, auch das Leben begreifen. Nein, diese Vorstellungsart wird gerade dadurch immer weiter und weiter zu ihrer Größe kommen, daß sie das Leben nicht begreift, sondern das sucht, was dem Leben – wie ich sagen möchte – eben einimprägniert ist als das Tote, als das Absterbende.

Daher ist auch in der Zeit, in welcher diese Denkweise zu einer besonderen Höhe gediehen ist, das Verständnis für die Seelenfähigkeiten zurückgegangen, wahrhaftig zurückgegangen, die zusammenhängen nun mit derjenigen Seelenfähigkeit, welche die Naturwissenschaft eigentlich nicht braucht, nicht brauchen kann: mit der Seelenfähigkeit – wenn man sich so ausdrücken darf – des Liebens. Und mit der Seelenfähigkeit des Liebens hängt das ganze sittliche, moralische Leben zusammen. Liebe ist die Grundkraft, die sich entwickeln muß, damit sittliches, damit moralisches Leben sei.

Man kann zeigen, daß auch äußere Ereignisse durchaus das belegen, was ich jetzt eben ausgeführt habe. Man erlebt auf diesem Gebiete ganz Merkwürdiges. Ich habe im Verlauf meiner Vorträge in den letzten Jahren, indem ich von anderen Gesichtspunkten aus gerade den vollen Einklang zwischen Naturwissenschaft und Geisteswissenschaft, wie sie hier gemeint ist, darstellen wollte, wiederholt hinzuweisen gehabt auf ein ausgezeichnetes Buch, das in den letzten Jahren erschienen ist von Oscar Hertwig, «Das Werden der Organismen. Eine Widerlegung von Darwins ‹Zufallstheorie›». Ich mußte dieses Buch geradezu als eine glänzende Leistung eines gegenwärtigen Naturforschers schildern, weil Oscar Hertwig in diesem Buche alle die übereilten Schlußfolgerungen der materialistisch gesinnten Darwinisten aus gewissenhafter naturwissenschaftlicher Methode heraus widerlegt. Man hat es bei Oscar Hertwig eben zu tun mit einem die naturwissenschaftliche Vorstellungsart glänzend handhabenden Denker.

Nun trat etwas höchst Eigentümliches ein. Oscar Hertwig ließ folgen dieser ausgezeichneten Schrift über «Das Werden der Organismen» eine andere, kleinere Schrift, mit der er gewissermaßen seinen Tribut der Kriegszeit abtragen wollte, die sittliche, soziale, politische Fragen behandelte. Und siehe da: Diese Schrift ist – ich scheue nicht davor zurück, ungeschminkt die Sache auszusprechen –, diese Schrift ist voll des reinsten Unsinns. Diese Schrift ist absolut von einer Vorstellungsart getragen, die in keiner Richtung zur Auffassung der gestellten Fragen oder irgendwie zur Lösung der gestellten Fragen geeignet ist. So sehen wir einen glänzenden Naturforscher, einen Naturforscher, der auf seinem Gebiete groß ist gerade dadurch, daß er auf diesem Gebiete einseitig seine Denkungsart ausbildet, völlig versagen da, wo er soziale, sittliche, politische Phänomene ins Auge fassen will. Es ist dieses eine außerordentlich interessante Erscheinung, die in der Gegenwart zutage getreten ist.

Man könnte diese Erscheinungen, allerdings durch vielleicht weniger typische, sehr, sehr vermehren. Aber man braucht ja nur auf eines hinzuweisen, um zu zeigen, wie die zu berechtigten naturwissenschaftlichen Idealen hindrängende neuere Zeit unfruchtbar geworden ist in bezug auf das Durchschauen des sittlichen Lebens. Man muß, wenn man diese Dinge charakterisiert, weil die Leute heute das noch nicht glauben wollen, ein bißchen ketzerisch werden, ketzerisch in diesem Falle nicht so sehr gegen die Kirche oder gegen irgendeine Religionsgemeinschaft, sondern ketzerisch gegen ganz andere Richtungen. Es wird ja, wenn in der neueren Zeit von vielen auf recht Bedeutsames in der philosophischen Weltanschauung hingewiesen werden soll, auf etwas hingewiesen, das in einer gewissen Beziehung nicht so oberflächlich ist wie viele aus der bloßen Naturanschauung hervorgehende Philosophien, das aber doch zusammenstimmt für viele mit naturwissenschaftlicher Denkweise: Es wird auf Kant und den Kantianismus hingewiesen.

Nun, mit solchen Hinweisen verhält es sich ja sehr eigentümlich. Gerade hinsichtlich Kants trat einem eine eigentümliche Zitierwut in der letzten Zeit abstoßend, möchte man sagen, entgegen. Denn man konnte sehen, wie die schlimmsten Kriegshetzer Kant im Munde führten und ihn zitierten, wie die radikalsten Pazifisten Kant zitierten! Und diejenigen, die sich in verhältnismäßig kurzer Zeit, im Verlaufe von wenigen Wochen, in den letzten Wochen eben aus wütenden Kriegshetzern in radikale Pazifisten verwandelt haben – solche Menschen gibt es ja auch! –, die zitierten früher Kant und zitieren Kant jetzt in der schönsten Weise nach ihrer Meinung.

Aber Kant ist in der Tat charakteristisch auf vielen Gebieten für die Form, die das neuzeitliche Denken angenommen hat. Er ist auch charakteristisch für die Art und Weise, wie Menschen oftmals dasjenige aufnehmen, was ihnen im Geistesleben entgegentritt. Durch seine Schreibart ist Kant ja ein etwas schwieriger Schriftsteller und kann schon gelten als etwas schwer verständlich. Da aber doch sich manche zum Verständnis durchringen und sich selbstverständlich für sehr gescheit halten – obwohl sie sich das nicht mit diesen Worten gestehen –, so finden sie dann, da Kant etwas so Gescheites gesagt hat, was sie gerade noch verstehen können, daß dieser Kant ein ganz besonders großer Mann sei.

Nun, in bezug auf das sittliche Leben hat Kant einen Grundsatz aufgestellt, der besonders häufig zitiert wird, allerdings manchmal nur genannt wird, indem man sagt, Kant habe in bezug auf das sittliche Leben den «kategorischen Imperativ» aufgestellt. Dieser «kategorische Imperativ», in Worte gefaßt, wie nimmt er sich denn eigentlich aus? Er enthält das Folgende: Handle so, daß die Maximen deines Handelns Richtschnur für alle Menschen werden können. – Mir ist das immer so vorgekommen, als wenn jemand sagt: Lasse dir einen Rock von einem Schneider fabrizieren, der möglichst so geformt ist, daß ihn alle Menschen tragen können. – Dasjenige nämlich, was sittliches, unmittelbares sittliches Impulsieren ist, was erfaßt sein will im Allerindividuellsten des Menschen, was sich so auch nur ausleben kann, wenn es im Allerindividuellsten des Menschen erfaßt wird, das wird in die Worthülsen einer alleräußersten Abstraktion gedrängt, in den grauen Nebel desjenigen, was für alle Menschen gleich gelten soll.

Das Wichtige ist, einzusehen, daß man nach Abstraktionen, nach Allgemeinheit selbstverständlich streben muß auf dem Gebiete der Naturgesetzlichkeit, aber diese Vorstellungsart, die nach solchen Abstraktionen, nach solcher Allgemeingültigkeit strebt, daß die wegführt von dem Felde im Menschen, das erfaßt sein will, wenn man ins Seelenauge fassen möchte die sittlichen Impulse, also dasjenige, was den Menschen unmittelbar im sittlichen Leben trägt und durchkraftet. Denn dasjenige, wodurch wir sittliche Menschen sind, das muß sich entzünden an den unmittelbaren Lebensverhältnissen, an dem unmittelbaren Verhältnis von Mensch zu Mensch. Das ist in jedem einzelnen Falle ein Urindividuelles. Und die menschliche Seele muß die Möglichkeit haben, einen urindividuellen Impuls aus sich herauszutreiben, der sich nicht dadurch charakterisieren läßt, daß man sagt, er soll eine Maxime sein können für alle Menschen. Nein, dasjenige, was für alle Menschen Maxime sein kann, hat die allergeringste moralische Impulsität, trägt nicht den Menschen moralisch durchs Leben, sondern dasjenige, was ihn im individuellsten Sinne unmittelbar im Erscheinen nötigt, sich so oder so zu verhalten.

Im unmittelbaren Leben trägt den Menschen im moralischen Sinne nicht irgendein Begriff, nicht irgendeine Vorstellung, sondern ihn trägt da lediglich die Liebe. Und es war mein Bestreben vor 25 Jahren schon in meiner «Philosophie der Freiheit», gegen die abstrakte Tendenz des Kantianismus diese individuelle Sittlichkeitslehre zu begründen. Diese individuelle Sittlichkeitslehre ist vor allen Dingen durchdrungen von der Erkenntnis, daß dasjenige, was sittliches Handeln ist, nur hervorgehen kann aus einer solchen Liebe zu der betreffenden zu verrichtenden Handlung, die gleich ist der Liebe zu einem einzelnen menschlichen Individuum. Liebe muß walten in der Handlung, die eine sittliche genannt sein will, Liebe, die nicht Selbstliebe ist, sondern die gerade das Selbst zurückdrängt und an die Stelle des Selbstes dasjenige setzt, was geschehen soll aus reiner Liebe heraus. Die individuelle Einsicht, daß die Handlung, die mir obliegt, vollzogen werden soll, macht in Wahrheit die Handlung zu einer sittlichen.

Nun habe ich ja vorgestern folgendes auszuführen gehabt: In demjenigen Bewußtsein, welches gewissermaßen erst herausspringt aus dem gewöhnlichen menschlichen Bewußtsein, das im gewöhnlichen Leben und auch in der allgemein bekannten Wissenschaft herrscht, in diesem übersinnlichen Bewußtsein – so möchte ich es jetzt nennen – waltet gerade diejenige Kraft, die im gewöhnlichen abstrakten Denken, im intellektuellen Denken, nicht herrscht, die Kraft der Liebe. Selbstverständlich ist damit nicht behauptet, daß die Tätigkeit, welche der Geistesforscher ausübt, indem er jenes Hineinschauen in die geistige Welt, von dem ich vorgestern sprach, in sich entwickelt, daß diese Tätigkeit gleich sei mit dem, was die Seele vollbringt, indem sie moralisch empfindet. Nicht gleich ist sie, aber gleichartig: So wie die Seele im gewöhnlichen Leben auf einem gewissen Gebiete wirkt, indem sie moralisch empfindet, in der gleichen Weise betätigt sie sich eben auf einem ganz anderen Gebiete, indem sie eine Kraft, die sonst schlummert, auferweckt, indem sie in die geistige Welt hineinschaut und dasjenige entwickelt, was man als das Endziel der übersinnlichen Erkenntnis bezeichnen kann, die intuitive Erkenntnis. Man steigt auf – Sie können das in meiner Schrift «Wie erlangt man Erkenntnisse der höheren Welten?» und in meiner «Geheimwissenschaft» nachlesen und in anderen Schriften von mir –, man steigt auf von der imaginativen zur inspirierten, zur intuitiven Erkenntnis. Dasjenige, was man intuitive Erkenntnis nennt, ist nicht gleich dem Lieben im moralischen Gebiete, aber die Lage, in der sich die Seele des Menschen befindet gegenüber den geistigen Wesenheiten und geistigen Ereignissen, die sie anschaut und in die sie hineinschaut durch die Intuition, die Lage der Seele in diesem übersinnlichen Anschauen, wenn diese Seele mit übersinnlicher Wesenheit zusammenkommt, diese Lage der Seele ist dieselbe, wie auf sinnlichem Gebiete, auf physischem Gebiete, die Lage der Seele ist, wenn sie in Liebe moralisch empfindet. Die Seelenlage ist dieselbe.

Daher darf diese anthroposophisch orientierte Geisteswissenschaft, von der hier gesprochen wird, sagen: Innerhalb ihrer eigenen Betätigung wird auf höherer geistiger Stufe gerade diejenige Fähigkeit der menschlichen Seele gepflegt, die sich im moralischen Leben verwirklicht. Deshalb wird dasjenige, was gerade durch die gloriose Ausbildung der naturwissenschaftlichen Erkenntnis in den Hintergrund gedrängt worden ist, der Hinblick, die Hinneigung zu jener Kraft in der Seele, die dem moralischen Handeln notwendig ist, besonders gepflegt durch die Geisteswissenschaft. Und so darf gesagt werden: Wenn man den Kantianismus ansieht, wenn man ansieht die besondere Vorstellungsart der naturwissenschaftlichen Denkweisen, so sind diese so geartet, daß sie das frühere, mehr instinktive Leben des Menschen, das die moralischen Impulse geliefert hat, gewissermaßen ins Unbewußte hinunterdrängen. Dasjenige aber, was als Geisteswissenschaft kommen muß, das hebt wiederum herauf diese Kräfte, die mit dem moralischen Empfinden verwandt sind. Und was früher als instinktive moralische Empfindungen in den Menschen lebte, wird heraufgehoben werden ins volle Bewußtsein, in die lichte Klarheit dadurch, daß Geisteswissenschaft sein wird.

So kann man begreifen, daß gerade in der Zeit, in der die Menschheit aus einem mehr instinktiven Seelenleben heraustrat und zuerst einseitig auf dem Gebiete des intellektuellen Erkennens der Natur sich ausbildete, daß da zunächst – immer ist das Leben Flut und Ebbe, ein Hin- und Herschwingen – zurücktrat der Sinn, der sich unmittelbar hinrichtet auf das, was im Menschen moralisch lebt. Und so bleibt, während schon auf der einen Seite, auf dem Gebiete der Naturwissenschaft der Mensch zu ganz unermeßlich großen Triumphen kam mit Bezug auf die Erkenntnis, so bleibt gerade während dieses naturwissenschaftlichen Zeitalters bis heute der Sinn, der bewußte Sinn für die moralischen Impulse ungepflegt. Er wird aufgehen, wenn gerade in den Mittelpunkt des Seelenlebens treten wird diejenige Kraft für die Erkenntnis der höheren übersinnlichen Welten, die auf einer anderen Stufe im gewöhnlich moralischen Empfinden in der Seele leben muß.

Nun bringt die Geisteswissenschaft, wie sie hier gemeint ist, diese Vorstellungen über die übersinnlichen Welten zustande. Einige von diesen Vorstellungen sind ja vorgestern mitgeteilt worden; Sie können weiteres in den schon genannten Schriften und in anderen Schriften, die mit ihnen verwandt sind, finden. Werden diese geisteswissenschaftlichen Vorstellungen so wie die naturwissenschaftlichen Vorstellungen von der Menschheit aufgenommen werden, so werden sie im Seelenleben eine andere Bedeutung haben als die naturwissenschaftlichen Vorstellungen. Diese geisteswissenschaftlichen Vorstellungen sind hervorgeholt aus solchen Gebieten der Seele, wo die mit der moralischen Liebe verwandte Seelenkraft gepflegt wird. Sie wirken daher wiederum zurück auf die Liebefähigkeit des Menschen und damit auf die unmittelbar individuellen Impulse des moralischen Lebens. Während das Zeitalter der Abstraktionen, der Anbetung des nur theoretischen Hinweisens auf das ganz Abstrakte: Handle so, daß die Maximen deines Handelns Richtschnur für alle Menschen werden können –, nur sozusagen eine allgemeine Definition geben konnte, einen allgemeinen Begriff hinpfahlen konnte, wird dasjenige, was Geisteswissenschaft ist, unmittelbar eingreifen können ins Leben, wird unmittelbar die Seele erwärmen können, so daß sie im einzelnen Falle dem Leben verständnisvoll sich gegenüberstellt und aus der Intuition des Lebens im individuellen Falle den sittlichen Impuls bekommt. Dann wird von dieser Geisteswissenschaft eine ganz andere Art von sittlicher Beeinflussung ausgehen als von irgendeiner abstrakten Sittentheorie oder einer Summe von moralischen Grundsätzen. Es wird dasjenige ausgehen, was dem Menschen nicht bloß seine Maximen unmittelbar sittlich macht, denn man kann es ja doch im Leben sehen – ich habe das auch hier schon zuweilen ausgesprochen und muß es immer wieder sagen –: Moralische Predigten helfen nicht viel im menschlichen Leben, moralische Predigten helfen eigentlich im menschlichen Leben ebensowenig, wie das gute Zureden bei einem Ofen hilft, er soll das Zimmer warm machen, wenn man kein Holz hineinlegt. Legt man aber Holz in den Ofen, dann braucht man ihm nicht zuzureden, dann wird er warm und wärmt das Zimmer. Alles Reden: Es ist ein kategorischer Imperativ, daß du ein guter Mensch bist, daß du dich gegen deine Mitmenschen so oder so benimmst, daß du das oder das tust –, das gleicht der Rede: Es ist deine Ofenpflicht, daß du das Zimmer warm machst, du wärst doch sonst kein guter Ofen. – Man kann aber diese moralischen Reden unterlassen und einfach mit Holz einheizen; denn anders wird doch nichts daraus werden. So ist es mit dem, was als Geisteswissenschaft konkret auftritt.

Es wird gerade freilich von mancher Seite als ein Erfordernis unserer Zeit angesehen, immer wiederum zu betonen: Die Menschen sollen sich lieben. – Aber das ist nur eine unnütze Rederei, wenn nicht gar ein Unfug, wenn nicht gar eine bloße Maske dafür, daß man eben wenig Menschenliebe hat und sie daher um so mehr betont. Aber bei dieser Geisteswissenschaft ist es so: Je weniger sie redet von Liebe, je weniger sie das Wort Liebe eitel nennt, desto mehr wird stattfinden, daß die besonderen Imaginationen der Vorstellung, indem sie sich aus der Liebekraft hervorgehend in diese Seele hineinsetzen, wiederum entzünden das Verständnis, ich möchte sagen, die Begabung, in der individuellen Situation unmittelbar das Moralische zu entfalten.

Was daher diese Geisteswissenschaft hoffen darf, wenn sie den Zugang findet zu den Menschen, das ist, daß sie nicht bloß sittliche Maximen gibt, sondern – wenn ich mich jetzt trivial ausdrücken darf – sittliches Heizmaterial selber ist. Daher wird dasjenige, was vertrocknet ist unter der bloßen naturwissenschaftlichen Erkenntnis, die auf das Tote geht, wiederum auftauen, wird zum Leben erweckt werden gerade durch diese Geisteswissenschaft. Und in bezug auf das sittliche Leben des Menschen wird zu bemerken sein, daß, wenn versucht worden ist von dieser oder jener Seite, gerade naturwissenschaftliches Denken auch in die sittliche Welt einzuführen, daß dieses naturwissenschaftliche Denken auf sittlichem Gebiet nur zu Niedergangsbegriffen führen kann, weil es auch der Natur gegenüber nur das niedergehende Leben in Betracht zieht. Aber weil Geisteswissenschaft in ihrem Suchen verwandt ist mit der produktiven Kraft, die in der Liebe sich ausdrückt, wird Geisteswissenschaft auch in der Lage sein, der Menschheit wiederum produktive Sittlichkeit zu bringen, nämlich sittliche Aufgabe, sittliche Mission. Sie wird wiederum so etwas unter die Menschen bringen, daß diese nicht verzweifeln werden an der Frage: Was soll ich eigentlich tun? Was ist meine Aufgabe? –, sondern sie wird so unter den Menschen wirken, diese Geisteswissenschaft, daß die Menschen aus ihr heraus die Anregung empfangen, das und jenes im Leben zu tun und dadurch auch durch das Leben sittlich getragen und gehalten zu werden. Jene Mühseligen und Beladenen werden weniger werden, die gerade daran seelisch kranken und infolge davon auch körperlich kranken, daß sie im Grunde mit ihrem Leben nichts anzufangen wissen, weil sie nichts haben in ihrem Denken, in ihren Vorstellungen und ihren Ideen, was herausquillen läßt aus der in ihrem Leben sicher vorhandenen Lebensaufgabe die sittliche Aufgabe.

In der Geisteswissenschaft wird eben ein Wissen, eine Summe von Eigenschaften vorhanden sein, die den Menschen nicht leer sein lassen von dem Konzipieren solcher Lebensaufgaben, sondern die ihn durchtränkt mit sittlichem Impuls, so daß er sich in jedem Augenblick des Lebens sagen kann: Du hast dies oder jenes zu tun – und dann keine Zeit findet, mit der leeren Seele dahinzubrüten und nicht zu wissen, was mit dem Leben anzufangen, gehen zu müssen in Sanatorien da- oder dorthin, um sich von außen wesenlos anregen zu lassen, damit die Seele ausgefüllt werde, während sie in Wahrheit fruchtbar nur ausgefüllt werden kann, wenn aus den Tiefen ihres eigenen Innern heraus die Lebensaufgaben geholt werden können und das Wesen des Menschen durchtränken.

Man kann leicht einwenden – und manche Erfahrung, die man heute noch da machen kann, wo sogenannte Anhänger der geisteswissenschaftlichen Bewegung leben, bestätigt das –, man kann heute leicht sagen, man bemerke ja an diesen Anhängern der Geisteswissenschaft nicht, daß diese Früchte, von denen eben gesprochen wurde, bei ihnen sich zeigen; im Gegenteil, man findet, daß vielfach auf dem Boden, auf dem sich solche Anhänger bewegen, erst recht Selbstsucht und Egoismus, manchmal ein raffinierter, geistig nuancierter Egoismus sich entfaltet, daß wenig Menschenliebe gerade in diesem Kreise oftmals zu finden ist. Das soll durchaus für heute noch zugegeben werden. Dasjenige, was sich entwickeln soll, das muß sich erst durch manche Hüllen und manche Hindernisse hindurch entwickeln. Aber im Wesen der Sache liegt es, daß die Dinge sich so entwickeln. Es ist auch sehr begründet, daß zunächst etwas anderes erscheint. Und diejenigen haben gar nicht unrecht, die da sagen: Ja, die Geisteswissenschaft findet ja auch – ich habe vorgestern über diese Dinge gesprochen –, daß das gegenwärtige Leben des Menschen zurückweist auf frühere Erdenleben und in künftige Erdenleben hinweist – wobei zwischen den Erdenleben immer Leben in der geistigen Welt liegen –, daß gewissermaßen das Schicksal, das der Mensch jetzt erlebt, trotz seiner Freiheit abhängig ist von dem, was der Mensch sich mitbringt aus früheren Erdenleben, und daß, was er in diesem Erdenleben vollbringt, wiederum hinüberwirken wird in kommende Erdenleben.

Gewiß, ich habe es gehört, wie satte Menschen, denen es recht gut ging im Leben, wenn man sie hingewiesen hat, daß sie doch etwas voraushaben vor denjenigen, die hungern und elend sind, ich habe es gehört, wie solche satte Menschen, die aber glaubten, recht gute Anhänger irgendeiner geisteswissenschaftlichen Richtung zu sein, sagten: Na, das ist ganz recht so, wir haben uns das im früheren Leben verdient, und der hat sich sein Leben, seinen Hunger im früheren Leben verdient! – Das ist nur ein radikaler Ausdruck für das, was aber vielfach auftritt, womit aus sehr regen materialistischen Empfindungen heraus die Menschen das benützen, was sie in der Geisteswissenschaft empfangen, um ihre materialistischen Empfindungen zu rechtfertigen. Selbstverständlich, wenn man die menschliche Individualität hinausdehnen muß sogar über dieses Einzelleben zwischen Geburt und Tod, wenn man hinzuweisen hat auf dasjenige, was überpersönlich in der menschlichen Individualität sich entwickelt und durch Erdenleben hindurch sich entwickelt, so kann dadurch der Egoismus aufgestachelt werden; geradeso wie der theoretische Egoismus vielfach aufgestachelt wird bei den zahlreichen Bekennern der Geisteswissenschaft, die nun nichts eiliger zu tun haben, als auszudenken, wer sie in ihrem vorigen Erdenleben waren. Solche finden sich ja auch sehr zahlreich. Aber was da zugrunde liegt, ist das Folgende.

Der Mensch macht in der Regel zwei Stufen durch mit der Geisteswissenschaft. Die erste Stufe besteht darinnen, daß er dasjenige, was er aus der Geisteswissenschaft empfängt, zu seiner eigenen Befriedigung entgegennimmt, daß er gewissermaßen ein Begehren an ihr erfüllt findet, daß sie ihm wohltut, wohltuend ist für gewisse Sehnsuchten der Seele. Er ist froh, daß ihm etwas gesagt wird, womit sich leben läßt, er will etwas für sich, für seine Befriedigung in der Seele haben. Das ist die erste Stufe. Sie hat gewiß gerade in der heutigen Zeit, wo man von anderswoher weniger bekommen kann für die Befriedigung der Seele, große Berechtigung.

Aber die zweite Stufe ist die, wo man hinausgeht über das bloße Begehren, über das, was gerade einen raffinierten Egoismus, der bei so zahlreichen Anhängern der Geisteswissenschaft zu bemerken ist, erzeugt, wo man hinausgeht darüber, daß man etwas haben will für sich, was einen befriedigt, wo man übergeht zu dem, daß der Wille, daß der ganze Mensch in seinem Verhältnis zum Leben angeregt, durchsickert und durchdrungen wird von demjenigen, was einem Geisteswissenschaft geben kann. Dann hört allerdings gerade der Egoismus auf, dann werden Welten aufgerührt im Menschen, die den Menschen hinaustragen über jenen engen Umkreis, der im Brüten über die eigene Seele besteht und im Begehren, daß dieses Brüten seine Befriedigung finde. Da wird der Mensch dann hingelenkt von sich weg eben auf andere Menschen. Und es geht dasjenige, was man als ein individuell-sittliches Empfinden bezeichnen kann, über in das soziale Empfinden, aus dem dann das sittliche, das moralische Handeln hervorquillt, aus dem dasjenige, was gerade einer Grundforderung unserer Zeit entspricht, hervorgeht.

Wir berühren damit etwas, was allerdings tief in die Krise unserer Zeit eindringt. Wir berühren zu gleicher Zeit ein Gebiet, auf dem, trotzdem es so brennend ist, die denkbar größten Unklarheiten herrschen. Indem ich aber auf das soziale Gebiet übergehe, möchte ich gleich einleitend vielleicht auf das Wichtigste hinweisen. Man wird sehr leicht, wenn man von dem Aufsteigen des Menschen zu solchem übersinnlichen Erkennen, wie ich es vorgestern charakterisiert habe, spricht oder sprechen hört, die Empfindung haben: Das ist etwas sehr Entlegenes, das ist etwas dem gewöhnlichen Erdenleben ganz Fremdes.

Ganz so ist es nicht. Wenn man mit dem Ausdruck keinen Mißbrauch treibt, so kann man sagen: Der Besitzer übersinnlicher Erkenntnis ist eben ein Seher. Dann kann man die Meinung haben, er hält sich dafür, daß er etwas, was sonst alle Menschen nicht haben, erwirbt. Das ist aber nicht der Fall. Auf einem Gebiete befindet sich immer jeder Mensch – nur daß man es im gewöhnlichen Leben nicht weiß, daß man sogar, wenn es behauptet wird, nicht gleich einen Sinn damit verbinden kann –, befindet sich immer jeder Mensch in der Seelenverfassung, die man sich für die anderen Gebiete der Geisteswissenschaft erst mühselig so aneignen muß, wie vorgestern charakterisiert, damit man zur übersinnlichen Erkenntis komme. Auf einem Gebiete befindet man sich immer in dieser Seelenverfassung, sonst würde man auf diesem einen Gebiete eben einfach blind sein. Und dieses eine Gebiet ist das, wenn man eben liebend von Mensch zu Mensch in ein Verhältnis tritt. Den anderen Menschen, zu dem man liebend in ein Verhältnis tritt, den betrachtet man von demselben Seelengesichtspunkte aus – aber eben nur den Menschen –, von dem aus man zu schauen hat, wenn man übersinnliche Erkenntnisse haben will. Nur muß man die Fähigkeit der Seele erst entwickeln, um in bezug auf anderes dieselbe Lage in seiner Seele herbeizuführen, die einfach durch Instinkt, durch das gewöhnliche Leben herbeigeführt wird, wenn man liebend einem anderen Menschen verständnisvoll, mit Interesse gegenübersteht und sich mit Interesse in seine Seelenart vertieft. In diesem Falle, wo man einem anderen Menschen mit innerem Anteil, mit tiefem Verständnis, mit wahrhaftigem Interesse für sein innerstes Seelenleben, für sein ganzes Sichdarleben, entgegentritt, in dem Augenblicke wird man – wenn ich so sagen darf – im gewöhnlichen Leben hellsichtig. Es ist dem Menschen eben nur zugeteilt im gewöhnlichen Leben, in diesem einen Falle hellsichtig zu werden; für die anderen Fälle hat er sich erst auf methodische Weise, auf mühsame Weise die entsprechenden Fähigkeiten anzueignen.

Das aber: verständnisvoll, mit Interesse dem anderen Menschen entgegentreten zu können, überhaupt im Leben die Fähigkeit zu entwickeln, in die Eigenart des anderen Menschen sich vertiefen zu können, das begründet doch trotz aller heutigen Einsprüche das wahrhaftige soziale Leben. Daher, weil es im Grunde genommen die Fähigkeit ist, welche instinktiv im Menschen da sein muß, wenn er zum Menschen sich in ein Verhältnis setzen will, weil es die Fähigkeit ist, mit der man gerade die bedeutsamsten Forschungen der Geisteswissenschaft zustande bringt, so wirkt auf das soziale Leben, auf die Erweckung der sozialen Gefühle, gerade diese Geisteswissenschaft wiederum zurück. Diejenige Erkenntnis, die man sich für die übersinnliche Welt aneignen muß, die wirkt zurück auf das soziale Empfinden, erweckt wirkliches Verständnis für den Nebenmenschen, für den Mitmenschen. Und das ist das Bedeutsame.

Daher entstanden gerade in derjenigen Zeit die sozialen Forderungen, in der auf der anderen Seite naturwissenschaftliches Denken mit seiner Abstraktionskraft, mit seiner bloßen Intellektualität, die höchsten Triumphe feierte. Vor dem 16. Jahrhundert finden wir eigentlich nicht, daß die Menschen gründlich, namentlich nicht wissenschaftlich, nachdachten über irgendwelche sozialen Forderungen. Alles soziale Leben war in das Instinktive getaucht. Mit dem Heraufkommen der naturwissenschaftlichen Denkgewohnheiten beginnt zu gleicher Zeit die Notwendigkeit, soziale Begriffe sich anzueignen, bewußte soziale Empfindungen geltend zu machen. Und wenn wir sehen, wo in der radikalsten Weise die sozialen Forderungen auftreten, beim Industrieproletariat, von dem sie eigentlich ausgestrahlt sind, so finden wir, daß dieses Industrieproletariat seine ganzen Denkgewohnheiten entwickelt hat an dem, was auch erst in der neueren Zeit, und zwar gerade mit Hilfe der Naturwissenschaft, heraufgekommen ist: an der modernen Mechanistik, der modernen Maschinenkultur und so weiter. Ein Ergebnis der modernen Maschinenkultur ist das moderne Proletariat. Was, ich möchte sagen, an der äußerlich realisierten naturwissenschaftlichen Denkungsart, an dem modernen mechanistischen Kulturelemente das moderne Proletariat erlebt hat, also auf einem Umwege aus dem naturwissenschaftlichen Fortschritt heraus, das hat im Grunde die besondere Art, intellektuell sich hinzulenken auf die soziale Forderung, erzeugt. Indem zurückgedrängt worden ist durch alles das, was da in Betracht kommt, gerade die mit dem Hellseherischen verwandte Stellung des Menschen zwischen Mensch und Mensch, trat das soziale Element in diesen letzten Jahrhunderten wesentlich zurück. Und weil es zurückgetreten ist, weil die sozialen Instinkte nicht mehr geltend sind, entstehen die intellektuellen sozialen Forderungen.

Nun ist es sehr eigentümlich mit diesem Menschenleben. Wenn wir es nicht nur so betrachten, daß wir hinschauen auf das, was der Mensch ist als Leibeswesen in der physischen Umgebung, sondern aufmerksam darauf werden durch die Geisteswissenschaft, daß er als Seele in einer geistigen Umgebung ist, von der er nur durch das gewöhnliche Bewußtsein nichts weiß, dann verteilt sich das ganze menschliche Wesen zwischen physischer Welt und geistiger Welt. Auf eigentümliche Art verteilt es sich. Wenn wir zunächst auf unsere Naturanschauung hinblikken, auf das, was sich in der Naturwissenschaft auslebt, und auf das, was mit der Naturwissenschaft zusammenhängt, was ist da der Fall? Da ist das Merkwürdige, daß alle Fragen für das, was die Naturwissenschaft gibt, aus dem Geistigen kommen. Die Fragen kommen ja aus dem Geiste; gewiß, sie können, wie es in alten Zeiten getan wurde, hereingeholt werden aus dem Geiste, oder, wie in den neueren Zeiten es die Naturforscher tun, sie können durch Erbschaft übernommen werden von den Zeiten, wo sie sich instinktiv in das Menschengemüt hereingepflanzt haben.

Was wir experimentierend beobachten, das ist auf dem Gebiete der Naturanschauung nur Antwort. Fragen liegen im Geiste. Die Antworten, die liegen hier auf dem physischen Gebiete. Das ist ein sehr interessanter Zusammenhang. Und weil in alten Zeiten, in älteren Zeiten vorhanden war dasjenige, was man in gewisser Beziehung atavistisches, instinktives geistiges Leben nennen kann, so wurden in alten Zeiten naturwissenschaftliche Fragen instinktiv aus der menschlichen Seele heraus geboren. Viel umfassender waren diese Fragen als dasjenige, was in äußeren naturwissenschaftlichen Beobachtungen, in den Experimenten, die Menschen sich selber verschaffen konnten als Antwort. Das Eigentümliche trat ein, daß die Fähigkeit, die Fragen instinktiv noch zu empfinden, zurücktrat. Noch nicht vorhanden war der Einblick in die übersinnlichen Welten, daher man nur die Erbschaft zurückbehielt in den naturwissenschaftlichen Fragen gerade in dem Zeitalter, in dem man die Methoden ausbildete für die Beobachtung, das Experiment und so weiter.

Wer einigermaßen verständnisvoll für eine solche Sache gerade die heutige Naturwissenschaft betrachtet, gerade die ausgezeichnetsten Leistungen auf diesem Gebiete, der kommt darauf, daß die Fragestellungen alle ererbt sind aus sehr alten Zeiten und sogar nach und nach immer blasser und blasser werden. Und die Antworten sind durchaus durch dieses Blasserwerden der Fragestellungen beeinträchtigt. Würde nicht Geisteswissenschaft auftauchen, welche aus der geistigen Welt neue Fragestellungen für die Naturwissenschaft zu liefern vermag, so daß dasjenige, was die Beobachtung durch das Experiment findet, in der richtigen Weise beleuchtet werden kann, so würde man allmählich eine vollständige Lähmung trotz aller äußeren methodischen Tätigkeit im naturwissenschaftlichen Leben erfahren müssen, wie man das heute schon sehr deutlich erleben kann, wenn man nur den Sinn hat dafür. Das ist mit Bezug auf die Naturanschauung der Fall.

Mit Bezug auf das soziale und sittliche Leben ist das Umgekehrte der Fall. Da offenbaren sich innerhalb der physischen Welt, der sinnlichen Welt, die Fragen, die Forderungen; und innerhalb der geistigen Welt kommen erst die Antworten. Da ist das Umgekehrte der Fall.

Nun hatte der Mensch früher ein instinktives Geistesleben, das ihm gewissermaßen, ohne daß er es bewußt innehatte, auf die Forderungen, die das soziale, das sittliche Leben hier in der physischen Welt stellt, aus dem Geiste heraus die Antworten gab. Was der Mensch früher an sittlichen und sozialen Maximen hervorgebracht hat, das war instinktiv hervorgebracht. Die Zeit, wo diese Instinkte in der Menschennatur gewirkt haben, sie ist vorüber. Wir leben in dem Zeitalter, wo der Mensch zur Bewußtheit übergehen muß, wo der Mensch vor allen Dingen fortgeschritten ist in bezug auf die Intellektualität, die im instinktiven Zeitalter noch nicht so lichtvoll vorhanden war wie gerade jetzt. Aber dieser Intellekt wirkt in seiner anfänglichen Naivität in einer gewissen Weise, ich möchte sagen, instinktiv.

So traten zunächst herein in bezug auf das soziale Leben die sozialen Fragen, die sozialen Forderungen. Und die Antworten werden nimmermehr gefunden werden können anders, als daß man aufsteigt in die Welt des Übersinnlichen, aus der allein die Antworten kommen können. Für eine wirkliche Sozialwissenschaft, welche die notwendigen Antworten auf drängende, durch das Leben aufgegebene soziale Fragen der Gegenwart geben kann, brauchen wir die geisteswissenschaftliche Vertiefung, denn nur sie wird auf diese Antworten kommen. Und unser Zeitalter ist es selber, welches erhärtet, was in dieser Richtung eben gesagt werden muß.

Wir sahen vorbeigehen in den letzten viereinhalb Jahren eine furchtbare Menschheitskatastrophe. Wir sehen heute über weite Ländergebiete der Erde ausgebreitet dasjenige, was aus dieser furchtbaren Erdenkatastrophe hervorgegangen ist, was noch manches in seinem Schoße enthält, das mit Besorgnis den Menschen blicken läßt auf die nächste Zukunft. Derjenige, der unbefangen diese Verhältnisse beobachtet, der wird eine Frage nicht so aufwerfen, wie sie gewöhnlich abstrakt aufgeworfen wird: Was hat denn eigentlich diese kriegerische Katastrophe über die ganze Welt in einer so furchtbaren Gestalt gebracht? – Wer geisteswissenschaftlich denkt, der denkt mit der Wirklichkeit auf allen Gebieten, der denkt nicht in Theorien, nicht in Abstraktionen, der weist überall auf Wirklichkeiten hin. Das, was diese furchtbare Katastrophe bewirkt hat, zeigt sich in dem, was nunmehr zurückgeblieben ist. Viel mehr als etwas anderes ist der vorläufige Ausgang dieser Katastrophe das Hinwegziehen eines Schleiers, und die Wahrheit tritt jetzt in ihrer nackten Gestalt über Ost- und Mitteleuropa und wohl auch über anderen Gegenden auf. Was jetzt auftritt, was sich jetzt zeigt in dem sozialen Chaos über die Erde hin, ja das war früher nicht etwa nicht da, das war nur in einer Scheinordnung gehalten, das war nur überdeckt. Die

Katastrophe hat nur den Schleier hinweggezogen. Jetzt macht es sich geltend, was verdeckt war, und wir sehen dasjenige, was jetzt enthüllt wird. Wir sehen dasjenige, was als soziale Forderungen da lebt und was schreit nach den Antworten. Diese Antworten werden nicht gegeben von denen, die nach dem Muster naturwissenschaftlicher Begriffe vorgehen – wenn auch noch so geistreich und für das Proletariat einleuchtend, wie die marxistischen Begriffe es sind –, diese Antworten werden nicht gegeben durch solche Begriffe, die gerade nur vom sinnlichen Leben genommen werden wollen, sondern diese Antworten können nur gegeben werden aus den Quellen des geistigen Lebens heraus.

Das ist dasjenige, was einem auch in unmittelbarer Beobachtung aufgeht, wenn man gewissenhaft und sorgfältig studiert, was in diesem oder jenem Punkt so aussichtslos, weil bloßen Raubbau treibend, bei diesen oder jenen Führern des heutigen sozialen Chaos zutage tritt. Diese Führer des heutigen sozialen Chaos, was können sie nur im Kopfe haben? Sie glauben, alte Klassen zu überwinden; sie haben aber nur die Gedanken dieser Klassen übernommen. Sie glauben, ein neues Menschenleben herbeizuführen, aber sie können es nur mit den Gedanken, die sie von dem alten Menschenleben übernommen haben. Karl Marx selber hat spottend über die Philosophen gesagt, sie hätten sich immer nur damit beschäftigt, durch Gedanken das Leben einzurichten; es käme aber darauf an, durch Gedanken das Leben umzugestalten. – Wäre er vollständig gewesen, hätte er den Schritt machen können aus dem physischen Leben ins Übersinnliche, so hätte er noch anderes sagen müssen. Dann wäre aber auch etwas ganz anderes herausgekommen. Er hätte dann sagen müssen: Diejenigen Gedanken, die bis nun gefällt worden sind, sind nur geeignet, das Leben im Sinnlichen so zu lassen, wie es ist; will man dieses Leben umgestalten, will man wirklich die Antworten auf die Fragen finden, die sich aus dem sozialen Chaos heraus entwickeln, dann braucht man andere Gedanken; denn die alten zeigen, daß sie das Leben nicht umgestalten können.

Solch ein Geist wie Karl Marx mag lange schimpfen oder kritisieren über die Bourgeois-Gedanken, über das Bourgeois-Leben. Dem Proletarier ist das selbstverständlich einleuchtend. Und *wie* es dem Proletarier einleuchtend ist, darinnen muß man nur Erfahrung haben! Ich habe – wenn ich das einfügen darf, obgleich es eine persönliche Bemerkung ist – durch Jahre hindurch als Lehrer gewirkt in einer Arbeiter-Bildungsschule der sozialdemokratischen Partei. Ich weiß, was dem heutigen Proletarier einleuchtet; ich hatte Gelegenheit, kennenzulernen, was in diesen Seelen lebt, dasjenige, wovon sich ganze Schichten der heutigen Menschheit keine Vorstellungen machen. Das aber, um was es sich wirklich handelt, wird die Menschheit, auch durch das Proletariat hindurch, erst verstehen lernen müssen. Worum es sich eigentlich handelt, das ist, daß wir in einem Zeitalter leben, welches nicht mehr mit den alten Instinkten auskommen kann, aus denen das sittliche und soziale Leben der Menschen geflossen ist, welches vielmehr übergehen muß zu einer klaren, lichtvollen Erkenntnis der Antworten auf die sozialen und sittlichen Fragen, die hier im sinnlichen Leben aufgehen, aus der übersinnlichen Welt heraus.

Damit gelangt man wiederum zu jenem Wirklichkeits-Standpunkt, der verlorengegangen ist der Menschheit, die gerade heute glaubt, im Leben so recht in der Wirklichkeit drinnenzustehen. Es kommt einem diese Menschheit manchmal vor wie einer, der ein hufeisenförmiges Eisen sieht und dem einer sagt: Du, dieses hufeisenförmige Eisen, das aussieht wie ein anderes Eisen, das ist ein Magnet. – Ach, sagt der erste, das ist ja nur Eisen, damit beschlage ich mein Pferd. – Er glaubt nicht an die Wirklichkeit desjenigen, was er nicht mit Augen sieht. So ist es im Grunde beim materialistischen Denken mit der ganzen Welt. Man glaubt an ein Abstraktes, indem man gerade glaubt, in die Wirklichkeit hineinzuschauen. Man steht ferne der wahren Wirklichkeit, weil zu der wahren Wirklichkeit dasjenige gehört, was den Dingen, den Vorgängen und den Wesen als das geistige Leben, das übersinnliche Leben zugrunde liegt. Und man entfernt sich von der Wirklichkeit in seinen Denkgewohnheiten, in seinen Empfindungen, in seinen Willensimpulsen, man entfernt sich für das sittliche und soziale Leben, wenn man sich von dem Geiste nicht durchtränken lassen will.

Während mit instinktivem Glauben die Menschen, ich möchte sagen, in übersichtlichen Verhältnissen lebten, die ihnen zeigten, wie alles das, in dem sie stehen, mit der Wirklichkeit zusammenhängt, leben sie heute in einer Weltenordnung, die kompliziert geworden ist, in der sie nicht einmal das Bestreben entwickeln für viele Dinge, das unmittelbare Verhältnis zur Wirklichkeit zu suchen. Was ein Bodenprodukt ist, was Kohl oder Weizen ist, und was Kohl oder Weizen als Ware für den Menschen für eine Bedeutung haben, das weiß der Mensch zunächst. Was die Verrichtung menschlicher Arbeit bedeutet von Mensch zu Mensch, das weiß er auch noch; was eine geistige Leistung bedeutet, das weiß er auch noch, weil er zur Befriedigung seiner Seelenbedürfnisse geistige Leistungen entgegennehmen will. Solange der Mensch innerhalb des Umkreises solcher Dinge steht, verbindet er die

Vorstellungen, die er darüber gewinnt, und dasjenige, was er aus dem Leben infolge dieser Vorstellungen macht, mit der unmittelbaren Wirklichkeit. Aber das Leben ist komplizierter geworden, und heute gibt es viele Dinge im äußeren Leben, für die der Mensch kaum noch die Möglichkeit hat, auch nur daran zu denken, wie diese Dinge mit der unmittelbaren Wirklichkeit zusammenhängen. So sonderbar das klingt, für Wichtigstes ist dies der Fall. Was weiß der Mensch, wie Kapital, Zins, Rente, Geld selbst oder gar Kredit zusammenhängt mit demjenigen, was durch Kapital, durch Rente, durch Zins, durch Kredit, durch Geld im Leben vorgeht und in dem er drinnensteht? Der Mensch gibt nur Geldstücke von einer Hand in die andere; der Mensch bedient sich der Zinsanweisung, bedient sich der Rente für sein Leben. Wo hat er die Möglichkeit heute, daran zu denken, was es heißt: Geld aus einer Hand in die andere übergehen zu lassen, daß man im Grunde genommen, indem man Geld aus der einen Hand in die andere übergehen läßt, soundso viel menschliche Arbeitskraft aus einer Hand in die andere übergehen läßt!

Oder man braucht nur noch an etwas anderes zu erinnern, um zu sehen, wie die Menschen heute hier den Zusammenhang mit der Wirklichkeit verloren haben. Jene Nationalökonomen, die heute die offiziellen Nationalökonomen sind und die oftmals so hilflos sind in bezug auf das Auffinden von wirklich sozialen Impulsen, die so Fruchtloses geleistet haben, was gerade jetzt sich in seiner Fruchtlosigkeit zeigt, wo es sich bewahrheiten und erwahren sollte im Leben, jene Nationalökonomen, sie können ebensowenig ganz klar Antwort darauf geben, was eigentlich Geld ist im sozialen Prozeß. Das ist ja ein Streit in der nationalökonomischen Wissenschaft, was

Geld eigentlich ist. Es gibt sogenannte Metallisten und Nominalisten in der nationalökonomischen Wissenschaft in bezug auf das Geld. Die Metallisten behaupten, daß beim Geld in Betracht kommt der Metallwert, der Stoff als solcher. Die Nominalisten behaupten, daß bloß der Name, die Bewertung, die durch den Staat oder durch sonstige Korporationen dem betreffenden Stück zukommen, mit Ausschluß des metallischen Wertes, im sozialen Verkehr eine Bedeutung hat. Also nicht nur, daß man nicht Veranlassung nimmt, in diesen Dingen mit seinem ganzen Empfinden, mit seinem ganzen Menschenleben die Wirklichkeit zu verfolgen, sondern man weiß gar nicht einmal in der Wissenschaft, wie diese Dinge mit der Wirklichkeit zusammenhängen.

Gerade auf diesem Felde zeigt sich, wie die Zeit drängt, die Wirklichkeit wieder zu finden. Das ist nun dasjenige, was Geisteswissenschaft den Menschen bringen kann: eine andere Art von geistiger Beweglichkeit und auch von geistiger Notwendigkeit. Es ist ja wahr: Geisteswissenschaft, so wie sie hier vorgetragen wird, finden viele Menschen schwer, weil sie sich anstrengen müssen, geistig anstrengen müssen; und man liebt heute nicht, sich geistig anzustrengen. Wenn man naturwissenschaftlich beobachtet, Experimente macht, beobachtet man die Vorgänge, und das Denken ist mehr nur so eine Begleitung. Das geht an der Hand der äußeren Vorgänge vor sich. Das liebt man überhaupt heute in der Zeit der Kinos, wo man sich gern etwas vormachen läßt, das man mit dem Denken nur begleitet; das liebt man heute, wo man natürlich weniger gerne zu solchen Vorträgen geht, bei denen man mitgehen soll; man liebt viel mehr das, wo Lichtbilder gezeigt werden, wo nicht so viel gedacht zu werden braucht. Gewiß, Geisteswissenschaft fordert schon Anstrengung,

Aktivität des menschlichen Seelenlebens. Das ist es, warum sie sich so schwer einbürgert, warum sie so viele Gegner, scheinbare Gegner findet. Aber es ist auch die Kompensation da, es ist auch das Gegenbild da. Diese Geisteswissenschaft macht die Begriffe, macht das Ideenvermögen des Menschen beweglich, macht es so, daß es vor allen Dingen auch den Willen hat, eindringen zu wollen in dasjenige, was in der Wirklichkeit vorliegt. Daher wird Geisteswissenschaft gerade in denjenigen Wissensgebieten, die durch das heutige, ich möchte sagen, nur begleitende Denken zu nichts Rechtem kommen, namentlich in der Nationalökonomie zum Beispiel, in der Volkswirtschaftslehre, in der Sozialwissenschaft und im sozialen Leben selbst, Ordnung schaffen können. Sie wird die langen Wege gehen können, die von solchen Dingen wie Geld, Kapital, Zins, Rente, Kredit bis zu der Wirklichkeit restlos hinführen.

Gewiß sind heute sehr viele Leute, die sagen: Was, das soll Geisteswissenschaft, diese hohe, erhabene Geisteswissenschaft, die ja nur in geistigen Dingen schweben soll, die soll so etwas Materialistisches erstreben wie das Verständnis für Kapital und Zins und Rente und Kredit und so weiter? Dies muß ja gerade überwunden werden, aus dem muß man ja gerade herauskommen, wenn man in die Erhabenheit der geistigen Höhen kommt. – Das mag nach der einen Seite ja ganz richtig sein, aber nach dieser einen Seite, nach der es richtig ist, befriedigt es doch, wenigstens für dieses Erdenleben, nur egoistische oder raffiniert egoistische Instinkte des Menschen. Dasjenige, worauf es ankommt, ist, daß diese Geisteswissenschaft gerade das Praktischste für dieses menschliche Leben sein kann, daß sie, wenn in der richtigen Weise eingeführt, gerade für diejenigen Dinge, die sonst wie Scheinwirklichkeit über der wahren Wirklichkeit schweben, die wahre Wirklichkeit durchschauen lassen wird.

Und so möchte ich, weil die Zeit drängt, auf eine Sache besonders hinweisen. Wer heute das proletarische Denken kennt – und das proletarische Denken bleibt noch immer das Wichtigste innerhalb der sozialen Frage –, der weiß, daß *eine* Aufstellung des Marxismus ganz besonders einleuchtend ist für den Proletarier, daß aus dem, was durch die proletarische Bewegung durch die Welt geht, die eine Forderung immer wieder besprochen wird in der verschiedensten Gestalt. Das ist das, daß Karl Marx den Leuten plausibel zu machen verstand: Es gibt auf dem Weltmarkt Waren, die werden gekauft nach Angebot und Nachfrage und so weiter. Da herrscht ein bestimmtes Gesetz. Aber unter diesen Waren ist durch die moderne soziale Ordnung auch eine ganz besondere Ware, das ist die menschliche Arbeitskraft, die der Unternehmer kauft. Andere Leute haben andere Waren, die sie zum Markt tragen und verkaufen, Gegenstände als Ware, die menschliche Bedürfnisse befriedigt. Derjenige, der sich heute als Proletarier empfindet, hat, weil er besitzlos ist, solche Dinge nicht zu verkaufen; er hat zu verkaufen nur seine menschliche Arbeitskraft. Die trägt er zum Markt, die wird ihm abgekauft nur für so viel, als gerade notwendig ist, um seinen Lebensunterhalt und den seiner Familie zu bestreiten. Nur so viel, als die menschliche Gesellschaft aufbringen muß, um sein Leben zu fristen, bekommt er, während der Mehrwert – das ist ja der marxistische Ausdruck – von den Unternehmern eingeheimst wird oder in die übrige soziale Zirkulation übergeführt wird.

Die Empfindung, daß er seine Arbeitskraft zu Markte tragen muß, das ist dasjenige, was in dem Proletarier lebt, das ist dasjenige, was er durch die sogenannte Vergesellschaftung der Produktionsmittel eben abschaffen will.

Nun ist dieser Gedanke ein solcher, der, wenn er nicht angefaßt wird von einem tieferen Gesichtspunkte aus, große moralische Unzuträglichkeiten herbeiführen wird. Hingewiesen muß werden mit jener Denkkraft, die gewonnen wird durch den Wirklichkeitssinn, den die Geisteswissenschaft gibt, daß nicht in der Weise, wie es bei Auguste Comte auftritt, sondern noch in einer ganz anderen Weise etwas als Tendenz in der Entwickelung der Menschheit liegt, was heute herausfordert Neugestaltung von etwas ganz Bestimmtem. Das ist nämlich so: Wir können zurückschauen noch in die griechische Zeit. Wir haben ja die Segnungen dieser griechischen Kultur an vielen von uns hinreichend erlebt – oder auch nicht hinreichend erlebt –, aber diese griechische Kultur, sie weist uns zurück auf das griechische Sklaventum, und sie läßt uns dann weiter denken, wie das Sklaventum selbst nach und nach in der Menschheitsentwickelung verschwunden ist. Was ist denn übergegangen mit dem Sklaventum an den anderen Menschen? Der ganze Mensch. Fast noch mit der Leibeigenschaft ist der ganze Mensch an den andern Menschen übergegangen. Da mußte der ganze Mensch als Sklave an den andern Menschen übergehen. Es lag so in der Menschheitsentwickelung und entsprach den dazumaligen menschlichen Instinkten. Und wenn man auf der einen Seite die Erfahrung macht, daß Plato, der große Philosoph, die Sklaverei für notwendig hält, so muß man als die Kompensation, die damit stets verbunden ist, eben wissen, daß der Sklave aus seinen Instinkten heraus, aus patriarchalischem Gefühle heraus das Sklaventum nicht als dasjenige empfand, als was wir es heute in der Rückschau in der menschlichen Entwickelung empfinden. Es lag eben damals die Sklaverei in der menschlichen Entwickelung.

Nun ist die Tendenz in der Entwickelung die, daß der Mensch immer weniger und weniger hingibt; als Sklave gab er noch sich ganz, dann kam die Zeit, wo er seine Arbeit hingibt, wo seine Arbeit ihm abgekauft wird nach demselben Wert, wie man Ware kauft. Wie in alten Zeiten der Mensch noch sich ganz hingegeben hat in der Sklaverei, und so, wie die Sklaverei überwunden worden ist durch eine historische Notwendigkeit, nicht durch den menschlichen Willen, so wird auch das überwunden werden, daß der Mensch nur einen Teil von seiner Wesenheit, seine Arbeit, hingibt.

Und dieses Gefühl, daß das so ist, daß das überwunden werden wird, das drückt sich aus in dem Verständnis des Proletariers gegenüber der ja allerdings sehr irrtümlich und einseitig geltend gemachten marxistischen Theorie von Arbeitskraft als Ware und so weiter. Aber wahr ist daran, daß zuerst der ganze Mensch, dann dieser Teil des Menschen, die menschliche Arbeitskraft, und jetzt als drittes, wonach die Entwickelung strebt, nur etwas anderes noch übergehen kann von einem Menschen zum anderen. Aufgehoben wird das soziale Leben nicht werden, aber etwas anderes wird an die Stelle treten. Wird man einmal von diesem anderen sprechen, wird man verstehen, die soziale Wirklichkeit so zu begreifen, daß man von diesem anderen sprechen kann, dann wird man Verständnis finden, indem man die neuen Gedanken haben wird, welche dem sozialen Leben entgegenkommen.

Jene Intuition, welche aus der Geisteswissenschaft fließt, sagt uns: Wir stehen unmittelbar in der Zeit, in der die soziale Struktur der Erdenmenschheit sich so umändern will, daß nun nicht mehr überhaupt Arbeitskraft, physische Arbeitskraft in Austausch gebracht werden kann mit irgendwelchem Mittel, das man auch für Ware hingibt, für objektive Ware, sondern daß diese menschliche Arbeitskraft frei verrichtet wird dadurch, daß der Mensch an eine bestimmte Stelle gestellt wird, in eine bestimmte soziale Position hineingerückt wird und den Ort, in dem er sich befindet, sich bestimmen läßt von der menschlichen Gesellschaft und auch seine Zeit verdingt für die menschliche Gesellschaft. Erst war es der ganze Mensch, der sich verkaufen mußte oder der verkauft wurde; dann wurde es die menschliche Arbeitskraft; und als drittes ist es Ort und Zeit. Auf gewissen Gebieten ist das schon durchgeführt. Es ist nicht so, daß wir sagen können: Wir selber, die wir in anderen Lebenspositionen sind als ein Proletarier, geben auch unsere Arbeitskraft hin, unsere Leistungen hin, irgend etwas anderes hin. Wir werden nicht für unsere Arbeitskraft bezahlt, sondern höchstens dafür bezahlt, daß wir an einem bestimmten Ort wirken und eine bestimmte Zeit hindurch unsere Kraft opfern für die Gesamtmenschheit. Dasjenige, was nicht mehr dem Menschen selber angehört, wodurch der Mensch in seiner Umgebung, sozialen Umgebung, drinnensteht, seine Position, die heute mehr oder weniger nur bei den Beamten – aber da führt es zu anderen Unzuträglichkeiten – bestimmt wird aus der sozialen Struktur heraus, das wird es sein, was an die Stelle treten wird der Bezahlung und des damit Zur-Ware-Werdens der Arbeitskraft.

Das ist dasjenige, was einem sich offenbart, wenn man aus den geistigen Impulsen heraus die Menschheitsentwickelung, wie sie der Zukunft entgegeneilt, beobachtet. In dem Augenblicke, wo man dies einsieht, wird man, wenn man von autoritativer Stelle herab spricht und wirkt in den Einrichtungen, in den Gesetzen, wirkt da, wo gewirkt werden muß, im öffentlichen Leben, dann wird man so wirken, daß man zustrebt zum Beispiel einem solchen sozialen Prinzip, und dann wird man dem entgegenkommen, was als soziale Forderung heute in der Menschheit lebt. Die Zeit drängt, und ich kann anderes aus der Geisteswissenschaft heraus nicht mehr anführen.

Man kann gut sagen: In den Proletarierköpfen lebt jetzt etwas anderes, in den Proletarierköpfen leben eben die marxistischen Ideen oder auch bei revolutionistisch gesinnten Leuten die den marxistischen ähnlichen Ideen; man hat es doch mit diesen Leuten zu tun. O nein! Ich selbst, sehr verehrte Anwesende – ich mache noch am Schlusse diese persönliche Bemerkung –, der ich Jahre hindurch unter diesen Leuten gelehrt habe, ich bin nicht durch diese Leute, sondern gegen den Willen der 400 Schüler von vier Abgesandten der Führerschaft hinausgedrängt worden. Diese Führer aber, die werden nicht mehr lange Führer sein. Dasjenige, was als Wüste zurückgeblieben ist nach dieser kriegerischen Katastrophe und worauf jetzt eine Zeitlang diese Führer wirken können, das wird diese Führer verschwinden sehen; denn sie werden aus ihren Ideen heraus nichts machen können. Mit dem Vertrauen zu den Führern wird das Vertrauen zu den alten Ideen verlorengehen.

Und dasjenige ist es, was man herbeisehnen möchte, daß dann, wenn die Möglichkeit dazu da ist, auch Ohren dasein werden, zu hören das, was als wirkliche soziale Ideen verkündet werden kann, daß dann genügend Leute dasein werden, die geneigt sind, solche sozialen Ideen wirklich hineinzutragen in die Menschheit, solche sozialen Ideen, die aufbauend sind, fruchtbar sind, anstelle derjenigen, die heute Raubbau treibend – wie diejenigen von Lenin, Trotzkij und anderen – Zerstörung und Tod über die Menschheit bringen wollen.

Das ist dasjenige, was vor allen Dingen heute zu berücksichtigen ist. Was man ausführen könnte über breite Gebiete des sozialen Lebens, ich wollte es nur andeuten, damit prinzipiell gesehen werde, wie diese Geisteswissenschaft auch auf dem Gebiete des sozialen Lebens demjenigen, was wichtigste Forderung der Gegenwart ist, entgegenkommt.

Zum Schlusse möchte ich noch darauf aufmerksam machen, daß diese Geisteswissenschaft auch auf dem dritten Gebiete, dem des religiösen Lebens, das finden will, was gerade Ziel der Gegenwart auch auf diesem Gebiete ist. Man kann so leicht von Leuten, die diese Geisteswissenschaft, wie sie hier gemeint ist, nur oberflächlich kennenlernen, den Einwand hören: Das ist eine sektiererische Bewegung, die will eine neue Religion stiften – und dergleichen. Die Geisteswissenschaft, die hier gemeint ist, ist ebensowenig Sekten bildend wie irgendeine neue Religion stiften wollend. Sie will Wissenschaft sein, diejenige Wissenschaft, die von dem Impuls der Zeit selbst gefordert wird. Sie will ebensowenig dilettantisch sein, wie die Naturwissenschaft auf ihrem Gebiete dilettantisch sein darf; sie steht auch nicht im Gegensatz zu der Naturwissenschaft, sondern in größerem Maße noch als die heutigen Naturwissenschafter selbst stellt sie sich auf den Standpunkt, der inauguriert worden ist gerade durch die naturwissenschaftliche Richtung.

Aber etwas anderes ist der Fall. Diese Geisteswissenschaft sucht, gemäß den Forderungen der Gegenwart – und diese Forderungen werden sich der Zukunft zu immer weiter und weiter ergeben –, auch die religiösen Bedürfnisse in der Weise zu verstehen, wie sie nunmehr unter den veränderten Verhältnissen immer mehr werden verstanden werden müssen. Geisteswissenschaft will Wissenschaft sein. Wissenschaft führt immer weg von der menschlichen Individualität, wenn sie auch gerade verständlich macht auf sittlichem und sozialem Gebiete das Individuelle, wenn sie auch da gerade anregt die Quellen der individuellen Impulse. Aber als Wissenschaft selbst, als Erkenntnis, macht sie den Menschen selbstlos, führt weg von der Individualität, führt in dasjenige, was umfassend, universell ist. Jedoch der Mensch braucht zu seinem vollen Menschtum stets, daß er zum Übersinnlichen ein unmittelbar individuelles Verhältnis habe, ein Verhältnis, das er unmittelbar subjektiv ausleben kann. Der Mensch braucht nicht nur den Zusammenhang mit der übersinnlichen Welt, so wie die Wissenschaft, die Geist-Wissenschaft ihn bieten kann, der Mensch braucht den Zusammenhang durch Kultus, Sakramentales und so weiter mit den Religionsstiftern und all der realen, äußeren sinnenfälligen Entwickelung durch die Jahrzehnte und Jahrhunderte hindurch, die sich an die Religionsstifter und an die äußeren Offenbarungen anhängen. Geisteswissenschaft wird dasjenige, was da lebt, im äußeren Kultus, was lebt in den äußeren Bekenntnisformen, Geisteswissenschaft wird es geistig vertiefen, wird zeigen, wie das sich übersinnlich in der Sinnenwelt Offenbarende sich ausnimmt, wenn man es mit der übersinnlichen Erkenntnis durchdringt. Geisteswissenschaft wird so den Menschen in wahrhaft modernem Sinne vorbereiten, religiöse Bedürfnisse zu haben. Aber diese religiösen Bedürfnisse können nicht anders befriedigt werden, als indem man hinschaut auf die alten Religionen.

Es war merkwürdigerweise ein katholischer Kardinal, Newman, der bei seiner Antrittsrede in Rom das Wort ausgesprochen hat, das sonderbare Wort, er sehe für die katholische Kirche kein anderes Heil als eine neue Offenbarung. – Der katholische Kardinal zeigte damit bloß, daß er die seitherige Stellung des Menschen zu der alten Offenbarung nicht einnehmen kann, denn er verkündete gerade das, was durch die Geisteswissenschaft heraufkommen soll. Sie nimmt die Welt in ihrer Wirklichkeit, und sie weiß, daß – obzwar die Gesetze der Entwickelung der Menschheit andere sind als die des einzelnen Menschen –, daß, wie bei einzelnen Menschen Gesetze in der Entwickelung auftreten, so auch in der ganzen Menschheitsentwickelung. Und diese Gesetze in der Entwickelung des Einzelmenschen sind so, daß dasjenige, was der Mensch mit 50 Jahren erlebt, nicht eine Wiedererneuerung sein kann desjenigen, was er zum Beispiel mit 25 Jahren erlebt hat. Man kann nicht mit 50 Jahren in derselben Seelenverfassung dasselbe erleben, was man mit 25 Jahren erlebt hat. Für jedes Zeitalter gehört etwas anderes und in anderer Form.

Nun ist die Entwickelung im Laufe der Menschheit etwas anderes. Sie ist nicht so wie beim einzelnen Menschen, und die Analogien aufzusuchen zwischen den einzelnen Menschen und der historischen Entwickelung ist ein Dilettantismus, ist falsch. Aber Geisteswissenschaft findet solche Gesetze, nach denen sich die ganze Menschheit entwickelt, und weiß, daß die Begründung von Religionen etwas ist, was ganz bestimmten Zeitaltern angehört, die hinter uns liegen, daß im Christentum sich zusammengefaßt hat synthetisch dasjenige, was in den übrigen Religionen verteilt war, daß das Christentum als religiöse Form in gewissem Sinne der Abschluß der religiösen Formen ist, daß man nicht im Sinne des Kardinals Newman auf eine neue Offenbarung zu warten hat, sondern daß man nur lichtvoller diejenige Offenbarung in neuerem Sinne, in höherem Sinne umgestaltet verstehen kann, die im Christentum als Religion unter anderen religiösen Offenbarungen aufgetreten ist. Gerade weil Geisteswissenschaft im Sinne der Wirklichkeit denkt und nicht gegen die Wirklichkeit, weiß sie, daß sie etwas Untunliches machen würde, wollte sie eine neue Religion stiften. Sie würde damit dasselbe tun, wie wenn sie einen 50 Jahre alten Menschen wieder 30 Jahre alt machen wollte. Denn worauf es ankommt in der Menschheitsentwickelung, das ist, daß die Art und Weise, sich zur religiösen Offenbarung zu stellen, mit der Zeit sich ändert, daß neue innere Grundlagen geschaffen werden müssen. Diese neuen inneren Grundlagen werden gerade für den heutigen Menschen und seine Forderungen, die allerdings für viele noch unbewußt bleiben, gerade durch die Geisteswissenschaft geschaffen. Und diejenigen, die sich aus der offiziellen Vertreterschaft dieses oder jenes Religionsbekenntnisses heraus fürchten oder wenigstens angeben, sich zu fürchten, daß Geisteswissenschaft die Menschen irreligiös machen könnte, die sollten sich vor allen Dingen einmal fragen, ob *sie* nicht viel mehr beitragen zur Irreligiosität der Menschen als diese Geisteswissenschaft, die im Gegenteil die Menschen gerade im rechten, wahren Sinne wiederum zum religiösen Leben zurückführen wird.

Derjenige, der dieses religiöse Leben als Kirchenbekenntnis auf einer bestimmten Stufe zurückhalten will, der nicht will, daß hereindrängt das, was aus der neuen Seelenlage der Menschen notwendigerweise hereindrängen muß, der ist viel mehr ein Gegner der Religion, auch wenn er im Priesterkleide auftritt, als derjenige, der sich fragt: Wie kann der Mensch bei seinem vertieften Inneren auch jenen Zug wiederum in seiner Seele entwickeln, der ihn zum Verständnis des religiösen Lebens hinführt? –

Geisteswissenschaft ist keine Religionsstiftung; sie ist Wissenschaft vom übersinnlichen Leben. Aber indem sie dieses ist, führt sie den Menschen auch zur Vertiefung derjenigen Instinkte, die gerade das religiöse Leben, das zurückgegangen ist unter der bloßen äußeren Naturerkenntnis, die gerade dieses religiöse Leben in den verschiedensten Formen wiederum in der Menschheit lebendig und fruchtbar machen wird.

Das hat Geisteswissenschaft zu erwidern gerade den heute von dieser Seite aus kommenden zahlreichen Angriffen, die aber wirklich von solchen ausgehen, die dem religiösen Leben in Wirklichkeit vielleicht feindlicher sind – obwohl sie mit Worten ihre Religion und ihr Bekenntnis verteidigen – als irgend jemand, der nur gleichgültig ist; geschweige denn der Geisteswissenschafter, der gerade zur wahren Religiosität zurückführen wird. Solchen Leuten möchte man immer eine Antwort geben, die ich auch heute wiederum zitieren werde, die ich genötigt war, einmal jemandem zu geben. Ich hielt in einer süddeutschen Stadt einen Vortrag über «Christentum und Weisheit». Da waren auch zwei katholische Geistliche drinnen; die hörten zu. Sie hatten sonst anderes nicht gehört, nur diesen Vortrag; der kam ihnen nicht gar so ketzerisch vor. Hinterher kamen sie zu mir und sagten: Sie sagen Dinge, gegen die wir uns nicht gerade wenden müssen als offizielle Vertreter der Religion. Aber es ist doch nicht richtig, daß Sie das auf diese Weise vorbringen. Wie Sie es vorbringen, so ist es nur für bestimmte Leute verständlich. Wie wir die Sache vorbringen, so ist es für alle Leute verständlich. – Ich sagte darauf: Hochwürden, sehen Sie, ich glaube ganz gerne – denn das liegt in der menschlichen Natur –, daß Sie denken, jeder Mensch müßte in einem ähnlichen Falle das gleiche tun wie Sie, denn das liegt eben in der menschlichen Natur, daß man immer glaubt, so wie man's macht, sollte eigentlich ein jeder es machen. Aber ob ich denke, ich mache es richtig, oder ob Sie denken, Sie machen es richtig, darauf kommt es dem gar nicht an, der mit der Wirklichkeit denkt, sondern auf diese Wirklichkeit kommt es an. Die Wirklichkeit selber diktiert in diesem Falle die Antwort auf Ihren Einwand. Ich frage Sie: Gehen alle Leute noch zu Ihnen in die Kirche – das würde ja zeigen, daß Sie für alle sprechen –, oder bleiben auch welche draußen? – Da konnten sie nicht anders als mir sagen, daß auch welche draußen bleiben. Nun, sehen Sie, für diejenigen, sagte ich, die da draußen bleiben und die doch ein lebendiges, gesundes Empfinden haben, den Weg zu dem Christus hin zu finden, für die rede ich. –

Das sagt die Wirklichkeit, nicht der subjektive Glaube, den jeder selbstverständlich haben kann. Lassen wir nicht uns entscheiden, sondern die Wirklichkeit entscheiden. Diese Wirklichkeitserkenntnis, diese innere Wirklichkeitssuche, das ist es, was gerade auf den drei heute im Kriege befindlichen Gebieten, auf dem Gebiet des sittlichen, sozialen, religiösen Lebens Geisteswissenschaft der Menschheit wird bringen können. Und vielleicht wird man, wenn man diese Dinge durchschaut, sich sagen können: Diese Geisteswissenschaft hat schon Aufgaben gerade für die Gegenwart. Und es ist nicht ein Zufall und nicht eine Willkür, nicht irgendeine Agitation eines einzelnen, daß diese Geisteswissenschaft gerade in der Gegenwart sich einlebt dem menschlichen Denken, Empfinden und den Willensimpulsen. Denn man kann in einer gewissen Weise sagen: Die Gegenwart selbst mit ihren schweren Erlebnissen, mit dem tragischen Geschick, das über die Menschheit kommen wird und wohl noch manches Tragische in ihrem Schoße trägt, diese Gegenwart, sie zeigt selbst, daß ein neues Heilmittel notwendig ist für mancherlei Dinge. Und mancherlei Dinge gibt es – das möchte ich zum Schlusse dieser Betrachtungen aussprechen –, für welche gerade der Wirklichkeitssinn, den Geisteswissenschaft entwickelt, zeigt, daß sie allein das Heilmittel sein kann und daß, wenn die Menschheit nicht den Mut und nicht das Interesse findet, sich zu dieser Geisteswissenschaft zu retten, man für viele Dinge des Heilmittels ermangeln werde.

Wird man nicht Geisteswissenschaft haben wollen, so wird man in vielen Dingen nicht weiterkönnen. Und man wird daher, da man in der Menschheit niemals in die Notwendigkeit versetzt ist, zum Pessimismus seine Zuflucht zu nehmen, sondern immer an die guten Seiten der Menschennatur glauben darf und glauben muß, man wird deshalb glauben dürfen: Weil die Menschheit die Beobachtung des übersinnlichen Lebens braucht, so wird sie den Weg zu dieser übersinnlichen Erkenntnis wählen und ihn dann auch finden.

HINWEISE

Zu dieser Ausgabe

Textunterlagen: Die Vorträge wurden von der Berufsstenographin Helene Finckh (1883–1960) mitgeschrieben. Der vorliegenden Ausgabe liegen die von ihr vorgenommenen Klartextübertragungen zugrunde.

Die Titel der einzelnen Vorträge sind von Rudolf Steiner, *der Titel des Bandes* wurde vom Herausgeber gewählt.

Frühere Veröffentlichungen in Zeitschriften:
Basel, 18. Oktober 1917 in «Gegenwart» 1949/50, 11. Jahrg. Nr. 10–11
Basel, 19. Oktober 1917 in «Gegenwart» 1949/50, 11. Jahrg. Nr. 12 und 1950/51, 12. Jahrg. Nr. 1/2.
Basel, 23. November 1917 in «Gegenwart» 1950/51, 12. Jahrg. Nr. 3–4.
Basel, 24. November 1917 in «Gegenwart» 1950/51, 12. Jahrg. Nr. 5–6.
Bern, 28. November 1917 in «Die Menschenschule» 1961, 35. Jahrg. Nr. 11–12
Bern, 30. November 1917 in «Die Menschenschule» 1962, 36. Jahrg. Nr. 1/2
Bern, 11. Dezember 1918 in «Das Goetheanum» 1942, 21. Jahrg. Nr. 38–43.

Hinweise zum Text

Werke Rudolf Steiners innerhalb der Gesamtausgabe (GA) werden in den Hinweisen mit der Bibliographie-Nummer angegeben. Siehe auch die Übersicht am Schluß des Bandes.

zu Seite

18 *der Philosoph und Psychologe Fortlage*: Arnold Rudolf Karl Fortlage (1806–1881), seit 1846 Professor für Philosophie und Psychologie in Jena. Die zitierten Stellen finden sich auf den Seiten 34 und 38 seiner Schrift «Acht psychologische Vorträge», Jena 1869.

20 *ein Vortrag gehalten werden soll*: Gemeint ist der dritte Vortrag dieses Bandes.

21 *daß ich diesen Philosophen durchaus nicht unterschätze*: Eduard von Hartmann (1842–1906), wird von Rudolf Steiner sehr häufig erwähnt und zitiert. Die als Dissertation gedruckte philosophische Schrift Rudolf Steiners «Wahrheit und Wissenschaft» (GA 3) ist «Dr. Eduard von Hartmann in warmer Verehrung zugeeignet von dem Verfasser». In dem Buche «Mein Lebensgang» (GA 28) schildert er seine intensive Beschäftigung mit den Werken des Philosophen (6. Kapitel), seine persönliche Begegnung mit ihm (Kap. 9) und die philosophischen Auseinandersetzungen, welche sich an die Übersendung von Rudolf Steiners philosophischem Hauptwerk «Die Philosophie der Freiheit» (GA 4) an Eduard von Hartmann anschlossen (17. Kap.)

Die im Vortrag erwähnte Kritik Eduard von Hartmanns an den Ausführungen Fortlages ist enthalten in dem Buche «Die moderne Psychologie», Leipzig 1901. Es heißt dort auf Seite 48 f.: «er überschreitet aber die Grenzen der Psychologie, wenn er das Bewußtsein als kleinen und partiellen Tod, den Tod als großes und totales Bewußtsein, als ein helleres, gänzliches Erwachen der Seele in ihren Tiefen bezeichnet...».

24 *wie ich es in früheren Vorträgen hier getan haben:* Rudolf Steiner hielt in Basel seit 1905, nebst mehreren Zyklen für die Mitglieder der Theosophischen, später Anthroposophischen Gesellschaft, fast jedes Jahr auch mehrere öffentliche Vorträge, von denen jedoch nur zum Teil Nachschriften vorhanden sind.

26 *Du Bois-Reymond hat in seiner berühmten Rede*: Der deutsche Physiologe Emil Du Bois-Reymond (1818–1896) hielt in der zweiten öffentlichen Sitzung der 45. Versammlung deutscher Naturfor-

scher und Ärzte zu Leipzig am 14. August 1872 eine Rede mit dem Thema «Über die Grenzen des Naturerkennens». Sie wurde noch im gleichen Jahr veröffentlicht und später immer wieder abgedruckt, meistens zusammen mit dem am 8. Juli 1880 in der öffentlichen Sitzung der Königlichen Akademie der Wissenschaften zu Berlin gehaltenen Vortrag «Die sieben Welträtsel».

26 *Friedrich Theodor Vischer*, 1807–1887, Deutscher Schriftsteller, Dichter und Philosoph. Die genannte Abhandlung findet sich in der Sammlung «Altes und Neues», 1881, Band I, S. 187–232. Sie hat den Titel «Der Traum. Eine Studie zu der Schrift Die Traumphantasie von Dr. Johannes Volkelt». Die angeführte Stelle über Seele und Leib findet sich auf S. 194 und lautet: «Die Seele, als oberste Einheit aller Vorgänge, kann allerdings nicht im Leibe lokalisiert sein, obwohl sie anderswo als im Leib nicht ist».

Der Vorwurf bezüglich des Spiritismus wird im Vorwort erwähnt. Dort heißt es im Zusammenhang mit einer Frage, die zu seinem Aufsatz gestellt worden war: «die ironische Frage kam aus dem Lager, wo man auch fand, ich sei nahe daran, in den Spiritismus hineinzusegeln» (S. 188).

Johannes Volkelt, 1848–1930, Professor für Philosophie, 1883–1889 in Basel, später in Würzburg und in Leipzig.

29 *um diese Goetheschen Ausdrücke zu gebrauchen*: Von «Geistesaugen» spricht Goethe z. B. in dem kurzen Aufsatz «Wenige Bemerkungen» («Goethes Naturwissenschaftliche Schriften» herausgegeben von Rudolf Steiner, GA 1 a–e, Band I, S. 107). Nachdem er eine Abhandlung von Kaspar Friedrich Wolff «über Pflanzenbildung» angeführt und einiges dazu bemerkt hat, sagt er: «Wie vortrefflich diese Methode auch sei, durch die er so viel geleistet hat, so dachte der treffliche Mann doch nicht, daß es ein Unterschied sei zwischen sehen und sehen, daß die Geistesaugen mit den Augen des Leibes in stetem lebendigen Bunde zu wirken haben, weil man sonst in Gefahr gerät, zu sehen und doch vorbeizusehen». Vergleiche auch den ersten Satz auf Seite 375 des gleichen Bandes.

Von «Geistesohren» spricht im zweiten Teil des «Faust» der Luftgeist Ariel in der ersten Szene des ersten Aktes bei der Schilderung des Sonnenaufgangs:

«Tönend wird für Geistesohren
Schon der neue Tag geboren». (Vers 4667)

30 *V-Vischer sagt mit Bezug darauf*: Das Zitat stammt aus dem schon oben erwähnten Aufsatz über den Traum, «Altes und Neues» S. 229.

31 *Diremtion*: Das Wort ist ungebräuchlich und findet sich weder in Wörterbüchern der deutschen Sprache noch in Fremdwörter-Lexiken. F. Th. Vischer hat es wohl direkt aus dem Lateinischen entlehnt, das zu seiner Zeit noch viel allgemeiner bekannt war. Es kommt allerdings auch dort selten vor, geschreiben «diremptio» und bedeutet «Trennung» (abgeleitet von dem Verb dirimere = absondern, trennen).

33 *Gideon Spicker*, 1840–1912, zuerst Kapuziner, dann, nach seinem Austritt aus dem Kloster, Professor für Philosophie in Münster i. W. bis zu seinem Tode. Mit dem «zweibändigen Büchelchen» sind wohl die folgenden zwei Bücher gemeint: «Vom Kloster ins akademische Lehramt. Schicksale eines ehemaligen Kapuziners», 1908, und «Am Wendepunkt der christlichen Weltperiode», 1910. Das Zitat findet sich auf Seite 30 des zweiten Buches.

34 *in meinen Mysterien-Dramen*: «Vier Mysteriendramen» (1910–1913) GA 14.

39 *Wilhelm Wundt*, 1832–1920, Physiologe, Psychologe und Philosoph. Professor in Heidelberg, Zürich und Leipzig. Er gründete das erste Institut für experimentelle Psychologie in Leipzig.

Hermann Ebbinghaus, 1850–1909, Professor der Philosophie in Halle.

Friedrich Paulsen, 1846–1908, Philosoph und Pädagoge, Professor an der Universität Berlin.

45 *einen Vergleich, . . ., den ich hier schon einmal gebraucht habe*: Siehe Hinweis zu S. 24.

50 *die Goethesche Weltanschauung*: Vergleiche dazu die folgenden Werke Rudolf Steiners: «Goethes Naturwissenschaftliche Schriften», mit Einleitungen, Fußnoten und Erläuterungen herausgegeben von Rudolf Steiner, Fünf Bände, 1884–1897, GA 1 a–e; «Grundlinien einer Erkenntnistheorie der Goetheschen Weltanschauung», 1886, GA 2; «Goethes Weltanschauung», 1897, GA 6.

51 *Franz Brentano*, 1838–1917, katholischer Priester, 1873 aus der Kirche ausgetreten, dann Professor der Philosophie in Wien und Würzburg, Neffe des Dichters Clemens Brentano. Sein Hauptwerk «Psychologie vom empirischen Standpunkte» erschien 1874 als erster von zwei geplanten Bänden. Es kam jedoch nicht zum Erscheinen des zweiten Bandes.

59 *Oscar Hertwig*, 1849–1922, Anatom, Direktor des anatomisch-biologischen Instituts der Universität Berlin. Das erwähnte Buch erschien 1916. Das Zitat stammt aus dem Nachwort desselben (S. 710).

69 *vor dem geistigen Auge*: Siehe Hinweise zu S. 29.

78 *«Vom Menschenrätsel.* Ausgesprochenes und Unausgesprochenes im Denken, Schauen, Sinnen einer Reihe deutscher und österreichischer Persönlichkeiten» (1916), GA 20. Die erwähnten Ausführungen finden sich im letzten Kapitel «Ausblicke», insbesondere auf den Seiten 159–172.

82 *von dem so schon von Goethe angedeuteten Satze*: Der Ausspruch steht im fünften Band der «Naturwissenschaftlichen Schriften» Goethes, in der ersten Abteilung der «Sprüche in Prosa», S. 362 in der durch Rudolf Steiner besorgten Ausgabe, GA 1 e. Der Satz lautet wörtlich: «Man sagt, zwischen zwei entgegengesetzten Meinungen liege die Wahrheit mitten inne. Keineswegs! Das Problem liegt dazwischen, das Unschaubare, das ewig thätige Leben, in Ruhe gedacht.»

84 *James Dewar*, 1842–1923, Physiker und Chemiker, Professor in Cambridge und in London, Erfinder der Thermosflasche.

87 *die Philosophie des Thomismus*: Über Thomas von Aquino (1227–1274), und seine Lehre schreibt Rudolf Steiner in seinem Buche «Die Rätsel der Philosophie» (1914), GA 18, in dem Kapitel «Die Weltanschauungen im Mittelalter». Ausführlichere Darstellungen finden sich in den drei Vorträgen «Die Philosophie des Thomas von Aquino», gehalten in Dornach, 22.–24. Mai 1920, GA 74.

die Philosophie des Aristoteles: Auch über Aristoteles (384–322 vor Chr.) und seine Philosophie gibt es einerseits eine kurze Darstellung in dem Buche «Die Rätsel der Philosophie» (GA 18) im Kapitel «Die Weltanschauung der griechischen Denker», andererseits eine eingehendere Darlegung in dem Vortragszyklus «Die Weltgeschichte in anthroposophischer Beleuchtung», gehalten in Dornach, 24. Dezember 1923 bis 1. Januar 1924, GA 233.

91 *David Friedrich Strauß*, 1808–1874, protestantischer Theologe und Philosoph. Seine Hauptwerke sind «Das Leben Jesu», 1835/36, und «Der alte und der neue Glaube», 1872.

wie selbst Eduard von Hartmann: Siehe Hinweis zu S. 21. Mit dem Ausdruck «Selbstzerrüttung des Christentums» spielt Rudolf Steiner wohl an auf die Schrift von Hartmann «Die Selbstzersetzung des Christentums und die Religion der Zukunft», die 1874 erschien und auf die er auch sonst bisweilen aufmerksam gemacht hat.

94 *in dem vorzüglichen Werke*: Ricarda Huch (1864–1947), «Luthers Glaube», erschienen 1916. Die angeführte Bemerkung über den «Übermenschen» steht auf Seite 44 und lautet wörtlich: «... wenn

ich daran denke, wie viele junge Leute sich bengalisch beleuchten, um den Anschein von Hölle zu erzielen, so überläuft mich ein Grauen vor möglichen Mißverständnissen. Es gebärdeten sich ja zu Nietzsches Zeit viele als blonde Bestien, die nicht Tierheit genug zu einem einfältigen Meerschweinchen in sich hatten.»

97 *das Beispiel des Psychologen Ebbinghaus*: Siehe Hinweis zu S. 39. Der angeführte Ausspruch über das Entstehen der Religion findet sich in seinem Buche «Abriß der Psychologie», 1908, auf Seite 162. Ihm gehen voraus die Worte: «Das sind die Wurzeln der Religion. Sie ist eine Anpassungserscheinung der Seele an bestimmte üble Folgen ihres vorausschauenden Denkens und zugleich eine Abwehr dieser Folgen mit den ihr zur Verfügung stehenden Mitteln.»

100 *1822 sind ja erst die Dekrete aufgehoben worden*: Am 11. September 1822 beschloß das heilige Officium folgendes Dekret, dem der Papst am 25. November seine Zustimmung gab: «Die erlauchten Kardinäle beschlossen, daß im Sinne der Dekrete der Indexkongregation von 1757 und 1820 jetzt und künftig der Palastmeister nicht mehr die Pflicht hat, die Erlaubnis zum Druck und zur Veröffentlichung solcher Werke zu verweigern, welche die Bewegung der Erde um die Sonne und die Ruhe der Sonne gemäß der heute bei Astronomen allgemein üblichen Auffassung behandeln, wofern nichts anderes gegen diese Werke vorliegt.»

101 *an jenen Priester, der zugleich Universitätsprofessor war*: Laurenz Müllner (1848–1911). Am 8. November 1894 hielt er eine Rede zur «Feierlichen Inauguration des Rectors der Wiener Universität».

102 *John Ireland*, 1838–1918, aus Irland; lebte die meiste Zeit in den Vereinigten Staaten von Nordamerika, in St. Paul, Minnesota, wo er 1888 zum Erzbischof geweiht wurde. Er veröffentlichte 1897 das Buch «The Church and Modern Society».

103 *Leo Viktor Frobenius*, 1873–1938, Afrikareisender, Ethnologe und Kulturphilosoph, Begründer der kulturmorphologischen Forschungsrichtung in der Ethnologie. – Im Stenogramm sowie in der ersten Veröffentlichung des Vortrages in der Zeitschrift «Gegenwart» steht statt seines Namens der des Kopernikus. Dies beruht aber, wie der Zusammenhang eindeutig erweist, auf einem Versehen des Stenographen.

106 *das tief bedeutsame Wort*: Goethe «Zahme Xenien» IX, Weimar, 1823–1828; Gedichte Band III; Deutsche National-Literatur, Band 84, S. 297.

111 *Max Rubner*, 1854–1932, Physiologe und Hygieniker, Direktor des hygienischen Instituts der Universität Berlin. Die Versuche zur Umsetzung von Nahrungsenergie in Kraftleistung sind beschrieben in seinem 1902 erschienenen Buche «Die Gesetze des Energieverbrauchs bei der Ernährung».

Wilbur Olin Atwater, 1844–1907, amerikanischer Physiologe, Professor in Middletown (Connecticut); ab 1875 Direktor der ersten agrarischen Versuchsstation der USA. Er wurde berühmt durch die Erfindung eines Atem-Kaloriemessers und einer Atemkammer, die es erlaubte, den vom Menschen verbrauchten Sauerstoff und die von ihm erzeugte Kohlensäure zu messen. Die von Rudolf Steiner erwähnten Versuche zur Umsetzung der Nahrungs-Energie in Arbeitskraft beim Menschen hat Atwater in einem Aufsatz beschrieben, der 1904 auch auf deutsch erschien unter dem Titel «Neue Versuche über Stoff- und Kraftwechsel» in der Sammlung «Ergebnisse der Physiologie» Band 3, S. 497–622.

das Gesetz von der Erhaltung der Kraft: Julius Robert Mayer (1814–1878), Arzt und Naturforscher, hat dieses Gesetz schon zu Beginn der vierziger Jahre des 19. Jahrhunderts gefunden und dargestellt in seiner Schrift «Robert Mayer über die Erhaltung der Kraft, vier Abhandlungen», die ohne Angabe des Jahres in Leipzig erschien. Seine gesammelten Schriften gab J. R. Mayer im Jahre 1867 heraus unter dem Titel «Die Mechanik der Wärme». Dazu, wie das Gesetz von der Erhaltung der Kraft «in die Naturwissenschaft eingetreten» ist, sagt Rudolf Steiner noch, es sei zu beachten, daß «die Sache nicht in der feingeistigen Art, wie sie bei Mayer behandelt wird, in die Menschenseelen übergegangen ist, sondern in einer viel gröberen Weise.» (12. Vortrag des Zyklus «Erdensterben und Weltenleben», GA 181).

111/112 *Helmholtz und so weiter*: Hermann Ludwig Ferdinand Helmholtz (1821–1894), vielseitiger Naturforscher und Physiker, gab 1847 eine Schrift «Über die Erhaltung der Kraft» und 1854 eine solche «Über die Wechselwirkungen der Naturkräfte» heraus.

Als einen weiteren Forscher, der in der «gröberen Weise» die Idee J. R. Mayers weiterführte, nennt Rudolf Steiner neben Helmholtz: James Prescott Joule (1818–1889). Er war englischer Physiker und Bierbrauer, und führte als erster eine genaue experimentelle Bestimmung des mechanischen Wärmeäquivalents durch.

117 *in meinem Buche «Vom Menschenrätsel»*: Siehe Hinweis zu S. 78.

128 *mit dem gegenwärtigen Erlebnis*: Die folgenden Worte «in Verbindung, setzt es dann aber» stehen nicht im Stenogramm. Sie wurden vom Herausgeber eingefügt, weil ohne sie der Sinn des Satzes nicht klar ist.

131 *Theodor Ziehen*, 1862–1950, Philosoph und Psychologe, Professor in Jena, schreibt in seinem «Leitfaden der physiologischen Psychologie», erschienen 1891, in der neunten Vorlesung: «Die ältere Psychologie betrachtete fast ausnahmslos die Affekte als die Kundgebungen eines besonderen, selbständigen Seelenvermögens... Dem gegenüber haben unsere bisherigen Erörterungen uns bereits gelehrt, daß die Gefühle der Lust und Unlust in dieser Selbständigkeit gar nicht existieren, daß sie vielmehr nur als Eigenschaften und Merkmale von Empfindungen und Vorstellungen, als sogenannte Gefühlstöne auftreten.»

135 *in dem Vortrag*: Siehe den ersten Vortrag dieses Bandes.

142 *sind abgebaut aus demselben Grund in den Zellen der roten Blutkörperchen*: Da Rudolf Steiner in anderen Schilderungen immer wieder sehr stark den polaren Gegensatz zwischen Blut und Nerven betont, könnte man geneigt sein, hier an ein Versehen des Stenografen zu denken, wenn im Stenogramm steht, daß die Nervenzellen und die roten Blutkörperchen aus demselben Grunde die Teilungsfähigkeit verloren haben. Doch schreibt uns dazu Herr Wolfgang Schad von der «Pädagogischen Forschungsstelle beim Bund der Freien Waldorfschulen» unter anderem das folgende: «Es liegt meiner Überzeugung nach sicher kein Hörfehler vor, wenn Rudolf Steiner die Teilungsunfähigkeit der roten Blutkörperchen auf den gleichen Grund wie bei den Nervenzellen zurückführt... Nerv und Blut sind in der Sprache Rudolf Steiners zumeist nicht anatomisch in erster Linie gemeint, sondern prozessual. Im Nervensystem wie im Blutkreislaufsystem herrscht wie überall im Organismus zugleich Aufbau und Abbau. Nur überwiegen im Nervensystem vergleichsweise ein wenig mehr die Abbauprozesse, im Blutsystem mehr die Aufbauprozesse... So werden anatomische Nerven im besonders ätherisch starken Bereich der Bauchhöhleneingeweide wieder teilungsfähig. Andererseits verlieren die roten Blutkörperchen ihren Zellkern und damit das Grundorgan der zellulären Teilungsfähigkeit erst bei den hochbeseelten Tieren, den Säugetieren, wie beim Menschen... Bei Säugetier und Mensch bleiben die weißen Blutkörperchen kernhaltig und so auch vielfach teilungsfähig und repräsentieren im Sinne Rudolf Steiners mehr den Blutcharakter als die roten Blutkörperchen».

145 *und wie dann mit Notwendigkeit*: Dieser und der folgende Satz sind im Stenogramm offenbar fehlerhaft und mußten sinngemäß korrigiert werden.

147 *in seinem Prosa-Hymnus*: Der Hymnus ist in Band II von «Goethes Naturwissenschaftlichen Schriften» unter dem Titel «Die Natur»

abgedruckt. Er war ursprünglich im Tiefurter Journal 1782 abgedruckt ohne Nennung des Verfassers. Über die Urheberschaft Goethes entstanden später lebhafte Diskussionen. Rudolf Steiner berichtet darüber und über die Gründe, aus denen er den Hymnus Goethe zuschreibt, in einem Aufsatz «Zu dem ‹Fragment› über die Natur» (erschienen in den Schriften der Goethe-Gesellschaft, 7. Band, 1892; abgedruckt in «Methodische Grundlagen der Anthroposophie», GA 30, S. 320–327.)

148 *Albrecht von Haller*, 1708–1777, schweizerischer Botaniker, Physiologe, Arzt und Dichter.

daß Goethe ... protestiert hat: Der von Rudolf Steiner zitierte Text ist eine ziemlich freie Wiedergabe des Gedichts «Allerdings. Dem Physiker.», das in der Abteilung «Gott und Welt» der Goethe-Gedichte steht. Außerdem sind einige Verse des in der gleichen Abteilung enthaltenen Gedichts «Epirrhema» eingefügt.

151 *Oscar Hertwig*: Siehe Hinweis zu S. 59.

154 *in einem früheren Vortrage*: Siehe Hinweis zu S. 24.

158 *im ersten der hier gehaltenen Vorträge*: Gemeint ist der erste Vortrag dieses Bandes.

Friedrich Theodor Vischer: Siehe Hinweis zu S. 26.

Volkelts Buch: Siehe Hinweis zu S. 26.

162 *liegen noch materialistische Vorstellungen*: Über das Wort «Geist» heißt es im «Deutschen Wörterbuch» von Jakob und Wilhelm Grimm: «Den Ursprung zu suchen weist die sinnliche Bedeutung Hauch, Atem den Weg. Es muß ein Stamm für hauchen, blasen, wehen dahinterstehen (wie lat. spirare hinter spiritus)». Und es wird darauf hingeweisen, daß es im Altnordischen ein solches Verb gab: geisa, mit der Bedeutung «rauschend ausbrechen»; oder daß in mehreren germanischen Sprachen «das, was das im Kessel gärende Bier ausstößt», als Geist bezeichnet wird; oder daß in anderen Mundarten von den Schiffern ein gewisser Wind so genannt wird. – Bei dem Wort «Seele» ist nach den Brüdern Grimm die etymologische Ableitung nicht so eindeutig festzustellen. In Trübners «Deutschem Wörterbuch» wird es in Verbindung gebracht mit dem altdeutschen Wort für «See», und dazu gesagt: «Bestimmte Seen galten den Germanen als Aufenthaltsort der Seelen vor der Geburt und nach dem Tode». In die von Rudolf Steiner angedeutete Richtung weist aber eher ein Wortlaut, den die Brüder Grimm zitieren und der von Gustav Freytag stammt: «Bei dem Wort Seele sah der Deutsche noch das rastlose Wogen der bewegten See vor sich, welcher er die unabläßige Gewalt seines Innern verglich».

163 *Gotthold Ephraim Lessing*, 1729–1781, gab kurz vor seinem Tode die zweite, erweiterte Fassung seines philosophischen Aufsatzes «Die Erziehung des Menschengeschlechts» heraus.

164 *Herbert Spencer*, 1820–1903, versuchte, alle Erfahrungsgebiete unter den Grundgedanken der Entwicklung, der Anpassung und des Fortschritts zu systematisieren. Die von Rudolf Steiner wiedergegebenen Ausführungen finden sich in dem Buche «The Principles of Sociology», 1885, Teil II, Kapitel VI, § 238.

166 *in meinem Buche «Vom Menschenrätsel»*: Siehe Hinweis zu S. 117.
In dem Buche «Von Seelenrätseln» (1917), GA 21, finden sich Ausführungen über das höhere Erkennen und über das schauende Bewußtsein im ersten Kapitel «Anthropologie und Anthroposophie», sowie im letzten Kapitel «Skizzenhafte Erweiterungen des Inhaltes dieser Schrift».

169 *Friedrich Schiller*, 1759–1805. Die hier zitierte Antrittsrede hatte den Titel «Was heißt und zu welchem Ende studiert man Universalgeschichte?»

171 *Herman Grimm*, 1828–1901, Kunst- und Literaturwissenschafter, Sohn von Wilhelm Grimm. Rudolf Steiner berichtet ausführlich über diese Gespräche im 14. Kapitel des Buches «Mein Lebensgang», GA 28.

172 *Edward Gibbon*, 1737–1794, englischer Historiker und Schriftsteller. Er wurde berühmt durch sein Hauptwerk «Geschichte des Verfalls und Untergangs des Römischen Reiches» («History of the Decline and Fall of the Holy Roman Empire»), das in mehreren Bänden während der Jahre 1776–1788 erschien. Von ihm heißt es, daß es sich «durch künstlerisch vollendete Struktur und Sprachformung» auszeichne.

174 *Karl Marx*, 1818–1883, Begründer des wissenschaftlichen Sozialismus und des historischen Materialismus.

181 *Roman Boos*, 1889–1952, anthroposophischer Sozialwissenschaftler, Schriftsteller und Redner, Leiter der sozialwissenschaftlichen Vereinigung am Goetheanum, Dornach.

«Der Gesamtarbeitsvertrag nach Schweizerischem Recht», München und Leipzig 1916.

So hat ein Amerikaner: Brooks Adams (da der Name Brooks in angelsächsischen Ländern auch als Geschlechtsname vorkommt, ist zu betonen, daß hier Brooks der Vorname, Adams der Geschlechtsname ist), 1848–1927, amerikanischer Historiker und Philosoph.

Das Werk, von dem Rudolf Steiner spricht, erschien 1895 und hatte den Titel «The Law of Civilisation and Decay». In deutscher Sprache erschien es 1907 im Akademischen Verlag, Wien und Leipzig, mit dem Titel «Das Gesetz der Zivilisation und des Verfalls, Vollständige und autorisierte Übersetzung nach der englischen und französischen Ausgabe. Mit einem Essay von Theodore Roosevelt».

181 *Theodore Roosevelt*,1858–1919, Präsident der Vereinigten Staaten von Nordamerika in den Jahren 1901–1909.

184 *wenn er auf das geschichtliche Leben ... hinblickte*: Der zitierte Wortlaut über die Geschichte findet sich in der Sammlung «Sprüche in Prosa», die Goethe nur zum Teil selbst veröffentlicht hat. Rudolf Steiner brachte sie in neuer Anordnung im V. Band der von ihm herausgegebenen «Naturwissenschaftlichen Schriften». Der erwähnte Spruch steht dort am Anfang der 9. Abteilung «Geschichte».

195 *was man ... Geistesauge, Geistesohr nennen kann*: Siehe Hinweis zu S. 29.

203 *ist nicht an die äußeren Bewegungsorgane*: Im Stenogramm und in dem Abdruck in der «Menschenschule» heißt es «ist *nur* an die ...», was wohl auf einem Hörfehler beruht und deshalb sinngemäß korrigiert wurde.

206 *ich habe ihn in meinem Buch ... besprochen*: Siehe in «Von Seelenrätseln» (1917), GA 21, im IV. Teil «Skizzenhafte Erweiterungen des Inhaltes dieser Schrift» das 8. Kapitel «Ein oft erhobener Einwand gegen die Anthroposophie».

214 *wenn Zerstörerisches hereinfließt*: Dieser Satz wurde gegenüber dem Text des Stenogramms und des Abdrucks in der «Menschenschule» stark abgeändert, weil sonst der Sinn nicht deutlich geworden wäre.

223 *Richard Wahle*, 1857–1935, Professor der Philosophie in Czernowitz und in Wien.

223 *seit seinem ersten philosophischen Auftreten*: Gemeint ist wohl Richard Wahles Aufsatz «Gehirn und Bewußtsein», der im Jahre 1884 als «Physiologisch-psychologische Studie» erschien und die Rudolf Steiner in dem Blatt «Deutsche Wochenschrift» 1885, III. Jahrgang Nr. 36 besprach. In dieser Besprechung heißt es z. B.: «Die Hauptbedeutung dieses Werkchens liegt darin, einmal in scharfen Konturen gezeigt zu haben, was uns eigentlich die Erfahrung gibt und was oft zu ihr nur hinzugedacht wird».

224 *in seinen Büchern:* «Das Ganze der Philosophie und ihr Ende» erschien 1894, «Über den Mechanismus des geistigen Lebens» 1906.

225 *Den Teufel spürt das Völkchen nie . . .*: Ausspruch des Mephistopheles im Ersten Teil des «Faust» von Goethe. Szene «Auerbachs Keller», Verse 2181 und 2182.

228 *in seinem berühmten Prosahymnus*: Siehe Hinweis zu S. 147.

einem Forscher gegenüber: Siehe Hinweis zu S. 148.

236 *berühmt geworden ist ja die Rede*: Siehe Hinweis zu S. 169.

238 *Herbert Spencer versuchte*: Siehe Hinweis zu S. 164.

242 *Als ich kürzlich einen Zyklus von Vorträgen*: Gemeint ist wahrscheinlich der Zyklus «Die Ergänzung heutiger Wissenschaften durch Anthroposophie» (GA 73), der vom 5. bis 14. November 1917 in Zürich gehalten wurde und in dem der erste Vortrag ganz dem Thema «Anthroposophie und Seelenwissenschaft» gewidmet ist.

246 *Friedrich Theodor Vischer*: Siehe Hinweis zu S. 26.

Johannes Volkelt: Siehe Hinweis zu S. 26.

249 *das sehr bedeutende Buch über Psychologie*: Siehe Hinweis zu S. 131.

252 *Dewar*: Siehe Hinweis zu S. 84.

260 *wenn Herman Grimm im Gespräch mit mir*: Siehe Hinweis zu S. 171.

261 *der englische Geschichtsforscher Gibbon*: Siehe Hinweis zu S. 172.

262 *Karl Marx und ähnliche Leute*: Siehe Hinweis zu S. 174.

266 *Dr. Roman Boos*: Siehe Hinweis zu S. 181.

268 *Von einem ausgezeichneten Forscher*: Rudolf Kjellén (1864–1922), schwedischer Historiker und Staatsmann. Sein Buch «Der Staat als Lebensform» erschien 1916 in Leipzig.

272 *Deshalb hat Goethe das bedeutende Wort*: Siehe Hinweis zu S. 184.

275 *in der Schweiz verstorbenen Franz Brentano*: Siehe Hinweis zu S. 51.

277 *ich habe das ausgeführt*: Das III. Kapitel von Rudolf Steiners Buch «Von Seelenrätseln» (1917), GA 21, hat den Titel «Franz Brentano (Ein Nachruf)». Es bringt eine ausführliche Würdigung von Brentanos Denken und Erkenntnisringen (S. 78–127).

283 *die dann übergegangen sind auf Cartesius:* René Descartes (1596–1650), nannte sich, dem Brauch seiner Zeit folgend, auch mit der ins Lateinische übertragenen Form seines Namens. Seine philosophischen Hauptwerke sind: «Discours de la Méthode», 1637, lateinisch 1644, und «Meditationes de prima Philosophia», 1644.

Aurelius Augustinus, 354–430, Kirchenvater und Heiliger, der als der bedeutendste Philosoph des christlichen Altertums angesehen wird. – Gedankengänge, wie die hier von Rudolf Steiner erwähnten, finden sich an verschiedenen Stellen seiner Werke. In den Soliloquien II, 1 heißt es z. B.: «Du, nach Selbsterkenntnis Strebender, weißt du, daß du bist? Das weiß ich. Woher weißt du es? Das weiß ich nicht. Nimmst du dich als einfach oder vielfach wahr? Das weiß ich nicht. Weißt du, daß du dich bewegst? Das weiß ich nicht. Weißt du, daß du denkst? Das weiß ich.» Vergleiche auch «De Trinitate» Buch X, Kapitel 14.

288 *solche Bücher wie das ... von Ziehen*: Siehe Hinweis zu S. 131.

295 *im dritten Vortrage*: Gemeint ist der Vortrag, der in Basel am 6. November vorgesehen war, der aber dann nicht stattfinden konnte. Der Berner Vortrag vom 9. Dezember 1918, der in unserem Band als neunter abgedruckt ist, stellt jedoch einen Parallelvortrag zu demselben Thema dar.

303 *wie damals Eduard von Hartmann*: Siehe Hinweis zu S. 21. Das von Rudolf Steiner erwähnte anonym erschienene Buch E. v. Hartmanns hatte den Titel «Das Unbewußte vom Standpunkt der Physiologie und Deszendenztheorie. Eine kritische Beleuchtung des naturphilosophischen Teils der ‹Philosophie des Unbewußten›», Berlin, 1872. Die 2. Auflage mit Nennung des Autors und mit «Allgemeinen Vorbemerkungen» und Zusätzen versehen, erschien 1877.

304 *Oskar Schmidt*, 1823–1886, Zoologe. In seinem Buch «Die naturwissenschaftlichen Grundlagen der Philosophie des Unbewußten» sagt er auf Seite 3 über die Schrift des Anonymus: «Sie habe alle, welche nicht auf das Unbewußte eingeschworen sind, in ihrer Überzeugung vollkommen bestätigt, daß der Darwinismus im Rechte sei.» Diese Schrift war 1877 erschienen.

in Prag ... in zwei öffentlichen Vorträgen: Diese beiden Vorträge wurden am 19. und 25. März 1911 gehalten, unter den Titeln «Wie widerlegt man Theosophie?» und «Wie verteidigt man Theosophie?» Es sind davon jedoch keine Nachschriften erhalten geblieben. Rudolf Steiner hielt aber in Berlin am 31. Oktober und am 7. November 1912 zwei Vorträge mit fast den gleichen Titeln. Sie sind abgedruckt in dem Band «Ergebnisse der Geistesforschung», GA 62.

309 *Du Bois-Reymond*: Siehe Hinweis zu S. 26.

311 *jetzt in der Neuauflage eben erschienene*: «Die Philosophie der Freiheit» (GA 4), erschien im April 1918, nachdem sie viele Jahre lang vergriffen gewesen war, in einer zweiten, wesentlich ergänzten und erweiterten, sowie mit einer neuen Vorrede versehenen Auflage.

315 *Louis Waldstein*: Das Buch ist in öffentlichen Bibliotheken nicht mehr zu bekommen. In der Bibliothek Rudolf Steiners findet es sich mit dem Vermerk: Erschienen in «Grenzfragen des Nerven- und Seelenlebens 62, Übersetzung von Gertrud Veraguth». Die erwähnte Stelle steht im III. Kapitel, S. 34.

321 *Henry Bergson*, 1859–1941, französischer Philosoph, Professor am Collège de France in Paris. 1927 Nobelpreisträger für Literatur.

334 *Richard Wahle*: Siehe die Hinweise zu S. 223 und 224.

336 *über das Bild hinaus zur Wirklichkeit vorstößt*: Diese Worte wurden vom Herausgeber hinzugefügt, da der Schluß des Satzes im Stenogramm unverständlich und unvollständig ist.

337 *in den zwei Vorträgen der nächsten Woche*: Siehe den Hinweis zu S. 295. Außer am 6. November war auch am 8. November noch ein Vortrag vorgesehen. Dieser fand zwar statt, es gibt aber keine Nachschriften davon.

342 *Richard Wahle*: Siehe die Hinweise zu S. 223 und 224.

351 *Da wird ein interessanter Fall erzählt*: Siehe Hinweis zu S. 315.

361 *wie Ziehens «Physiologische Psychologie»*: Siehe Hinweis zu S. 131.

362 *Das hängt aber zusammen innerlich*: Dieser Satz mußte stark korrigiert werden, da er im Stenogramm grammatikalisch falsch und nicht sinnvoll war.

369 *im gewöhnlichen menschlichen Vorstellen*: Nach diesen Worten war im Stenogramm eine Lücke bis zu den Worten «fortlaufenden gewöhnlichen». Die dazwischen stehenden Worte wurden vom Herausgeber sinngemäß eingefügt.

John Ruskin, 1819–1900, Professor für Kunstgeschichte in Oxford. Er betrachtete die mittelalterliche Kunst als Ausdruck von Gläubigkeit und Menschlichkeit und kämpfte für eine neue Wirtschafts-Ethik und gegen die entmenschlichende Wirkung von Rationalisierung und Industrialisierung.

376 *Alfred Russel Wallace*, 1823–1913, britischer Zoologe. Er gilt als Wegbereiter der Abstammungslehre. 1858 schrieb er ein Werk «On

the Tendency of Varieties», das Gedanken entwickelte, die denen Darwins («Entstehung der Arten», veröffentlicht 1859) schon sehr nahe kamen.

381 *Oscar Hertwig*: Siehe Hinweis zu S. 59.

andere, kleinere Schrift: Über soziale und politische Fragen, erschien 1918 mit dem Titel «Zur Abwehr des sozialen, des ethischen und des politischen Darwinismus».

400 *Karl Marx*, 1818–1883, Begründer des wissenschaftlichen Sozialismus und des historischen Materialismus. In seinen «Thesen über Feuerbach» steht auf S. 192 (11. These) der Satz: «Die Philosophen haben die Welt nur verschieden interpretiert; es kömmt darauf an, sie zu verändern.»

401 *in einer Arbeiter-Bildungsschule*: Seine Arbeit an dieser Schule schildert Rudolf Steiner ausführlich im 28. Kapitel seiner Selbstbiographie «Mein Lebensgang», GA 28.

407 *Auguste Comte*, 1798–1875, französischer Philosoph. Er wollte alle Wissensgebiete auf so strenge, logisch durchschaubare Gesetze zurückführen, wie wir sie von der Physik und der Chemie her kennen. Den Gang der Menschheitsentwicklung sah er so, daß wir von einer theologischen über eine idealistische zu einer wissenschaftlichen, rein rationalen Weltanschauung aufzusteigen haben.

Plato, 427–347 vor Chr. In seinem Werk wird die Frage der Sklaverei nicht explizit behandelt, doch gibt es manche Stellen, die zeigen, daß er diese Einrichtung als etwas Selbstverständliches hinnahm, z. B. im 9. Buch des «Staates» («Politeia») die Abschnitte 578 und 579.

412 *John Henry Newman*, 1801–1890. Das von Rudolf Steiner zitierte Wort ist überliefert in dem Buch «Das transzendentale Weltall» von C. G. Harrison (Originaltitel «The Transcendental Universe», 1893; deutsche Ausgabe, übersetzt von Leiningen, Billigheim 1897). Dort heißt es in der Vorrede S. 14: «Dr. Newman soll in Rom bei Gelegenheit seiner Einkleidung als Kardinal erklärt haben: Er sehe keine Hoffnung für die Religion außer in einer neuen Offenbarung.»

NAMENREGISTER

(* = ohne Namensnennung)

RUDOLF STEINER GESAMTAUSGABE

Gliederung nach: Rudolf Steiner – Das literarische und künstlerische Werk. Eine bibliographische Übersicht (Bibliographie-Nrn. *kursiv* in Klammern)

A. SCHRIFTEN

I. Werke

Goethes Naturwissenschaftliche Schriften, eingeleitet und kommentiert von R. Steiner, 5 Bände, 1884–1897, Nachdruck 1975, *(1a–e)*; separate Ausgabe der Einleitungen, 1925 *(1)*

Grundlinien einer Erkenntnistheorie der Goetheschen Weltanschauung, 1886 *(2)*

Wahrheit und Wissenschaft. Vorspiel einer ‹Philosophie der Freiheit›, 1892 *(3)*

Die Philosophie der Freiheit. Grundzüge einer modernen Weltanschauung, 1894 *(4)*

Friedrich Nietzsche, ein Kämpfer gegen seine Zeit, 1895 *(5)*

Goethes Weltanschauung, 1897 *(6)*

Die Mystik im Aufgange des neuzeitlichen Geisteslebens und ihr Verhältnis zur modernen Weltanschauung, 1901 *(7)*

Das Christentum als mystische Tatsache und die Mysterien des Altertums, 1902 *(8)*

Theosophie. Einführung in übersinnliche Welterkenntnis und Menschenbestimmung, 1904 *(9)*

Wie erlangt man Erkenntnisse der höheren Welten? 1904/05 *(10)*

Aus der Akasha-Chronik, 1904–1908 *(11)*

Die Stufen der höheren Erkenntnis, 1905–1908 *(12)*

Die Geheimwissenschaft im Umriß, 1910 *(13)*

Vier Mysteriendramen, 1910–1913 *(14)*

Die geistige Führung des Menschen und der Menschheit, 1911 *(15)*

Anthroposophischer Seelenkalender, 1912 *(in 40)*

Ein Weg zur Selbsterkenntnis des Menschen, 1912 *(16)*

Die Schwelle der geistigen Welt, 1913 *(17)*

Die Rätsel der Philosophie in ihrer Geschichte als Umriß dargestellt, 1914 *(18)*

Vom Menschenrätsel, 1916 *(20)*

Von Seelenrätseln, 1917 *(21)*

Goethes Geistesart in ihrer Offenbarung durch seinen Faust und durch das Märchen von der Schlange und der Lilie, 1918 *(22)*

Die Kernpunkte der sozialen Frage in den Lebensnotwendigkeiten der Gegenwart und Zukunft, 1919 *(23)*

Aufsätze über die Dreigliederung des sozialen Organismus und zur Zeitlage 1915–1921 *(24)*

Kosmologie, Religion und Philosophie, 1922 *(25)*

Anthroposophische Leitsätze, 1924/25 *(26)*

Grundlegendes für eine Erweiterung der Heilkunst nach geisteswissenschaftlichen Erkenntnissen, 1925. Von Dr. R. Steiner und Dr. I. Wegman *(27)*

Mein Lebensgang, 1923–1925 *(28)*

II. Gesammelte Aufsätze

Aufsätze zur Dramaturgie 1889–1901 *(29)* – Methodische Grundlagen der Anthroposophie 1884–1901 *(30)* – Aufsätze zur Kultur- und Zeitgeschichte 1887–1901 *(31)* – Aufsätze zur Literatur 1886–1902 *(32)* – Biographien und biographische Skizzen 1894–1905 *(33)* – Aufsätze aus «Lucifer-Gnosis» 1903–1908 *(34)* – Philosophie und Anthroposophie 1904–1918 *(35)* – Aufsätze aus «Das Goetheanum» 1921–1925 *(36)*

III. Veröffentlichungen aus dem Nachlaß

Briefe – Wahrspruchworte – Bühnenbearbeitungen – Entwürfe zu den Vier Mysteriendramen 1910–1913 – Anthroposophie. Ein Fragment – Gesammelte Skizzen und Fragmente – Aus Notizbüchern und -blättern – *(38–47)*

B. DAS VORTRAGSWERK

I. Öffentliche Vorträge

Die Berliner öffentlichen Vortragsreihen, 1903/04 bis 1917/18 *(51–67)* – Öffentliche Vorträge, Vortragsreihen und Hochschulkurse an anderen Orten Europas 1906–1924 *(68–84)*

II. Vorträge vor Mitgliedern der Anthroposophischen Gesellschaft

Vorträge und Vortragszyklen allgemein-anthroposophischen Inhalts – Christologie und Evangelien-Betrachtungen – Geisteswissenschaftliche Menschenkunde – Kosmische und menschliche Geschichte – Die geistigen Hintergründe der sozialen Frage – Der Mensch in seinem Zusammenhang mit dem Kosmos – Karma-Betrachtungen – *(91–244)*.
Vorträge und Schriften zur Geschichte der anthroposophischen Bewegung und der Anthroposophischen Gesellschaft *(251–263)*

III. Vorträge und Kurse zu einzelnen Lebensgebieten

Vorträge über Kunst: Allgemein-Künstlerisches – Eurythmie – Sprachgestaltung und Dramatische Kunst – Musik – Bildende Künste – Kunstgeschichte – *(271–292)* – Vorträge über Erziehung *(293–311)* – Vorträge über Medizin *(312–319)* – Vorträge über Naturwissenschaft *(320–327)* – Vorträge über das soziale Leben und die Dreigliederung des sozialen Organismus *(328–341)* – Vorträge für die Arbeiter am Goetheanumbau *(347–354)*

C. DAS KÜNSTLERISCHE WERK

Originalgetreue Wiedergaben von malerischen und graphischen Entwürfen und Skizzen Rudolf Steiners in Kunstmappen oder als Einzelblätter: Entwürfe für die Malerei des Ersten Goetheanum – Schulungsskizzen für Maler – Programmbilder für Eurythmie-Aufführungen – Eurythmieformen – Entwürfe zu den Eurythmiefiguren, u. a.

Die Bände der Rudolf Steiner Gesamtausgabe
sind innerhalb einzelner Gruppen einheitlich ausgestattet.
Jeder Band ist einzeln erhältlich.